추천사

유수한 신학자들이 삼위일체 신학을 성경 본문을 근거로 해설하고, 이 신학이 신앙생활에 어떤 실질적인 의미가 있는지를 잘 제시하고 있다. 독자들이 개인적으로나 그룹으로 이 책을 읽으면서 삼위일체 교리를 공부하고 신앙생활에 적용하기를 진실로 권면한다.

— 김병훈(합동신학대학원대학교 조직신학)

삼위일체론은 신학 이론이기에 앞서 사도들과 초대교회 그리스도인들의 신관에 대한 고백이다. 이 책은 삼위일체 신관이 이미 신약 저자들에게 있었다는 점을 드러냄으로써, 삼위일체론은 신약에 없으며 후대 교회의 결정에 기원을 둔다는 주장을 배격하는 데 도움을 준다. 이 책이 교의학과 성경 신학을 접목하고 기독교 신앙을 심화하는 데 크게 기여할 것으로 기대한다.

— 김영호(합동신학대학원대학교 신약학)

기독교 신앙의 근간이며 핵심인 삼위일체 교리를 성경, 특별히 신약의 빛 아래서 주석학적으로 설득력 있게 변호하는 무게 있는 책이다. 복음주의 신약신학자들과 조직신학자들의 조화로운 협업이 돋보인다. 무엇보다 삼위일체 교리가 목회 전반에 광범위한 영향을 끼친다는 논의는 이 책의 가치를 더욱 빛나게 한다.

— 류호준(백석대학교 신학대학원 구약학)

삼위일체 교리는 기독교 신학과 신앙의 근간을 형성한다. 예배의 현장에서 교의가 나왔고 교의는 예배와 기독교 실천에 영향을 미치듯, 삼위일체에 대한 이해는 통전적인 신학함의 핵심이라 볼 수 있다. 우리와 동시대를 살아가는 최고의 학자들이 참여한 이 책은 삼위일체론에 관한 가장 훌륭한 입문서가 될 것이다.

— 문화랑(고려신학대학원 예배학)

성서학자들이 쓴 삼위일체에 관한 책이다. 이 책의 기고자들은 신약 성경의 기자들이 삼위 하나님에 대한 이해를 가지고 복음을 전했으며, 그들의 글 곳곳에서 삼위이신 하나님과 한 분이신 하나님을 동시에 주장했음을 입증한다. 삼위일체 교리는 관념적이거나 논리적인 이해에서 나온 것이 아니라 성경 저자들이 전하는 복음의 실천적인 상황에서 나왔다.

— 오광만(대한신학대학원대학교 신약학)

이 책은 두 가지 점에서 평가할 만하다. 첫째는 성경을 토대로 성부와 성자와 성령의 인격과 사역을 뚜렷하게 드러냈다는 점이고, 둘째는 스콧 스웨인과 로버트 레담의 삼위일체 이해 사이의 상당한 간격에도 불구하고 삼위일체 하나님 이해가 구원에 참여한 자들의 예배에 어떻게 표현되어야 하는지를 신중하게 드러냈다는 점이다. 이런 점에서 성경적 논의의 토대로부터 삼위일체론을 이해하려고 노력한 흔적이 느껴지는 작품이다.

— 유태화(백석대학교 신학대학원 조직신학)

기독교의 정체성과 독특성은 삼위일체론이며, 그 뿌리는 삼위 하나님의 자기 계시를 담고 있는 성경이다. 본서는 그 뿌리, 특히 신약을 중점적으로 살핌으로 삼위일체론이 맹목적인 사변이 아님을 차분하게 드러낸 변증서이며, 설교와 기도와 예배 등 실천적인 목회 현장이 삼위 하나님과의 교제 현장임을 잘 밝힌 멋진 작품이다.

— 유해무(고려신학대학원 교의학)

기독교 신관은 삼위일체 신관으로서 다른 단일신론적인 유대교나 이슬람교와 분명히 구별된다. 난해하기 이를 데 없는 삼위일체 교리의 신약 성경적 근거를 규명해 주고, 실천적인 의미 또한 확인하도록 도와주는 본서의 출간을 환영하며 이 책을 적극 추천한다.

― 이상웅(총신대학교 신학대학원 조직신학)

이 책은 선명한 장점 두 가지를 갖고 있다. 첫째, 사변적이라고만 여겨진 삼위일체 교리에 대해 확고한 성경적 변증을 해낸다는 것. 저자들은 '모든 신약 성경'이 삼위일체를 소리 높여 말한다는 것을 분명히 해 주었다. 둘째, 보통 '이단이 되지 않기 위해' 알려 하는 삼위일체 교리를 일상의 영역에 적용하려 했다는 것. 저자들은 신앙생활의 중요한 요소인 기도, 계시, 예배, 설교가 삼위일체적이라는 것을 입증해 냈다. 삼위일체는 신비 가운데 싸인 교리지만, 그래서 우리 삶을 가장 잘 해석해 준다. 본래 하나님이 만드시고 운행해 가시는 인생이라는 것이 신비롭지 않은가.

― 이정규(시광교회 담임목사)

독자들은 이 책을 통해 기독교 신앙의 정수이자 최상의 보좌인 삼위일체 교리가 성서와 목회 사역 전반에 반석 같은 기초가 되는 신비를 경험하게 될 것이다.

― 정인교(서울신학대학교 대학원 설교학)

이 책은 조직신학이 아니라, 신약 성경에서 삼위 하나님에 대한 흔적을 찾아 정리한 데에 큰 가치가 있다. 삼위 하나님 가운데 어느 한 분에 치우치면, 기도, 예배, 설교에도 영향을 주어 신앙에도 치우침이 생긴다. 온전한 신앙과 삶을 위해 삼위 하나님에 대한 균형 잡힌 이해가 절실하다. 일독을 권한다.

― 채영삼(백석대학교 신학대학원 신약학)

Copyright © Inter-Varsity Press 2016

All rights reserved. This translation of *The Essential Trinity* first published in 2016 is published by arrangement with Inter-Varsity Press, London, England.

This Korean Edition © 2018 by Jireh Publishing Company, Goyang-si, Gyeonggi-do, Republic of Korea.

License arranged through rMaeng2, Seoul, Republic of Korea.

이 한국어판의 저작권은 알맹2 에이전시를 통하여 Inter-Varsity Press와 독점 계약한 이레서원에 있습니다. 신 저작권법에 의하여 한국 내에서 보호받는 저작물이므로 무단 전재와 무단 복제를 금합니다.

삼위일체

삼위일체: 신약신학·실천신학적 연구
The Essential Trinity: New Testament Foundations and Practical Relevance

지은이 리처드 보컴, 마이클 리브스 외
편집자 브랜든 크로, 칼 트루먼
옮긴이 신호섭

초판 1쇄 인쇄   2018년 12월 10일
초판 1쇄 발행   2018년 12월 17일

발행처 도서출판 이레서원
발행인 문영이
출판신고 2005년 9월 13일 제2015-000099호

편집장 이혜성
편집 송혜숙, 오수현
영업 김정태
총무 곽현자

경기도 고양시 일산동구 중앙로 1160 오원플라자 801호
Tel. 02)402-3238, 406-3273 / Fax. 02)401-3387
E-mail: Jireh@changjisa.com
Website: Jireh.kr / Facebook: facebook.com/jirehpub

책값은 표지에 있습니다.

ISBN 978-89-7435-511-3   93230

신저작권법에 의해 한국 내에서 보호받는 저작물이므로 저작권자의 서면 허락 없이 이 책의 어떠한 부분이라도 전자적인 혹은 기계적인 형태나 방법을 포함해서 그 어떤 형태로든 무단 전재하거나 무단 복제하는 것을 금합니다.

이 도서의 국립중앙도서관 출판예정도서목록(CIP)은 서지정보유통지원시스템 홈페이지(http://seoji.nl.go.kr)와 국가자료공동목록시스템(http://www.nl.go.kr/kolisnet)에서 이용하실 수 있습니다. (CIP 제어번호: CIP2018038186)

삼위일체

신약신학·실천신학적 연구

The
Essential
Trinity

New Testament Foundations
and Practical Relevance

리처드 보컴, 마이클 리브스 외 지음 | 브랜든 크로, 칼 트루먼 편집 | 신호섭 옮김

이레서원

차 례

- 저자 소개 ——— 10
- 약어 목록 ——— 12

서문 〈브랜든 크로, 칼 트루먼〉 ——— 16

제1부 신약의 근거

1. 삼위일체와 마태복음 〈브랜든 D. 크로〉 ——— 21
2. 삼위일체와 마가복음 〈다니엘 요한손〉 ——— 45
3. 삼위일체와 누가행전 〈앨런 J. 톰슨〉 ——— 75
4. 삼위일체와 요한복음 〈리처드 보컴〉 ——— 104
5. 바울과 삼위일체 〈브라이언 S. 로즈너〉 ——— 138
6. 히브리서와 삼위일체 〈조나단 I. 그리피스〉 ——— 160
7. 삼위일체와 일반서신 〈브랜든 D. 크로〉 ——— 183
8. 삼위일체의 계시록 모델
   : 요한계시록의 삼위일체 개념에 대한 다니엘서의 영향 〈벤저민 L. 글래드〉 ——— 209
9. 삼위일체와 구약 성경
   : 실재적 존재인가, 해석학적 부과물인가? 〈마크 S. 지그닐리아트〉 ——— 235

제2부 목회와의 관련성

10. 삼위일체의 신비 〈스콧 R. 스웨인〉 ——— 255
11. 삼위일체와 기도 〈칼 R. 트루먼〉 ——— 266
12. 삼위일체와 계시 〈마크 D. 톰슨〉 ——— 289
13. 삼위일체와 예배 〈로버트 레담〉 ——— 317
14. 삼위일체와 설교 〈마이클 리브스〉 ——— 349

- 성경 색인 ——— 374

저자 소개

조나단 I. 그리피스(Jonathan I. Griffiths)
영국의 Proclamation Trust's Cornhill Training Course 교사이다.
Hebrews and Divine Speech
The Perfect Saviour: Key Themes in Hebrews (편집)

벤저민 L. 글래드(Benjamin L. Gladd)
미국 미시시피 주 잭슨에 소재한 리폼드신학대학원의 신약학 조교수이다.
『하나님의 비밀: 비밀과 계시 개념에 대한 상호텍스트 연구』(G. K. 비일 공저, 새물결플러스, 2018)
『하나님 나라와 교회생활 : 하나님 나라의 "이미와 아직 아니"의 목회적 적용』(부흥과개혁사, 2018)

로버트 레담(Robert Letham)
웨일즈 브리젠드에 소재한 유니온신학대학원의 조직신학, 역사신학 교수이다.
『(성경, 역사, 신학을 통하여 본) 예수님과의 연합』(개혁주의신학사, 2014)
『그리스도의 사역』(한국기독학생회출판부, 2000)

브라이언 S. 로즈너(Brian S. Rosner)
호주 멜버른에 소재한 리들리대학의 학장이다.
『바울서신』(공저, 기독교문서선교회, 2012)
『IVP 성경신학사전』(공저, 한국기독학생회출판부, 2004)

마이클 리브스(Michael Reeves)
영국 옥스퍼드에 소재한 유니온신학대학원의 신학부 교수이자 총장이다.
『종교개혁 핵심 질문』(복 있는 사람, 2017)
『선하신 하나님』(복 있는 사람, 2015)
『그리스도, 우리의 생명 : 우리가 붙잡아야 할 기독교의 핵심』(복 있는 사람, 2016)

스콧 R. 스웨인(Scott R. Swain)
플로리다 주 올랜도에 소재한 리폼드신학대학원의 조직신학 교수이다.
『아버지와 아들과 성령: 삼위일체와 요한복음』(안드레아스 쾨스텐베르거 공저, 부흥과개혁사, 2016)
Trinity, Revelation, and Reading: A Theological Introduction to the Bible and Its Interpretation
The God of the Gospel: Robert Jenson's Trinitarian Theology

리처드 보컴(Richard Bauckham)
스코틀랜드 세인트앤드루스 대학에서 신약학을 가르쳤으며, 현재는 케임브리지 대학교 리들리홀의 명예 교수, 영국학사원과 에든버러 왕립협회 회원이다.
『예수: 생애와 의미』(비아, 2016)
『성경과 선교: 세계화 시대의 기독교적 증언』(새물결플러스, 2016)
『요한복음 새롭게 보기: 요한복음의 주요 주제들에 대한 심층 분석』(새물결플러스, 2016)
『예수와 그 목격자들: 목격자들의 증언인 복음서』(새물결플러스, 2015)

외경, 칠십인역

1 Macc.	1 Maccabees
2 Macc.	2 Maccabees
Sir.	Sirach/Ecclesiasticus
Wis.	Wisdom of Solomon

사해 문서

1QH^a	Thanksgiving Hymns^a
4Q381	Non-canonical Psalms B
4QFlor	*Florilegium*

미쉬나와 탈무드 문서

B. Meṣ	*Baba Meṣi'a*
Ber.	*Berakot*

구약 위경

1 En.	*1 Enoch*
2 Bar.	*2 Baruch*
2 En.	*2 Enoch*
3 Macc.	*3 Maccabees*
4 Macc.	*4 Maccabees*
Jub.	*Jubilees*
T. Reub.	*Testament of Reuben*
T. Sol.	*Testament of Solomon*

기타 헬라어 저서

Diogn.	*Diognetus*

요세푸스

Ant.	*Jewish Antiquities*
J. W.	*Jewish War*

현대 저서

AB	Anchor Bible
ANRW	*Aufstieg und Niedergang der römischen Welt: Geschichte und Kultur Roms im Spiegel deröneueren Forschung*, pt. 2: *Principat*, ed. Hildegard Temporini and Wolfgang Haase (Berlin: de Gruyter, 1972-)
AThR	*Anglican Theological Review*
BBR	*Bulletin for Biblical Research*
BDAG	W. Bauer, F. W. Danker, W. F. Arndt and W. F. Gingrich, *A Greek-English Lexicon of the New Testament and Other Early Christian Literature*, 3rd ed. (Chicago: University of Chicago Press, 2000)
BECNT	Baker Exegetical Commentary on the New Testament
BETL	Bibliotheca ephemeridum theologicarum lovaniensium
Bib	*Biblica*
BibInt	Biblical Interpretation Series
BibSac	*Bibliotheca sacra*
BNTC	Black' New Testament Commentary
BST	The Bible Speaks Today
BZNW	Beihefte zur Zeitschrift für die neutestamentliche Wissenschaft
CBQ	*Catholic Biblical Quarterly*
CBR	*Currents in Biblical Research*
CD	Karl Barth, *Church Dogmatics*, ed. G. W. Bromiley and T. F. Torrance, tr. G. W. Bromiley, 4 vols. (Edinburgh: T&T Clark, 1956-5)
CJT	*Canadian Journal of Theology*
CO	Calvini opera
ConBNT	Coniectanea biblica: New Testament Series
CQR	*Church Quarterly Review*
EBT	Explorations in Biblical Theology
HBT	*Horizons in Biblical Theology*
HTR	*Harvard Theological Review*
ICC	International Critical Commentary
IJST	*International Journal of Systematic Theology*
JBL	*Journal of Biblical Literature*
JETS	*Journal of the Evangelical Theological Society*
JPT	*Journal of Pentecostal Theology*
JSNT	*Journal for the Study of the New Testament*
JSNTSup	Journal for the Study of the New Testament, Supplement Series
JTS	*Journal of Theological Studies*
LCC	Library of Christian Classics
LFC	Library of the Fathers of the Church
LNTS	Library of New Testament Studies
LW	*Luther's Works*, ed. J. Pelikan and H. T. Lehmann, 55 vols. (St. Louis:

	Concordia; Philadelphia: Fortress, 1955-6)
NAC	New American Commentary
NACSBT	New American Commentary Studies in the Bible and Theology
NICNT	New International Commentary on the New Testament
NIGTC	New International Greek Testament Commentary
NovT	*Novum Testamentum*
*NPNF*²	*The Nicene and Post-Nicene Fathers*, Series 2, ed. Philip Schaff and Henry Wace, 1890-900, 14 vols. (repr., Peabody, Mass.: Hendrickson, 1994)
NSBT	New Studies in Biblical Theology
NTS	*New Testament Studies*
OTL	Old Testament Library
PG	Patrologiae, cursus completus, patres ecclesiae, series graeca, ed. J.-P. Migne, 162 vols. (Paris: Cerf, 1857-6)
PL	Patrologiae, cursus completus, patres ecclesiae, series latina, ed. J.-P. Migne, 221 vols. (Paris: Cerf, 1844-64)
PNTC	Pillar New Testament Commentary
PRSt	*Perspectives in Religious Studies*
ProEccl	*Pro ecclesia*
RTR	*Reformed Theological Review*
SBL	Society of Biblical Literature
SBT	Studies in Biblical Theology
SEÅ	*Svensk Exegetisk Årsbok*
SJT	*Scottish Journal of Theology*
SNTSMS	Society for New Testament Studies Monograph Series
SNTW	Studies of the New Testament and its World
ST	*Summa Theologiae*
TNTC	Tyndale New Testament Commentaries
TrinJ	*Trinity Journal*
TTKi	*Tidsskrift for Teologi og Kirke*
TynB	*Tyndale Bulletin*
VTSup	Supplements to Vetus Testamentum
WA	*D. Martin Luthers Werke: Kritische Gesamtausgabe, Schriften*, ed. J. K. F. Knaake, G. Kawerau et al., 66 vols. (Weimar: Böhlaus Nachfolger, 1883-)
WBC	Word Biblical Commentary
WSC	Westminster Shorter Catechism
WTJ	*Westminster Theological Journal*
WUNT	Wissenschaftliche Untersuchungen zum Neuen Testament
ZNW	Zeitschrift für die neutestamentliche Wissenschaft

서문

— 브랜든 크로, 칼 트루먼

    삼위일체는 기독교 신학의 토대이다. 실제로 50년 이상 기독교의 신학적 논의는 상당 부분 교리에 대한 논의가 지배해 왔다. 그것은 상당 부분 교리를 자신의 교의학적 시도의 모든 원리로 삼았던 칼 바르트에 의해 양산된 자극적인 움직임에 기인한다. 하지만 불행하게도 삼위일체가 성경적 교리(또는 아마도 성경 본문을 해석하는 하나의 가능한 방식)가 아니라 후기의 철학적 사색에 근거한 교리라는 견해에 직면하는 것은 이상한 일이 아니다. 마찬가지로, 많은 사람들이 삼위일체를 그리스도인의 삶에 있어서 "취해도 되고 버려도 되는 교리" 정도로 치부한다. (많은 사람의 의견에 의하면) 성경은 삼위일체 교리를 담고 있지 않으며, 심지어 담고 있다 할지라도 그것은 오직 신학자들만을 위한 논쟁과 토론의 대상이다. 그러나 역사적으로 기독교회에 있어서 삼위일체는 실제 삶에 있어서 굉장한 적절성을 지닌 성경적 교리로 이해되어 왔다. 우리는 바로 이것을 염두에 두고 과도한 전문적인 논의를 피하고 모든 그리스도인을 위한 이 교리의 중요성에 관심의 초점을 맞추어서 이 책을 출간하고자 한다.

    제1부에 수록된 각 장들은 삼위일체 교리의 근거를 구약 성경에서 찾아보고

신약 성경 각 권에 흐르는 삼위일체적 윤곽을 고찰한다. 여기서 우리는 '삼위일체'와 '호모우시오스'(homoousios)와 같은 전문 용어는 성경에 나오지 않는다는 것을 분명히 해야 한다. 삼위일체 교리에 대한 전문 용어는 나중에 등장하여 4세기에 구체화되었다. 그러나 이런 언어의 엄밀성은 생소한 어떤 것을 성경 본문에 개입시키는 것이 아니라 성경의 내용을 충실하고도 명확하게 설명해 준다. 다시 말하면, 삼위일체 교리가 성경의 사상으로부터 합법적으로 또한 필연적으로 흘러나온다는 것이 이 책의 전제이다. 그러므로 이 책에서 '삼위일체' 또는 '삼위일체적'이라는 용어를 성경의 각 권과 관계하여 사용할 때 우리는 확고한 삼위일체 교리로 이끌어 가는 본문의 삼위적 윤곽에 대해 말하는 것이다. 좀 다르게 진술하자면, 이 책의 목표 가운데 하나는 삼위일체적으로 해석할 것을 요구하는 성경 본문, 특별히 구약 성경보다 삼위일체 교리가 훨씬 더 충분히 계시되어 있는 신약 본문에 대한 충실한 주해를 보여 주는 것이다. 제1부에 수록된 장들은 주로 신약 성경의 증언에 초점을 맞추고 있지만 필연적으로 신약 성경의 조망을 위한 배경으로서 구약 성경에 대한 고찰을 포함한다. 사실상, 요한계시록에 관한 8장과 구약 성경의 계시를 다루고 있는 9장은 신약 성경의 삼위일체적 증언이 구약 성경에 근거해 있음을 매우 상세하게 고찰한다.

제2부는 삼위일체가 실제적인 교리로서의 적실성이 없다는 비난을 암시적으로나마 다룰 것이다. 일단 우리는 삼위일체의 간결한 정의로부터 시작할 것이며, 이어서 여러 장을 통해 그리스도인의 삶을 위한 적절한 주제들을 고찰할 것이다. 어떤 장들은 교회의 지도자들에게 더 적합하기도 하겠지만 우리는 모든 독자들이 이 장들에 포함된 지혜로부터 유익을 얻을 것이라 확신한다.

이 책의 저자들은 다양한 신학적 관점을 나타내겠지만, 삼위일체가 성경에 기초해 있으며(제1부) 삼위일체 교리가 우리가 어떻게 살아가느냐에 중대한 문제가 된다는 것(제2부)에는 모두 일치한다. 삼위일체 교리에 대한 이런 일치는 지난 수 세기 동안 기독교 정통 교리의 일치를 반영한다. 다른 신학적 교회론적 요소들에 대해 이견이 있을 때조차도, 언제나 기독교 신학은 삼위일체 교리를 하나의 보편적이며 사도적 신앙의 타협할 수 없는 교리로 확증해 왔다. 우리는 저자 개개인이 모든 측면에 있어서 다른 저자들과 완전히 일치하리라고 예상하지는 않지만, 이 책의 범위와 목적은 성경을 신실하게 해석함에 있어서 삼위일체가 필연적이며 동시에 일상적인 삶을 위해서도 필요한 교리라는 것에 대한 강력한 증거를, 각기 다른 배경을 지닌 저자들에게 얻어 이를 독자에게 제공하는 것이다.

이 책의 편집자로서 우리는 이 책을 위해 수고하고 참여한 저자들에게 감사할 뿐 아니라 이 책을 만드는 데 지원해 준 필립 듀스와 IVP 팀에게도 감사를 전한다. 또한 이 프로젝트를 완성할 수 있도록 다양한 방법으로 도와준 웨스트민스터 신학대학원 이사회와 교수진, 행정실에도 감사하는 바이다. 가족들에게, 특히 우리의 아내들인 쉐릴과 카트리오나에게 특별한 감사를 전하고 싶다. 마지막으로, 삼위일체적 측면을 증언하고 있는 복음의 은혜로 인해 우리의 삼위 하나님께 가장 큰 감사와 찬양을 올려 드린다. 오직 하나님께 영광을!

The
*Essential
Trinity*

1. 삼위일체와 마태복음

− 브랜든 D. 크로

마태복음은 성부와 성자와 성령의 관계에 대한 많은 통찰력을 제공한다. 우리는 마태복음에서 예수님이 성부 하나님과의 비할 데 없는 관계를 즐거워하시는, 하나님의 순종적인 아들임을 읽게 된다. 마태의 중요한 기독론과 더불어 우리는 성부와 성자 모두와 긴밀하게 관계하시는 성령의 실재와 사역 또한 발견한다. 1장에서 우리는 다음과 같은 방식으로 이런 특징들을 고찰할 것이다. 첫째, 마태복음에 나타난 성부 하나님의 개념을 간략하게 살펴볼 것이다. 둘째, 1장의 상당 부분을 마태의 신적 기독론을 탐구하는 데 할애할 것이다. 셋째, 성부와 성자와 관계하시는 성령의 역할을 관찰하고자 한다.

성부 하나님

먼저 우리는 성부로서의 하나님 개념으로부터 시작할 것이다.[1] 마태복음에

---

1   1장에서 필자는 '하나님'과 '성부'라는 용어를 실질적으로 바꿔 가면서 사용할 것이다.

서 하나님을 아버지로 읽을 때 우리는 새로운 신성이나 이전에 알려지지 않았던 신성을 마주하는 것이 아니라 구약 성경이 말씀하신 분과 동일한 하나님, 이스라엘의 언약의 하나님을 읽고 있는 것이다. 그러므로 마태복음에서의 하나님 개념을 이해하기 원한다면, 반드시 구약 성경에 나타난 하나님의 근본적인 자기 계시(self-revelation)를 이해해야 한다. 우선 마태 신학의 세 가지 중요한 측면의 윤곽을 그려 보는 것이 도움이 될 것이다.

첫째, 하나님은 구약 성경의 하나님이시다. 우리는 마태가 그의 복음서 전반에 걸쳐서 구약 성경을 빈번하게 암시하거나 인용하는 것을 보면서, 그가 구약 성경의 신학적 조망에 빚지고 있음을 쉽게 알 수 있다.[2] 구약 성경을 인용한 횟수는 50회가 훨씬 넘고(주목할 만한 성취된 말씀 열 가지를 포함해서), 구약 성경에 대한 암시와 미묘한 언급들은 일일이 셀 수 없을 만큼 많다.[3] 이렇게 마태가 인용한 말씀들은 종종 구약 성경과 관련한 예수님의 역할을 지지하곤 하는데, 이 인용구들이 구약 성경에서 확립된 신학적 전제를 강조하는 역할을 하고 있다는 사실도 간과해서는 안 된다.

마태가 인용하는 몇몇 구약 성경 본문을 간략하게 관찰해 보면, 그가 전반적으로 하나님을 어떻게 이해하고 있는지를 알 수 있을 것이다. 예수께서는 하나님이 인간의 일상사뿐만 아니라 창조된 모든 세계를 다스리시는 분이심을 진술하는데(마 6:25-33; 10:26-33), 이는 구약 성경에서 하나님이 자기 백성을 돌보시는 분으로서 묘사된 것의 반영이기도 하다(시 37:4, 25). 하나님은 기도를 들으시고 당신의 자녀들의 필요를 아시는 분이시며(마 6:5-13) 이는 구약 성경에서 기도에 대한 하나님의 응답과도 일치한다(창 25:21; 출 3:7-8; 왕상 9:3; 왕하 19:20;

---

[2] 비록 이 복음서가 그 저자를 명백하게 밝히고 있지 않지만, 필자는 첫 번째 복음서의 저자를 '마태'라고 칭할 것이다.

[3] 마태복음에 나타난 구약 성경의 논의에 대해서는 다음을 참조하라. Brandon D. Crowe, *The Obedient Son: Deuteronomy and Christology in the Gospel of Matthew*, BZNW 188 (Berlin: deGruyter, 2012), pp. 6-27.

20:5; 대하 7:1, 12, 15; 시 6:9; 65:2; 66:19-20; 잠 15:8, 29; 단 9:21). 우리는 마태복음에서 하나님이 모든 사람에게 선하시며 비를 의로운 자와 불의한 자에게 모두 내려 주시는 분이심을 읽을 수 있다(마 5:45). 이는 하나님이 지으신 모든 사람을 향한 그분의 선하심에 대한 시편 기록자들의 시적인 고찰과도 일치한다(시 145:9). 나아가서 예수님은 하나님이 하늘의 능력과 거룩함 가운데 거하신다고 선언하는데(마 6:9), 이 하늘은 구약 성경에서 하나님의 능력의 초월성을 반영한다(신 4:39; 10:14; 왕상 8:23; 시 115:3; 단 2:28, 44). 요약하자면, 우리가 마태복음에서 하나님에 대해 배우는 것을 맥락화하기 위해서는 우선 그것이 구약 성경에 기록된 하나님 인격과 연속성이 있음을 인정해야 한다.

둘째, 앞서 언급한 요점에 기초해 볼 때, 마태의 신학적 조망에 따르자면, 오직 하나님만이 참되신 하나님이시다. 하나님에게는 필적할 만한 그 어떤 경쟁자도 없다. 그 영광스러우신 거주지로서의 하늘에 있는 하나님의 좌소는 성경의 하나님만의 특권으로 일관되게 설명되어 있다. 따라서 모세는 신명기 4:39에서 오직 여호와는 하늘에 계신 하나님이시며 다른 신은 없다고 선언한다. 게다가 하늘에 계신 하나님만 경배를 받으셔야 할 분이시다. 우리는 사탄의 세 번째 시험에 대한 예수님의 대답에서 이것을 명백하게 확증할 수 있다(마 4:10). 사탄이 만일 자기에게 절하면 세상 모든 왕국을 주겠다고 예수님께 약속했을 때 예수님께서는 신명기 6:13, 즉 "너는 네 하나님 여호와를 예배하며 오직 그분만 섬겨야 한다."(필자의 번역)라는 말씀을 인용함으로 대답하셨다. 그러므로 우리는 신명기에서 신약의 하나님 이해에 대한 두 가지 근본적인 교의, 즉 오직 하나님만이 궁극적 창조자시요 따라서 오직 하나님만 경배를 받으셔야 한다는 것을 발견한다. 우리는 이것을 마태복음 16장에 기록된 가이사랴 빌립보 사건에서 또 보게 된다. 그리스의 전설적인 판 신(Greek god Pan)의 도시였던 이곳에서 베드로는 예수님의 정체를 "살아 계신 하나님의 아들"이라고 확증한다(마 16:16). "살아 계신 하나님"이란 구절은, 소위 창조자가 아니기 때문에 개입

할 수 없는 우상들과 구별되는 성경의 하나님의 실재와 활동을 강조한다. 그러므로 우상들은 경배를 받아서는 안 되는 존재들이다(신 5:26; 수 3:10; 삼상 17:26, 36; 왕하 19:4; 시 42:2; 84:2 [84:3 EVV]; 렘 10:10; 호 1:10).

예수님 당시에 경배를 받으셔야 할 창조자로서 하나님의 유일하심의 중요성을 간과하는 것은 어려운 일이다. 이것은 창조자-피조물의 구별을 강조했던 유대인들의 일신론적(monotheism)[4] 세계관으로 볼 때 더욱 근본적인 사안이었다. 오직 하나님만이 창조자이시며 나머지 모든 것들은 결코 경배를 받아서는 안 되는 '피조물'의 범주에 속한다. 따라서 광야에서 사탄의 시험을 받으실 때 예수님의 대답은 구약 성경의 하나님에 대한 핵심적 믿음과 일치하는 것이었다. 실제로 예수님은 사탄에게 시험을 당하실 때 성경에서 쉐마(Shema, 신 6:4)로 알려진 가장 중요한 일신론적 본문인 신명기 6장을 두 번 인용하신다. 구약 성경에서 피조물을 향한 경배에 대한 경고는 매우 많고 명쾌하다(예: 신 5:6-10; 9:10-21; 민 25:1-13; 사 40:18-23; 43:10-15; 44:6-20; 45:15-23; 46:1-11). 다음 단락에서 주장하겠지만, 마태복음에서 놀라운 것은 예수님께 돌리는 경배가 성경의 일신론을 조금도 훼손하지 않는다는 데 있다.

셋째, 계속해서 구약 성경의 조망으로 볼 때, 우리는 마태복음에서 하나님께서 만물의 창조자이시지만 또한 특별히 이스라엘의 언약의 하나님으로 알려진다는 점을 발견한다. 이는 마태복음에 나타난 하나님의 모습을 이해하기 위해서는, 반드시 구약 성경에 나타난 이스라엘의 역사를 고찰해야 한다는 것을 의미한다. 마태복음 1:1은 예수님을 아브라함과 다윗의 자손으로 소개하면서 이스라엘 역사 속의 주된 두 인물을 부르면서 시작한다. 그리고 나서 마태는 예수님의 왕적인 계보뿐만 아니라, 아브라함으로부터 시작해서 다윗에 이르는 영광

---

[4] 다음 책을 참조하라. Richard Bauckham, *God Crucified: Monotheism and Christology in the New Testament* (Grand Rapids: Eerdmans, 1999).

까지, 그리고 포로 시대의 절망에 이르기까지 이스라엘의 역사를 추적하는 족보를 포함시키고, 메시아에 대한 영광스러운 소망으로 결론 내린다. 하나님은 애굽에서 자기 백성을 구속하셨고 시내산에서 언약을 맺으셨다(출 19장). 이스라엘의 언약의 하나님으로서, 하나님은 열방의 아버지로 알려진다(예: 출 4:22-23; 신 1:31; 8:5; 14:1-2; 32:4-6, 18-20, 43; 사 1:2; 렘 3-4장; 31:9, 20; 호 11:1). 그러므로 마태복음 전체에 걸쳐 예수님이 하나님을 **아버지**로 언급하는 것은 전적으로 새로운 전개는 아니다. 우리는 이미 구약 성경에서 다윗 계보의 아들이 하나님의 아들로 불렸으며(시 2:7; 삼하 7:14), 이는 전체로서의 이스라엘의 아들 됨에서(실제로 아담의 아들 됨으로부터) 유기적으로 비롯된 것임을 알고 있다. 하나님께서는 언제나 이스라엘의 아버지이셨으며, 분명히 우리는 예수님이 비견할 수 없는 친밀함으로 하나님을 아버지로 부르신다는 것을 발견할 수 있다.

요약하자면, 마태복음에 나타난 하나님을 이해하려면, 무엇보다도 먼저 하나님이 이스라엘과 언약을 맺으신 오직 한 분이시요 참되신 하나님으로 묘사되어 있는 구약을 바라보아야 한다. 이와 동시에 우리는 구약 성경에 계시된 것보다 마태복음에서 하나님에 대해 더 많은 것을 배운다. 특별히 우리는 하나님이 굉장히 현저하게 독특한 의미에서의 하나님의 아들이신 예수님의 아버지이심을 배우게 된다. 그렇다면, 예수님의 독특한 아들 되심이 한 분이시며 참되신 구약 성경의 하나님의 존재와 그 하나님을 향한 예배와 어떻게 관계되는가? 바로 이것이 다음 부분에서 마태의 고 기독론(High Christology)을 살펴보면서 집중할 내용이다.

예수, 하나님의 신적인 아들

우리는 하나님의 속성에 대한 구약 성경과 마태복음의 연속성을 발견했지만 그와 동시에 마태복음에서 조우하게 되는 아버지와 아들 사이의 관계에 대한 새로운 계시에도 주목해야만 한다. 우리는 하나님의 아들로서의 예수님이 구약의 이스라엘과 명백한 연속성이 있음을 보게 되지만, 예수님의 아들 되심은 하나님의 장자로서의 이스라엘 나라와 왕들을 능가하는 것이다. 놀랍게도 마태복음에서 성자이신 예수님은 창조자-피조물의 구분에서 창조자 쪽에 위치하고 계신다.

1) 하나님의 아들로서의 예수와 이스라엘

우리는 이제 마태복음에서 "하나님의 아들로서의 예수"라는 주요한 기독론적 개념을 살펴보려고 한다. 하나님의 아들로서의 예수를 이해하기 위해서는 또다시 반복해서 말하지만 무엇보다도 먼저 구약 성경을 살펴보아야 한다. 하나님은 이스라엘의 아버지이셨고 이스라엘은 하나님의 장자였다(출 4:22-23). 그리고 후일 이런 아들 됨은 특별히 다윗 계보의 왕에게 집중된다(삼하 7:14). 따라서 마태복음에서 예수님의 아들 되심은 하나님의 장자로서의 이스라엘과 같고 하나님의 아들로서의 다윗과 같다. 그러므로 마태복음에서 하나님의 아들로서의 예수님에 대한 첫 번째 분명한 언급은 이를 이스라엘의 아들 됨의 견지에서 조망하도록 묘사한다. 마태복음 2:15에서 우리는 자기의 언약 백성을 향하신 하나님의 사랑을 이야기하는 구약의 본문인 호세아 11:1이 예수님께 적용되어 있음을 발견한다("애굽으로부터 내가 내 아들을 불렀다."[필자의 번역]). 마찬가지로 예수님은 세례 받으실 때 하나님의 사랑하시는 아들로 소개되는데(마 3:17), 이는 또다시 이스라엘의 아들 됨을 기억나게 한다. 이런 병행 관계는 예수님이 시험당하시는 장면에서 훨씬 더 분명히 나타나기는 하지만 말이다. 마태복음 4:1-11에서 예수님은 하나님의 아들 되심에 대해 시험받으실 때, 이스라엘이 광야에서 자녀로서 시험당한 것을 재현하신다. 사탄은 첫 번째와 두 번째 유혹을 통해 노골적으로 예수님의 아들 되심의 본질을 시험한다(마 4:3, 6). 나아가서 예수님의 첫 번째 대답은 이스라엘을 향한 하나님의 부성적 징계와 훈련을 강조하는 정황 속에서 사용되는 신명기 8:3에서 비롯된다(신 8:5). 그러므로 마태복음에서 "하나님의 아들"이 "참되고 순종하는 이스라엘을 의인화 또는 구체화한 분으로서의 예수님과 일부분 관계되어야 한다는 것"을 주목하는 것은 당연한 것이다.[5]

마가복음과 비교해 볼 때, 마태복음에서는 예수님이 더욱 빈번하게 하나님의 아들로 확인되기 때문에 하나님 아들의 탁월하심이라는 주제가 더욱 강조된다. 예를 들면, 마태복음 1-4장에 걸쳐 하나님의 아들로서의 예수님의 신분을 확인한 것 이외에도 14:33에서는 제자들이 예수님의 아들 되심을 고백한다. 이는 가이사랴 빌립보에서 베드로가 했던 신앙고백의 한 부분이며(마 16:16), 또한 예수님께서 세례 받으실 때(3:17)와 변화산(17:5)에서 하늘에서 음성으로 울려 퍼진 선언이기도 하다. 그뿐만 아니라 예수님의 하나님 아들 되심은 예수님이 가야바에게 심문을 당하시면서 그에게 받은 질문(26:63)이었으며, 십자가에서 못 박혀 돌아가실 때 그분을 향한 조롱과 조소의 핵심이기도 했다(27:39-43). 또한 마태복음에서 예수님은 다윗의 후손이시기 때문에 하나님의 아들이라는 직함은 예수님의 왕 되신 신분을 지시한다(1:1; 9:27; 15:22; 20:30-31; 21:9; 22:42; 비교. 삼하 7:14; 시 2:7).

2) 예수님이 아버지와 가지신 특권적 관계

그럼에도 예수님의 아들 되심에는 이스라엘의 역사를 재현하거나 다윗 왕권의 소망을 성취하는 것 이상의 어떤 것이 있다. 마태복음에서 우리는 구약 성경

---

5 W. D. Davies and Dale C. Allison Jr., *A Critical and Exegetical Commentary on the Gospel According to St. Matthew*, ICC, 3 vols. (Edinburgh: T&T Clark, 1988~1997), vol. 1, pp. 263-264.

에서 볼 수 있는 아들 됨의 사례를 뛰어넘는 방식으로, 예수님이 하나님의 아들이심을 알 수 있다. 예수님은 하나님 아버지와의 유일하고 특권적인 관계를 즐기신다. 이는 마태복음의 마지막에 가까이 갈수록 점점 더 분명해진다. 그러므로 우리는 예수님의 정체가 복음서 전반에 걸쳐, 그리고 지상명령에서 그 절정을 이루는 방식으로 점진적으로 계시되어 있음을 주의해야 한다(마 28:18-20).

제일 먼저 예수님의 처녀 수태와 출생으로 시작해 보자(1:18-25). 우리는 이 본문에서 하나님과 예수님의 특별한 관계에 대해 알아야 할 모든 것을 발견할 필요는 없다. 하지만 이 본문은 중요한 의미로 가득 차 있다. 무엇보다도 먼저 우리는 마태의 족보에서 다른 모든 사람과 구별해 볼 때, 예수님의 물리적 아버지가 전혀 언급되어 있지 않다는 것을 발견한다. 단지 예수님이 동정녀**에게서 나셨다**(*egennēthē*)는 것만 알 수 있다(1:16). 모든 왕이 아버지에게서 출생하는 이 족보의 흐름에 따라 보자면, 예수님의 수태에 대한 이 간결한 진술은 이전 진술과 극명한 대비를 이룬다. 마태복음 1:18-25은 예수님의 독특한 출생을 조금 더 설명해 준다. 우리는 마리아가 남자인 요셉을 알지 못했을 때 아이를 가지게 되었음(수동태)을 알게 된다. 바로 이때 마태는 이 아이가 성령의 역사하심으로 잉태된 것임을 알린다(1:18, 20). 분명히 마태복음 1:18-25의 그 어디에도 하나님이 예수님의 아버지라는 내용은 없다. 하지만 이 현실은 마태의 내러티브가 진전됨에 따라 점점 분명해지며, 복음서 전체의 견지에서 볼 때 우리는 마태복음 1장에서 '하나님의 아들 기독론'을 인지할 수 있는 확고한 기반 위에 서게 된다.[6] 마태복음에서의 성령의 역할과 결합된 이 '하나님의 아들 기독론'이란 마태가 독자들에게 예수님의 수태로부터 예수님과 그의 아버지의 놀라운 관계를 강조하고 있음을 가리킨다. 이 특별한 관계는 나중에 "하나님이 우리와

---

6 다음을 참조하라. Brandon D. Crowe, 'The Song of Moses and Divine Begetting in Matt 1,20', *Bib* 90 (2009), p. 52.

함께 계시다"(1:23)로 번역되는 임마누엘로서의 예수님의 신원(identification)을 통해 더욱 부각된다. 나는 계속해서 마태의 이 중요한 주제를 다루겠지만, 지금 개론적으로만 말하자면 '임마누엘'은 다른 어린아이들과 달리 성령의 역사하심으로 잉태된 아이에게만 적용되는, 많은 의미를 가진 전문 용어이다.

마태복음 1장에서 소개된 것이 복음서가 진전되어 가면서 더욱 명료해진다. 마태복음 1장에 이어 우리는 예수님이 세례 받으실 때 하늘이 열리고 예수님의 아들 되심을 확증하는 하나님의 음성이 들리는 장면을 목격한다(3:16-17). 놀랍게도 예수님이 세례 받으시는 장면에서 성령이 또다시 언급되고 비둘기 형태로 예수님에게 임하신다. 더욱이 하늘에서 울려 퍼지는 아버지의 음성은 시간 이전에 하나님의 아들을 메시아로 선택하심을 암시하는 '유독사'(*eudokēsa*)라는 단어를 사용하시면서 예수님을 당신이 기뻐하시는 아들이라 칭하신다.[7] 하지만 우리가 이 하나님의 기뻐하심을 어떻게 해석하든지 간에 예수께서 세례를 받으시던 때에 아버지와 아들과 성령의 배치는 실로 놀라운 것이다.

또한 우리는 예수님이 복음서 전체에서 하나님을 '내 아버지'라고 부르시는 방식을 통해 하나님과 예수님의 특권적인 관계를 본다. 예수님은 친밀감과 권위를 동원하여 아버지와 자기의 특권적인 관계를 나타내심으로 아버지에 대해 말씀하신다. 따라서 우리는 아버지의 뜻대로 하는 자라야 천국에 들어갈 것이며, 이것이 예수님의 말씀을 듣는 것과 행하는 것에 긴밀하게 연결되어 있다는 예수님의 말씀을 산상수훈에서 듣는다(7:21, 24). 나아가서 예수님은 누구든지

---

7 다음을 참조하라. Joel Marcus, *The Way of the Lord: Christological Exegesis of the Old Testament in the Gospel of Mark*, SNTW (Edinburgh: T&T Clark, 1992), pp. 73-74; D. A. Carson, 'Matthew', in F. E. Gaebelein (ed.), *The Expositor's Bible Commentary: Matthew, Mark, Luke*, 12 vols. (Grand Rapids: Zondervan, 1984; repr. 1995), vol. 8, p. 109. 그러므로 이런 언어의 용법은 이 아들이 성육신 이전에 존재하셨다는 것을 전제한다. 비교. Geerhardus Vos, *The Self-Disclosure of Jesus: The Modern Debate About the Messianic Consciousness*, ed. J. G. Vos, 2nd ed. (Grand Rapids: Eerdmans, 1953; repr. Phillipsburg, N.J.: P&R, 2002), p. 186.

사람 앞에서 자기를 시인하거나 부인하면 예수님도 하늘에 계신 아버지 앞에서 그를 시인하거나 부인하실 것이라고 진술하신다(10:32-33). 여기서 예수님은 그의 아버지와의 관계에 탄원하시는 방식으로 개인에 대한 하늘의 뜻을 선포하시는 것이다. 예수님과 한 개인의 관계는 그 개인이 예수님의 아버지의 뜻을 행하는 것과 관계되어 있고, 예수님의 아버지와의 관계에 있어서의 개인의 운명은 예수님과 그 개인의 관계에 달려 있는 것이다(25:31-40).

다른 곳에서 우리는 예수님이 아버지의 신비한 뜻을 아는 특권을 지닌 분임을 발견한다. 베드로가 예수께서 그리스도시요 살아 계신 하나님의 아들이시라고 고백했을 때, 예수님은 베드로에게 예수님의 진짜 정체를 알게 하신 분은 바로 예수님 자신의 아버지라고 선언하셨다(16:17). 또한 "이 작은 자들"의 천사들이 하늘에서 그의 아버지의 얼굴을 항상 뵙고 있음을 알고 계시고(18:10), 두 사람이 땅에서 합심하여 구하면 하늘에 계신 그분의 아버지께서 그들을 위해 그 일을 하실 것이라고 말씀하신다(18:19). 예수님은 우리가 진심으로 형제를 용서하지 않을 때 그의 아버지께서 무엇을 행하실지를 아시며(18:35), 천국에서 누가 예수님의 좌우편에 앉게 될 것인지도 알고 계신다(20:23). 실제로 예수님은 아버지께 구하여 기도하실 때 아버지가 열두 군단 더 되는 천사를 보내실 수 있음도 아신다(26:53). 더욱이 예수님은 지극히 높으신 아들로서 그가 하실 일도 확증하고 계신다(26:63-64).

예수님께서 그의 아버지에 대해 하실 수 있는 이런 심오한 진술들 이외에도, 우리는 예수께서 얼마나 자주 하나님을 '**내** 아버지'라고 부르셨는지에 주의해야 한다. 비록 하나님께서 이스라엘의 아버지이셨음에도 이런 방식으로 개인의 아버지라고 소개되는 것은 드문 일이며 예수님이 하나님을 '내 아버지'라고 부르신 친밀감과 그 정도는 더욱 드문 일이다. 예수님께서 그의 제자들에게 하나님의 아들 됨의 특권을 수여하시고 종종 하나님을 '**너희** 아버지'라고 부르신 것을 관찰하는 것은 매우 교훈적이다. 하지만 예수님은 자신과 그의 제자들이 함께 공유하는 아들 됨의 동의어로서의 '**우리** 아버지'라는 어법은 전혀 사용하지 않으신다. 그 이유는 예수님의 아들 되심이 제자들의 아들 됨과는 질적으로 다르기 때문이다. 예수님의 아들 되심은 중재자가 없는 아들 됨이다. 제자들의 아들 됨은 (비록 그것이 놀라운 축복이고 대단한 특권이지만) 하나님의 아들로서의 예수님을 통한 중보를 통해서 된 일이다.[8] 따라서 마태복음에서 예수님의 진술은 하나님과 그분의 뜻에 대한 심오한 지식뿐만 아니라 하나님 아버지께로 갈 수 있는 길까지 계시해 주신다. 요약해서 말하자면, 마태복음에서 우리는 예수님이 모든 피조물을 초월하시는, 그의 아버지의 깊은 것까지 통달하시는 지식과 친밀성을 소유하고 계심을 알게 된다.

아마도 예수님과 그의 아버지의 관계에 대한 가장 명백한 진술은 11:25-27에 기록된 예수님의 기도에서 발견할 수 있을 것이다. 여기서 우리에게는 아버지와 아들 하나님의 신적 연합의 깊이 속에 담긴 경이로운 광경을 보는 것이 허락되었다.[9] 이 기도에서 예수님은 그리스도 안에 있는 종말론적인 구원을 지혜와 지식 있는 자들에게는 숨기시고 어린아이와 같은 자들에게는 나타내시는 신적인 선하신 뜻에 대해 아버지께 감사한다. 이 기도의 진술에 나타난 균형과 상호성을 두 가지 방식으로 주목하는 것이 중대하다. 첫째, 우리는 11:27에서 아버지 외에는 아들을 **아는** 자가 없다는 말씀을 읽는다. 아마도 이런 진술은 성부께서 모든 것을 아시기 때문에 예측되는 진술일 수도 있을 것이다. 하지만 예수님은 11:27의 이런 생각을 아들 외에는 아버지를 아는 자가 없다는 말씀으로 마무리하신다! 아들에 대한 아버지의 신적 지식은 아버지에 대한 아들의 신적 지식을 반영한다. 이런 상호적인 지식은 비록 두 분이 서로 각기 다른 위격임에

---

8   다음을 참조하라. Richard J. Bauckham, 'The Sonship of the Historical Jesus in Christology', *SJT* 31 (1978), pp. 245-260; 비교. Geerhardus Vos, *Reformed Dogmatics*, ed. Richard B. Gaffin Jr. et al., 5 vols. (Bellingham, Wash.: Lexham, 2012-), vol. 1, pp. 52-53.
9   병행 구절인 누가복음 10:21은 예수님께서 성령 안에서 기뻐하신다고 말씀하는데, 이는 삼위일체적 측면을 더욱 분명하게 전면에 내세운다.

도 성부와 성자가 가장 가까운 관계임을 나타낸다. 이는 성자가 시간 안에서 어떤 한 순간에 창조된 분이 아니시며 영원토록 가장 심오하게 성부 하나님을 아시는 아들이심을 가리킨다. 만일 예수님이 역사상 어떤 시점에서 아들이 되셨다면, 아버지에 대한 그의 지식은 매우 제한적이었을 것이다.

우리가 성부와 성자의 상호성을 알 수 있는 두 번째 방식은 계시의 과업에 있다. 마태복음 11:25에서 우리는 성부 하나님께서 어린아이들에게 구원의 지식을 나타내셨다는 것을 읽는 반면, 11:27에서는 예수께서 성부 하나님을 나타내실 수 있는 권위를 가지셨음을 발견한다. 달리 말하면, 동등한 계시적 역할이 성부 하나님과 성자 하나님 모두에게 있는 것이다. 더욱 놀라운 사실은 예수님께서 **아버지**를 계시하신다는 것이다. 따라서 성자 외에는 성부를 아는 자가 없다 할지라도, 예수님께서는 성부를 아실 뿐 아니라 누구든지 그(성자)가 원하시는 이에게 성부를 계시하는 권세를 가지고 계신데, 이는 성부께서 만물을 성자에게 주셨기 때문이다. 사실상 우리는 하늘과 땅을 통치하시는 성부의 주재권(11:25)과 아버지로부터 모든 것을 부여받으신 예수님(11:27) 사이의 병행이 신적 권위의 책임자이신 예수님을 지시하고 있음을 놓치지 않아야 한다.[10]

우리는 이 놀라운 기도에 대해 더 많은 것을 말할 수 있다. 예수님께서 아버지의 선하신 뜻(유도키아, 11:26)에 대해 말씀하실 때, 이 구절과 신약 성경 전체에서 이 단어의 용법으로 볼 때, 이는 아마도 특별히 미리 아심과 선택에 있어서의 아버지의 신적 작정에 대한 언급일 것이다(비교. 눅 2:14; 엡 1:5, 9; 벧전 1:2).[11] 바로 이것이 성자로서의 예수님께서 확신을 가지고 말씀하시는 신적 목적이며, 이 구절은 성자께서 자신의 성육신 이전에 이런 계획을 알고 계셨음도 암시한

---

10 참조. Joshua E. Leim, *Matthew's Theological Grammar: The Father and the Son*, WUNT 2,402 (Tübingen: Mohr Siebeck, 2015), pp. 83-87.
11 Herman Bavinck, *Reformed Dogmatics*, ed. John Bolt, tr. John Vriend, 4 vols. (Grand Rapids: Baker Academic, 2003-8), vol. 2, pp. 270, 272; Vos, *Reformed Dogmatics*, vol. 1, p. 80.

다.[12] 이런 측면이 논쟁의 여지가 있기는 하지만 우리는 어떤 신학자가 다음과 같이 강조했듯이 이 기도에 있어서 성자 자신의 매우 중요한 역할을 간과해서는 안 될 것이다.

> 예수님의 기쁨과 감사는 무언가 그분 밖에서 발생한 어떤 것과 관계된 것이 아니다. 예수님은 자기 자신의 인격이 모든 전체 경륜의 중심이기 때문에 하나님께 감사하는 것이다. 그 주권과 지혜를 동반한 복음 시대의 영광은 예수님 자신의 위격에 그 초점이 있다.[13]

달리 말하면, 그 어떤 피조물도 필적할 수 없는 하나님의 지식에 내밀히 관여하는 성자이신 예수님께서 구원 계시의 중심을 차지하고 있다는 것이다. 예수님의 위치는 창조자-피조물의 경계에서 분명히 창조자 편에 위치하고 있다.

3) 제자들, 그리고 예수님의 신적 아들 되심

마태복음 11장의 기도는 아버지와 아들 관계에 대한 예수님 자신의 통찰력을 바라볼 수 있는 기회를 제공하며, 복음서가 진전됨에 따라 우리는 예수님이 진정으로 누구신지를 제자들이 점점 더 깊이 이해하기 시작했다는 것을 발견하게 된다. 그다음으로 살펴보아야 할 핵심 본문은 예수님께서 제자들에 의해 하

---

12 마태복음 11:26에 기록된 부정과거형의 '에게네토'(*egeneto*)가 하나님의 즉각적인 임재를 의미하는 것 같지만, 영어 번역으로 항상 분명한 것만은 아닌 구절(엠프로스센 수[*emprosthen sou*])과 결합되어 있음에 주의하라(참조. BDAG, ἔμπροσθεν' p. 325, §1.b.β [cf. §1.b.δ]; 마 10:32-33). 우리는 여기서 소위 구속 협약(*pactum salutis*) 또는 구속 언약(Covenant of Redemption)이라고 알려진 영원하고 삼위일체적인 구원 계획의 암시를 추정할 수 있을까? 이에 대해서는 누가복음 2:49; 22:29; 요한복음 17:4; 디오그네투스 9.1; 그리고 역사적으로 스가랴 6:13; Vos, *Reformed Dogmatics*, vol. 2, pp. 84-92; Bavinck, *Reformed Dogmatics*, vol. 3, pp. 212-216을 참조하라.
13 Vos, *Self-Disclosure*, p. 147.

나님의 아들로 인식되기 시작한 마태복음 14장이다(14:33). 이 정황 속에서 예수님의 행동은 신적 의미를 가득 담고 있다. 첫째로, 예수님은 맹렬한 풍랑 속에서 제자들을 향해 바다 위를 걸어서 오신다. 이런 행동은 그저 인상적인 묘기 그 이상이다. 이것은 제자들에게(그리고 마태복음 독자들에게) 예수님의 신적인 정체성을 전달하는 행위이다. 왜냐하면 우리는 구약 성경에서 하나님만이 바다 물결을 밟으시는 분이심을 읽을 수 있기 때문이다(욥 9:8). 이사야서에서는, 바다 가운데 길을 내시는 분은 오직 여호와 하나님이시다(사 43:16). 그리고 가장 인상 깊게도 우리는 시편 77:20을 통해(77:19 EVV; 76:20 LXX; 개역개정은 77:19에 기록되어 있다. - 역주) 하나님께서 큰 바다의 물 가운데 곧은길을 내시는 분이심을 발견한다. 이런 동일한 방식으로 예수님은 담대하게 바다 위를 걸으신다.

둘째로, 망연자실해 있는 제자들(제자들이 예수님을 유령이라 생각한 것은 이상한 일이 아니다)을 향한 예수님의 대답, 즉 제자들을 향한 위로와 권위 있는 말씀은 구약 성경에 기록된 하나님의 자기 계시의 견지에서 읽어야 한다. "안심하라; 이는 나이다(에고 에이미); 두려워하지 말라"(14:27; 필자의 번역). 우리의 두려움을 잠잠케 하시는 하나님의 임재는 이사야서 40-55장에 나타난 하나님의 독특하신 우월성(supremacy)의 특징이다. 셋째로, 예수님께서는 바다 위로 걸어오셨을 뿐만 아니라 예수님의 임재로 말미암아 파도와 바람이 사라져 버렸다(14:32). 더 나아가 이 사건은 욥기 26:11-12과 같은 본문과 함께, 물들이 주의 임재 앞에서 두려워 떠는 시편 77:16에서의 신적 임재를 상기시킨다.[14] 자연계의 영역에 대한 지배권을 보여 주는 이적들은 대단히 인상적인데 마태복음 14장은 예수께서 그분의 말씀만으로 폭풍을 잠재우신 마태복음 8:26보다 훨씬 더 인상적이다. 마태복음 8장에서의 예수님 행동의 중요성을 과소평가하지 않아야 함에

---

14 또 다른 적절한 본문들에 대해서는 다음 책을 참조하라. Davies and Allison, *Matthew*, vol. 2, pp. 509-510; Leim, *Matthew's Theological Grammar*, pp. 139-147.

도 불구하고, 마태복음 14:32에서 제자들은 예수님의 말씀 한마디 없이도 파도가 잔잔해진 광경을 보고 더욱 놀란 듯 보인다.

이런 제자들의 깜짝 놀람은 예수님께서 진실로 하나님의 아들이시라는 고백과 함께 예수님을 향한 경배라는 네 번째 고찰로 이끈다. 이런 여러 요인들의 결합으로 인해 우리는 어쩌면 모호할 수도 있는 단어인 '프로스큐네오'(proskyneō)를 '경배'(worship)로 이해해야 한다. 이는 예수님의 행동과 말씀이 신적이기 때문이다. 예수님은 하나님만이 하실 수 있는 고유한 방식으로 바다 위를 걸으셨고, 그분의 임재와 말씀하심으로 폭풍을 잠잠케 하신 분이시다. 따라서 우리는 마태복음이 펼쳐 보임에 따라 예수님께 절하며 경배하는 제자들의 모습에 대한 기록을 대하면서 예수님의 정체에 대한 명료함을 어떻게 얻을 수 있는지를 보게 된다. 마태복음 2장에서 우리는 동방의 박사들이 어린아이인 예수께 경배했음을 발견한다(마 2:11). 박사들이 자신들의 행위의 중요성을 얼마나 잘 이해했는지는 분명하지 않지만 그들은 마태의 이야기 속에서 긍정적으로 묘사되어 있다. 헤롯 왕과는 대조적으로 박사들은 예수님의 탄생에 합당하게 반응했다. 예수께서 광야에서 마귀에게 시험을 당하실 때, 그분은 오직 주 여호와 하나님만 경배하고 섬겨야 한다는 신명기의 가르침을 확증하셨다(마 4:10; 신 6:13). 오직 절대적이신 여호와 하나님만이 경배를 받으셔야 한다는 것은 예수님의 유대적 정황 속에서 볼 때 매우 자명한 것이었다. 따라서 마태복음 14장에서 예수님을 하나님의 아들로 인정하고 절하며 경배하던 제자들을 예수님이 꾸짖지 않은 것은 정말 놀라운 일이다. 실제로 이 이야기 속에서의 모든 기호들, 특히 그중에서도 14:33에 기록된 신적인 언어는 초월적인 의미에서 예수님을 하나님의 아들로서 경배하는 합법성과 타당성을 가리킨다.[15] 여기서 마태복음

---

15 John P. Meier, *The Vision of Matthew: Christ, Church, and Morality in the First Gospel* (New York: Crossroad, 1991; repr. Eugene, Ore.: Wipf & Stock, 2004), p. 100; Charles L. Quarles, *A Theology of Matthew: Jesus Revealed as Deliverer, King, and Incarnate*

의 독자는 지상명령의 절정에 이르게 되는 마태복음의 기독론적 중요성으로 이끌린다.

마태복음 14장에서의 제자들의 경험은 16:16에서 예수님을 그리스도로 고백한 베드로의 말로 표현된다. 마이어(J. P. Meier)가 잘 관찰했듯이 "극적 내러티브의 방식으로 제시한 마태복음 14:22-33의 내용이 이제 베드로와 예수님의 대화를 통해 완전하게 설명된다."[16] 따라서 복음서가 아들이신 예수님의 위격의 신비를 점진적으로 드러내고 있기 때문에 이전에 어떤 일이 발생했었는지에 기초해서 마태복음 16:16을 읽어 내는 것은 매우 중요하다. 우리는 복음서의 마지막에 가까이 갈수록 예수님이 누구신가에 대해 더 잘 알게 된다. 마태복음 16장에는 베드로와 교회의 역할에 대해 많은 분량이 할애되었다. 하지만 우리는 베드로의 신앙고백에 매우 근본적인 역할을 한 중요한 기독론적 요점을 간과해서는 안 될 것이다. 특별히 주목해야 하는 것은 베드로의 고백이 예수님의 지위를 창조되지 않은 것으로 인식하고 있는 놀라운 방식이다. 앞서 주목한 대로 성경이 하나님을 **살아 계신** 하나님으로 언급할 때, 그것은 오직 하나님만이 스스로 실재하시는 참되신 하나님이시라는 존재론적인 진실을 강조한다. 이는 또한 하나님이 생명의 근원이시며 따라서 스스로 충분하신(self-sufficient) 분이심에 대한 암시이다. 하나님은 존재하시기 위해 다른 것을 필요로 하지 않으신다. 하나님은 충분히 단일하게 존재하신다. 그러므로 마태복음 16:16의 베드로 고백은 단순히 메시아적 신앙고백(물론 확실히 메시아적 신앙고백이다) 그 이상을 의미한다. 그러나 이는 또한 예수께서 **생명의**(living) 속성을 공유하시고 그래서 그분 안에 모든 생명을 가지고 계시는 하나님의 아들이시라는 고백이기도 하다.[17] 살아 계신 하나님의 아들로서, 베드로는 메시아로서뿐 아니라 하나님의 신적인

Creator, EBT (Phillipsburg, N.J.: P&R, 2013), pp. 169-170.
16 Meier, *Vision*, p. 108.
17 참조. ibid., p. 109; Vos, *Self-Disclosure*, p. 180.

아들로서의 예수께서 갖고 계시는 그분만의 신분을 지적하고 있다. 바로 이것이 예수께서 베드로의 신앙고백을 축복하시며 이 신비를 베드로에게 알게 하신 분이 하나님 아버지라고 말씀하신 이유이기도 하다(16:17). 또한 이것은 베드로가 다가오는 죽음을 선언하신 예수님을 왜 저지하려 했는지를 이해할 수 있도록 도와준다. 도대체 어떻게 **살아 계신**(living) 하나님이 **죽음**을 당할 수 있다는 말인가? 하지만 십자가는 예수님의 메시아적 사명의 중심에 있다. 더 나아가서 우리는 살아 계신 하나님의 아들이신 예수님이 죽음에 얽매여 있을 분이 아니라 부활을 통해 죽음을 정복하실 분이라는 사실을 배우게 된다(16:18, 21). 따라서 베드로의 신앙고백의 중요성을 이해하기 위해서는 예수님 자신이 스스로 모든 생명을 소유하신 하나님의 **살아 계신**(living) 아들이시라고 고쳐 말해야 할 것이다. 또다시 반복하지만 우리는 여기서 창조자-피조물의 구분에 관한 한 창조자이신 예수님을 보고 있다.

마태복음 16장에서 우리는 복음서의 전환점에 도달한다. 바로 이 시점부터 예수님은 의도적으로, 그리고 매우 명백하게 예루살렘을 향해 발걸음을 옮기신다. 바로 이때 주사위가 던져졌고 이제 우리는 예수님이 당신 자신의 위격과 사명에 대해 매우 분명한 어조로 말씀하기 시작하셨음을 발견한다. 자신의 임박한 죽음과 부활에 대한 예수님의 예언 후에, 그분의 진정한 영광이 변화산상에서 계시되었다(17:2). 공적 생애 마지막 주간에 예수님은 성전에서 어린아이들의 찬미를 받으셨고(21:9, 14-15; 비교. 시 8:2)[18] 시편 110:1 말씀을 통해 메시아가 어떻게 다윗의 자손이면서(예수님께서 다윗의 혈통으로 태어나셨으며) 동시에 다윗의 주님(예수님께서 다윗을 통치하시며 다윗 이전에 존재하셨기 때문에)이 되실 수 있는지에 대해 바리새인들을 어리둥절하게 하셨다.[19] 실제로 예수님이 시편 110편을 사

---

18 참조. Leim, *Matthew's Theological Grammar*, pp. 166-173.
19 다음을 참조하라. Simon, J. Gathercole, *The Preexistent Son: Recovering the Christologies of Matthew, Mark and Luke* (Grand Rapids: Eerdmans, 2006), pp. 236-238.

용하신 방법은 자신이 다윗의 시편에서 말한 주님(야훼)으로서의 '내 주'임을 암시하고 있기 때문에 훨씬 놀랍다.[20] 바로 이 논쟁 이후에 그 누구도 감히 다시 예수님께 질문하는 자가 없었다(마 22:46).

마태복음의 기독론적 계시의 극적인 순간 가운데 하나는 예수님이 대제사장에게 심문을 당하실 때이다. 이 순간 가야바는 놀랍게도 살아 계신 하나님의 이름으로(!) 예수님께 그분이 하나님의 아들 그리스도인지 아닌지를 말해 달라고 묻고 있다. 예수님께서는 가야바가 고백한 대로 자신이 누구신지를 밝히신 후에 그들을 책망하신다. 예수님은 인자로서 즉 하나님의 위엄의 우편에 앉아 계시며 하늘 구름을 타고 다시 오실 분으로서의 자신의 지위를 다니엘 7:13을 인용하여 말씀하신다. '인자'라는 직함은 논쟁의 여지가 많지만 예수님의 사역과 수난과 다시 오실 그분의 영광을 지칭한다는 데는 대부분 동의한다. 만일 우리가 인자라는 직함에 대해 연구할 수 있는 가장 합당한 본문인 마태복음 26:64에서 단서를 얻고 다니엘 7장의 '인자'까지 추적해 올라가면, 인자가 고대로부터 존재하신 분이시며 영원히 멸망하지 않을 왕국을 부여받으신 분이심을 발견하게 될 것이다.

4) 임마누엘로서의 예수

바로 이 인자라는 관념이 부활하신 예수님이 만물을 통치하시는 당신의 권위를 설명하시는 지상명령 안에서도 중대한 역할을 한다. 이는 마태복음 전체에서 가장 중요한 기독론적 주제로 우리를 인도한다. 바로 이것은 마태의 열 가지 성취 공식 인용구 가운데 하나(1:22-23)이며 마태의 복음을 양쪽에서 받쳐 주

20　참조. Matthew W. Bates, *The Birth of the Trinity: Jesus, God, and Spirit in New Testament and Early Christian Interpretations of the Old Testament* (Oxford: Oxford University Press, 2015), pp. 47-54.

는 수미쌍관(inclusio) 기법의 역할을 한다. 우리는 족보 뒤에 바로 이어서 나오는 첫 번째 이야기에서 예수님이 "우리와 함께하시는 하나님"으로 소개되어 있음을 발견하며, 그와 동시에 세상 끝 날까지라도 자신의 제자들과 함께하시겠다고 예수께서 약속하시는 이 복음서의 마지막 진술에서 또다시 동일한 문구를 발견한다(28:20). 예수님이 "우리와 함께하시는 하나님"이신 것을 확인하는 것에 담긴 의미가 무엇인지를 이해하는 것은 중요하다. 가장 단순하게 말하자면 이것은 상상할 수 있는 가장 고상한 축복인 신적 언약이 임재하는 성취로서의 예수를 지칭한다. 하나님의 언약적 임재는 에덴동산에서 아담과 하와가 경험한 축복이었다. 하나님의 임재는 이스라엘 백성이 약속의 땅을 바라보았을 때 그들에게 약속되었다(레 26:12). 하나님의 임재는 성막에 충만했고(출 40:34-35), 후일에는 성전에 가득했다(왕상 8:10-11; 시 74:2; 76:2; 132:13 등등). 마태복음에서 예수님은 성전보다 크시고(12:5-6) 성전을 지은 솔로몬보다 크시며(12:42), 성전에서 섬기는 제사장들보다 훨씬 더 크신 분이시다(9:1-8). 마태에게 있어서 임마누엘로서의 예수님은 가장 심오한 의미로서 우리와 함께하시는 하나님의 언약적 임재이신 아들을 강조한다.

그럼에도 우리는 하나님의 언약적 임재의 다양한 함축적 암시를 고찰하는 일을 게을리해서는 안 된다. 예수님께서 우리와 함께하시는 하나님의 임재라는 사실은 인간이 상상할 수 있는 가장 영광스러운 축복이지만, 그와 동시에 이 임재는 예수님을 거부하는 자들에게는 저주가 된다. 달리 표현하자면, 하나님의 임재는 예수님과의 관계에 따라 좌우되는 축복 또는 저주이다. 우리는 이것을 임마누엘이 나타나는 구약 성경의 정황을 살펴봄으로 알 수 있다. 이사야 7장에서 유다의 아하스 왕은 징조를 구하라는 하나님의 명령에 주의를 기울이기를 거절하고, 보호받기 위해 앗수르인을 믿는 편을 선택했다. 이에 대해 이사야 선지자는 주 여호와께서 친히 아하스에게 징조를 보이실 것이라고, 즉 처녀가 잉태하여 낳은 아들의 이름을 임마누엘이라 할 것이라고 말해 주었다. 이사야서에서 임마누엘이라는 징조는 하나님의 말씀을 거역하는 아하스에게는 저주가 될 것이다. 그러나 이 동일한 아이가 자신의 소망을 여호와께 두는 자들에게는 축복이 될 것이다. 이와 동일한 방식으로 예수님의 임재는 바리새인들처럼 주님의 말씀을 거절하는 자들에게는 저주가 될 것이며(마 23장), 하나님의 아들을 믿는 자들에게는 축복이 될 것이다(마 14:22-33; 18:20).

임마누엘로서의 예수가 갖는 이런 특징의 견지에서 볼 때, 이 직함은 예수께서 하나님이시라는 것을 뜻하는가? 이 질문에 대답하기 위해서는 내러티브가 진전됨에 따라 독자들에게 더 많은 정보를 제공하는 마태복음의 방식에 신중한 주의를 기울일 필요가 있다. 이 복음서의 시작부터 암시적으로 소개되었던 것이 이제 복음서의 결론에 의해 더욱 명확해진다. 마태복음 1장에서 우리는 다윗부터 아브라함까지 이르는 예수님의 족보를 읽을 수 있다. 예수께서 육신적 아버지의 중개 없이 성령의 권능을 통해 마리아에게서 태어나셨다. 예수님의 탄생은 기적적이며 그의 초기 생애의 다양한 측면들은 성경의 성취이다. 또한 우리는 그 어떤 피조물보다 더욱 예수님이 그의 아버지와 공유하신 친밀한 관계를 살펴보았다. 여기에는 질병과 귀신 들림과 자연적 영역을 통치하시는 예수님의 막대한 권위가 포함된다. 나중에 예수님은 교회에서 그분의 이름으로 제자 두세 사람이 함께 모인 곳이라면 그곳에 그분도 함께 있을 것이라는 놀라운 약속을 주셨다(18:20). 마지막으로 우리는 지상명령의 말씀 속에서 예수님이 마땅히 경배를 받으셔야 하고 하늘과 땅의 모든 권세가 그에게 속했으며[21] 세상 끝 날까지 제자들과 함께하시겠다는 말씀을 듣게 된다(28:20). 제자들과 계속해서 함께하시겠다는 예수님의 마지막 약속은 마태복음 1:23에서 이미 실재하고 있던 것이 무엇인지를 다시 명확하게 해 준다. 그 어떤 피조물이든 그 존재를 초월하는 방식으로 예수님은 자기 백성을 위한 하나님의 언약적 임재의 성취이

---

21   11:25에서 아버지의 권세에 대한 병행 구절에 주목하라.

시다. 예수님은 성부와 성령과 가장 가까이 계시는 신적 임마누엘이시다(28:19). 이런 본문의 특징으로 미루어 볼 때, 우리는 예수께서 신적 임마누엘로서 항상 우리와 함께하시는 분이라고 결론 내려야 할 것이다.

아버지와 아들과 성령

이제까지 우리는 하나님의 우월성과 하나님 아들의 신성에 대해 살펴보았기에 이제 마태가 아버지와 아들과 관계하여 성령의 본질과 역할에 대해 표현하는 방식에 주목해야 한다. 우리가 발견하는 것은 세 위격 간의 놀라운 연합인데 바로 이것이 그 어떤 피조된 존재보다 훨씬 더 우월하신 성령의 신적 역할을 가리킨다.

성령은 마태복음에서 몇 가지 방식으로 그 신원이 확인된다. 첫째, 마태는 성령을 성부 하나님과 관련시킨다. 마태복음 3:16에 기록된 세례식에서 예수님에게 임한 영은 **하나님의** 영이시다. 그리고 예수님은 하나님의 영에 힘입어 귀신을 쫓아내셨는데(12:28), 이는 종에게 임하신 여호와의 영을 언급한 이사야 42장을 인용한 것과 밀접한 관련이 있다(12:18). 또 다른 곳에서 성령님은 제자들의 아버지의 영으로 소개된다(10:20).

둘째로 성령님과 예수님의 밀접한 관계를 볼 수 있다. 성령은 예수님의 수태(conception) 배후의 독창적인 능력이며(1:18, 20)[22] 예수님의 메시아 사역에 힘을 불어넣어 주신 분도 역시 성령이시다(3:11, 16; 4:1; 12:18, 28). 인자를 모독하는 자는 용서함을 받겠지만 성령(인자에게 능력을 주시는)을 훼방하는 것은 하나님을 모독하는 것이기 때문에 용서받지 못할 것이다(12:31-32). 더욱이 메시아가

---

[22] 참조. Gresham Machen, *The Virgin Birth of Christ* (New York: Harper & Row, 1930; repr. Grand Rapids: Baker, 1985), p. 140.

다윗의 후손이자 동시에 다윗의 주님이 되실 것이라는 예언의 말씀을 하게 하신 이도 역시 성령이시다(22:43; 비교. 시 110:1). 몇 차례 예를 통해 우리는 예수님께서 인자로서 자신의 역할뿐만 아니라 성부와 성령의 역할에 대해 말씀하신 것을 발견할 수 있다(10:20-33; 12:28-32). 이를 함께 고찰해 볼 때, 이 본문들은 성령의 신성을 인식하게 하는 결정적인 측면인 성령님의 인격을 보여 준다. 요약하자면, 마태복음에서 아버지의 영은 하나님의 영으로 알려지고, 바로 이 영이 예수님의 사역을 위해 그분을 강하게 하신 그 영이시다. 마태복음에서 성령님의 역할은 "삼위의 모든 위격들이 하나님의 모든 외적인 행위들을 공유한다."(opera ad extra trinitatis indivisa sunt)라는 원리를 강조한다.[23]

이 원리를 더욱 지지하기 위해 우리는 마태복음에서 각 위격의 신적 지위를 가리키는 방식으로 성부와 성자와 성령의 현존에 대한(때로 삼위 하나님께서 동시에 나타나시는) 몇 개의 본문을 제시할 수 있다. 예수님의 탄생 시에 성령님(우리가 이미 살펴본 바와 같이, 아버지의 영이신 분)께서 예수님 수태의 작용인(agent)이심을 우리는 알게 된다(1:18-20).[24] 예수님께서 세례를 받으실 때 우리는 아버지의 음성을 들었고 비둘기가 하늘로부터 내려와 예수님 위에 임했으며 예수님의 아들 되심이 선언되었음을 보았다(3:16-17). 여기서 우리는 양태론이 아니라, 메시아 사역을 위해 예수님이 기름 부음을 받으시는 극히 중대한 구속 역사의 한 순간에, 하나님의 신성의 세 위격이 동시적으로 나타나셨음을 알 수 있다. 요약하자면, 우리는 마태복음 전체에서 아버지와 아들과 성령의 존재를 발견한다. 성령님께서는 하나님 아버지의 왕국을 개시하시고(inauguration) 이를 가르치시는 성자 예수의 사역에 있어서 중심 역할을 하고 있다.

이와 유사한 순간이 예수님께서 십자가로 가까이 가실 때 아버지와 영광의

---

23 Sinclair B. Ferguson, *The Holy Spirit*, Contours of Christian Theology (Downers Grove: InterVarsity Press, 1996), p. 43.
24 여기 신적 수동태가 1:16, 18, 20에서도 사용되었다.

구름("홀연히 빛난 구름")과 아들이 모두 동시에 나타났던 변화산상에서도 발견된다(17:5). 비록 예수님께서 세례를 받으실 때처럼 성령님이 뚜렷하게 언급되지 않았다 할지라도, 하늘로부터의 신적 음성으로서의 말씀이 성령님께서 비둘기처럼 임하신 세례식 장면과 너무나 유사하기 때문에 여기 마태복음 17장에서 신적 현현의 영광의 구름을 성령님의 출현과 연관시킬 수 있는 성경적 근거로 주장할 수 있을 것이다.[25]

마태복음의 절정은 지상명령(28:18-20)에서 나타나는데 이 본문은 마태복음뿐만 아니라 전체 신약 성경에서도 성부와 성자와 성령께서 서로 뚜렷하게 협력하심에 대한 가장 명백한 본문이다. 성삼위 사이의 상호연관성과 구별이 마태복음의 시작에서는 투명하게 나타나지 않았겠지만, 예수가 부활하신 상태에서는 더욱 직접적으로 진술되어 있다. 마태복음 28장에서 우리는 예수께서 하늘과 땅의 모든 권세를 지니신 분이며, 그의 제자들에게, 가서 모든 민족으로 제자를 삼아 그 아버지와 그 아들과 그 성령의 이름으로 세례를 주라고 명령하시는 분이심을 읽게 된다. 여기 **이름**이라는 단수 명사가 성부와 성자와 성령 모두를 포함하고 있다는 사실이 중요하다. 더욱이 정관사인 '그'가 각 위격의 개별성을 강조하기 위해 삼위일체 하나님의 각 위격 앞에 반복하여 위치해 있다. 여기 암시된 것은 아마도 성부와 성자와 성령께서 하나의 이름으로 묘사될 수 있다는 것이지만 그렇다고 해서 이것이 신적 위격들의 혼합으로 이어지지는 않는다. 아버지와 아들과 성령은 하나의 이름을 공유하지만 각각 구분되는 위격들로 남아 있다.[26] 또한 이 마태복음의 절정에 대하여, 최종적 지상명령 장면 이

---

25 성령의 출현으로서의 영광스러운 구름에 대해서는 다음을 참조하라. Meredith M. Kline, 'The Holy Spirit as Covenant Witness' (ThM thesis, Westminster Theological Seminary, 1972), pp. 5-26; Meredith G. Kline, *Images of the Spirit* (Grand Rapids: Baker, 1980), pp. 15, 29; Vern S. Poythress, *The Manifestation of God: A Biblical Theology of God's Presence* (forthcoming), chs. 5, 16-17, 43.

26 다음 책을 참조하라. Bavinck, *Reformed Dogmatics*, vol. 2, pp. 270, 305-306.

전에 서술된 마태복음 전체 내용의 견지에서 이 진술이 암시하는 것이 무엇인지를 살펴야 한다. 달리 표현하자면, 예수님의 마지막 말씀은 자신의 가르침을 요약하고 있으며, 마태복음에서의 예수님에 대한 우리의 이해 역시 반드시 예수님께서 고별사에서 말씀하신 삼위일체적 지시와 관련이 있어야만 한다. 그러므로 마태의 복음서에 나타난 삼위일체적 본질을 확인하고 설명하는 것이 우리에게 부과된 의무이다.

결론

우리는 마태복음에서 그 본질상 삼위일체적인 복된 소식을 보게 된다. 그것은 부활하신 메시아이시며 하늘과 땅의 모든 권세를 지니신 예수님께로부터 오는 복된 소식이다. 예수님은 하늘에 계신 그분 아버지의 아들과 딸이 되는 특권을 우리에게 수여하시는, 하나님의 아들이시며 중보자이시다. 이 특권과 함께 주어지는 것은 예수님이 지금 우리와 함께하시며 세상 끝 날까지도 계속해서 우리와 함께하실 임마누엘이시라는 영속적인 약속이다.

2. 삼위일체와 마가복음

– 다니엘 요한손

마가복음이 '저 기독론'(low Christology)을 전개하고 있다는 일반적인 견해로 볼 때, 하나님에 대한 삼위일체적 이해가 여기 마가복음에서 추적될 수 있는지를 논의하는 것은 아마도 쓸데없는 노력처럼 보일 것이다.[1] 우리가 초기 기독교회 공동체에서의 이위일체론(하나님과 예수)으로부터 삼위일체론(하나님, 예수, 성령)으로의 '자연스러운' 발전[2], 즉 당연한 것으로 받아들여지긴 하지만 필연적으로 논증되지는 않는 이런 견해를 받아들인다면[3] 삼위일체 문제를 여기서 다시 끄집어내는 것은 무의미한 일이 될 것이다. 만일 예수께서 신적인 존재보다

---

1 20세기 초반부터 약 1970년대까지의 지배적인 견해는 마가복음이 하나님이신 그리스도를 제시했다는 것이다. 그 이후 대부분의 견해가 변화되었고 마가복음의 예수는 비록 고귀한 존재이기는 하지만 단지 인간적 존재로 여겨졌다. 하지만 최근의 몇몇 연구들은 마가가 하나님이신 그리스도를 묘사하고 있다고 주장하고 있어서 이런 견해들이 또다시 변화되고 있다. 이런 연구에 대해서는 다음 책을 참조하라. Daniel Johansson, 'The Identity of Jesus in the Gospel of Mark: Past and Present Proposals', *CBR* 9 (2011), pp. 364-393.
2 이에 대한 개관과 비평에 대해서는 다음을 참조하라. J. N. D. Kelly, *Early Christian Creeds*, 3rd ed. (London: Longman, 1972), pp. 13-29.
3 이중적, 삼중적 형식(이위일체 또는 삼위일체의 형식을 뜻한다. – 역주)은 아마도 나란히 병행하여 존재할 수 있거나, 드물기는 하지만 이런 이유로 인해 예수께서 신적 존재의 언어로 이해되기 전에 성령의 인격적인 이해가 먼저 발전될 수도 있었을 것이다.

못하다면 말이다. 그럼에도 나는 마가복음에서 예수와 하나님의 매우 독특하게 묘사된 밀접한 관계에 대한 증거가 실제로 인식되는 것보다 훨씬 더 강하게 제시되어 있다는 것을 논증할 것이다. 비록 여기에 성령에 대한 언급이 상대적으로 보다 적기는 하지만 이것들은 일반적으로 성령의 신적이며 위격적인 지위에 대한 증거로 간주되는 특징을 지니고 있다.[4] 이와 동시에 마가는 한 분이시고 유일하신 이스라엘의 하나님이라는 믿음에 대한 강력한 증거를 제시한다.

이런 증거에 관심을 기울이기 전에 우선 전문용어에 대해 몇 마디 해야겠다. 매우 엄격한 역사적 관점에서 볼 때, 이런 용어들은 마가복음이 기록되고 훨씬 이후에 나타났고 논의되었으며 또한 마가가 언급하지 않은 철학적 범주들과 관계된 것이기 때문에 '삼위일체'와 '삼위일체적'과 같은 용어들을 사용하는 것은 시대와 맞지 않을 것이다. 따라서 어떤 신학자들은 신약 성경의 본문을 논의하고자 할 때 '원시적인 삼위일체적' 견해,[5] 신적인 삼자관계, 삼중의 형식 등의 이름으로 호칭하기를 선호한다[6]. 현재의 연구는 삼위일체적인 단어를 사용하는 데 어려움이 있음을 인정한다. 그러나 다른 한편으로 신약 성경의 삼중의 형식은 이어지는 세기에 있어서의 삼위일체 교리 논의 및 발전과 전적으로 분리해서 생각할 수도 없다. 초기 기독교 신학자들은 실상 다른 모든 것들 가운데 정확히 이러한 본문들을 토론해 왔던 것이다.[7] 그러므로 이러한 어려움이 있음에도 불구하고 나는 과연 마가복음에서 이런 **삼위일체적** 형식이 발견될 수 있는

---

4   마가의 주요한 관심은 예수와 성령의 관계보다 예수와 하나님의 관계에 놓여 있다. 하지만 마가는 고대 유형의 예수 전기를 기록한 것으로 보이기 때문에 이런 부분에 대해서 놀랄 필요는 없다. 다음 책을 참조하라. Richard A. Burridge, *What Are the Gospels? A Comparison with Greco-Roman Biography* (Grand Rapids: Eerdmans, 2004). 만일 마가가 초대교회를 향해 편지를 썼더라면, 즉 바울이 그랬던 것처럼 성령을 경험한 신자들의 상황에 대해 직접적으로 편지했더라면, 3기는 익민 틸뗐을 것이나.
5   Gordon D. Fee, *Pauline Christology: An Exegetical-Theological Study* (Peabody, Mass.: Hendrickson, 2007), pp. 586-593.
6   비교. Arthur W. Wainwright, *The Trinity in the New Testament* (London: SPCK, 1962); Larry W. Hurtado, *God in New Testament Theology* (Nashville: Abingdon, 2010).
7   예를 들면, 다음을 참조하라. Novatian, *De Trinitate*.

지를 즐겁게 확인하고자 한다.

하나님의 단일성

그리스도의 신적 지위에 관해 일부 학자들은 신적 존재에 대한 모호한 개념을 가진 이교도들이 기독교 공동체에 들어와서 초기 유대인 신자들의 견고하고도 엄밀한 일신론을 훼손했다고 주장했지만,[8] 신약 성경 본문들의 증거는 도리어 소위 초기 그리스도인들이 일신론적 자세를 견지하고 있었다는 다른 방향을 가리킨다.[9] 이 점에 있어서 마가의 복음은 전혀 예외가 아니다. 마가는 주로 이방인 독자를 대상으로 쓰고 있음에도 불구하고[10], 아니면 오히려 더 그렇기 때문에, 마가는 이스라엘의 오직 한 분 하나님이라는 신약 성경의 믿음에 대한 가장 강력한 주장을 포함시키고 있다.

마가는 유대인의 성경을 인용하면서 복음서를 시작한다. "선지자 이사야의 글에 기록된 대로…"(1:2).[11] 실상 이 말씀은 세 가지 구약 성경 구절을 혼합한 것인데(출 23:20; 말 3:1; 사 40:3), 마가는 이 전체 인용 구절이 이사야에 속했다고 분명히 말함으로써 이사야서 인용을 강조한다.[12] 이렇게 함에 있어서 복음서의

---

8 예를 들면, 다음을 참조하라. Wilhelm Bousset, *Kyrios Christos: Geschichte des Christusglaubens von den Anfängen des Christentums bis Irenaeus* (Göttingen: Vandenhoeck & Ruprecht, 1913; rev. ed. 1921); Maurice Casey, *From Jewish Prophet to Gentile God: The Origins and Development of New Testament Christology* (Cambridge: James Clarke, 1991).

9 예를 들면, 다음 책을 참조하라. Larry W. Hurtado, 'Devotion to Jesus and Second-Temple Jewish Monotheistic Piety', *How on Earth Did Jesus Become a God: Historical Questions About Earliest Devotion to Jesus* (Grand Rapids: Eerdmans, 2005), pp. 31-55; Richard Bauckham, *Jesus and the God of Israel: God Crucified and Other Studies on the New Testament's Christology of Divine Identity* (Milton Keynes: Paternoster; Grand Rapids: Eerdmans, 2008), pp. 94-106.

10 마가복음 7:3-4가 주된 증거 구절로 인용된다.

11 이 장의 성경 번역은 필자의 것이다.

12 Rikk E. Watts, *Isaiah's New Exodus and Mark*, WUNT 2,88 (Tübingen: Mohr Siebeck,

시작부터[13] 마가는 자신의 글을 유대의 전통(예를 들면, 그들의 성경)뿐만 아니라 그들의 하나님 및 그들의 일신론과 관계시킨다.[14] 마가가 지금 인용한 이사야 40:3은 가장 분명하게 이스라엘의 하나님에 대한 엄숙한 선언("나는 **여호와라** 나 외에 다른 이가 없나니 나밖에 신이 없느니라"[45:5])과 인간이 만든 우상에 대한 풍자적인 조롱과 관계된 구약 성경의 지극히 일신론적인 표현의 시작이다. 암시적이라 할지라도 마가의 요점은 이스라엘의 한 분 하나님, 즉 만물의 유일한 창조자이시요 역사의 주관자시요, 고대의 날에 자기 백성을 위해 행하시겠다고 약속하신 그 하나님께서 이제 그분의 약속을 성취하시겠다는 것이다.[15] 이 하나님이 누구시며 그분이 어떻게 행하시는지에 대한 이야기가 바로 지금 마가가 말하고자 하는 내용이다.

하나님의 단일성 문제를 다루는 가장 중요한 구절은 신학적으로 치밀한 장인 12장에서 발견할 수 있다.[16] 예수께서는 신명기 6:4의 "이스라엘아 들으라 우리 하나님 여호와는 오직 유일한 여호와이시니"라는 말씀을 인용하여 대답하신다(막 12:29). 하나님의 유일성에 대한 서기관의 반응은 매우 단호하다. "서기관이 이르되 선생님이여 옳소이다 **하나님은 한 분이시요 그 외에 다른 이가 없다** 하신 말씀이 참이니이다"(12:32). 이 구절은 실로 놀랍기 그지없다. 다른 초기 기독교 저자들은 이 쉐마의 첫 번째 부분을 넌지시 암시하고 있지만, 신약 성경에

 1997), pp. 57-90.
13 고대 문학에서 시작의 중요성에 대해서는 다음을 참조하라. D. Earl, 'Prologue-Form in Ancient Historiography', *ANRW*, vol. 1.2, pp. 842-856, 특별히 856쪽을 보라.
14 삼위일체 교리에 있어서 이런 측면의 중대성에 대해서는 다음 책을 참조하라. Robert W. Jenson, *Systematic Theology*, vol. 1: *The Triune God* (Oxford: Oxford University Press, 1997), pp. 42-60.
15 마가복음에 대한 이사야서의 일반적인 영향에 대해서는 다음 책을 참조하라. Watts, *Isaiah's New Exodous and Mark*.
16 초기 그리스도인들에게는 예수와 그의 대적자들 사이의 대화 가운데 네 가지 중대한 문제들이 제기되었는데 그것은 황제(그리고 국가)와의 관계, 몸의 부활에 대한 질문, 유대인의 일신론, 그리고 예수의 정체 등에 대한 질문들이다.

서 이 구절을 인용한 것은 여기가 유일하다.[17] 더욱 놀라운 것은 일신론적 비중에 있어서 이 구절에 비견될 만한 그 어떤 구절도 다른 성경이나 초기 유대 문헌에서 발견할 수 없다는 것이다.[18] 예수께서 먼저 쉐마를 인용하신 후에 서기관들이 두 개의 일신론적 고백문 즉 "하나님은 한 분이시요", "그 외에 다른 이가 없다"라는 관용적 표현을 덧붙인다.[19] 마가복음의 일신론적 조망이 이보다 더 효과적으로 진술될 수는 없었을 것이다. 마가가 이 구절을 포함시킨 이유는 (마태복음과 누가복음에서 생략한 것과 비교해 볼 때) 아마도 마가의 독자들이 살았던 다신론적 환경과 그들 가운데 많은 이들이 이방인의 배경을 지닌 것과 관계되었을 것이다. 그러므로 전도자 마가가 그리스-로마 세계의 다신론을 배격했음은 의심의 여지가 없다. 하지만 마가에게는 예수에 대한 오해를 피하기 위한 다른 이유도 있었을 것이다.[20]

쉐마에 있어서 '하나'라는 핵심어는 계속해서 다음과 같은 두 구절에 나타난다. 마가복음 2:7과 10:18은 '에이 메 헤이스 호 데오스'(*ei mē heis ho theos*: 만일 그가 한 분 하나님이 아니시라면)같이 똑같은 구절을 포함하고 있는데 두 경우 모두 실상 '헤이스'(*heis*[하나])라는 단어가 필요하지 않으며 예수가 이를 인용한 것과 서기관들이 반응한 것을 지시하고 있기 때문에 이 구절은 쉐마를 암시하고 있

---

17 신명기 6:4은 다른 공관복음서에서는 생략되었다. 신약 성경에서의 쉐마에 대한 언급에 대해서는 다음 책을 참조하라. Bauckham, *Jesus*, pp. 94-106. 신명기 6:4의 최근 논의에 대해서는 다음 책을 참조하라. Erik Waaler, *The Shema and the First Commandment in First Corinthians: An Intertextual Approach to Paul's Rereading of Deuteronomy*, WUNT 2.253 (Tübingen: Mohr Siebeck, 2008), pp. 98-114, 123-133.
18 월러(Waaler)의 다음과 같은 결론과 비교해 보라. "마가복음에 있어서 이것은 많은 초기 유대인 문헌보다 훨씬 더 순전한 것이다."(*Shema*, p. 220). 월러는 서기관의 반응에서 다음과 같은 세 가지 요소를 발견한다. (1) 하나님의 단일성에 대한 고백, (2) 다른 신이 있음에 대한 부인, (3) 그 어떤 예외도 없음에 대한 진술.
19 다음을 참조하라. Ibid., pp. 106-114, 154-181, 448-451, and U. W. Mauser, 'Eis Theos und Monos Theos in biblischer Theologie', in I. Baldermann, E. Dassmann and O. Hofius (eds.), *Einheit und Vielfalt biblischer Theologie* (Neukirchen-Vluyn: Neukirchener Verlag, 1986), pp. 71-87.
20 아래를 참조하라.

다.²¹ 첫 번째 경우는 중풍병자의 죄를 용서하시는 예수님의 권위를 반대하는 서기관들의 말이다. "오직 하나님 한 분 외에는 누가 능히 죄를 사하겠느냐?" 두 번째 구절에서 예수님은 부자에게 왜 인자를 선한 이로 부르는지를 물으신다. "네가 어찌하여 나를 선하다 일컫느냐 하나님 한 분 외에는 선한 이가 없느니라." 성경과 초기 기독교 문헌에서 이스라엘 하나님의 유일성을 강조하는 일에 빈번하게 사용되었던, 쉐마의 핵심 단어를 포함시킨 것은 한 분 하나님을 믿는 일신론적 믿음이 이 두 구절의 관심사라는 것을 제시하는 것이다.²²

나아가서 마가복음 5:7은 하나님을 "지극히 높으신 하나님"으로 칭한다. 이런 칭호는 종종 마가복음에 나타나는 것처럼 이방인들이 이스라엘의 하나님을 지칭할 때나 유대인들이 이방인들에게 말할 때처럼 초기 기독교 문헌에 보면 이방인의 정황에서 나타난다.²³ 비록 이 칭호가 이스라엘의 하나님을 신들 가운데 가장 전능하신 분으로 이해하는 것이라고 암시할 수도 있지만 보컴은 초기 유대 문헌에 있어서의 이 용법은 만물과 열방을 통치하시는 하나님의 주권을 지시하며 따라서 이런 이유 때문에 특별히 이방인의 정황에 잘 어울리는 칭호라고 주장한다.²⁴

우리는 또한 마가가 하나님을 만물의 창조자요 날들을 감하실 수도 있는 역사의 주권적인 통치자와 동일시하고 있는 것에 주목해야 한다(13:19-20). 이 두 가지 모두 하나님을 향한 유대인들의 신앙적 표현이다(비교.『마카비 3서』2:3).²⁵

---

21 Joel Marcus, 'Authority to Forgive Sins upon the Earth: The Shema in the Gospel of Mark', in C. A. Evans and W. R. Stegner (eds.), *The Gospels and the Scriptures of Israel*, JSNTSup 104 (Sheffield: Sheffield Academic Press, 1994), pp. 196-211.
22 Joachim Gnilka, 'Zum Gottesgedanken in der Jesusüberlieferung', in H.-J. Klauck (ed.), *Monotheismus und Christologie: Zur Gottesfrage im hellenistischen Judentum und im Urchristentum* (Freiburg im Breisgau: Herder, 1992), pp. 144-162; 또한 다음을 참조하라. p. 151: 'The oneness of God is at stake (Die Einzigkeit Gottes steht auf dem Spiel).'
23 Bauckham, *Jesus*, pp. 107-126. 보컴은 주전 250년부터 주후 150년 사이의 유대 문헌에 나타나는 이 용어의 용법의 도표를 제공한다.
24 Ibid., pp. 116-122.
25 Larry W. Hurtado, *Lord Jesus Christ: Devotion to Jesus in Earliest Christianity* (Grand

전도자 마가는 이런 주제들을 상세히 설명하고 있지는 않지만 당연한 것으로 간주하고 있다.

결론적으로, 마가는 한 분 하나님에 대한 유대적 이해와 믿음을 주장하는데, 이 주장은 특히 쉐마를 포함시키는 것과 한 분 하나님에 대한 개념을 반복해서 암시하는 것으로 강조된다. 따라서 마가는 삼위일체적 교의의 후기 발전에 있어서 중요한 요소인 하나님의 단일성 개념을 후기 신학자들에게 제공하는 초기 그리스도인 저자들 그룹에 속해 있는 것이다.

하나님 아버지

마가복음에서 '하나님'이란 단어는 약 50회 나타난다. 이 가운데 절반 이상이 '하나님의 나라' 또는 '하나님의 계명' 등과 같은 구문에서 사용되기 때문에 '하나님'을 직접적으로 언급하는 경우는 약 25회로 감소된다. 이는, 예를 들면, '예수'라는 이름(약 95회 정도 나타나는)보다 훨씬 적은 횟수이다. 통계는 오용될 수 있지만 이런 숫자들은 마가복음의 기본적 특징을 암시해 준다. 말하자면 예수님이 주요한 인물이며 하나님은 숨겨진 역할을 수행한다는 것이다.[26] 마가복

---

[26] Rapids: Eerdmans, 2003), p. 36; Bauckham, *Jesus*, pp. 7-11.
바로 이것이 마가복음에서의 '하나님' 연구의 숫자가 적은 이유이겠지만, 좀 더 노골적으로 말하자면 신약 연구에 있어서의 일반적인 태만을 반영하는 것이기도 하다(다음을 참조하라. Hurtado, *God in New Testament Theology*, pp. 9-10). 다음 연구서들은 반드시 언급할 만한 가치가 있다. John R. Donahue, 'A Neglected Factor in the Theology of Mark', *JBL* 101 (1982), pp. 563-594; Gnilka, 'Gottesgedanken'; P. Danove, 'The Narrative Function of Mark's Characterization of God', *NovT* 43 (2001), pp. 12-30; Jack Dean Kingsbury, "God" Within the Narrative World of Mark', in A. A. Das and F. J. Matera (eds.), *The Forgotten God: Perspectives in Biblical Theology* (Louisville: Westminster John Knox, 2002), pp. 75-89; C. Drew Smith, '"This Is My Beloved Son: Listen to Him": Theology and Christology in the Gospel of Mark', *HBT* 24 (2002), pp. 53-86; Gudrun Guttenberger, *Die Gottesvorstellung im Markusevangelium*, BZNW 123 (Berlin: de Gruyter, 2004); Ira Brent Driggers, *Following God Through Mark: Theological Tension in the Second Gospel* (Louisville: Westminster John Knox, 2007).

음은 구약 성경에서 하나님께만 적용되는 몇 가지 신적인 행위를 예수님의 행동과 관련시켜 계속 말하고 있는 한편,[27] 대부분의 경우에 하나님은 간접적으로, 또는 구약 성경에 나타난 그분의 행위와 관계해서만 나타난다. 이것이 마가복음에서 하나님에 대한 언급이 결여되어 있다는 뜻은 아니다. 하나님의 숨겨진 임재는 내러티브 전체를 통해 인정되고 있다. 하나님은 죄를 용서하시며(2:7; 11:25), 영광 받으시고(2:12), 남자와 여자를 결혼으로 맺어 주시고(10:9), 사람으로서는 불가능한 일을 가능하게 하시며, 즉 사람들이 하나님의 나라에 들어가게 하시며(10:27), 죽음 가운데서 사람들을 부활시키시는 분이시다(12:30). 제자들은 하나님이 그들의 기도를 들으시는 분이심을 믿어야만 한다(11:22). 제자들은 하나님이 누구신지 알고 마땅한 태도를 취해야 하며(12:26), 마음을 다해 하나님을 사랑해야 한다(12:30).

이런 견지에서 볼 때, 하나님이 내러티브의 시작과 중간과 마지막이라는 세 가지 사건에 전략적으로 나타나시는 장면은 매우 중요하다. 첫째로, 하나님의 음성인 '바스 콜'(*Bath Qol*: 하나님의 뜻을 전달하는, 하늘에서 나는 신적인 음성 - 역주)이 예수께서 세례 받으실 때 울려 퍼졌다. "하늘로부터 소리가 나기를 너는 내 사랑하는 아들이라 내가 너를 기뻐하노라 하시니라"(1:11). 본 장에서 우리의 목적을 이루기 위해서, 우리는 하나님이 예수를 인정하시고 그를 자기의 아들로 확인해 주시는 것, 즉 자신을 예수의 아버지로 나타내심으로 마가복음에서 하나님의 또 다른 중대한 직함을 소개하시는 것에 주목해야 한다. 다음 장면은 변화산상에서 벌어진 일인데, 첫 번째 장면에서 들린 하나님의 음성이 반복되지만 몇 가지 중대한 차이점이 있다. '바스 콜'이 또다시 들린다. "이는 내 사랑하는 아들이니 너희는 그의 말을 들으라"(9:7). 첫 번째 장면에서는 하나님의 음성이 성령의 가시적인 나타나심과 동반되었다면 이번에는 구름이 출현했는데, 이

---

27 본 장의 예수 그리스도 부분을 참조하라.

는 제자들과 독자들에게 하나님께서 줄곧 말씀하시던 시내산에서의 구름 속 하나님의 현현을 상기시켜 준다. 또 다른 차이점은 하나님의 말씀이 그 자리에 있던 세 제자들에게 직접적으로 전달되었다는 것인데, 그 자리에서 예수에게 말씀을 주시어 권한을 부여하시고 역사 속에서 인성을 지니신 하나님 아들로서의 예수를 최초로 제시하고 계신다는 것이다.[28] 세 번째 장면은 부활 사건이다. 마가는 하나님이 예수를 살리셨다고 직접적으로 말하지는 않지만 그 내용은 이미 본문 속에 내포되어 있다. 천사가 무덤가에 있는 여인들에게 예수께서 여기 계시지 않고 살아나셨다(ēgerthē)고 말한다(16:6). 수동태 동사는 특별히 죽은 자를 살리시는 하나님을 묘사하는 12:19-27의 논의의 견지에서 볼 때 거의 분명하게 **하나님이** 예수를 살리셨다는 것을 암시한다. 그러므로 예수는 버린 바 되지 않으셨고(비교. 15:34), 궁극적으로 하나님에 의해 변호되었고 인정받으신 것이다.

그렇다면, 처음에는 마가복음에서 하나님이 눈에 띄지 않는 뒷자리에 앉아 계신 것처럼 보이지만 결국 하나님은 세 가지 구조적으로 중대한 장면에서 역사에 개입하시고 심원한 방식으로 행동하신다. 이런 방식으로 하나님의 본질적인 역할은 "예수를 인정하고 승인하는 것"이지만 이를 통해 하나님은 "예수의 활동을 위한 원천과 궁극적 의미"로 자신을 나타내신다.[29]

세 가지 장면 가운데 두 장면에서 (암시적이라 할지라도) 중요한 역할을 하는 단어인 '아버지'라는 직함은 마가가 제시하는 하나님 개념에 있어서 중대하다. '바스 콜'은 '하나님'으로서가 아니라, 예수님('내 아들')과의 관계에 있어서, 말씀하시는 분이 말씀을 듣는 분 또는 말씀의 대상이 되는 분과 가족 관계에 있음을

---

28 Jack Dean Kingsbury, *The Christology of Mark's Gospel* (Philadelphia: Fortress, 1989), pp. 80-85.
29 Hurtado, *God in New Testament Theology*, p. 19. 허타도는 여기서 킹스버리의 'Narrative World'의 결론 부분을 요약하고 있다.

드러낸다. '아버지'라는 단어가 출현하는 빈도수는 그다지 두드러지지 않는다.[30] 이 직함은 고작 4번 정도 나타난다. 그 가운데 세 번의 '아버지'는 예수님과 관계되어 있고(8:38; 13:32; 14:36), 한 번은 하나님이 제자들의 아버지로 묘사된다(11:25). 여기에다 우리는 절대적으로 하나님을 예수님의 아버지로 삼아, 예수님이 하나님의 아들로 제시되는 사례들을 추가할 수 있다(1:1, 11; 3:11; 5:7; 9:7; 12:6; 13:32; 14:61; 15:39). 그러므로 하나님은 예수님과의 관계에 있어서 주로 '아버지'이시다.[31]

이는 우리를 마가복음에 나타난 하나님의 중요한 세 번째 칭호인 '큐리오스'(*kyrios*, 주님)로 안내한다. 하나님은 한 분 주님이시며 쉐마의 하나님이시다(12:29). 이 칭호는 마가복음에 16회 출현한다. 그러나 이 명칭은 예수님도 공유하는 것이며 때로 이 칭호가 하나님을 가리키는지 예수님을 가리키는지 결정하기 어려울 때가 있다. 마가복음 12:36에서 하나님은 명백하게도 주님(큐리오이: *kyrioi*) 가운데 한 분이시며 12:11의 성경 인용문에서도 역시 주님이시다. 하지만 나머지 경우에 이 호칭은 하나님과 예수님 모두에게 겹치는 것으로 보인다. 우리는 이 문제를 상세하게 살펴보기 전에 먼저 예수님과 성령님에게 관심을 기울이고자 한다.

예수 그리스도, 하나님의 아들

마가복음의 주인공은 몇 가지 다른 직함으로 제시되는데, 그 직함 중에는 마가복음이 시작되는 구절에 나타나는 '메시아/그리스도'와 '하나님의 아들'이

---

30 비교. 마태복음(44회 나타남).
31 이 부분의 제목을 '하나님 아버지'라고 정한 것은 이 논의의 주제에 따른 것이 아니라 마가복음에 나타난 증거에 의한 것이다.

있다.³² 매우 오랫동안 마가의 기독론에 대한 연구는 기독론적 호칭에만 집중되었다.³³ 이런 연구들이 예수님에 대한 마가의 소개를 잘 묘사하는 일에는 도움을 준다 할지라도, 예수님에 대한 완전한 이해는 그런 연구에 국한되거나 제한될 수 없다. '하나님의 아들'이라는 호칭이 바로 이런 좋은 실례 가운데 하나이다. 이것은 마가복음의 시작 부분에, 중간에, 마지막을 향하는 부분에 있는 세 가지 중추적인 구절에서 나타나기 때문에 의심의 여지 없이 중요하다(1:11; 9:7; 15:39).³⁴ 그럼에도 불구하고 이런 호칭은 다양한 의미들을 불러일으킨다. 비유대적 그리스 독자들에게 있어서 이것은 확실히 예수님께서 신적 인물임을 암시하겠지만, 성경 문헌에서 이 호칭은 천사들(창 6:2; 욥 1:6), 이스라엘(출 4:22; 호 11:1), 왕(시 2:7), 의로운 개인들(지혜서 2:16-20)에게 사용되고, 쿰란 문서에서는 이 호칭이 아마도 메시아적 직함일 것이다(4QFlor[4Q174]).³⁵ 마가는 이 중에서 어느 것을 의도한 것인가? 아니면 마가는 삼위일체 교리 주장에 근거해서 대부분의 독자들이 이해하고 있는 의미에 가까운 새로운 의미를 염두에 둔 것인가? 이 점에 있어서 예수님의 전체적인 소개에 대한 세심한 연구만이 우리에게 도움을 줄 것이다.

이어지는 지면에서는 예수님의 신성에 관한 질문에 한정할 것이고, 특별히 신비한 방식으로 마치 예수가 이스라엘의 하나님인 것처럼 묘사하는 세 개의 구절과 사건을 구체적으로 살펴보고자 한다.³⁶

---

32 '휘오스 데오'(Huios theou, 하나님의 아들)는 어떤 사본에는 누락되어 있다(e.g.ℵ,*,Θ). 이것이 후대에 삽입되었다는 견해는 Peter M. Head, 'A Text-Critical Study of Mark 1:1' NTS 37 (1991), pp. 621-629에서 변호되었는데 이런 주장은 최근 Tommy Wasserman, 'The "Son of God" Was in the Beginning (Mark 1:1)' JTS 62 (2011), pp. 20-51에서 도전을 받았다.
33 예를 들면, 다음과 같은 연구를 참조하라. Jacob Chacko Naluparayil, 'Jesus of the Gospel of Mark: Present State of Research' CBR 8 (2000), pp. 191-226.
34 이 칭호의 중요성에 대해서는 다음을 참조하라. Kingsbury, Christology, pp. 173-176; Edwin K. Broadhead, Naming Jesus: Titular Christology in the Gospel of Mark, JSNTSup 175 (Sheffield: Sheffield Academic Press, 1999), p. 123.
35 예를 들면, 다음과 같은 책을 참조하라. Broadhead, Naming Jesus, pp. 116-120.
36 이스라엘의 하나님이라는 역할을 수행하시는 예수를 묘사하는 모든 중요 구절을 연구한 것에 대

이미 살펴본 바와 같이, 마가는 출애굽기 23:20, 말라기 3:1, 그리고 이사야 40:3이라는 세 구절을 인용하면서 그의 복음서를 시작한다. 이 가운데 첫 번째 구절에서는 하나님께서 이스라엘에게 말씀하시고 천사를 그들 앞서 보내시겠다는 약속을 주신다. 이 본문은 여호와(YHWH)께서 자기 앞서 사자(messenger) 또는 천사를 보내시겠다고 약속하시는 말라기 3:1과 섞여 있다. "보라 내가 내 사자를 보내리니 그가 내 앞에서 길을 준비할 것이요"(말 3:1). 하지만 마가복음에는 '내 앞에서'가 '네 길'로 바뀌어 있다(1:2). 그다음 구절은 칠십인역의 '우리 하나님의 길'이라는 구절만 '그의 길'로 바꾸어 그대로 옮긴 것이다. 원래 문맥에서 이 본문은 하나님의 백성을 위한 구원이라는 결과를 낳는 여호와의 나타나심을 지칭한다. 인용의 원천으로서의 이사야에 대한 마가의 설명은 마가가 이사야서 본문을 가장 중요한 것으로 간주하고 있다는 것을 분명하게 나타내 준다. 세 구절을 섞어서 인용한 마가복음 1:2에서 말라기 3:1이 출애굽기 23:20보다 우선한다.[37] 그러므로 마가가 인용하고 있는 주요한 구약 성경 본문의 본래의 정황은 이스라엘의 하나님이 오시기 전에 길을 준비하는 것을 지칭한다. 말라기에서는 약속된 사자가 여호와의 길을 예비한다. 이사야서에서는 한 음성이 여호와의 길을 예비하라고 외친다.

그러나 마가복음에서 이 본문들은 세례 요한과 예수님에게 적용된다. 세례 요한은 엘리야처럼 옷을 입었다(1:6; 비교. 왕하 1:8). 요한은 사람들에게 죄 사함을 얻는 회개의 세례를 '선포'함으로, 오실 주님의 길을 예비한다(1:4; 비교. 말 3:2-4; 4:5-6). 요한은 자기 **뒤에** 오실 한 분을 선포한다(1:7-8). 만일 우리가 1:2-

---

해서는 다음을 참조하라. Daniel Johansson, 'Jesus and God and the Gospel of Mark: Unity and Distinction' (PhD diss., University of Edinburgh, 2012).

37 말라기 3:1 역시 여호와의 사자가 준비하는 사건에 강조점을 둔 이사야 40:3과 유사한 상황을 기록하고 있다. 또한 여기 사자는 말라기(4:5)에서 선지자 엘리야로 확인되고, 마가는 세례 요한이 선지자 엘리야의 출현이라는 약속을 성취한다는 것을 분명히 한다(참조. 막 1:6; 왕하 1:8; 막 9:12-13). 비교. Watts, *New Exodous*, pp. 86-87.

8을 그 이후에 나오는 구절들과 분리하면, 우리는 여호와께서 나타나시는 엄청난 신의 현현을 기대하게 될 것이다! 하지만 사실은 그렇지 않다. 그 대신 예수님이 요단강에 나타나셔서 세례 요한이 기대하고 마가가 인용한 성경 본문의 주인공이 되신다(1:9).[38]

예수님을 이런 방식으로 소개함으로써 마가는 그 주어가 여호와인 구약 성경 두 본문을 예수님에게 적용시킨다. 이사야 40:3은 신적인 이름인 여호와(야훼: YHWH)를 포함하고 있기 때문에 특별히 중대하다. 이 구절은 여호와가 주어인 구약 본문을 인용하면서 예수님을 그 본문의 주어로 삼은 신약 성경의 구절들 중 하나이다.[39] 마가복음의 경우에 이는 '그리스도'와 '하나님의 아들' 외에 소위 '주님'이라는 또 다른 중대한 직함이 예수님에게 주어졌음을 의미한다. 그뿐만 아니라 이는 이런 인용문들을 통해 예수님과 하나님이 가능한 한 서로 가장 긴밀하고도 친밀하게 연결되어 있음을 의미한다.[40] 마가의 인용문이 복음서 도입 부분에 위치해 있다는 것은 마가복음 전체에 있어서 계획된 것이며 이는 독자들로 하여금 마가복음의 기독론을 해석할 수 있도록 도와준다. 이런 주장은 이어지는 구절에 의해서 확증된다.

마가복음 2:1-12에서 예수님은 사람들이 데려온 한 사람의 죄를 용서하신

---

38 이에 대한 더 깊은 연구에 대해서는 다음을 참조하라. Daniel Johansson, '*Kyrios* in the Gospel of Mark', *JSNT* 33 (2010), pp. 101-124.
39 이 본문들은 다음 책에 실려 있다. Bauckham, *Jesus*, pp. 186-188, 219-221. 바울에 있어서의 이러한 현상에 대해서는 다음을 참조하라. David B. Capes, *Old Testament Yahweh Texts in Paul's Christology*, WUNT 2.47 (Tübingen: Mohr Siebeck, 1992).
40 William Horbury, *Jewish Messianism and the Cult of Christ* (London: SCM, 1998), pp. 103-104. 여기에서 윌리엄 호버리는 이런 기독교의 현상이 유대인의 메시아사상에 전제되어 있다고 주장한다. 호버리는 메시아적 대리자의 실재에 대한 반응을 묘사하기 위해 성경적 신의 현현 구절들(시 97:5; 104:32; 미 1:3)을 사용하는 『에녹 1서』 52.6과 『에스라 4서』 13.3을 인용한다. 하지만 마가와는 달리 이런 문서들은 여호와라는 신적 이름이나 그 어떤 대응 어구를 포함하는 구절이나 인용문을 통해 소개되지 않으며, 메시아라는 인물에 적용하지 않는다. 이 구절들은 단순히 성경문학이 여호와에 대해 사용하는 언어나 이미지를 사용할 뿐이다. 반면에 마가는 이 모든 것이 예수님 안에서 성취되는 것으로 간주하고 신적인 이름을 예수님께 적용시킴으로 명확하게 여호와를 예수님과 관계시키며 인용한다.

다. "작은 자야 네 죄 사함을 받았느니라"(2:5b). 마가는 어떤 서기관들의 반응을 서술한다. "이 사람이 어찌 이렇게 말하는가 신성 모독이로다 오직 하나님 한 분 외에는 누가 능히 죄를 사하겠느냐"(2:7). 이 반응은 두 가지 면에서 중대하다. 첫째로, 예수님 자신이 중풍병자의 죄를 용서하시고,[41] 둘째로, 예수님은 오직 전적으로 하나님께만 속한 역할을 수행하신다는 것을 분명히 보여 준다. 따라서 그의 청중들의 눈으로 볼 때 예수님은 하나님을 향해 가장 최악의 죄인 신성 모독의 죄를 짓고 있는 것이다. 신성 모독이라는 고발을 제외하고는 예수님이나 마가가 이런 서기관들의 해석에 반대했다는 징후는 아무것도 없는 것 같다. 예수님께서는 2:7에서의 서기관들의 선언에 대한 대답으로 2:10에서 형식뿐만 아니라 내용에 있어서도 말씀으로 자신이 이런 권세를 소유했다고 확증하신다. 그러므로 2:7에서 하나님에 대해 이야기된 부분이 2:10에서 인자(예수)에 대해서 이야기된 부분인 것이다. 마가는 오직 하나님만이 죄를 용서할 수 있는 권세가 있으며 예수께서도 역시 죄를 용서하실 수 있는 권위를 갖고 계심을 주장한 것이다. 그렇게 함으로써 마가는 예수를 신적인 분으로 간주하고 있는 것처럼 보인다.[42]

만일 마가가 예수님이 중풍병자의 죄를 용서하신 일의 중요성을 독자들이 잘 이해할 수 있도록 돕고 있는 것이라면, 마가는 이어지는 중요한 사건을 통해

---

41 어떤 학자들은 이 동사의 수동태가 예수님께서 하나님의 용서를 선언하시는 신적 수동태(*passivum divinum*)를 함축한다고 주장한다. 문맥의 정황이 용서를 예수님이 하시는 것으로 간주한다는 사실 이외에, 여기에는 말씀하시는 분으로서의 하나님을 언급하는 본문을 포함해서 능동적 의미에서의 수동적 표현을 사용하는 히브리어/아람어적 표현이 있다. 다음을 참조하라. Otfried Hofius, 'Jesu Zuspruch der Sündenvergebung: Exegetische Erwägungen zu Mk 2,5 b', in *Neutestamentliche Studien*, WUNT 132 (Tübingen: Mohr Siebeck, 2000), pp. 38-56, 특히 50-52을 보라.
42 마가의 본문들이 매우 분명하게 오직 하나님만이 죄를 용서하시는 분으로 진술하고 있음에도 몇몇 학자들은 예수님께서 제사장, 선지자, 메시아 또는 여호와의 사자의 자격으로 행동하는 것이라고 제안함으로 이 부분에 이의를 제기해 왔다. 하지만 여호와의 사자를 제외하고, 성경과 초기 유대 문학에서는 오직 하나님만이 죄를 용서하시는 분이라고 간주해 왔다. 다음을 참조하라. Daniel Johansson, '"Who Can Forgive Sins but God Alone?" Human and Angelic Agents, and Divine Forgiveness in Early Judaism' *JSNT* 33 (2011), pp. 351-374.

더 큰 도전을 제공한다. 예수님이 바람과 파도를 잔잔케 하시는 모습을 본 이후(4:36-41), 심히 두려워 겁에 질린 제자들은[43] 서로에게 "그가 누구이기에 바람과 바다도 순종하는가"라고 물었다(4:41). 청중은 이 질문에 각각 대답해야만 한다. 마가의 청중들이 가진 유대적 배경과 그리스-로마 시대의 문화적 배경을 생각한다면, 이에 대한 대답은 무엇이 될 것인가?

구약 성경은 애매모호하지 않다. 바다와 바람이 복종하는 분은 오직 이스라엘의 하나님 한 분뿐이다. 많은 구절이 바다와 폭풍을 통치하시는 여호와의 최고의 주권을 증언한다.[44] 초기 유대교 문헌 역시 동일한 진리를 담고 있다.[45] 실상 바다에 대한 하나님의 주권은 이스라엘의 하나님이 오직 참되신 한 분 하나님이심을 증명하기 위해 사용된다.[46] 마가복음 4장과 특별히 관련되는 구절은 안티오쿠스 에피파네스(Antiochus Epiphanes)가 다음과 같은 방식으로 묘사된 『마카비 2서』 9,8이다. "따라서 초인적인 오만함으로 자신이 바다의 파도를 명령할 수 있다고 생각해 왔던 사람은 […], 땅으로 떨어져 흩어져 버림으로 하나님의 권세가 만방에 알려질 것이다." 마찬가지로 얼마 안 되어 안티오쿠스 역시 신성 모독자로 불리어졌다(9.28). 그러므로 유대인들의 견해에 따르면 바다의 파도를 향해 명령할 수 있는 능력을 가졌다고 주장하는 것은 자기 자신이 하나님과 동등한 신성을 가지고 있음을 주장하는 것이라는 증거를 『마카비 2서』가 제공한다.

---

43 폭풍이 일어나기 전보다 폭풍 후에 제자들이 더 두려움에 떨고 있는 듯 묘사하는 마가의 서술을 주의 깊게 보라(4:41; 비교. 욘 1:5, 10).
44 예를 들어 다음을 보라: 창 1:1-10; 출 14:21-31; 시 77:15-16; 106:9; 107:23-32; 사 50:2; 욘 1장. 이 주제의 개론에 대해서는 다음을 참조하라. Reinhard Kratz, *Rettungswunder: Motiv-, traditions- und formkritische Aufarbeitung einer biblischen Gattung* (Frankfurt am Main: Lang, 1979), pp. 27-28; Wendy Cotter, *Miracles in Greco-Roman Antiquity: A Sourcebook* (London: Routledge, 1999), pp. 138-142.
45 예를 들어 다음을 참조하라: Sir. 43,23-26; *1 En*. 101,4-9; 1QH^a XI, 1-18; XIV, 22-24; *b. B. Meṣ 4*. 59b; *y. Ber*. 9,13b.
46 요나 1; *y. Ber*. 9,13b.

바다와 파도에 대한 그리스-로마 시대의 사상 역시 그 중요성에 있어서 유대인들의 견해와 별반 다르지 않다. 물론 바람과 바다를 다스리는 권세는 특별히 바다와 관계된 올림포스 신들(포세이돈/넵투누스와 아프로디테/비너스)에게 속한 것인데 그뿐만 아니라 몇몇 다른 신들(예를 들면, 디오스쿠리; 비교. 행 28:11)과 반신(半神)과 같은 존재들에게 속한 것이기도 하다.[47] 예를 들어 티아나의 아폴로니오스(Apollonius of Tyana)와 같은 인간에게 이런 능력을 연관시킨다면 그 모티브는 그가 신적이라는 것을 나타내기 위해 사용되었다. 따라서 유대주의와의 차이점은 그저 덜 엄밀한 신적이라는 개념과 신성의 숫자들일 뿐이다.

그러므로 마가복음의 독자나 청자가 유대인이나 이방인이라 할지라도 동일한 결론이 도출될 것이다. 예수께서 바람을 잠잠케 하셨을 때, 그는 신적인 존재로 행동하셨고 피조물을 향한 여호와의 절대 주권을 증명하는 속성으로서의 또 다른 신적 대권을 공유하는 분으로 나타나셨다. 그런 능력이 예수께 있다고 여기는 것은 예수를 하나님 그분과 동일시하는 것이다.[48]

마지막으로, 나는 예수께서 신자들과 어떤 종류의 관계 맺기를 기대하셨는지에 대해 주의를 불러일으키고자 하는데, 그것은 소위 그분과 함께 살고 그분과 함께 기꺼이 죽고자 하는 관계이다. 그러므로 우리는 이제 다시 쉐마의 두 번째 부분 즉 "네 마음(kardia)을 다하고 목숨(psychē)을 다하고 뜻(dianoia)을 다하고 힘(ischys)을 다하여 주 너의 하나님을 사랑하라 하신 것이요"라는 말씀으로 돌아온다(12:30). 후기 랍비들의 신명기 6:5 주해에 따르면 이 사랑의 계명에 속해 있는 각각의 요소는 구체적인 의미를 갖는다. 우선 "네 마음을 다하여"에서는 인간 존재의 선하고 악한 두 가지 경향 둘 다, 즉 분리되지 않은 마음을 가리키

---

47 다음과 같은 본문을 참조하라. Kratz, *Rettungswunder*, pp. 79-94; Cotter, *Miracles in Greco-Roman Antiquity*, pp. 132-137.
48 그러므로 『마카비 2서』뿐만 아니라 이 본문에서도 잘 암시되어 있듯이 이 속성은 다른 신들과 비교해서 여호와의 우월성을 증명하기 위해 사용되었다.

고, "네 목숨을 다하여"란 '심지어 하나님이 너의 영혼을 취하신다 할지라도', 즉 '생명을 희생한다 할지라도'라는 의미이며, "네 힘을 다하여"라는 구절은 자신의 소유물 전부를 지칭한다.[49]

그러나 마가복음에서 인상적인 것은 예수님이 **그분 자신의 위격**에도 그런 충성을 요구하신 것이다. 예수님은 자신의 말씀(4:1-20; 7:1-23)과 하나님의 나라(9:43-48)에 대한 완전한 집중을 요구하신다. 제자들은 그리스도와 그의 복음을 위해 고난을 받고 죽을 준비를 해야 한다(8:34-35). 제자들은 예수님을 따르기 위해 모든 것을 버렸다(10:28-30).[50] 쉐마에 의하면 오직 하나님께만 바쳐야 하는 헌신을 마가는 예수님도 받으셔야 한다고 말한다. 다르게 표현하자면, 마가복음의 그리스도인 독자는 쉐마를 성취하려면 하나님을 향하는 헌신에 반드시 예수님을 포함시켜야 한다는 것이다.

사랑의 계명에 대한 이러한 랍비의 해석이 1세기로 거슬러 올라가는 것이든 그렇지 않든,[51] 마가의 예수가 한 가지 방식 이상으로 오직 하나님만이 요구하실 수 있는 충성을 그의 제자들에게 기대하고 있다는 자료는 풍성하다.

예수님을 위해 죽기까지 핍박당하는 일은 한 가지 중요한 예가 된다.[52] 성경 문헌이나 넓게 보아 유대 문학은 유대인들이 하나님과 율법을 위해 죽는 것을

---

49 예를 들면, 다음을 참조하라. *m. Ber.* 9.5; *Sipre Deut.* 31-32. 비교. Rikk E. Watts, 'Mark', in G. K. Beale and D. A. Carson (eds.), *Commentary on the New Testament Use of the Old Testament* (Grand Rapids: Baker Academic, 2007), p. 217.

50 Birger Gerhardsson은 마태복음에서 이런 현상을 찾아냈다. 'Monoteism och högkristologi i Matteusevangeliet', *SEÅ* 37-38 (1972-1973), pp. 125-144, 특히 135-141을 보라. 모든 공관복음서에 나타난 예수님에 대한 이런 헌신에 대한 초기 논의에 관해서는 다음을 참조하라. Aalen, 'Jesu kristologiske selvbevisshet: Et utkast til "jahvistisk kristologi"', *TTKi* 40 (1969), pp. 1-18.

51 *The Shema in the New Testament* (Lund: Novapress, 1996)에 있는 몇 개의 연구를 통해 게르하르트손(Gerhardsson)은 신명기 6:5에 대한 랍비적 해석이 주후 1세기까지 거슬러 올라가며 적어도 마태에게 알려졌을 것이라고 주장한다. "네 힘을 다하여"가 한 사람에게 속한 모든 자산을 지칭한다는 해석은 이미 Sir 7.30-31에 잘 나타나 있다. 이런 종류의 경건은 그녀의 전 삶을(*ton bion autēs*) 성전에 바친 가난한 과부를 통해 잘 설명되고 있다(막 12:42-44).

52 마가복음 4:17; 8:34-35, 38; 13:9, 13.

당연한 일로 여긴다는 많은 실례들을 증언한다.[53] 예를 들면, 요세푸스는 전쟁 이후 유대 포로들이 어른이든 아이든 할 것 없이 오직 하나님 한 분만이 그들의 주님(J. W. 7.410)이시기 때문에 한결같이 로마 황제를 주라고 부르기보다는 고문당하는 일을 선택했다고 말한다(J. W. 7.417-419). 그러나 마가복음에서는 유대 전통에 있어서 여호와와 율법에 드렸던 절대적인 헌신이 예수님과 복음을 향한 철저한 충성이 되었다(8:35, 38; 10:29). 더구나, 주님과 주님의 말씀을 부인하는 것에 대한 경고(8:38)가 '거룩하신 하나님과 그의 율법'을 어기는 범죄를 비판하는 『마카비 3서』 7.10과 병행을 이루는 것 같아 보인다. 그러므로 예수님을 향한 충성은 이스라엘의 하나님을 향한 신실한 헌신을 위한 전제이다. 이런 정황 속에서 예수님이 하나님 아버지의 그 영광을 공유하심으로써 예수님에 대한 관계가 이루어지는 것으로 나타난다(8:38). 그러므로 예수께서 왜 궁극적인 헌신의 대상이 되어야 하는지는 이스라엘의 한 분 하나님과 예수님의 친밀한 관계에 놓여 있다.

마가복음에 나타난 이 구절들과 다른 몇 개의 구절들 또는 특징들이 예수를 신적인 존재로 묘사한다.[54] 만일 일신론에 대한 견고한 입장이 없었다면, 그리고 예수님이 일관성 있게 하나님과 관련되지 않았다면, 예수님은 아마도 하나님 곁에 있는 보조적인 신성으로 간주되기 쉬웠을 것이다. 그러나 여하튼 예수님은 하나님 자신과 동일한 분으로 확인되며, 하나님-피조물의 구분과 같은 입장에서 볼 때 예수님은 특별한 방식으로 하나님과 동등한 지위에 위치하신다.

---

53 시 44:22; 단 3, 6; LXX 단 3:41; 『마카비 1서』 1.63; 2.50; 『마카비 2서』 6.30; 7.9, 23, 30; 『마카비 3서』 7.16; 『마카비 4서』 9.8; 10.20; 12.14; 16.18-21, 25; 17.20.
54 예를 들면, 죽은 자를 살리신 것, 물 위를 걸으신 것, 변화되신 것, 여호와의 날에 재림하시는 것, 병자를 고치시는 기적, 비유에서 신적인 역할을 행하신 것들이다.

성령

'프뉴마'(영[*pneuma*, spirit])라는 헬라어 단어는 마가복음에서 23회 나타나지만 이 가운데 단지 6회 정도만 성령을 가리킨다.[55] 나머지 17회 중에서 14회는 더러운 영들을 지칭하며[56], 3회는 인간 존재의 영을 의미한다.[57] 하나님과 예수님에 대한 매우 많은 언급과 비교해 볼 때 성령에 대한 이런 언급은 1:8-12을 예외로 하고는 거의 지나가는 말로 하는 것처럼 보인다. 그럼에도 불구하고, 그 증거들은 저자가 무엇을 믿고 무엇을 당연한 것으로 여겼는지를 암시해 줄 수 있기 때문에 이것을 경시해서는 안 된다.

나는 이 구절들을 상세하게 논의하지는 않을 것이다. 그 대신 여기서 두 가지 문제에 집중하려 한다. 하나는 성령님이 인격자로 묘사되고 있는지 또는 비인격적인 효력으로 제시되고 있는지 하는 것과, 다른 하나는 하나님과 예수님에 대한 성령님의 관계는 무엇인지에 대한 것이다.

우선 서언에 있는 성령님에 대한 세 가지 언급으로 시작하고자 한다.[58] 이 중 대한 진술에서 세례 요한은 자기 뒤에 오시는 이가 '성령으로' 세례를 베푸실 것이라고 말한다(*en pneumati hagiō*, 마가복음 1:8). 물(요한의 세례)이라는 것과의 대조와 비교, 그리고 정관사의 부재는 여기서의 성령님이 근본적으로는 인격적이기보다 비인격적인 효력으로 여겨진다.[59] 그다음에 성령님이 언급된 구절

---

55 마가복음 1:8, 10, 12: 3:29: 12:36: 13:11.
56 마가복음 1:23, 26-27: 3:11, 30: 5:2, 8, 13: 6:7: 7:25: 9:17, 20, 25(두 차례).
57 마가복음 14:38은 일반적 의미에서의 인성(또는 그리스도인)을 지칭한다. 그러나 2:8과 8:12은 예수님의 마음을 지칭한다. 하지만 후자의 두 구절이 예수님에게 특별하게 부여된 성령님을 지칭한다는 것을 배제할 수 없다.
58 서언에 세 번이나 성령님을 언급한 것은 다른 곳에서보다 마가복음에서 훨씬 더 성령님이 더 두드러진 역할을 하고 있다는 것을 암시한다. 다음을 참조하라. Morna D. Hooker, *The Gospel According to Saint Mark* (Peabody, Mass.: Hendrickson, 1991), pp. 51-52; Emerson B. Powery: 'The Spirit, the Scripture(s), and the Gospel of Mark: Pneumatology and Hermeneutics in a Narrative Perspective', *JPT* (2003), pp. 184-198, 특히 187을 보라.
59 Wainwright, *Trinity*, p. 202. 13:11과 같은 구절은 모든 신자들이 성령을 받게 될 것이라고 암시

(1:10)에서 성령님은 비둘기의 형태로[60] 예수님 위에 또는 예수님 안으로[61] 내려오셨을 때 좀 더 인격적인 특징을 나타낸다. 서언의 마지막 언급에서 성령님은 행동의 주체이시다. 예수님께서는 성령님에 의해 광야로 내몰리셨다(1:12). 후자는 인격의 행동 또는 비인격적인 효력 모두로 간주될 수 있지만 그다음 구절은 오직 인격적으로만 취급될 수 있는 것이다.

마가복음 3:29에서 예수님께서는 자신이 귀신에 들려 사탄의 역사를 행한다는 대적자들의 고소를 가리켜 결코 사하심을 얻지 못할 성령(to pneuma to bagion)을 훼방하는 죄라고 말씀하신다. 이런 경우에 성령님은 명백한 인격적 존재로 묘사된다. 사람이 비인격적인 효력이나 영향력을 향해 죄를 짓지는 않는다.[62] 예수님께서 제자들에게 그들이 시험을 당할 때 무슨 말을 할까 미리 염려할 필요가 없으며 도리어 "그때에 너희에게 주시는 그 말을 하라 말하는 이는 너희가 아니요 성령(to pneuma to bagion)이시니라"라고 약속하시는 13:11에서도 역시 마찬가지 내용이 언급되어야 한다. 여기서 성령님은 단순히 효력이 아니라 제자들의 입술에 바른 말씀을 주어 말하게 하시는 인격적 존재이시다.[63] 다윗이 '성령에 감동'(en tō pneumati tō hagiō)되어 시편 110편을 말했던 마가복음 12:36을 간략하게 관찰한 배후에도 역시 이와 유사한 생각의 흐름이 배치되어 있을 것이다. 이것이 비록 신적 영감을 지칭할 수 있다 하더라도, 성령님께서 예수님의 핍박받는 제자들에게 말씀을 주시는 것과 마찬가지로, 다윗에게도

해 주고 있지만 마가는 이 약속의 성취에 대해 우리에게 아무런 말도 하지 않는다. 이는 1:8에 기록된 성령님의 비인격적인 속성을 지나치게 강요하지 않도록 우리에게 주의를 준다. 세례를 통해 제자들에게 주어졌던 성령이 이제 13:11에서는 제자들을 통해 말씀하신다(인격적인 특성).

60 나는 '호스 페리스테란'(bōs peristeran)을 형용사적으로 취급하는데, 이 단어는 '내려옴'보다는 '성령'을 언급한다.
61 여기서 전치사는 에이스(eis)인데 '위에' 또는 '안으로' 모두를 의미한다.
62 이 진술은 성령님께서 속임을 당하시며 슬퍼하실 수 있는 분이심을 나타내는 사도행전 5:3, 에베소서 4:30과 유사한 구절이다.
63 Wainwright, *Trinity*, p. 200.

말씀을 주신 것으로 이해해야 할 것이다.[64]

마가가 성령님에 대해 언급한 구절들을 그 직접적인 문맥 속에서만 해석하면, 어떤 경우에는 성령님을 비인격적인 효력으로, 그리고 다른 경우에는 인격적 존재로 묘사하는 것처럼 보인다.[65] 이 점에 있어서 마가는 신약 성경의 일반적인 경향을 반영한다.[66] 인격적 묘사와 외관상의 비인격적 묘사가 서로 나란히 위치할 수 있다.[67]

마가복음에서 성령님은 절대 하나님으로 불리지 않으며[68] 구약 성경의 문맥에서 그 주어가 하나님인 성경 본문이 성령님께 적용된 경우는 없다(비교. 1:2-3). 전반적으로 볼 때, 성령님께서 신적인 대권을 취하신다는 직접적인 증거는 거의 없다. 하지만 성령님께서 하나님과 예수님과 매우 친밀한 관계가 있다는 증거는 매우 풍성하다.

성령으로 세례를 베푸실 것이라는 약속은 일반적으로 하나님의 영의 종말론적인 부어 주심이라는 구약의 약속[69]을 암시한다는 것에 모두 동의하는데 이 일은 마가복음의 내러티브에서 성취되지 않은 사건이다.[70] 우리의 목적으로 볼 때, 선물은 하나님의 영이며 하나님께서 분배자이시라는 것은 중요하다. "**내가 나의 영을 부어 주리니**"(사 44:3). 그러므로 내러티브에 뚜렷하게 언급되어 있지

---

64 Powery, 'Spirit', p. 190에서는 12:36과 13:11 사이의 관계를 논증한다.
65 성령님의 인격적 존재에 대한 더 확장된 논증은 악한 영에 대한 마가의 여러 인용을 통해 제공될 수 있다. 이것들은 의심의 여지 없이 인격적 속성을 지닌 것으로 보이며(예: 막 5:1-20), 이것들과 성령님 사이의 유비를 짐작하는 것은 자연스러운 일이다. 다음을 참조하라. Wainwright, *Trinity*, p. 30, with reference to Kenneth E. Kirk, 'The Evolution of the Doctrine of the Trinity', in A. E. J. Rawlinson (ed.), *Essays on the Trinity and the Incarnation* (London: Longmans, Green, 1928), p. 187.
66 Wainwright, *Trinity*, pp. 200-204.
67 예를 들면, 다음과 비교하라. 행 2:4; 11:12-16.
68 다른 신약 성경의 기록들도 마찬가지이다.
69 사 32:15; 44:3; 겔 36:26-27; 37:14; 욜 2:28-32.
70 이에 대한 한 가지 예외가 바로 로버트 건드리이다. Robert H. Gundry, *Mark: A Commentary on His Apology for the Cross* (Grand Rapids: Eerdmans, 1993), pp. 38-39, 45. 건드리는 이 성취가 예수님의 가르침과 강력한 사역을 통해 마가의 내러티브 세상에서 발생했다고 주장한다.

않더라도 세례 요한이 **하나님**의 영을 지칭한다는 것이 암시되어 있다. 그러나 성령님은 하나님과 관련되어 있을 뿐만 아니라, 이제 오셔서 성령으로 세례를 주실 예수님과도 관계 되어 있다.[71]

마가복음 1:10-11에서는 하나님, 예수님, 그리고 성령님이 내러티브에 의해 서로 연결되어 있다. 물에서 나오시는 예수님께서는 성령님이 내려오시는 것을 보시고, "너는 내 사랑하는 아들이라"라는 하늘로부터 임하는 소리(하나님의 음성)를 들으신다.

다음 구절에 보면, 성령님께서 예수님 위에 임하시어 그를 광야로 이끄신다 (1:12). 이는 다른 인간 존재에 대해서도 성령님의 유사한 활동이 성경에 열거되어 있기 때문에(왕상 18:12; 겔 8:3; 행 8:39) 독특하게 신적인 관계의 관점에서 보자면 이 일은 성령님과 예수님의 관계에 있어서 좀 덜 중요해 보일 수도 있다.

이 점에 있어서 좀 더 중요한 말씀은 마가복음 3:29이다. 예수님은 성령님을 훼방하는 죄는 결코 용서받지 못할 죄로 간주하신다. 이 구절에 주의를 기울여야 할 중요성은 예수님은 용서받을 수 있는 죄가 무엇인지를 규정하는 분이실 뿐 아니라, 예수님이 귀신 들렸으며 예수님의 활동이 사탄의 활동이라고 고소하는 것이 바로 성령님을 모독하거나 훼방하는 죄라는 점에 있다. 말하자면, 예수님에 대한 전적인 적대가 동시에 성령을 훼방하는 용서받지 못할 죄라는 것이다.[72] 여기에 무엇인가 의미가 있다면, 그것은 바로 이것이 성령님과 예수님의 긴밀한 관계를 증명한다는 것이다.

시편 110편을 지을 때 다윗이 성령에 감동되어 말했다는 예수님의 진술 (12:36)은 성령님, 예수님, 하나님을 함께 언급하는 것이 된다. 성령님께서는 한 분 주(큐리오스[kyrios])이신 하나님께서 다른 주(kyrios)이신 예수님과 말씀하시는

---

71 예를 들면, 이것은 사도행전 2:33에서도 유사하다.
72 비교, Joel Marcus, *Mark 1-8: A New Translation with Introduction and Commentary*, AB 27 (New York: Doubleday, 2000), p. 284.

하늘에서의 대화의 증인으로 나타난다.

> 네 원수를 네 발 아래에 둘 때까지
> 내 우편에 앉았으라[73]

우리는 이 구절의 중요성을 좀 더 자세히 살펴볼 것이다. 지금으로서는 성령님께서 이 관계에 있어서 하나님과 예수님과 관련되어 있다는 것을 진술하는 것으로 충분할 것이다. 제자들은 시험에 직면한다 할지라도 성령께서 말씀해 주실 것이기 때문에 결코 걱정할 필요가 없다. 그럼에도 예수님께서 성령님의 역할에 대해 약속해 주실 수 있도록, 성령님이 미래에 하실 일을 잘 알고 계신다는 것은 매우 중요하다. 예수님의 약속은 하나님께서 모세(출 4:10-17)와 예레미야(렘 1:6-10)에게 주신 약속과 유사하다.[74] 차이가 있다면 하나님 자신이 그들의 입술에 말씀을 주시겠다고 약속하신 것이다.[75]

마가복음의 전체적인 문맥과 분리해서 생각한다면, 성령님과 예수님의 친밀한 관계는 예수님께서 하나님의 영에 이끌린 인간 선지자 그 이상임을 보여 줄 필요가 없을 것이다. 그러나 예수님께서 구약 성경과 초기 유대주의에서 전례가 없는 독특하게 신적인 역할을 수행하신다는 점을 이해하면, 이 관계에 단순히 선지자직의 권한 부여 그 이상의 무엇인가가 있다는 것이 분명하다. 실제로 이 구절들 가운데 한 구절에서 예수님 자신은 약속된 하나님의 영의 시여자로서 성령님 '위'에 위치하시는 것으로 묘사되어 있다(1:8). 이는 우리로 하여금 하나님과 예수님과 성령님 사이의 전반적인 관계를 고찰하도록 이끈다.

---

73 예수님은 단 한 번도 명백하게 자신을 두 번째 '주'라고 확인해 주신 적이 없지만 마가복음에서의 이 본문이 그 사실을 분명하게 보여 준다.
74 Craig A. Evans, *Mark 8:27-16:20*, WBC 34B (Nashville: Nelson, 2001), p. 311.
75 예수님의 약속은 공관복음서에서 다양하게 나타난다. 누가는 이 말씀(눅 12:12)과 예수님 자신이 제자들에게 구변의 말을 주실 것(눅 21:15; 비교. 마 10:19)이라는 말씀을 모두 다 기록한다.

하나님과 예수님, 그리고 성령님 사이의 관계

마가복음은 마태복음 28:19의 세례 방식, 고린도후서 13:13의 축도, 요한계시록의 인사말(1:4-5)과 같은 세 분을 함께 언급하는 문구를 포함하지 않는다. 또한 저자가 하나님과 예수님과 성령님을 다양한 방식으로 자주 언급하는 구절에서도 치밀한 삼자 관계의 형식을 발견할 수는 없다(예를 들면, 롬 5:1-8; 8; 갈 4:4-6; 엡 1:3-14). 이런 의미에서 마가복음에서의 삼자 관계의 형식은 집중적이지 않다. 그럼에도 우리는 마가가 한편으로는 일신론을 주장하지만 동시에 예수님을 하나님-피조물의 구분에 있어서 하나님 쪽에 속한 분으로 제시하고 있으며, 성령을 하나님과 예수님 두 분 모두에게 관계시키고 있는 것을 발견하게 된다. 마지막으로 세 분이 동시에 나타나는 마가복음의 구절들(1:9-11; 12:36)을 고찰하기 전에 나는 마가복음과 변화산 장면에서의 두 가지 형식에 관심을 기울이고자 한다.

첫째, 우리는 앞서 언급한 바 있는 '큐리오스'(kyrios)의 직함에 의해 생성된 하나님과 예수님 사이에 중복된 부분을 좀 더 세밀하게 살펴보아야 한다. 이미 앞서 이 부분을 논증한 바 있기에 여기서는 가장 중요한 요점만을 간략하게 요약하고자 한다.[76] '큐리오스'라는 명칭은 마가복음 전체에 골고루 있으며 16회 나타난다.[77] 이 명칭들이 각각 지시하는 대상이 누구인지를 면밀히 고찰해 볼 때, 그 지시 대상이 하나님인지 예수님인지를 결정하는 일은 지극히 어려운 일이다. 예를 들면, 거라사의 광인이 고침을 받았을 때 예수님은 다음과 같은 말씀으로 그를 보내신다.

---

[76] Johansson, 'Kyrios', pp. 101-124.
[77] 마가복음 1:3; 2:28; 5:19; 7:28; 11:3, 9; 12:9, 11, 29 (2회), 30, 36 (2회), 37; 13:20, 35.

그에게 이르시되 집으로 돌아가 주께서 네게 어떻게 큰 일을 행하사(hosa ho kyrios soi pepoiken) 너를 불쌍히 여기신 것을 네 가족에게 알리라 하시니 … 그가 가서 예수께서 자기에게 어떻게 큰 일 행하셨는지를(hosa epoiēsen autō ho Iēsous) 데가볼리에 전파하니 (5:19-20)

지금 예수님은 자신에 대해 말씀하시는가, 아니면 하나님에 대해 말씀하시는가? 가장 최선의 해결책은 이 이야기 속의 인물들이 이해하고 있는 것과 독자들이 이해하려 하는 것 사이를 구분하는 것이다. 전자에 대해서는, 아마도 광인을 치유하신 예수님께서 자신의 사역을 하나님의 사역과 동일시하고 있기 때문에 예수님이 주 여호와 하나님의 사역을 언급하고 있는 것이라고 이해해야 할 것이다. 하지만 마가의 청중들은 여기에 하나님과 예수님 사이에 행위의 통일성이 있을 뿐만 아니라(예를 들면, 예수께서 행하시는 일을 하나님도 행하신다는 것) 예수께서 '큐리오스'라는 직함과 관계되어 있다는 말씀(예를 들면, '큐리오스'가 행하신 일을 예수께서 행하신다는 것)을 듣는다. 따라서 하나님과 예수님이 '큐리오스'라는 직함에 의해 하나로 연합되어 있다. 만일 이런 형식이 다른 곳에서 발견되지 않는다면, 특별히 '큐리오스'가 마가복음 1:3에서 처음으로 발견되지 않았다면, 이런 연합은 그저 우연의 일치로 치부될 것이다. 마가는 원문이 주 여호와 하나님을 지시 대상으로 하는 이사야 40:3을 인용한다. 그런데 마가가 독자들로 하여금 1:3에서 1:9로 주의를 환기시키는데 여기서 '큐리오스'의 지시 대상은 하나님으로부터 예수님으로 옮겨 간다. 그러므로 마가복음 1:3에서 '큐리오스'가 예수님을 지칭하는지 아니면 하나님을 지칭하는지를 묻는 것은 솔직히 그릇된 것이다. 이 구절은 둘 다를 지칭하며 결과적으로 예수님을 하나님과 연결시킨다. 만일 두 분이 '큐리오스'라는 직함을 공유하고 있다면, 문제는 하나님과 예수님의 관계를 어떻게 이해해야 하는가로 바뀐다. 이 질문은 특별히 구약 성경의 두 개의 '큐리오스' 구절 즉 쉐마와 시편 110:1이 병행되어 있는 마가복음

12:28-37에서 더욱 집요하게 요구되는 일이다. 오직 한 분 '큐리오스'만 있다는 주장과 하나님의 보좌에 두 분의 '큐리오스'가 있다는 진술이 어떻게 조화를 이룰 것인가? 나는 시편 110:1이 쉐마에 대한 정확한 해석을 분명히 밝혀 주며, 오직 한 큐리오스가 계시지만 두 인물(곧 하나님과 예수님)이 이 이름과 직함을 공유하신다는 의미로서의 일신론을 재해석해 준다고 생각한다. '큐리오스'라는 하나의 직함이 '큐리오스'의 하나 됨을 보증하는 것이다. 그렇다면, 하나님과 예수님께서 공유하시는 이 직함으로 말미암아 그 두 분은 연합되어 있고 분리될 수 없다는 결론이 도출된다. 그러나 이와 동시에 마가는 '큐리오스'로 연결되어 있는 이 두 인물 사이에 명백한 구분을 주장하는데 그것은 바로 예수님께서 하나님으로, 또는 아버지로 불리신 적이 전혀 없다는 것이다.

다소간 유사한 형식이 변화산상 내러티브에서도 나타난다. 이 구절의 가장 중요한 배경이 모세가 시내산에서 하나님을 만나는 장면이 기록된 출애굽기 24장과 34장에서 발견된다는 점에는 대부분 동의한다.[78] 더욱이 마가는 우리에게 두 가지 신적 현현, 곧 예수님의 현현(9:2-3)과 하나님의 현현(9:7)을 제시하는 것처럼 보인다.[79] 변화산상에서 사건이 일어나기 이전에 예수님은 어느 날 "아버지의 영광으로" 다시 오실 것이라고 말씀하셨다(8:38). 예수님이 하나님 아버지와 공유하시는 이 영광의 시연이 바로 여기 변화산에서 모세와 엘리야에게, 그리고 예수님과 함께했던 제자 세 명에게 보인 것이다. 한편 출애굽기 기사를 보면 하나님께서 이와 유사한 방식으로 구름 가운데서 나타나셨다. 이 사

---

78 예를 들면, 다음을 참조하라. W. R. Stegner, 'The Use of Scripture in Two Narratives of Early Jewish Christianity (Matthew 4:1-11; Mark 9:2-8', in C. A. Evans and J. A. Sanders (eds.), *Early Christian Interpretation of the Scriptures of Israel: Investigations and Proposals*, JSNTSup 148 (Sheffield: Sheffield Academic Press, 1997), pp. 98-120.

79 H.-P. Müller, 'Die Verklärung Jesu', *ZNW* 51 (1960), pp. 56-64; Simon S. Lee, *Jesus' Transfiguration and the Believers' Transformation: A Study of the Transfiguration and Its Development in Early Christian Writings*, WUNT 2.265 (Tübingen: Mohr Siebeck, 2009), p. 14.

건과 출애굽기 기사의 결정적인 차이는 출애굽기에서는 영광이 구름 가운데 존재했던 반면(비교. 출 24:16-17; 40:34-35) 마가복음에서는 구름이 도착하기 전에 예수께서 변모되셨다는 사실이다. 변화산 기사에서의 신적 현현은 중대한 방식으로 출애굽기에서의 신의 현현을 반복한 것이라고 나는 생각한다. 하지만 근본적인 차이점은 오직 이스라엘의 하나님에 관해서만 언급된 출애굽기 기사가 여기 변화산 내러티브에서는 예수님과 하나님 사이에 분배되어 있다는 것이다. 하나님은 구름 가운데서 나타나셔서 구름 가운데서 말씀하신다(출 24:16-17). 그리고 예수님은 여호와의 영광을 나타내시고 모세와 엘리야는 그것을 보며 예수님에게 말한다(비교. 출 33-34장; 왕상 19:8-18). 이런 견지에서 예수님이 그분의 아들이시라는 하나님의 선언은 새로운 의미를 가진다. 말하자면, 두 분의 신적 현현은 아버지와 아들로서 서로에게 관계되어 있다. 이런 가족적인 관계로서의 언어 용법은 구약 성경에 뿌리박고 있다. 왕(시 2:7)과 백성(출 4:22)은 이스라엘의 하나님의 '아들들'로 불린다. 이 언어가 예수님에게 사용되기는 했지만 여기서 마가는 구약 성경의 용법을 뛰어넘는 듯 보인다. 왜냐하면 예수께서는 완전한 사람이셨을 뿐만 아니라 하나님-피조물 구분에 있어서 하나님 편에 계셔서 그의 아버지의 신적 실재에 참여하시는 분으로 나타나기 때문이다.[80]

위에서 살펴보았던 두 가지 형식을 '이위일체론'(binitarianism)이라고 명명하는 한편, 우리는 여기에 포함되는 성령님에 대해 주의를 기울여야 한다. 마가복음에서 신성 모독에 대한 고소가 네 차례 발견된다. 어떤 학자들은 이것을 마가복음에 나타난 '신성 모독의 전투'라고 불렀다.[81] 예수님도 두 번씩이나 신성 모독으로 고소를 당하셨다(2:7; 14:64). 잠시 후에는 주님의 대적자들이 어떻게 신성을 모독하는지 또는 신성 모독의 위험을 무릅쓰는지가 이어진다(3:28-

---

80   비교. Lee, *Transfiguration*, pp. 34-35.
81   Darrell L. Bock, *Blasphemy and Exaltation in Judaism and the Final Examination of Jesus*, WUNT 2.106 (Tübingen: Mohr Siebeck, 1998), pp. 188-189.

29; 15:29). 첫 번째 전투에서 예수님은 하나님의 대권을 침해한다는, 즉 말하자면 자기 자신을 하나님 자리에 올려놓는다는 신성 모독으로 고소를 당하신다(2:7). 그다음 부분에서는 전세가 역전된다. 예수님께서 그의 대적자들을 **성령님**을 모독하는 죄로 고소하신다. 하지만 그들은 이를 받아들이지 않으면서 또다시 예수님이 귀신 들렸다고 고발한다(3:28-30). 예수님은 자신이 하나님의 보좌 우편에 자리하신다고 주장함으로써 신성 모독으로 세 번째 고소를 당하시는데, 이는 첫 번째 경우를 반영한다(14:62-64). 예수님의 대적자들의 눈으로 볼 때, 예수님은 또다시 **하나님**을 모독하고 있는 것이다. 네 번째 구절에서 마가가 예수님의 대적자들이 예수님을 대적하여 모욕하는 장면을 묘사할 때, 예수님 자신이 신성 모독의 대상이 되신다(15:29).[82] 따라서 '신성 모독의 전투'는 하나님과 예수님, 그리고 성령님과 관계한다. 두 가지 경우에 있어서 신성 모독이 제1계명과 관계되는 것은 분명하다. 그것은 이스라엘의 하나님의 독특한 지위, 즉 여호와의 단일성에 대한 위협이다(2:7; 14:62-64). 그렇다면 여기서 특별히 이것이 영원한 구원과 관계가 있기 때문에, 예수님의 대적자들이 성령님과 예수님에게 합당하게 행하지 않은 것에 대해 신성 모독 죄로 고소당한 것은 그저 우연의 일치란 말인가?[83] 이것이 삼위일체적 형식으로 보이는 것은 그저 단순히 우연의 일치인가?

이제 우리는 마지막으로 하나님의 삼자 관계를 직접적으로 언급하는 두 구절 즉 1:9-11과 12:36을 살펴보고자 한다.[84] 예수님의 세례는 삼위일체에 관한 가

---

82 바로 이어지는 구절(15:29-32)에서의 'empaizein'과 'oneidizein'이라는 동사의 병행적 용법은 'blasphēmein'의 근본적인 의미가 '모욕하다'라는 것을 시사한다. 하지만 여기서 마가는 아마도 신성 모독죄로 고소를 당하신 분이 실제로는 오히려 모욕을 당하고 있다는 것을 그의 독자들에게 알리고 싶어 하는 것 같다.
83 성령을 훼방하는 죄는 용서받지 못한다. 십자가에 매달린 분을 따르는 것은 구원에 있어서 필수적인 일이다(8:34-38; 10:45).
84 웨인라이트는 두 번째 구절을 잘 살피지 않았다(Trinity, p. 251).

장 주요한 본문 가운데 하나로 간주되어 왔다.[85] 구약과 신약 성경의 정경적 관점에서 볼 때, 이 상태는 매우 논리적인 것 같아 보인다. 하지만 이 경우 우리가 이 본문의 정황을 마가복음 전체로 할지, 아니면 이 구절 자체로 한정할 것인지에 대한 것이 문제이다. 웨인라이트는 본문에 성자와 성령의 신성에 대해 아무런 언급이 없으며, 성부와 성자, 심지어 성자와 성령 사이에 아무런 상호작용이 없기 때문에 이것이 과연 '삼위일체론'인지에 대해 의문을 제기한다.[86] 하지만 웨인라이트는 계속해서 '사건 자체가 삼중적 형식을 나타내는 본문'이라고 말한다. 세례 기사는 주석서들의 개론에서 잘 나타나 있듯이 다른 해석들에 대해서 열려 있다. 그럼에도 불구하고 하나님, 예수님, 그리고 성령님에 대한 마가의 전체적인 해석의 견지에서 볼 때, 우리는 이 삼중적인 하나님의 형식이 전략적으로 위치되어 있는 이 구절에 잘 나타나 있다고 말해야 할 것이다. 동일한 생각이 예수님께서 시편 110:1을 인용하시는 마가복음 12:36에서도 적용되어야 한다. 마가복음에서 성경의 말씀이 성령님에 의해 계시되고 그 계시된 말씀은 주 예수님과 주 하나님을 지칭한다. 그러므로 성령님께서는 예수님과 하나님이 '**큐리오스들**'(*Kyrioi*)로서 어떻게 서로 관계되는지를 보증하고 설명하시는 분이시다.

결론적 고찰

마가의 주된 강조점은 예수님에게 있다. 그러므로 하나님에 대한 예수님의 관계가 전면에 두드러진다. 이 관계는 말하자면, 이위일체적 형식, 즉 예수님을 하나님의 신적 정체성 안에 포함시키는 기독론적 일신론으로 설명할 수 있다.[87]

---

85 Jenson, *Systematic Theology*, p. 111.
86 Wainwright, *Trinity*, p. 251.
87 이 전문용어에 대해서는 다음을 참조하라. Bauckham, *Jesus*, pp. 18-59. Smith, 'Beloved

하지만 마가가 이 정체성 안에 성령님을 포함시키는 것을 의식하고 있는지의 문제가 남아 있다. 성령님을 다루고 있는 구절들에 대한 나의 조사는 마가복음이 우리가 신약 성경의 다른 곳에서 발견하는 것과 동일한 형식을 따르고 있다는 것을 증명한다. 성령님께서 인격이기보다 비인격적인 효력으로 묘사되어 있는 듯한 구절들이 있지만 그와 동시에 성령님께서 의심의 여지 없이 인격적 존재로 나타나시는 구절들이 있다. 더욱이 성령님께서 암시적으로든지 명백하게든지 하나님과 예수님 모두와 함께 병렬되어 있는 구절들(예: 1:8, 10-11; 12:36)이 있으며 '신성 모독의 전투' 역시 삼자 관계가 의도적으로 연결된 또 다른 예가 될 것이다. 그러므로 다른 많은 신약 성경들과 비교해 볼 때, 비록 증거가 풍성하지 않더라도 마가복음의 저자는 어느 정도는 원시적 삼위일체 관점(proto-trinitarian view)으로 묘사될 수 있는 견해를 잘 알고 있었던 것 같고 그 견해와 어느 정도 소통했으며, 심지어 복음서의 시작부터 가장 중요한 삼위일체적 구절을 위치시킬 정도다.[88]

Son', p. 86. 마가복음에서 저자는 '기독론적 신학'과 '신학적 기독론'에 대해 말하고 있다. 참조. Gnilka, 'Gottesgedanken', p. 152: "우리는 이런 사상의 기독론적-신학적 과정의 초기 단계에 있다"[Wir stehen an den Anfängen eines christologisch-theologischen Reflexionsprozesses]. "이 복음서에서 예수님이 … 독특한 방식으로 하나님의 개념을 결정하신다. 심지어 (그리고 이것이 요한의 사상을 기대하게 한다) 마가에게 있어서 예수님은 어떤 의미에서 계시된 하나님이라고 말할 수도 있을 것이다." [bestimmt … das Gottesbild des Evangeliums auf unverwechselbare Weise. In einem bestimmten Sinn wird man sogar sagen können - und das bereitet johanneisches Gedankengut vor -, dass für Markus Jesus der Offenbarer Gottes ist]' (p. 154).

88 그러므로 나는 마가가 '신적 계시의 삼중적 본질'을 알고 있었다고 판단했던 웨인라이트보다 증거가 훨씬 더 강하다고 생각한다(*Trinity*, pp. 251, 266).

3. 삼위일체와 누가행전

— 앨런 J. 톰슨

삼위일체 교리가 그리스도인의 삶과 사역과 어떤 관계가 있는가? 두 권의 책인 누가복음과 사도행전을 쓴 누가의 목적 가운데 하나는 데오빌로와 같은 신자들에게 확신을 제공하기 위함이다(눅 1:1-4). 이 확신을 주기 위해 누가는 예수님께서 성령님의 능력으로 말미암아 그의 아버지가 목적하시는 구원을 성취하시는 성육신하신 주님이시라는 증거를 요약 서술한다. 더욱이 부활하신 주 예수께서는, 하나님의 백성에게 능력을 부여하셔서 주 예수님과 그의 구원을 증언하게 하시는 성령님으로 말미암아, 아버지의 구원의 법도를 계속해서 수행하신다. 따라서 '삼위일체 하나님'이 (그리고 '그분이 하신 일'이) 확신을 주려는 누가의 목회 계획의 핵심이다.

나는 누가복음 연구의 대부분을, 내러티브가 강조하는 부분과 보조를 맞추어서, 주님과 아들로서의 예수님, 그리고 예수님과 이스라엘 하나님의 관계에 할애하고자 한다. 그리고 나서 아버지와 아들에 대한 성령님의 관계를 살펴보고

자 한다.¹ 나는 주로 누가복음을 시작하는 장들이 어떻게 주제를 소개하고 있으며, 이어지는 장들에서의 내러티브 발전을 어떻게 준비하는지에 초점을 맞출 것이며, 결론적 장에서 다시 크게 울리는 절정으로 돌아올 것이다. 사도행전에서는 성부와 성자와 성령의 삼위일체 표현으로 돌아가기 전에 다시 예수님의 주 되심에 대한 누가의 강조점으로 시작할 것이다.

누가복음의 삼위일체

1) 약속을 지키시는 하나님

그의 복음서 설명의 서론과 결론에서 누가는 구약 성경에서 발견되는 약속들과 기대들 안에서 예기된 하나님의 구원의 목적들의 성취를 묘사하고 있음을 분명하게 밝힌다(눅 1:1). 그러므로 누가는 자기 백성을 위한 하나님의 목적인 구원이 계속 진행되는 것을 묘사하고 있으며, 하나님의 정체와 본질에 있어서 구약 성경으로부터의 이야기를 계속 진행하고 있다.² 그러므로 내러티브 안에서 '하나님'(theos)이 누구신지에 대한 아무런 설명 없이 하나님이 소개된다. 사가랴와 엘리사벳이 하나님의 계명을 행하고(1:6), 사가랴는 성전에서 하나님을 섬기며(1:8), 하나님은 사가랴(1:19), 마리아(1:26), 목자들에게(2:9-15) 천사를 보내셔서 세상에서의 당신의 구원 목적을 선언하는 분이시다. 하나님은 구주이

---

1   나는 가능한 출처나 사실들을 결정하기보다 완전한 구성으로서의 전체 내러티브와 그 강조점에 초점을 맞출 것이며, 누가의 신학적 조망과 역사적 예수 사이의 그 어떤 인지된 차이점을 조사하지는 않을 것이다. 다음을 참조하라. Simon Gathercole, 'The Trinity in the Synoptic Gospels and Acts', in G. Emery and M. Levering (eds.), *The Oxford Handbook of the Trinity* (Oxford: Oxford University Press, 2011), p. 55. (본 장의 초기 원고를 읽고 의견을 전해 준 메린 위버, 랍 스미스, 브라이언 탭, 앤디 나셀리, 스티븐 웰럼, 그리고 나의 아내 엘레인 톰슨에게 감사의 마음을 전한다.)

2   Ibid., p. 56. 또한 5:21에서의 오직 유일한 한 분 하나님에 대한 언급을 참조하라.

시며(1:47), 주님이시며(1:6, 16, 46, 68), 전능하시며(1:37, 49), 거룩하시며(1:49), 자비하시며(1:50, 72, 78), 주권자이시다(2:29). 누가복음을 시작하는 장들에서 압도적인 강조점은 이스라엘의 한 하나님께서 그분의 약속을 지키신다는 것(아브라함에게[1:55, 73], 다윗에게[1:32-33, 69; 2:4, 11]), 오랫동안 소망해 온 구원이 기쁘게 시작된 일(1:47, 71, 77; 2:30), 죄 사함(1:77), '이스라엘의 위로'(2:25), '예루살렘의 속량'(2:38), '이방을 비추는 그의 계시'(2:32)로 인해 하나님이 찬양을 받으실 분이시라는 점에 있다(1:42-45, 46-47, 58, 64, 68; 2:13-14, 20, 28, 38).[3]

누가의 복음서 결론에도 역시 "하나님의 나라를 기다리는"(23:51, NIV), 또는 예수님께서 "이스라엘을 속량하시는" 선지자(24:21)이기를 소망하는 사람들에 대한 언급이 있다. 마찬가지로 하나님의 구속적 계획의 '필요성'(24:7, 26, 44; 비교. 22:22)에 대한 설명과 성경의 성취에 대한 강조가 내러티브를 지배하고 있으며, 누가의 독자들은 예루살렘과 온 세상에 알려져야 하는(24:47) '죄 용서' 선포를 위해 준비되어 간다. 마지막 구절에서 누가는 제자들이 늘 '하나님을 찬미' 했다는 언급과 함께 그의 복음 기사를 시작했던 장면의 주제(예를 들면, '성전')로 되돌아온다. 이 두 가지 받침대 사이에서 누가는 하나님께 돌려지는 영광에 계속해서 주의를 기울이는데(5:25-26; 7:16; 9:43; 13:13; 17:15; 18:43; 19:37), 이는 하나님께서 그의 백성을 '찾아오셨거나' '돌보러 오셨기'(NIV) 때문이다(7:16; 비교. 1:68, 78; 19:44).

2) 주와 아들: 주와 아버지와의 예수님의 관계

물론, 누가의 복음에서 예수님의 출생과 행하심으로 인해 사람들이 하나님을 찬송하는 것은 명백하다. 하지만 이것이 예수님을 그저 하나님의 인간적 '대행

---

3   따로 언급하지 않는 한, 본 장에서의 성경 인용은 영어표준역본(ESV)이다.

자'로 이해해야만 한다는 것을 의미하는가? 누가복음 전반부에서 수시로 등장하는 이가 누구신가에 대한 질문과 함께 예수님의 정체는 중요한 주제이다.[4] 많은 이들이 누가복음에서 다면적인 기독론적 주제에 천착했는데, 곧 예수님이 왕적인 메시아(예: 1:32; 24:26, 46), 배척받으신 선지자(예: 4:24; 24:19), 이사야서에 예언된 종(예: 2:32; 3:22; 4:16-21; 22:37)이라는 것이다. 이러한 누가의 다양한 기독론은 부분적으로는 예수께서 **모든** 성경을 성취하시는 분이라는 확신 때문이다(예: 24:44). 그럼에도 예수님은 이러한 모든 범주를 초월하신다. 예수님은 다윗의 후손, 선지자, 그리고 종 '그 이상'이신 분이시다. 예수님은 '그 주님'이시며 유일한 '하나님의 아들'이시다. 우리는 무엇보다도 먼저 예수님께서 누가의 내러티브에서 '주님'으로 소개되는 중요한 방식에 주목하고자 한다. 이는 이스라엘의 하나님과의 관계에 있어서 예수님의 신원(identification)이 무엇인지, 즉 예수님이 과연 누구신지에 대한 이해에 있어서 근본적으로 중요하다. 그러고 나서 우리는 더 나아가 누가복음에서 아버지-아들 관계로 볼 때 이 신원의 미묘한 차이가 무엇인지를 살펴보고자 한다.

① 주이신 예수님

위에서 언급한 바와 같이, 내러티브에서 하나님이 처음 언급된 상황을 볼 때 '하나님'(*theos*)이 '주님'(*kyrios*, 1:6)이시며 또한 이 직함이 나머지 장들에서도 계속되고 있다는 것은 분명하다. 어떤 때는 이 두 용어가 함께 사용되기도 하며(예: "주 곧 그들의 하나님"[1:16]; "주 하나님"[1:32]; "주 이스라엘의 하나님"[1:68]), 또 다른 경우에는 '주님'이 '하나님'을 지칭하고(예: 1:6, 8-9, 11, 19, 26, 28, 37-38, 46-47) 때로는 '하나님'이 단순히 '주님'으로 언급되는 것이(예: 1:25, 45, 58; 2:9, 22; 비교. 또한 "주의 율법"[2:23-24, 39]) 분명한 인접한 문맥에서 이 용어들이 교환 가능한

---

4   눅 4:22, 36; 5:21; 7:19-20, 39, 49; 8:25; 9:18, 20.

것으로 사용되었다.[5]

'주'라는 용어가 대개 여호와, 이스라엘의 하나님을 지칭하는 것이기에 이 동일한 내러티브 문맥의 지시 대상이 예수님이라는 것, 즉 예수님을 이 주님과 동일시하는 것을 발견하는 것은 굉장히 놀라운 일이다.[6] 그러므로 사가랴는 그의 아들 요한(세례 요한)이 많은 이들을 "주 곧 그들의 하나님"께로 돌아오게 할 것이라는 말을 들었다(1:16). 세례 요한은 실제로 "그[주] 앞에 먼저 와서" 주를 위하여 세운 백성을 준비할 것이다(1:17). 이와 마찬가지로 사가랴 자신도 "주 이스라엘의 하나님"(1:68)을 찬송하면서 요한이 "주 앞에 가서 그 길을 준비"하는 지극히 높으신 자의 선지자가 될 것이라고 선언했다(1:76).

현재까지의 내러티브 문맥에서 일관되게 사용된 '큐리오스'(주)의 용법으로 볼 때, 세례 요한이 먼저 오고 그 후에 오실 이 '주'가 여호와이시며 이스라엘의 주 하나님이라고 할 수 있다. 그러나 사가랴를 향한, 그리고 사가랴에 의한 이런 진술들 사이에서, 성령에 감동된 엘리사벳은 마리아를 "내 주의 어머니"라고 부른다(1:43).[7] 가장 가까운 문맥에서 여호와를 '주'로 언급한 것(1:38, 45-46)을 볼 때, 이 감탄을 동반한 엘리사벳의 외침은 그들의 아들이 '그분' 앞에 올 것이라고 사가랴가 들었던 '그분'을 찬미하고 있다!

세례 요한이 회개를 요구하고 자신보다 '훨씬 더 큰' 분이 오신다는 것을 선언함으로 공적 사역을 시작할 때, 요한은 '주'의 길을 예비하고 그의 길을 평탄

---

5 Robert L. Mowery, 'Lord, God, and Father: Theological Language in Luke-Acts', in *SBL 1995 Seminar Papers* 34 (Atlanta: Scholars Press, 1995), p. 85.

6 물론 '주'(*kyrios*)라는 용어가 모두 하나님을 지칭하는 것은 아니다(예: 19:33, "임자들"[owners]). 용어의 의미를 결정하는 데 도움을 주는 것은 문맥상 정황이다. 참조. C. Kavin Rowe, *Early Narrative Christology: The Lord in the Gospel of Luke* (Grand Rapids: Baker Academic, 2009), pp. 31-77. 로우의 작품은 특별히 누가의 저(low) 기독론(그리고 누가복음에서의 '주'라는 낮은 호격의 용법)을 수정하는 데 유익하다. 다음을 참조하라. Richard B. Hays, *Reading Backwards: Figural Christology and the Fourfold Gospel Witness* (Waco, Tex.: Baylor University Press, 2014), pp. 55-74.

7 마리아는 여전히 구주가 필요한 존재이다(1:47).

케 하는 자로서 자신의 사역을 묘사하는 이사야서의 말씀으로 시작한다(3:4). 이사야서 인용의 정황으로 볼 때, 이것은 주, 곧 이스라엘의 하나님이신 주님을 지칭하는 것이 명백하다. 그러나 누가복음의 정황으로 볼 때, 또한 예수님 이전에 와서 활동하는 선지자로서의 요한의 역할을 볼 때, 이분은 세례 요한의 뒤에 오시는 바로 그 주님이신 예수님이다(2:11).

예수님을 이스라엘의 주 하나님과 동일시하는 이런 언급들은 예수님을 '구세주'와 동일시하는 언급이기도 하다. 구약 성경의 여호와는 자기 백성의 유일하신 하나님이시자 '구주'(*sōtēr*)이시다.[8] 이와 마찬가지로, 누가의 복음에서 마리아는 "하나님 내 구주"를 기뻐하고 "주님"께 영광을 돌림으로 찬송을 시작한다(1:47). 누가의 복음에서 '구주'라는 이름이 유일하게 한 번 더 사용된 경우는 다윗의 동네에 태어나신 분이 "구주"이시요 "그리스도 주"이시라는 "주의 사자"의 선언에서 발견할 수 있다(2:11). 따라서 세례 요한이 자신이 사람들에게 '주님'을 예비하라고 외치는 소리임을 선언했을 때 누가의 복음에서 이사야 40장 인용은 모든 이들이 "하나님의 구원하심"을 볼 것이라는 진술로까지 확장된다(3:6; 사 40:5에서 인용함). 그러므로 예수님은 이사야의 '주'이시요 '구주'이실 뿐 아니라 '주의 종'이시다.

그러므로 1:43("내 주"), 2:11("구주"), 그리고 3:16(세례 요한 뒤에 오시는 "능력이 많으신 이")에 기록된 예수님에 대한 진술과 함께, 누가복음 1-3장이라는 내러티브의 흐름에 있어서, 세례 요한이 먼저 와서 예비할 그분으로서 1:17, 76; 3:4에 기록된 '주'에 대한 언급들은 여호와가 아니면 예수님이라는 잘못된 이분법으로 판단해서는 안 된다. 예수님은 여호와의 성육신이다.[9] 그 대신 '아들'로서의 예수님에 대한 묘사가 한 분 주님의 연합 안에서 아버지와 아들이라는 이원성

---

8   참조. 시 65:5 (LXX 64:6); 사 12:2; 45:21.
9   C. Kavin Rowe, 'Luke and the Trinity: An Essay in Ecclesial Biblical Theology', *SJT* 56 (2003), pp. 1-26.

을 지시하고 있음을 보아야 한다. 누가의 내러티브에서는 "아버지와 아들 모두가 신적인 이름인 큐리오스"를 지닌다.[10]

우리가 초기의 몇몇 장들과 보조를 맞추어 누가의 복음을 계속해서 좀 더 들여다보면, 주 예수께서는 단순히 이스라엘 하나님의 대리인이 아니라 이 하나님과 동일한 존재이심을 발견하게 된다. 따라서 예수님의 사역 초기에, 시몬 베드로가 호수 깊은 물속에 있는 물고기들에 대한 예수님 말씀의 주권적 능력을 보았을 때(5:5), 베드로는 자신이 "죄인"으로서 "주"이신 분의 임재 앞에 서 있다는 사실을 인식했기 때문에(5:8-10)[11] 두려움에 떨면서 이사야처럼 반응했다(사 6:5). 이런 정황 속에서 예수님은 베드로에게 결코 두려워할 필요가 없다고 보증해 주시는데(5:10), 이는 예수님께서, 요한이 먼저 와서 길을 예비했던, 죄를 사해 주시는 주이시라는 사실을 암시한다(1:77). 이런 암시는 5장의 마지막에 가서 예수님께서 중풍병자의 죄를 사해 주시는 선포를 하실 때 더욱 분명해진다(5:20). 바리새인들과 율법 교사들은 "이 신성 모독 하는 자가 누구냐 오직 하나님 외에 누가 능히 죄를 사하겠느냐"(5:21)라고 생각하면서 하나님께서 죄를 용서하실 뿐만 아니라 예수님 그분께서도 죄 용서를 시행하신다는 진술로 인식한 것이다.[12] 이런 배경에서 사람의 마음과 생각을 아시고(5:22; 7:39-40; 9:47; 1:17; 비교. 16:15) 죄를 용서하시는 분(7:48-49에도 있는 것처럼)으로서 예수님은 오직 하나님만이 하시는 일을 하고 계신다(비교. 대하 6:30).

나중에 예수님은 세례 요한이 선지자이며, 과연 "선지자보다도 훌륭한 자"이며(7:26), 실상 여자에게서 난 그 어떤 이(말하자면, 모든 사람들)보다 더 큰 자라고

---

10   Ibid., pp. 21-22.
11   이런 상황에서, 시몬 베드로는 물고기가 많이 잡힌 기적을 경험하기 전에는 예수님을 '선생님'이라고 불렀다가 예수님의 주권적인 권세를 목도한 후에는 '주'라고 부른다(5:5, 8).
12   역사적 배경 속에서 베드로와 제자들이 이에 대한 완전한 함축적 의미를 이해하려면 아직 멀었다. 그럼에도 예수님의 이런 행동과 선언들의 중요성을 이해하려는 노력은 그들로 하여금 "도대체 그가 누구이신가?"(8:25)라는 질문에 대답하기 위해 분투하도록 만들었다.

말씀하신다. 세례 요한은 왜 그렇게 큰 자였는가? 모든 구약의 선지자들은 메시아 시대의 도래를 말하기만 했지만, 세례 요한은 주님을 위하여 길을 준비하기 위해 그분이 오시기 전에 먼저 오게 될, 말라기 3:1의 사자였기 때문이다(7:27). 다른 선지자들은 오실 그분을 미리 지시했다. 하지만 세례 요한은 그분을 직접 지시하는 특권을 누렸다. 달리 말하면, 예수님은 말라기 3장에서 말하는 '주'인 자신을 세례 요한이 지시하고 있기 때문에 요한이 본질적으로 이 세상에 태어난 그 어떤 이보다 더 큰 자라고 말씀하시는 것이다!

자신의 복음서 내러티브 전체를 통해 누가는 예수님을 자주 '주'로 지명했다(7:13, 19; 10:1, 39; 11:39; 13:15; 17:5-6; 18:6; 22:61). 극적인 결론 장면에서 예루살렘 지도자들이 그분의 권위에 도전하자 예수님은 그 자신이 던지는 질문으로 끝맺으신다. 다윗의 후손으로 오시는 메시아를 부정하지 않으면서, 예수님은 왜 다윗이 자신의 후손을 그의 '아들'이라 부르지 않고, 주가 임재하시는 가운데 그의 우편에 앉게 될 '주', 곧 자기 자신의 '주'로 부르는지 물으신다(눅 20:41-44, 시 110:1에서 인용함). '그리스도'로서의 예수님은 물론 다윗의 후손이시다. 하지만 예수님은 다윗의 후손 그 이상이시다. 그는 '주'이시다. 누가복음에서 '주'로서의 예수님이라는 주제를 마치기 전에, 예수님과 하나님에 대한 누가의 흥미로운 배치에 나타난, '주'로서의 예수님의 중요성에 대해 좀 더 살펴보도록 하자.

② 예수님과 '하나님'

여호와의 성육신, 즉 '주'(큐리오스)라는 예수님의 이 신원은 누가복음에서 예수님과 '하나님'(*theos*)이 빈번하게 병렬되어 언급되는 것에 빛을 비추어 줄 수 있을지도 모른다. 그러므로 예수님은 귀신을 쫓아내 주시고 그 사람에게 집으로 돌아가 "**하나님이** 네게 어떻게 큰 일을 행하셨는지를" 말하라고 했는데, 누가는 즉각적으로 그 사람이 집으로 돌아가 "**예수께서** 자기에게 어떻게 큰 일을 행하셨는지를" 말했다는 사실을 부가한다(8:39).[13] 또한 예수께서 한 소년을 고치시고 그의 아버지에게 돌려보내실 때, 군중은 모두 다 **하나님**의 위엄하심에 놀랐다. 그때 누가는 그들이 다 "그가[**예수님이**] 행하시는 모든 일을 놀랍게 여길새"라고 말한다(9:43). 나병에서 고침을 받은 사마리아인은 예수께로 돌아와 '**하나님께** 영광을 돌리고'(17:15; 또한 17:18을 참조하라) '**예수님께** 감사하며' 예수님의 발아래 머리를 숙였다(17:16).[14]

마찬가지로 예수님의 활동과 하나님을 찬미함 사이에 긴밀한 연결고리가 있다. 바리새인들이 "오직 하나님 외에 누가 능히 죄를 사하겠느냐"(5:21)라고 바르게 질문했을 때, 예수님은 단순히 자신의 말씀만으로 중풍병자를 즉시 고치셔서 자신이 "땅에서 죄를 사하는 권세가 있는 줄"을(24절) 증명하신다. 예수님이 주권적인 능력과 권세를 나타내신 후에 이 사람은 일어나 **하나님께** 영광을 돌리며(25절) 집으로 돌아갔고 사람들도 역시 모두 놀랐으며 **예수님께서** 하신 일을 보고 하나님께 영광을 돌렸다(26절). 마찬가지로 맹인인 거지가 눈을 뜬 후에 "**하나님께** 영광을 돌리며 **예수**를 따르니"(18:43), 백성들도 예수님께서 행하신 일을 목도하고 하나님을 찬미했다. 승리의 입성 시에, 그들이 본 기적으로 인해(19:37) 하나님을 기뻐하고 찬미했던 제자들은 "찬송하리로다 주의 이름으로 오시는 **왕이여**"라고 말했다(19:38).[15]

물론 이런 병행구의 진술들을 하나님과 관계한 예수님의 정체에 대한 주장으로 보지 않고 하나님을 찬미하는 단순한 표현으로 읽는 것도 가능할 것이다. 그러나 누가복음의 결론적 말씀들은 좀 더 궁극적이며 중대한 병행 구절을 하나

---

13 '주'가 사용된 마가복음 5:19을 참조하라. 이런 병행은 누가복음에 있어서 독특한 점이다.
14 필자의 번역이다. 17:15-16에서 현재시제 분사로서 '영광을 돌림'과 '감사함'은 병행을 이룬다.
15 하나님 나라에 대한 예수님의 가르침이 첨가될 수도 있겠지만 지면상 이 중대한 주제를 상세하게 다룰 수는 없다. 예를 들면, 이 나라는 예수님의 나라이며(22:30), 예수님이 주시는 나라이다(22:29). 그러나 이 나라는 하나님의 나라이며(22:16, 18; 그리고 누가복음 전체를 통해), 하나님이 주시는 나라이다(12:32).

더 첨가한다. 예수님의 승천 이후에 제자들은 그를(말하자면, 예수님을) 경배했고 예루살렘 성전으로 돌아가 하나님을 찬미했으며(24:52-53, NIV) 이는 누가복음의 시작 장면을 의도적으로 상기시킨다. 이 마지막 장면이 예수님과 하나님 사이의 유사한 대조를 포함시키고 있을 뿐만 아니라, 우리는 여기서 제자들이 예수님을 경배했다는 놀라운 진술을 발견하게 된다! 예수님 자신께서 그의 공적 사역을 시작하실 때 경배는 오직 "너의 하나님 여호와"께만 속한 것이라고 말씀하셨기 때문에(눅 4:8, 신명기 6:13로부터 인용됨) 이런 행동이 예수님의 신성에 대한 인식을 지시한다는 것은 누가복음의 정황 속에서 쉽게 알아볼 수 있다.[16] 이렇게 예수님을 경배한 것의 중요성은 누가복음-사도행전에서의 '하나님'과 '인성' 사이의 구분을 생각할 때 더욱 강조된다. 사도행전에서 베드로와 바울과 바나바는 그들을 예배하려는 사람들과 같은 '사람들'이기에 예배받기를 거절한다(행 10:26; 14:15). 하지만 헤롯은 자신의 목소리가 "신의 소리요 사람의 소리가 아니라"라는 백성의 외침을 기뻐하고 하나님께 영광을 돌리지 아니함으로 주의 사자가 그를 쳐서 죽게 되었다(행 12:22-23). 누가복음의 결론 부분에서 예수님을 향한 이 경배는 예수님에 대한 누가의 전체 복음 설명에서 절정을 이룬다.

그러므로 누가복음 전반에 걸쳐 예수님은 하나님과 동일시되며 하나님이 행하시는 일을 행하신다. 예수님은 죄를 용서하시고(5:20-21; 7:48-49), 피조물을 주권적으로 통치하시며(5:4-7; 8:25), 사람의 마음과 생각을 아시고(5:22; 7:39-40; 9:47; 11:17; 참조. 16:15), 하나님의 심판(12:49)과 구원(19:10)을 가져오시며 절정에 이르러서는 경배를 받으신다(24:52). 이런 소망의 분위기가 누가복음의 시작부터 기록되어 있고(1:17, 76), 복음서 전체에 걸쳐 울려 퍼지고 있으며, 결론적 장에서 다시 더 크게 울려 퍼진다. 주 여호와 자신이 자기 백성을 구원하러 오셨고 경배를 받으실 분이시다!

---

16 예배(*proskyneō*)에 사용된 단어는 누가복음에서 여기 이 두 곳에서만 발견된다.

③ 하나님의 유일하신 아들로서의 예수님

나아가서, 누가복음에서의 아버지-아들 관계는 하나님과 동일시되는 예수님에 대한 우리의 이해에 도움을 준다. 한편으로 예수님은 '주', 즉 여호와의 성육신이시다. 다른 한편으로 예수님은 아버지가 아니시다. 그는 아들이시다. 누가복음 내러티브에 있어서, 이 '주'와 '아들'의 결합은 하나님의 삼위일체적 본질을 이해하는 데 결정적이다. 로우(Rowe)가 잘 논평했듯이 "누가의 내러티브는 아버지와 아들의 구분을 가정한다. 그럼에도 불구하고 이 신적 이름을 아버지와 아들 모두에게 부여한다. … 누가의 내러티브에서 아버지와 아들이라는 이원성은 한 분 주님이라는 통합적인 정체성에 위협이 되지 않는다."[17]

'주'라는 용어와 마찬가지로, '하나님의 아들'이라는 이름 역시 하나님의 본성과 동일시됨을 암시하지는 않는다. 결국, 누가복음 3:38에서 아담은 하나님의 아들이라 불리고, 누가복음 6:35-36에서 원수를 사랑하는 자들은 지극히 높으신 이의 아들이라 일컬음을 받는다. 성경 다른 곳에서는 이스라엘과 솔로몬과 화평케 하는 자들과 천사들이 하나님의 아들이라 일컬음을 받는다.[18] 누가의 복음에서 '하나님의 아들'이라는 직함은 사무엘하 7:14과 시편 2:7에 반영되어 있듯이 그리스도(4:41)와 동의어로(비록 완벽하게 교환 가능하지는 않을지라도)[19] 이해될 수 있다. '하나님의 아들'이라는 직함이 이런 여러 다른 대상을 지시하는 것은 하나님이 모방되고 하나님의 형상이 드러나는 다양한 방식을 반영한다.[20] 하지만 예수님 또한 독특하고 유일한 의미에서의 '하나님의 아들'이시다. 마리아에게 그녀의 아이가 "지극히 높으신 이의 아들"이 될 것이라고 선언한

---

17 Rowe, 'Luke and the Trinity', p. 22.
18 참조. D. A. Carson, *Jesus the Son of God: A Christological Title Often Overlooked, Sometimes Misunderstood, and Currently Disputed* (Nottingham: Inter-Varsity Press; Wheaton: Crossway, 2012), p. 13.
19 Ibid., p. 95.
20 참조. Ibid., 여러 곳에.

것은(1:32; "지극히 높으신 이의 선지자"[1:76]라고 일컬어지는 세례 요한과는 대조적으로) 무엇보다도 먼저 "그 조상 다윗의 왕위"에서의 예수님의 통치와 연결되어 있다(1:32-33). 그러나 내러티브가 진행되면서 예수님께서 독특한 의미에서의 '하나님의 아들'이시라는 것이 매우 분명해진다. 한편으로 예수님은 영생을 가졌고 멸망하지 않는 '무궁한' 통치를 행하시는 분이시다(1:33). 다른 한편으로, 예수님의 수태는 초자연적이며 다윗 가문의 그 어떤 왕들에게도 전례가 없었다! 명백한 처녀였던(1:27[두 번씩이나]; 34절, 문자적으로, "남자를 알지 못하니") 마리아는 지극히 높으신 이의 능력의 덮음을 받았고 이 초자연적인 처녀 잉태는 예수님께서 왜 하나님의 아들로서 거룩하다 일컬음을 받아야 하는지의 이유가 된다(1:35).[21] 비록 여기 이 내러티브에서 완전한 중요성이 충분히 발전되지 않는다 할지라도, 이것은 단순히 인간적 메시아의 의미에서가 아닌 독특한 의미에서의 '하나님의 아들'로서의 예수님을 보여 주는 그림의 시작이다.[22]

예수님의 초자연적 출생 기사는 누가복음에서의 예수님의 선재하심(pre-existence)과 보조를 같이한다.[23] 동일한 장에서 이 초자연적 출생 선언에 대해 사가랴는 '위로부터 우리에게 임하는 돋는 해'라고 지칭한다(즉, '하늘'[1:78]).[24] 그러므로 동정녀로부터의 탄생은 예수님의 존재의 시작이 아니라 그의 인성의 시작이다. 예수님 자신이 신적 대권을 행사하시며, "내가 왔노라"라고 말씀하시면서 자신의 선재하심을 전제하신다. 예수님은 세상에 "불을 던지러"(예를 들면, 신적 심판을 하러) 오셨다(12:49; 비교. 창 19:24). 초자연적 통찰력을 지닌 귀신들

---

21 누가복음 1:35에 관련된 주해적 사안의 요약에 대해서는 다음을 참조하라. Robert H. Stein, *Luke*, NAC (Nashville: B&H, 1992), pp. 85-86. 2:23에 있는 유사한 구조도 참조하라. 누가의 역사적 설명(1:1-4)은 성별을 가진 신들의 이야기를 포함하는 그리스-로마식의 전기와 전혀 다르다.
22 예수님이 시편 110편을 인용하신 것과 관련해서 앞에 언급한 것처럼, 구약은 단순히 인간적 메시아 이상을 기대하고 있었다.
23 Simon J. Gathercole, *The Preexistent Son: Recovering the Christologies of Matthew, Mark, and Luke* (Grand Rapids: Eerdmans, 2006), p. 285.
24 Ibid., pp. 238-242와 누가복음에서의 하나님의 '찾아오심'에 대한 언급을 참조하라.

조차 예수님께서 그들의 영역을 멸하러 오셨을까 봐 두려워한다(4:34). 예수님 자신 또한 하나님 나라의 복음을 전하기 위해 '보냄을' 받으셨다고 말씀하신다(4:43; 참조. 9:48; 10:16). 에스겔 34:16에 사용된 동일한 언어를 반영하면서 예수님은 오직 하나님만 하실 수 있는 일을 행하신다. 예수님은 "잃어버린 자를 찾아 구원하러" 오신 분이시다(19:10).[25] 예수님의 포도원 비유는 포도원 주인이신 하나님이 계속해서 그 나라에 자기 종들을 보내시는 것으로 이스라엘 역사를 묘사하는데, 이 종들은 박해받는 수많은 선지자를 암시한다(참조. 렘 7:25-26). 마지막으로 하나님은 또 다른 선지자-종을 보내지 않으시고 자기의 사랑하는 아들을 보내신다(눅 20:13). 예수님은 질적으로 다르시며, 마지막 선지자도 아니시다. 예수님은 유일한 아들이시다.

예수님이 아버지 하나님과 맺으신 독특한 관계는 누가복음의 괄목할 만한 강조점이다. 우리가 살펴보았듯이, 누가복음을 시작하는 장에서 하나님을 지시하는 다양한 방법이 있음에도 불구하고 이 복음서에서 하나님을 '아버지'라고 지칭하는 것은 예수님 자신이 처음 하셨던 말씀과 함께 나타난다. 누가복음에만 기록된 설명에 따르면, 누가는 예수님의 '아버지'에 관한 마리아의 말과 예수님의 말씀을 의도적으로 대조시키고 있다(2:48-49). 성전에서 예수님을 찾은 후, 마리아는 예수님을 향해 "'네 아버지와 내가' 근심하여 너를 찾았노라"라고 말한다(2:48). 그러나 열두 살 나이에 예수님은 자기 아버지이신 하나님과 자신의 독특한 관계를 잘 알고 있음을 암시하는 말씀으로 "내 아버지 집에" 있어야 할 줄을 알지 못했느냐고 대답하신다(2:49).[26]

사실, 누가복음 3-24장 전체에 걸쳐 하나님을 '아버지'로 지칭하는 것은

---

25 '제테오'(찾아)와 '투 아폴로로스'(잃어버린 자)의 조합은 잃어버린 자를 찾으시려는 신적 사명에 대한 에스겔 34:16(LXX)의 묘사를 반영한다(참조. 겔 34:4, 11, 22; 눅 15:4, 6).
26 3:23에 기록된 예수님의 아버지에 대한 자격(예수님은 "사람들이 아는 대로는" 요셉의 아들이었다)과 4:22의 불충분한 관찰을 참조하라("이 사람이 요셉의 아들이 아니냐"). 그러므로 2:48은 예수님의 어린 시절에 대한 누가의 부주의한 모순적 기록이 아니라 아버지이신 하나님과 예수님 사

16차례 등장하며, 이 모든 언급은 예수님의 말씀에서 발견된다. 여기서 가장 인상적인 것은 무언가 독특하고 유일한 것으로서의 아버지와 자신의 관계를 말씀하시는 10:21-22에 기록된 예수님의 말씀이다(그리고 가장 집중적이기도 한데, 두 절 안에 '아버지'를 무려 다섯 번이나 언급한다).[27] "아들 외에는 아버지가 누구인지 아는 자가 없다."라고 말하는 것은 참으로 어마어마한 일이다! 이런 종류의 상호적인 지식은 예수님이 메시아 되심의 일부분으로 얻은 어떤 지식을 지칭하지 않는다. 오히려 이는 메시아 되심에 앞서는 아버지-아들 관계의 친밀성을 가리킨다. 자신의 주권을 통해 아버지를 계시하실 수 있게 만들어 주는 하나님 아버지에 대한 아들의 독특한 지식이다. 누가복음에서 아버지에 대한 예수님의 언급이 포함된 것 가운데 "내 아버지"(10:22a; 22:29; 24:49)와 "너희[복수] 아버지"와 같은 구절들이 있다(6:36; 12:30, 32). 하나님 아버지의 속성에 대한 예수님의 많은 가르침[28]과 함께 동반된 이런 문체는 "'아버지가 누구인지'(10:22c) 오직 자신만이 아신다는 예수님의 주장에 대한 내러티브 묘사이며, 하나님께서 '결정하시는 아버지'가 되신다는 사실을 계시해 준다(10:22c)."[29] 흥미롭게도 누가복음의 내러티브에서는, 예수님의 **첫 번째** 말씀이 그의 아버지에 대한 언급일 뿐만 아니라 누가복음에서 예수님의 **마지막** 말씀 역시 "내 아버지"를 언급하고 있다(24:49).

아들이 소유하고 있는 아버지에 대한 독특한 지식과 계시는 한 주(one Lord) 안에서 아버지와 아들의 차이점에 대한 통찰력을 제공한다. 아들이 선택에 있

이의 독특한 관계에 대한 의도적인 지시이다.

27 이어지는 논의에 대해서는 (비록 웰럼이 마태복음 11:27의 병행구를 언급하기는 하지만) 다음을 참조하라. Stephen J. Wellum, 'The Deity of Christ in the Synoptic Gospels', in C. W. Morgan and R. A. Peterson (eds.), *The Deity of Christ* (Wheaton: Crossway, 2011), p. 82. 또한 이 책에 있는 브랜든 크로의 연구(마태복음)와 스콧 스웨인의 연구를 참조하라.

28 이 비유에서 용서하시는 아버지의 모습에 대한 인용이 주를 이루는 누가복음 6:36; 11:13; 12:30; 특히 15:11-32(아버지로서의 하나님에 대한 16회 언급 목록에는 포함되어 있지 않다)을 참조하라.

29 Mowery, 'Lord, God, and Father', p. 87.

어서 주권적인 반면(10:22), 누가복음 10:21-22이 포함하고 있는 아버지의 구원적 지식의 계시에 대한 정황 속에서 '모든 것'을 '아들에게' 맡기시는 분은 아버지이시다(10:22a).[30] 그의 사랑하시는 아들을 보내시는 분은 아버지이시며(20:13), 따라서 성육신하신 주로서 오시는 분은 아버지가 아니라 아들이시다. 아버지께서 나라를 아들에게 맡기셨기 때문에 아들은 나라를 정의롭게 다스리신다(22:29; 비교. 12:32). 아들이 보내실 성령님은 아버지께서 약속하신 영이시다(24:49).

여기에는 아버지와 아들 사이의 주권적 권능과 목적의 통일성이 있으며 동시에 위격과 질서의 구별이 있다. 마지막으로 언급한 구절이 지시하고 있듯이 이런 통일성과 구별은 누가복음의 성령에 대한 묘사에서도 동일하게 나타난다.

3) 누가복음에서의 아버지와 아들과 성령

누가복음의 강조점에 보조를 맞추어 나는 근본적으로 주와 아들로서의 예수에게 집중했다. 따라서 이어지는 누가복음에서의 성령에 관한 논의는 간략할 것이다. 누가복음 내러티브 안에서 성령님께서 전적으로 하나님이시라는 것은 분명하다. 성령님은 "지극히 높으신 이의 능력"(1:35)과 위로부터 오시는 능력(24:49)으로서의 하나님의 능력으로 언급되어 있다. 그는 '주의 영'이시다(4:18; 예를 들면, '주 여호와의 영', 이사야 61:1에서 인용됨).[31] 그럼에도 성령님은 아버지가 아

---

30   스콧 해로우어는 10:22이 아버지가 아들의 뜻에 의존한다는 것을 교훈한다는 것을 주장하기 위해 10:22a을 소홀히 다루었다(Scott Harrower, *Trinitarian Self and Salvation: An Evangelical Engagement with Rahner's Rule* [Eugene, Ore.: Pickwick, 2012], pp. 109-114).

31   '주의 영'에 대해서는 사도행전 16:7을 참조하라. 22:69의 "하나님의 권능"은 하나님에 대한 완곡한 표현이다. 기독론적 입장에서 본 "주의 능력"(5:17)에 대해서는 다음을 참조하라. Rowe, *Early Narrative Christology*, pp. 92-98. 누가복음 11:20은 "하나님의 손"을(출애굽기 8:19에서는 "하나님의 권능"을 반영하는) 기록하는 반면, 마태복음 12:28은 "하나님의 성령"을 언급하고 있다. 또한 사도행전 10:38을 참조하라.

니시다. 예수님께서 세례를 받으실 때 아버지의 음성이 하늘에서부터 들린 반면, 성령님은 예수님 위에 강림하셨다(3:22). 또한 성령님은 하늘 아버지께서 보내시는 분이며(11:13), 아버지께서 약속하신 분이시다(24:49). 흥미롭게도, 예수님을 부인하는 사람은 하나님이 그를 부인하시는 결과를 낳듯이, 성령님을 훼방하는 사람은 하나님의 용서하심을 받지 못하는 결과를 초래한다(12:9-10).[32] 세 분은 하나이시지만, 구분 가능하시다.

누가복음에서 성령님은 하나님의 백성들에게 말을 하는 능력을 부여하시는 일에 가장 빈번하게 관계하신다. 하나님의 사람들은 성령으로 '충만'하여 주 예수 그리스도의 오심에 대해 하나님을 선포하고 찬미하며(1:41-45, 67-79; 2:25-32), 어려운 상황에 처했을 때 예수님을 위해 마땅히 할 말을 하도록 능력을 받는다(12:12). 그뿐만 아니라 예수님의 생애와 관계해서 성령께서 가장 특별하게 하시는 일은 능력을 부여하시는 것이다. 여호와의 성육신으로서 예수님께서 사람이셨음은 당연히 의심의 여지가 없다. 아담으로부터 내려오는 순서로 된 족보를 마귀에게 시험당하시는 예수님 바로 앞에 배치한 것은 예수님이 유혹에 압도당하지 않는 새로운 아담이심을 의도적으로 보여 주는 것이다(3:37-4:13). 그렇다면, 예수님이 다른 아기들처럼 태어나셨고(2:7), 어린아이에서 어른으로 "자라가며 심령이 강하여"지셨고(2:40; 52; 비교. 1:80), 부모에게 순종하셨으며(2:51), 배고픔(4:1)과 잠(8:23)과 죽음(23:46)을 경험하신 것으로 보아 예수님이 인성을 가지셨음은 명백하다. 무덤에 장사지낸 바 된 예수님의 인간적인 몸은 (23:52-53) 부활 이후에도 여전히 예수님의 몸이었다(24:3, 39-43).[33]

---

32 이 구절은 '말로 인자를 거역하는 것'은 사하심을 받는다는 말씀(12:10a)과 대조되어 있다. '말로 거역하는 것'과 '훼방하는 것' 사이의 차이점은 순간적인 거절인지 아니면 영구한 거절인지, 또는 무지 가운데 행한 것인지 아니면 강퍅하게 반대하는 것인지 하는 것이다(참조. Stein, *Luke*, p. 348). "부인을 당하리라"(9절)라는 말씀과 "사하심을 받지 못하리라"라는 수동태는 하나님의 행위와 관련 있다.

33 우리는 예수님께서 (다가올 심판을 두려워하면서) 할 수만 있다면 이 진노의 잔을 옮겨 달라고 간구하셨지만 아버지의 뜻에 기꺼이 응하시는 모습에서 성자의 인성을 보게 된다(22:42). 마찬가지

예수님과 성령님의 관계는 주로 성령님이 예수님의 인간적인 삶에 능력을 부여하시고 유지하시는 일로 나타난다.[34] 이는 예수님 탄생을 선포할 때 처음으로 나타났다. 앞에서 살펴본 바와 같이, 동정녀 마리아는 그 태내에 예수님의 인성을 형성하시는(1:34-35) 성령의 창조적인 '덮으심'(비교. 창 1:2)의 능력으로 수태하고 아기를 낳을 터였다. 예수님이 세례받을 때 임하신 성령님은 예수님이 사역을 시작하실 때 예수님을 강하게 하셨다(3:22-23). 성령으로 말미암아 예수님은 새 아담으로서 유혹에 직면하셨고(4:1), 이사야 선지자가 예언한 종/선지자로서 복음을 선포하셨고(4:14, 18), 성령으로 기뻐하시며 아들로서 아버지를 찬미하셨다(10:21).

또한 누가복음은 지상 사역을 넘어 성령님을 보내시는 예수님의 활동을 가리키고 있다. 심지어 예수님이 공생애 사역을 시작하시기도 전에 세례 요한은 자신보다 훨씬 더 "능력이 많으신 이"가 오셔서 "성령으로" 세례를 베푸실 것이라고 선언한다(3:16). 흥미롭게도 12:12에서 예수님은 제자들이 권세 있는 자 앞에 서게 될 때 성령께서 그들을 도와주실 것이라고 그들을 안심시키시는 반면, 21:15에서는 예수님이 직접 그들에게 구변을 주시겠다고 말씀하신다. 이 시점에서 누가의 내러티브에서 확실히 규명되지 않기는 하지만, 이는 예수님이 자기 백성에게 능력을 부여하시는 성령님을 통해 자신의 목적을 성취하시는 사도행전을 기대하게 한다. 누가복음의 결론적 구절에서 우리는 사도행전에서 보게 될 누가의 삼위일체적 강조를 분명히 기대하게 된다. 예수님께서 승천하시기 바로 직전에 성령님에 대해 "내 아버지께서 약속하신 것"이라고 말씀하시기

로, 십자가에 달린 강도에게 오늘 자신과 함께 낙원에 있게 될 것이라고 약속하시면서도(23:43), 십자가에서 자신의 영혼을 맡아 달라고 아버지께 기도하신 모습에서도 인성을 발견한다.

34 그럼에도 불구하고 앞서 우리가 이미 살펴본 바와 같이, 예수님께서 행하시는 모든 일은 하나님이자 사람이신 한 분 성자로서 행하시는 일이다. 다음을 참조하라. Wellum, 'Deity' p. 76, n. 42. 다음 책도 참조하라. John Owen, *The Works of John Owen*, ed. W. Goold, 16 vols. (Edinburgh: Banner of Truth, 1965-8), vol. 3, p. 162: "인성을 지니신 하나님의 아들이 하시는 일은 무엇이든지 아버지의 영이자, 그의 영이신 성령님에 의해 행하신 일이다."

는 하지만 예수님은 당신께서 친히 성령님을 보내실 것이라고 제자들에게 말씀하신다(24:49). 이 약속된 성령님을 보내시는 일은 예수님의 제자들이 예수님의 이름으로 복음을 전하기 위해 "위로부터 오시는 능력을 입게 될 것"을 의미한다. 따라서 이제 우리는 삼위 하나님의 구속 계획이 전개되는 사도행전을 살펴보고자 한다.

사도행전에서의 삼위일체

1) 약속을 지키시는 하나님

사도행전에서 누가는 하나님께서 약속하신 바대로 당신의 구속의 목적을 성취하신 증거를 요약한다.[35] 그러므로 누가는 계속해서 하나님을 이스라엘과 열국의 하나님으로, 또한 자신의 약속을 지키고 자기 백성을 구원하시는 하나님(*theos*)으로 언급한다. 사도행전 내러티브에서 하나님에 대한 첫 번째와 마지막 언급은 '하나님 나라' 또는 하나님의 구원 방식을 지칭한다(1:3; 28:31). 사도행전 내러티브 전체를 통해 이스라엘 하나님의 연속성이 변함없이 전제되어 있다. 하나님은 '아브라함의 하나님, 이삭의 하나님, 야곱의 하나님, 우리 조상의 하나님'(3:13; 비교. 5:30; 7:32; 22:14; 24:14)이시다. 또한 그분은 '살아 계신 하나님'이시며, 만물의 주권적 창조자이시다(14:15; 17:24). 따라서 하나님을 경배하는 일 외에 다른 우상을 숭배하는 일(7:41-42; 14:15; 15:19-20; 17:29-30), 마술(8:9; 13:6; 19:19), 인간 존재를 향한 거짓된 예배(8:10; 10:25-26; 12:22-23; 14:11-15), 또는 그 어떤 피조물을 향한 예배(7:42)도 금지되었다. 이스라엘의 하나님께서 이

---

35 이 부분에 관한 더욱 확장된 논의에 대해서는 다음을 참조하라. Alan J. Thompson, *The Acts of the Risen Lord Jesus: Luke's Account of God's Unfolding Plan*, NSBT 27 (Apollos: InterVarsity Press; Downers Grove: InterVarsity Press, 2011).

스라엘의 역사를 주권적으로 인도하셨으며 자비롭게 땅과 장막과 성전과 사사들과 왕들을 제공해 주셨다(7:1-50; 13:16-22). 이러한 하나님의 은혜로우신 공급은 하나님께서 약속하신 바대로 이스라엘을 위하여 구세주이신 예수님을 보내주신 일에서 절정을 이룬다(13:23). 하나님은 예수님의 삶(2:22; 10:37-38), 죽음(2:23; 4:27-28), 부활과 높아지심(2:24, 32-33; 3:15; 5:30-31; 기타)을 통해 당신의 구속의 목적을 성취하셨다. 은혜로 말미암아 믿음을 통해(10:43; 13:39; 14:1; 15:9) 하나님의 백성 가운데 유대인들과 함께 이방인들도 포함된 것은 하나님이 하신 일이다(10:1-11:18; 13:26, 48; 15:7-8, 14; 21:19).

2) 주로서의 예수님

누가복음과 마찬가지로 사도행전에서도 이스라엘과 나라들을 위한 하나님의 구원 목적은 예수 그리스도를 통해서, 그리고 예수님의 삶과 죽음과 부활로 제공된 죄의 용서를 통해서 이루어진다. 누가복음의 기독론이 계속되고 있음은 사도행전을 시작하는 구절에 명백하게 진술되어 있다. 누가복음은 "예수께서 행하시며 가르치시기를 **시작하신**" 모든 것에 관한 것이다(행 1:1). 그러므로 여기에 암시된 것은 사도행전이 예수께서 **계속해서** 행하시고 가르치신 모든 것에 관한 것이라는 사실이다. 따라서 누가의 다양한 측면을 가진 기독론이 계속된다. 예수님은 약속된 다윗 왕권의 후손이시며(2:30-31; 13:22-23), 모세가 말한 선지자이며(3:22-23), 하나님의 종이시며(3:13, 26), 하나님의 인정을 받은 자이며(2:22-23), 성령으로 기름 부음을 받은 분이시다(10:38). 또다시 말하지만, 그렇다면 이것은 예수님께서 단순히 하나님의 구원 목적을 수행하시는 인간적 대행자이심을 의미한다는 말인가? 우리가 이미 예수님께서 경배를 받으셔야 할 성육신하신 주님이시라는 것을 분명히 전제했기에 누가가 계속해서 '주'(큐리오스)를 예수님과 성부 하나님 모두에게 사용하는 것은 결코 놀랄 일이 아니다.

이런 폭넓은 누가행전 내러티브의 배경은 "이 예수를 하나님이 주와 그리스도가 되게 하셨느니라"라는 베드로의 진술을 이해하는 데 도움이 된다(2:36). 누가복음뿐만(예를 들면, 눅 2:11) 아니라 사도행전이 시작하는 장에서도(예를 들면, 1:6; 2:31) 예수님이 그저 그의 부활과 승천 이후 하나님 보좌에 좌정하시기 전에는 주님이나 그리스도가 아니셨다는 것을 의미하지 않음은 분명하다. 오히려, 예수님은 고난 받으신 후에 "자기 영광"에 들어가셨으며(눅 24:26), 보좌 우편에 앉으심으로 "성령을 주시는 영광의 주"로 통치하고 계신다.[36] 나아가서 죄를 용서하시고 성령을 선물로 주시는 분이 예수님이시기에(2:33, 38), '주 여호와의 날'에 심판으로부터 구원을 얻기 위해 불러야 할 이름인 주의 이름(요엘서에서는 '야훼')은 주 예수 즉 여호와의 우편에 좌정하신 다윗의 주님이시다(2:34-35).[37]

따라서 사도행전은 **하나님**의 구원 방식을 계속해서 성취하시는 분이 부활하시고 다스리시는 주 **예수님**이심을 강조한다. 여기에는 예수님께서 교회에 사람을 더해 주시고(2:47; 11:21; 16:14), 병자들을 치유하시며(3:16; 9:34), 바울의 이동과 사역 전체를 인도하심을(9:15; 18:10; 23:11) 통해 말씀을 전파하심으로 계속해서 통치하고 계심을 보여 주는 조직적인 진술이 있다. 예수님은 과연 '**만유**의 주'이시다(10:36)! 여기에는 더 많은 것들을 상술할 수 있는데, 이어지는 실례들은 누가가 주 예수를 계속해서 세상에 관계하시는 분이실 뿐만 아니라 신적인 주님이시요 자기 백성의 구세주로 간주하고 있음을 보여 준다(4:12). 예를 들면, 사도행전 11:21은 안디옥에서 "수많은 사람들이 믿고 주께 돌아오던" 이유를 밝히고 있는데 이는 "주의 손"이 주 예수님에 대해 사람들에게 전파하던 자들

---

36 Gathercole, 'Trinity', p. 62. 로우는 이것을 가리켜 "인간들이 예수를 배격한 것에 대한 하나님의 역전"이라고 주장한다(Rowe, *Early Narrative Christology*, p. 195). 그러므로 '주'로서의 예수님의 정체성은 계속되고, 이는 실상 이스라엘 온 집이 정녕 반드시 알아야 할 것이다(행 2:36).

37 2:21에서 '주의 이름을 부르는 것'을 참조하라(9:14, 21; 22:16도 보라). 아래의 7:59도 참조하라.

과 함께하셨기 때문이다. "주의 손"이라는 구절은 구약 성경 전반에 걸쳐 발견되는 관용어구로서, 심판하시거나 자기 백성을 구원하시고 도우시는 여호와의 능력과 임재를 지칭한다.[38] 이런 배경으로 볼 때, 여기 언급된 "주의 손"은 다름 아닌 주 예수의 손이다. 왜냐하면, 바로 전에 '주 예수'에 관한 복된 소식의 전파가 언급되어 있고(11:20), 그 후에 즉시 "수많은 사람들이 믿고 주께 나아왔다"는 언급이 따라오기 때문이다(11:21). 그러므로 여기서 사람들이 믿음과 회개로 반응한 이유는 주 예수께서 그들의 복음 전파를 위해 제자들에게 능력을 부여하심으로 "수많은 사람들"의 믿음과 회개라는 결과를 낳았기 때문이다.

신적 대권을 행사하시는 주 예수의 행위에 대한 또 다른 실례가 루디아의 회심 이야기에서 발견된다. 루디아가 바울의 메시지에 반응했던 이유는 "주께서 그 마음을 열어" 주셨기 때문이다(16:14). 또다시 반복하지만, 이어지는 구절에서 루디아가 자신을 "주 믿는 자"라고 묘사한 것은 여기서 자신의 마음을 여신 주님은 다름 아닌 주 예수님이시라는 것을 가리킨다. 누가복음에서와 마찬가지로 여기서도 주 예수님은 사람의 마음을 아시며 그 마음을 변화시키는 분이시다.[39] 구약 성경에서 여호와는 사람의 마음을 감찰하시는 분이시며 자신의 주권적 뜻에 따라 그들을 인도하는 분이시다.[40]

예수님 또한 신적 능력을 소유하신 주권적 여호와로서 기도를 받으시는 분으로 묘사된다. 사도가 되기에 합당한 자격을 갖춘 두 사람(요셉-바사바와 맛디아)을 선택한 후에, 제자들은 기도했다. "그들이 기도하여 이르되 뭇사람의 마음을 아시는 주여 이 두 사람 중에 누가 주님께 택하신 바 되어"(1:24). 본 장을 시작하

---

38 예를 들면, 민수기 11:23; 이사야 41:20; 59:1; 66:14에서의 '케이르 퀴리오'라는 구절을 참조하라. 신약 성경에서 이 구절은 누가복음에만 사용되었다(눅 1:66[여호와]; 행 11:21; 13:11[13:12에서는 아마도 '주 예수님'을 염두에 두었을 것이다]).
39 앞에서 언급한 누가복음 5:22; 7:39-40; 9:47; 11:17을 참조하라. 또한 사도행전 1:24; 15:8을 참조하라.
40 역대하 6:30 이외에 잠언 15:11; 21:1-2도 참조하라.

는 구절들에 기록된 두 가지 명백한 연결점과 그 이전 구절에 기록된 '주'라는 용법이 이 기도가 주 예수님을 향한 기도라는 것을 확증해 준다. 첫째, 1:21에 기록된 "우리 가운데서 올려져 가신 날부터"라는 구절은 1:2에 있는 동일한 구절을 상기시키고, 그들의 기도 가운데서 "주께서 택하신 바 되어"(1:24)라는 구절은 사도들이 "그[예수님]가 택하신 자들"로서 묘사되어 있는 1장의 시작 절을 기억나게 한다(1:2; 참조. 눅 6:13; 10:22). 이 두 가지 명백한 연결점은 (1:2에 기록된) 예수님의 '선택하시는' 활동이 바로 이 문맥의 배경이 된다는 점을 지시한다. 둘째, 이 기도 바로 앞에 있는 구절들을 보면 '주'가 명백히 '주 예수님'이심을 알 수 있다. 후임 사도로 선출될 만한 자격을 갖춘 사람들은 '주 예수'께서 제자들과 함께하시던 내내 제자들과 함께 있었던 사람들이어야 했다(1:21-22).[41] 그러므로 주님께 드리는 그들의 기도는 주께서 지상에서 사역하시는 동안 사도들을 선택하신 것처럼 하늘에서부터 이 열두 번째 제자를 선택해 주시기를 기대하는 기도이다. 그의 사도들을 선택하시는 '주님'으로서의 예수님께 기도하는 것과 "모든 이의 마음을" 아시는 분으로서 예수님을 묘사하는 것,[42] 그리고 제비를 뽑는 것(참조. 잠 16:33) 같은 행동은 이런 배경 속에서 무작위 사건처럼 보이는 일에 대한 주권을 인정하는 것이며, 그분의 교회를 계속해서 통치하시는 주 예수님께 신적 대권을 돌리는 행위이다.

그 외에 예수님을 향한 또 다른 기도의 실례가 스데반이 죽는 순간이 묘사된 7:59-60에 기록되어 있다. 설교의 결론 부분에서 스데반은 자신을 향해 분노한 공격자들에게 하나님의 영광스러운 임재 안에 계시고 "하나님 우편"에서 능력과 권세를 취하신, 다니엘이 묘사했던 인자이신 예수님을 "보라"고 말한다(7:55-56). 예수님에 대한, 그리고 성전과 대조되는 하나님 임재의 장소에 대한

---

41 1:21, 24를 제외하고 사도행전 1장에서 유일하게 '주'라고 언급한 대상은 역시 예수님이다(참조. 1:6).
42 15:8에서는 하나님이 "마음을 아시는 이"로 묘사되어 있다.

이 마지막 선언은 분노한 폭도들이 붙잡았어야 할 마지막 지푸라기였다. 하지만 그들은 일제히 귀를 막고 큰 소리를 지르며 스데반을 돌로 쳐 죽였다(7:57-58). 그러나 죽음의 순간에 스데반은 주 예수님을 향해 두 가지 기도를 올린다! 이는 그 자체로 놀라운 기도이다. 우리는 스데반이 "하나님의 영광과 및 예수께서 하나님 우편에 서신 것을" 보았다는 것을 읽는다. 스데반은 기도하면서 주 예수님께 기도했던 것이다.

나아가서, 스데반의 기도는 예수님에게 신적 대권을 돌린다. 첫째, 스데반은 주 예수님께 자신의 영혼을 받아 달라고 간구한다(7:59). 예수님은 그가 하늘로 들어가는 것을 승인해 달라고 요청하실 수 있는 주님이시다.[43] 그리고 나서 스데반은 자신을 공격하는 자들의 죄를 그들에게 돌리지 말아 달라고 주 예수님께 간청한다(7:60). 예수님은 살인자를 용서하시는 권세를 소유하신 분이시다. 어떤 면에서 스데반은 여기서 주 예수님의 인격을 분명하게 반영한다(참조. 눅 23:34, 46). 그러나 스데반은 그저 예수님의 모범을 따르는 자가 아니다. 설교의 정황으로 볼 때, 스데반이 했던 결론적인 말과 그가 죽으면서 올린 기도는 예수님께서 성전의 성취이심을 선언하고 있다. 하나님의 임재 안에서 예수님은 기도를 받으시는 분이며 천국을 승인하시고 죄를 용서하시는 분이시다.

예수님은 우리가 구원을 얻기 위해 기도를 올려 드려야 할 주님이시며 여호와이시다. 예수님은 하나님 백성을 성장시키시고 백성의 마음을 아시며 그들의 마음을 여시는 주이시고, 기도에 응답하시는 주이시며, 하늘에 들어가는 것을 허락하시고 살인자들을 용서하시는 분이시다! 예수님은 신적인 구세주이시다! 이제 사도행전에서 성부와 성자와 성령의 일치뿐만 아니라 차이를 나타내는 증거들을 간략하게 살펴보도록 하자.

---

43 2:21에서도 '주님' 즉 여호와를 향한 동일한 단어 '에피칼레오'(부르다)가 사용되었다.

3) 하나님과 예수님과 성령님의 삼위일체

① 예수님과 하나님

누가복음에서와 마찬가지로 사도행전에서 '하나님'(*theos*)은 주이신 예수님과 구별되는 의미에서의 성부 하나님을 지칭한다. 또한 사도행전은 예수님과 '하나님'이 긴밀하게 연결되어 있는 누가복음의 형식을 계속 따르고 있다. 예를 들면, 베드로는 오순절 날에 '하나님께서' "**내가** 내 영을 부어 주리라"라고 말씀하시는 요엘서 2장을 인용하면서 자신의 설교를 시작한다(행 2:17-18). 그런데 사도행전 2:33에서 베드로는 **예수님께서** "너희가 보고 듣는 이것을 부어 주셨느니라"라고 말한다.[44] 마찬가지로 사도행전 11:15-17에서 베드로는 '주의 말씀'을 생각나게 하면서(11:16) 이방인을 위한 성령의 '부어 주심'(참조. 10:45)을 설명한다.[45] 이런 정황 속에서 '주의 말씀'은 **예수님**의 가르침으로서, 예수님은 제자들이 성령으로 세례를 받게 될 것이라는 약속을 세례 요한의 물 세례와 대조하신다(참조. 1:5).[46] 그러고 나서 베드로는 **하나님께서** 주 예수 그리스도를 믿는 이방인들에게도 "우리에게 주신 것과 같은 선물"을 주셨다고 선언한다(11:17 NIV; 또한 5:32을 참조하라). 그러므로 사도행전 2장과 11장은 성령을 보내심에 있어서 '하나님'께서 하신 일이 무엇이며 '주 예수'께서 하신 일이 무엇인지에 대해 상호 교환 가능한 말씀을 기록하고 있다.

하나님의 활동과 관계해서 누가가 묘사하는 예수님의 활동은 바울의 회심과 부르심 기사에서도 발견된다. 사도행전 9:15에서 주 예수님은 아나니아에게 "[바울은] 택한 **나의** 그릇"이라고 하시며, 바울의 나머지 삶에 대한 계획

---

44 2:33의 '에케오'(부어 주다)라는 동사는 사도행전 2:17-18에 인용된 요엘 2:28을 상기시킨다.
45 구약 성경에서 '주의 말씀'은 '하나님의 말씀'에 대한 일반적인 표현이다(예를 들면, 창 15:1; 사 40:8).
46 참조. 누가복음 3:16; 24:49; 예수께서는 성령으로 '세례를 베푸시는' 분이거나 성령을 '보내시는' 분이시다.

을 요약하시고 바울이 이방인과 그들의 임금들과 이스라엘 자손들에게 예수님의 이름을 증언하게 될 것이라고 선언하신다. 흥미롭게도, 사도행전 22장에 제공된 부가적인 상세한 설명을 통해 바울은 "**우리 조상들의 하나님이** 너를 택하여 너로 하여금 자기 뜻을 알게 하시며"라는 아나니아의 메시지를 재설명한다(22:14). 그리고 나서 사도행전 26장에서 바울은 **예수님께서** 나타나셔서 "네가 나를 본 일과 장차 내가 네게 나타날 일에 너로 종과 증인을 삼으려" 하신다고 말씀하셨음을 다시 이야기한다(26:16). 사도행전 9장과 26장의 **예수님의** 주도권과 목적이 사도행전 22장에서의 **하나님의** 주도권과 목적이라는 용어로 묘사된다. 실제로, '택하다/삼으려 한다'라는 동일한 단어가 하나님의 활동(22:14)과 예수님의 활동(26:16)에 사용되었다.[47]

이와 유사한 관계가 복음에 반응하는 사람들에 대한 누가복음의 묘사에서도 종종 발견된다. 예를 들면, 어떻게 하여야 구원을 얻을 수 있겠느냐는 빌립보 간수의 질문에 바울은 "**주 예수**를 믿어야만 한다."라고 대답한다(16:31). 그러나 몇 구절 뒤에서 누가는 간수가 크게 기뻐한 이유가 "그가 **하나님**을 믿었기" 때문이라고 말한다(16:34).[48] 사도행전 다른 곳에서 바울은 복음에 대한 합당한 반응은 "하나님께 대한 회개"와 "우리 주 예수 그리스도께 대한 믿음"이라고 설명한다(20:21). 마찬가지로 회개는 하나님께로 '돌아오는 것'(14:15; 15:19; 26:18, 20), 또는 주 예수께로 '돌아오는 것'으로 묘사된다(9:35[참조. 9:42]; 11:21). 회개는 하나님의 선물(11:18) 또는 주 예수님의 선물로 묘사된다(5:31). 믿음 역시 하나님께서 주시는 것(14:27) 또는 주 예수님께서 주시는 것으로 묘사된다(3:16).

---

47 예를 들면, '선택/임명'(프로케이리조마이)이 22:14에서는 하나님에게, 26:16에서는 예수님에게 적용되었다. 9:15에서는 다른 구절 즉 '스케우오스 에클로게스'(택한 그릇)가 사용되었다.
48 사도행전에서 가장 빈번하게 등장하는 믿음의 대상은 주 예수님이다(9:42; 10:43; 11:17; 14:23;

② 성령과 하나님

이전에 우리가 언급한 말씀들이 성령을 부어 주심, 바울의 회심과 부르심, 복음에 대한 반응들에 있어서 하나님과 예수님을 동일시했다면, 성령님 역시 분명하게 하나님과 동일시되는 다른 경우들이 있다. 그러므로 베드로는 아나니아가 성령을 속였다고 선언할 수 있지만(5:3), 그다음 구절에서(누가행전 전체를 통해 발견되는 '사람'과 '하나님' 사이의 구분과 보조를 맞추어서) 베드로는 아나니아가 "사람에게 거짓말한 것이 아니라 하나님께 거짓말한 것"이라고 선언한다(5:4). 또한 베드로는 아나니아가 삽비라와 함께 "주의 영"(5:9)을 시험하는 데 합의했다고 말하는데, 이는 구약 성경에서 그의 영으로 임재하시는 하나님의 임재를 나타내는 통상적인 구절이다(예를 들면, 삿 3:10; 삼하 23:2-3). 사도행전 또 다른 곳에서 우리는 성령님이 살아 계시며 활동적이며 자기의 뜻을 전달하시는 분이심을 보게 된다. 성령님은 하나님의 권위 있는 말씀을 전하시고(1:16; 13:2, 26-27; 21:11; 28:25; 참조. 8:29; 10:19), 증언하시며(5:32), 목적을 지니시고(13:2; 15:28), 보내시며(13:4; 참조. 8:39), 막으시고(16:6), 격려하시며(9:31), 경고하신다(20:23).

사도행전에서 하나님과 예수님과 성령님의 일체성은 마게도냐를 건너 여행하고자 하는 바울과 그의 동료들의 결정에서 잘 나타난다(행 16:6-10). 첫째로, '성령'께서는 그들이 아시아에서 복음을 전하지 못하도록 막으셨다(16:6). 그 후 '예수의 영'께서 그들이 비두니아로 들어가는 것을 허락하지 않으셨다(16:7). 비록 이 '예수의 영'이 누가복음 24:49에 기록된 약속의 성취를 통해 오순절 날에 예수께서 부어 주시는 성령을 상기시킨다 할지라도(행 2:33), 이 두 번째 구절 역시 여전히 성령님에 대한 언급이다. 이런 방식으로 구약 성경의 일반적인 표현인 '주의 영'이 지금 예수님께 적용되고 있으며, 또한 말씀 전파에 있어서 성령을 통해 주 예수께서 여전히 계속해서 통치하고 있다는 것에 우리의 주의를 기

19:4; 22:19; 24:24; 26:18). 하나님은 16:34와 27:25에서 믿음의 대상이다.

울이게 한다. '성령님' 또는 '예수의 영'의 인도하시는 활동과 바울에게 도움을 요청하는 마게도냐 사람의 환상을 묘사한 후에, 누가는 그들이 "**하나님**이 저 사람들에게 복음을 전하라고 우리를 부르신 줄로 인정"했다고 결론 내렸기 때문에 마게도냐로 가기로 결정했다는 점에 주목한다(16:10). 총 네 구절에 표현된 '성령'과 '예수의 영'과 '하나님'의 지도하시는 활동에 대한 묘사는, 누가가 복음 전파가 어떻게 인도되고 있는지를 묘사함에 있어서 성령님과 예수님과 하나님에 대한 언급 사이를 아무런 문제 없이 왕래하고 있음을 보여 준다. 종종 누가는 공통의 정체성을 제시하는 방식으로 삼위일체를 언급한다. 때때로 누가는 예수님이 하시는 일을 하나님이 하시는 것처럼 말하고, 예수님께 대한 대답을 하나님께 대한 대답인 것처럼 말하고, 성령님을 향한 반응을 하나님을 향한 반응인 것처럼 말하고, 또는 성령님의 활동을 마치 예수의 영의 활동과 하나님의 활동인 것처럼 언급한다. 그러나 그 세 분이 구분되는 것 또한 확실하다. 이제 이 구분에 대해 잠깐 살펴보도록 하자.

③ 아버지와 아들과 성령

아버지와 아들과 성령이 동시에 언급된 많은 구절에서 또한 세 분이 분명하게 구분된다. 주 예수께서 '하나님의 오른손'으로부터 성령을 부어 주신다(2:33). 여기서 우리는 능력과 권세의 자리('오른손')에서 하나님과 함께 통치하시는 주 예수의 신적 권위와 통치(2:30)를 본다. 그러나 '주'께서는 또한 주이신 하나님 '우편'에 계신 분으로서 확실하게 구분되신다(2:34). 이와 유사한 구분이 스데반의 결론적 말에도 나타난다. 성령으로 충만한 스데반은 "하나님의 영광"과 "예수께서 하나님 우편에 서신" 것을 보았다(7:55). 마찬가지로, 베드로가 고넬료의 집에서 있었던 사건을 오순절 날과 관계시키면서 이야기할 때, 세 분이 함께 언급되었다. 주이신 예수님께서 말씀하셨다시피, 성령의 선물이 하나님에 의해 주 예수를 믿는 자들에게 주어졌다(11:15-17)! 성령님은, 비록 하나님이시지만(5:4), '하나님의 선물'이시다(8:20; 참조. 2:38; 11:17). 성부와 성자와 성령 세 분은 교회를 위해 삼가야 할 에베소 장로들에게 권면한 말씀에서도 언급된다 (20:28). 장로들은 성령님에 의해 양 무리를 감독하도록 임명을 받았다(또는 구비되었다). 양 무리는 하나님의 교회이다. 교회는 하나님이 '자기 아들의 피'(NET) 로 값을 주고 사신 교회이다.[49] 따라서 세 분 모두 이 한 구절 안에 포함되어 있다. 그럼에도 분명하게 구분된다. 성령님은 장로들을 구비시키며, 하나님은 교회를 자신의 소유물로 삼으시고, 아들은 하나님께서 교회를 사시는 방편이다.

사도행전에서 하나님을 '아버지'로 언급하는 구절은 단 세 구절이며 모두 첫 두 장에 기록되어 있다. 우리가 이미 누가복음에서 살펴보았던 형식에 보조를 맞춰 보면, 첫 두 차례 언급은 예수님 말씀에서 발견된다(1:4, 7). 예수님께서 이스라엘에게 왕국을 회복시켜 주실 주이시며(1:6), 제자들은 예수님의 증인들이 될 터이지만(1:8) 이 회복의 기한과 때는 궁극적으로 아버지의 권세에 달려 있다(1:6-8).[50] 예수님이 언급하신 것이 아닌, 누가행전에서의 아버지에 대한 유일한 언급은 예수님께서 "아버지로부터 약속된 성령을" 받으셨다는 베드로의 진술(예수님 자신의 가르침[눅 24:49; 행 1:4]을 반영하는)이다(2:33). 따라서 여기서 세 분이 모두 언급되어 있다. 그럼에도 그들은 모두 구분 가능하다. 그렇다면 궁극적으로 하나님께서 성령님을 보내셨다고 말하는 것이 사실이듯이, 예수님께서 성령님을 보내시는 것 (위에서 언급한 바와 같이) 역시 사실이다. 좀 더 엄밀히 말하자면, 주도권을 가지시고 아들에게 성령을 약속하시고 주시는 분은 아버지이시며, 성령을 보내시는 분은 아들이시다. "산 자와 죽은 자를" 심판하시는 신적 권세가 예수님께 속했지만, 이런 위치는 성부 하나님이 '지명'하신 것이다(10:42;

---

49 여기서 '투 이디우'(어떤 이의 소유)라는 소유격은 아들을 지칭하는 매우 애정 어린 용어이다. 이에 관한 다른 의미에 대해서는 다음을 참조하라. Steve Walton, *Leadership and Lifestyle: The Portrait of Paul in the Miletus Speech and 1 Thessalonians*, SNTSMS 108 (Cambridge: Cambridge University Press, 2000), pp. 91-98.
50 사도행전에서 왕국에 대한 이 구절들의 중요성에 관해서는 다음을 참조하라. Thompson, *Acts*,

17:31; 참조. 눅 10:22a). 아버지-아들이라는 구분과 예수님의 지상 사역을 특징지어 주는 질서는 예수님이 아버지의 오른편 권능의 자리로 높아지신 이후에도 여전히 계속된다.

결론

누가복음과 사도행전에서 가장 중요한 강조점은 데오빌로처럼 주 예수님을 믿는 신자들은 삼위 하나님께서 주권적인 구세주이심을 가장 분명하게 확신할 수 있다는 것이다. 하나님의 왕국 또는 구원적 통치가 도래한 것이다! 이스라엘 역사 속에서의 구원적 행위들과 하나님의 약속들은 성령님의 능력으로 말미암아 그의 아버지의 구원 목적을 성취하시는 성육신하신 주님의 삶과 죽음과 부활에서 그 절정에 이른다. 성육신하신 주 예수님께서 승천하셔서, 아버지께서 약속하셨고 아들이 보내신 성령님을 통해 주 예수님으로 말미암아 열국들 안에서 하나님의 구원 통치가 계속해서 성취될 수 있도록 아버지의 오른편에서 다스리신다. 아버지께서는 자신의 때에 자신의 구원 계획을 권위로 시행하신다. 주 예수님께서도 통치하시고 기도에 응답하시며, 사람들의 마음을 여신다. 성령님께서는 아들과 그의 구원을 증언하게 하시기 위해 아들을 믿는 하나님 백성들을 강하게 하신다. 하나님은 한 분이시지만 여전히 세 분이시며, 이 세 분 모두 분리되지 않게 행동하시는 동시에 구분되게 행동하신다. 이스라엘과 열방에게 약속된 구원은 삼위일체 하나님의 연합 사역이다. 모든 영광과 찬양이 오직 삼위 하나님께만 속해 있다!

---

pp. 103-108. "내 증인이 될 것이라"(8절)라는 말은 이사야 43:12; 44:8(여호와, 주께서 유일한 구세주이다)의 단어 사용을 반영한다.

4. 삼위일체와 요한복음

— 리처드 보컴

요한복음은 기독교의 고전적 삼위일체 교리 형성에 있어서 대단히 중요한 역할을 해 왔으며, 대단히 중요한 논의를 포함하여 계속해서 삼위일체를 반영한다. 때때로 (특히 내재적 삼위일체 안에서의 삼위 관계의 경우에) 합리적인 범위를 넘어서는 대답을 요구할 때조차도, 기독교 전통에 있어서 삼위일체 교리의 주요한 형태는 여러 방식에 있어서 성부와 성자와 성령에 대해 이 복음서가 무엇을 말해야 하는지와 잘 들어맞는다. 그러나 기독교 신학에 있어서 삼위일체 교리의 근원이 요한복음에 있음을 인정할 뿐 아니라 계속해서 끊임없이 그것으로 돌아간다는 것은 매우 중요하다. 고전적인 삼위일체 교리의 진술이 중요하기는 하지만 그것은 요한복음 그 자체가 제공하는 풍성한 고찰의 요약 그 이상이 아니다. 예를 들면, 이런 고찰을 복음서의 본래적 정황 속에서, 즉 유대적 일신론이라는 틀의 견지에서, 그리고 널리 퍼져 있는 그들의 기독론적 중요성에 면밀히 주의를 기울여 읽으면 많은 것을 얻을 수 있게 된다. 이런 독법(reading)은 정통 고백문을 그저 생명력 없이 반복하는 것에 활력을 제공할 수 있다. 성경 전체에 소개된 하나님처럼 요한복음의 하나님은 무엇보다도 피조물에게 하나님 자신의 무한한 능력으로부터 흘러나오는 생명과 사랑을 주시는 살아 계신 하나님이시며 사랑의 하나님이시다. 아버지와 아들과 성령에 대해 말하는 요한복음을 통해 우리는 하나님 자신을, 그리고 우리와의 관계에 있어서 결코 축소할 수 없는 생명과 사랑의 관계적 본질을 묵상하게 된다. 이미 "태초에" 존재했던 하나님의 관계성에 대해 요한복음보다 더 잘 시작할 수는 없을 것이다. "말씀이 하나님과 함께 계셨으니 이 말씀은 곧 하나님이시니라"(1:1).[1]

서언: 말씀으로부터 독생자까지

전통적인 시작점, 곧 세례 요한의 사역에서부터 예수님 이야기를 시작하기 전에, 전도자 요한은 그의 독자들에게 예수님이 누구시며 *그가* 무엇을 하러 오셨는지를 말해 주는 서언을 제공한다. 본질적으로 이 서언은 마가의 매우 짧은 서언(막 1:1)과 동일한 기능을 수행하는데 아마도 마가의 서언은 요한이 훨씬 더 정교하고 상세한 서언을 기록하는 데 도움을 주었을 것이다. 두 가지 경우 모두에 독자들은 전체 이야기를 온전히 이해하기 위해서, 이 이야기의 주체가 되시는 예수님의 정체성에 관한 지식부터 시작해서 교훈을 받는다.[2] 그러므로 요한의 경우에, 도마는 예수님이 '하나님'이신 것을 예수님의 부활 이전까지는 인지하지 못했지만(20:28), 요한의 서언은 이미 예수님을 매우 단호하게 '하나님'이라고 부르며 필요한 설명을 부가하고 있다(1:1-2, 18). 마가복음의 매우 짧은 서언과 대조적으로 요한의 서언은 대단히 응축된 신학의 거의 시적인 말씀이다. 마가는 그저 마가복음의 "시작"을 알리는데 반해, 요한의 복음은 창세기와 성경 전체의 이야기기 시작되는 만물의 "시작"으로 복음서를 열고 있다. 독자들

---

1 따로 언급하지 않는 한, 본 장에서의 성경 인용은 모두 새개정표준역(NRSV)에서 가져왔다.
2 다음을 참조하라. Morna D. Hooker, 'The Johannine Prologue and the Messianic Secret', *NTS* 21 (1974-1975), pp. 40-58.

로 하여금 예수님이 참으로 누구신지 그 비밀을 알게 하기 위해 요한은 가능한 한 가장 이른 "시작" 즉 창조주이신 하나님께서 우주 전체를 존재하게 하시기 바로 직전의 시작부터 말해 주어야 할 필요성을 느꼈던 것이다. 창세기를 알고 있는 사람이라면 누구든지 창세기의 시작하는 말과 요한복음의 시작하는 말이 동일한 말씀('태초에')이며, 동시에 이 서언이 진행되는 방식의 의미에 열쇠를 제공해 줄 것임을 알아차릴 것이다.[3]

서언의 첫 번째 부분(1:1-5)은 우리가 원시 시대라 부르는, 즉 창세기 1장의 시간에 놓여 있으며, 반면에 구약 성경의 역사적 내러티브(1:6)로부터 시작하는 두 번째 부분(1:6-18)은 복음의 이야기를 시작하는 부분(1:19-34)과 연결되는 세례 요한이라는 인물(1:6-8, 15)을 다루는 역사적 시간에 놓여 있다. 서언의 첫 번째 부분은 창세기 1:1-5의 개작(retelling)의 형식을 취하는데[4], 이는 제2성전 시기의 문헌에 나와 있는 창세기 창조 기사의 유대적 개작 방식과 어느 정도 비교할 수 있는 것이다.[5] 창세기에 대한 암시는 매우 분명하며, 요한이 말하는 "말씀"(호 로고스)이 무엇인지를 결정해 준다. 창세기 1장에서 하나님은 '말씀하시는 언어'(speaking words)로 창조하신다. "말씀"이라는 명사는 창세기 1장에는 등장하지 않지만 시편 33:6-9에 기록된 창조 기사의 간략한 요약에 나타나며[6], 창세기의 창조 기사에 대한 유대인의 개작 역시 하나님께서 그의 말씀으로 창

---

3   창조를 암시하는 유대인의 용법들은 빈번하게 창세기 1:1에 암시되어 있는 "태초에" 또는 "그 시작"을 사용하고 있다는 점에 주목하라(Masanobu Endo, *Creation and Christology: A Study on the Johannine Prologue in the Light of Early Jewish Creation Accounts*, WUNT 2.149 [Tübingen: Mohr Siebeck, 2002], pp. 206-207).

4   특히 다음을 참조하라. Peder Borgen, 'Observations on the Targumic Character of the Prologue of John' and 'Logos was the True Light: Contributions to the Interpretation of the Prologue of John', *Logos Was the True Light and Other Essays on the Gospel of John* (Trondheim: Tapir, 1983), pp. 13-20, 95-110.

5   서언과 관계된 이 부분은 다음 책에서 연구하고 비교하고 있다. Endo, *Creation and Christology*.

6   시 33:6a, "여호와의 말씀으로 하늘이 지음이 되었으며."

조하셨다는 것을 빈번하게 언급한다.[7] 때때로 그들은 이 하나님의 창조의 말씀을 요한이 그렇게 하듯이 단순히 "말씀"이라고 지칭한다.[8]

헬라어 '로고스'(logos)는 '말씀'이라는 뜻 외에 '이성'을 포함해서 다른 뜻도 있지만, 창세기에 나타난 암시에 의하면, 요한의 서언에서 그 근본적인 의미는 분명히 '말씀'이며 그 밖에 다른 의미, 예를 들면 우주적인 이성이라는 철학적 개념(스토아학파나 플라톤 학파처럼)[9]을 의미할 강력한 이유는 없다(이런 의미가 후기 독자들에게 매력적이기는 하지만 말이다). 최근에 대부분의 요한복음 주석가들은 창조와 관계해서 일부 유대 문학에서도 특징적으로 드러나는 것처럼 '신적 지혜'(divine Wisdom)라는 인물이 서언에 영향을 끼쳤다고 생각한다. 이 두 가지가 때때로 구분될 수 있고 상이한 역할이 주어지기는 하지만(하나님의 지혜는 계획을 고안하고 하나님의 말씀은 그것을 실행하는),[10] 요한이 특히 창세기 1:1과 잠언 8:22(둘 다 "태초에"를 언급한다) 사이의 관련을 고려하여 하나님의 말씀을 하나님의 지혜와 동일시했다는 것은 가능한 일이다. 그러나 창조에 대한 유대 문헌의 내러티브는 그들이 하나님의 지혜에 대해 언급하는 것보다는 하나님의 말씀을 더 자주 언급한다.[11] 요한복음 1:1-4에서 요한이 하는 말은 창조에 있어서의 하나님 말씀 역할에 대한 유대적 언급에 기초해서 충분히 설명되어 있다.[12] 반면에 서언의 나머지 부분에서 지혜 사상과의 유사성에 대한 다른 주장들은 가능하긴

7　Endo, *Creation and Christology*, pp. 163, 210.
8　『제2 바룩서』 14,17; 48,8; 54,3.
9　로고스에 대한 플라톤 사상은 스토아학파, 특히 중기 플라톤주의 개념에 의해 강력한 영향을 받았다. 토마스 토빈(Thomas H. Tobin)은 'The Prologue of John and Hellenistic Jewish Speculation', *CBQ* 52 (1990), pp. 252-269에서 요한의 서언은 헬레니즘의 영향을 받은 유대적 사변과 동일한 측면에 속해 있으며, 따라서 요한의 로고스는 필로의 것과 비교될 수 있다고 주장한다. 하지만 나는 이러한 병렬이 충분히 유일하게 토빈의 주장을 지지한다고 생각하지 않는다.
10　『에녹 2서』 33,4; 『지혜서』 9:1-2.
11　Endo, *Creation and Christology*, p. 163에 있는 도표를 참조하라.
12　태초에 말씀이 "하나님과 함께" 계셨다(요 1:2)는 것은 잠언 8:30(또한 『지혜서』 9.9를 참조하라)의 반영일 수 있지만 하나님과 그의 말씀 사이의 관계를 명료하게 설명하고자 하는 요한의 시도일 수도 있다.

하지만 강력한 주장은 아니다.[13] 우리는 서언에 대한 해석을 지혜 그 배후에 있는 어떤 것을 탐지하는 일에 종속시켜서는 안 된다.

서언의 첫 세 구절은 유대인들의 창조적 일신론의 표현이다. 그들의 하나님의 독특하심을 주장하는 유대인 기록자들이 사용하는 가장 단순하고 명료한 방법은 한 분 유일하신 하나님이 만물의 창조자시라는 것을 선포하는 것이었다.[14] 하나님을 제외한 모든 것이 하나님에 의해 지으심을 받았다. 때로 창조에 있어서 하나님을 도운 자는 아무도 없다는 것이 강조되기도 했다. 창조 사역은 모두 오직 하나님만의 고유 사역이었다.[15] 하지만 이런 하나님의 독특한 유일하심이 하나님과 하나님의 속성이나 측면들, 즉 하나님과 그의 지혜, 하나님과 그의 말씀, 하나님과 그의 영 사이에 나타난 확실한 구분을 방해하지는 않았다. 이러한 구분들이 한 분 하나님이라는 독특함에 대한 위협이 되지 않았다. 왜냐하면 이런 측면들 또는 속성들이 하나님 자신의 고유한 신원(identity)에 속한 것이었기 때문이다. 이런 모습들은 하나님 자신 이외의 어떤 신적 존재나 실체가 아니라 명백하게도 **하나님의** 지혜이며 **하나님의** 말씀이며 **하나님의** 영이시다.[16]

그러므로 서언은 하나님께서 세상을 창조하심에 있어서 자기 자신을 표현하시는 방식으로서의 말씀이 이미 하나님의 정체에 속한 것임을 알리면서 시적일 뿐만 아니라 매우 정교하게 창조 이전의 하나님과 그의 말씀 사이의 관계성의 방식을 서술하면서 시작한다.

---

13 예를 들면, 다음을 참조하라. John Painter, *The Quest for the Messiah: The History, Literature and Theology of the Johannine Community*, 2nd ed. (Edinburgh: T&T Clark, 1993), pp. 145-147.
14 Richard Bauckham, *Jesus and the God of Israel: God Crucified and Other Studies on the New Testament's Christology of Divine Identity* (Milton Keynes: Paternoster; Grand Rapids: Eerdmans, 2008), pp. 9-10.
15 예를 들면, 다음을 참조하라. 『집회서』 42.21; 『에녹 2서』 47.3-5; 『에스라 4서』 3.4; 6.6.
16 Bauckham, *Jesus*, pp. 16-17.

태초에 말씀이 계시니라

　이 말씀이 하나님과 함께 계셨으니[호 로고스 엔 프로스 톤 데온][17]

　이 말씀은 곧 하나님이시니라[데오스 엔 호 로고스]

　그가[18] 태초에 하나님과 함께 계셨고[프로스 톤 데온]

반복의 효과는 말씀이 하나님을 향해 있다는, 즉 말씀이 "하나님과 함께" 계셨고 말씀이 "하나님이셨다"는 두 가지 다른 관계를 강조하기 위함이다. 그리고 이 두 가지는 모두 동시에 참되다. 말씀은 하나님과 구분될 수 있으나 동일한 신적 본체를 소유한다. 말씀이 "하나님과 함께 계셨다"라는 반복된 진술을 보면 '하나님'은 정관사를 소유하고 있다('그 하나님'). 하지만 말씀이 "하나님이시니라"라는 진술에서의 '하나님'은 무관사이다(말하자면 관사가 없다). 아마 이것은 문법적 필요성에 따른 것일지 모른다(문장의 주어[호 로고스]와 서술어[데오스]를 구분하기 위한).[19] 이것은 확실히 말씀이 '한 신이었다'(was a god)라거나, 완전한 하나님 자신의 신성보다 약간 덜 신적인 의미에서의 '신적이었다'(was divine)라는 것을 뜻하지 않는다. 왜냐하면 이 진술의 기능은 명백하게도 이전 진술("말씀이 하나님과 함께 계셨다")이 하나님과 나란히 있거나 하나님께 종속된 어떤 독자적인 본체를 언급할 수 있다는 가능성을 부정하는 것이기 때문이다. 여기에, 태초에, 창조 이전에는, 한 분 하나님 이외에 다른 존재가 있을 여지는 없다.

"말씀이 하나님이셨다"라는 말씀의 의미는 때때로 서언의 다른 부분과 상관없이 논의되었다. 그러나 '하나님'(데오스)이라는 단어는 서언에서 여덟 차례

---

17 여기 '프로스'(pros)의 용법은 생소하기는 하지만 유례가 없는 것은 아니다(마 13:56; 막 6:3; 9:19; 14:49; 눅 9:41).

18 영어에서는 인칭 대명사('그것'이 아니라 '그')를 쓰지 않을 수 없고, 헬라어에서조차 이 대명사는 말씀이 의인화되어 있거나 인격적이라는 사실을 명백하게 보여 준다.

19 (E. C. Colwell의 이름을 딴) 콜웰의 법칙에 의하면, 동사에 선행하는 서술부 명사에는 대개 정관사를 붙이지 않는다.

(1:18b의 '데오스'에 대한 논쟁적 해석을 포함하여) 등장하는데 "말씀이 하나님과 함께 계셨다"(1:1a, 2)는 두 번의 구절을 제외하고 나머지 모두(1:1, 6, 12, 13, 18a, 18b)는 무관사이다. 이 여섯 번의 언급 가운데 첫 번째와 마지막은 말씀을 지칭하는데 그 사이에 있는 네 차례는 모두 다 말씀이 아니라 하나님 자신을 지칭한다. 서언에 나타난 이 높은 비율의 무관사 '데오스'(하나님)는 요한복음의 나머지 부분의 용법에서는 나타나지 않기 때문에 매우 의도적이며 중요하다 할 수 있다.[20] 요한이 서언에서 하나님과 말씀 사이를 구분하고자 할 때, 그는 하나님에 대해 '호 데오스'를 사용하지만 그렇지 않은 경우에는 하나님과 말씀에 대해 동일하게 무관사의 '**데오스**'를 사용하는데, 이것은 그가 하나님과 말씀을 구분하는 것만큼이나 이 두 가지를 진지하게 동일시하고 있음을 의미한다.

요한이 유대인의 창조적 일신론의 견지에서 생각하고 있음은 3절에서 더욱 분명해진다.

> 만물이 그로 말미암아 지은 바 되었으니
> 지은 것이 하나도 그가 없이는
> 된 것이 없느니라[21]

우리는 한 분 하나님의 유일하심에 대한 반복적인 확증은 오직 하나님만이 "만물을 창조하신" 분이었다는 사실에 대한 증언임을 기억해야 한다. 서언의 말씀들은 하나님께서 "그의 말씀으로 말미암아" 세상을 창조하셨다는, 창조에 대한 또 다른 일반적인 진술을 반영한다. 우리가 이미 살펴본 바와 같이 이것은

---

20 D. A. Fennema, 'John 1,18: "God the Only Son"', *NTS* 31 (1983), pp. 124-135, 특히 이 부분을 참조하라. pp. 128-129.
21 '호 게고넨'(된 것이 없느니라)을 포함하는 이 구두점 이하에 대해 내가 선호하는 번역은 다음과 같다. "그 안에서 존재하게 된 것은 생명이었다." 하지만 현재의 논증에 있어서 이 차이점은 그다지 중요한 것은 아니다.

오직 하나님만이 세상을 창조하셨다는 주장과 일치한다. 상응하는 소극적인 진술로 말미암아 강화되는 적극적인 진술 안에 있는 3절에 나타난 이 수고로운 반복은 말씀의 창조적인 역할이 하나님의 창조적인 행위 안에 포함되어 있다는 일신론적 주장만큼이나 설득력이 있는 것이다. 창조자와 피조물 사이의 구분에 있어서 그 말씀이 하나님 편에 속해 있다는 것에 대해서는 의심의 여지가 없어야 한다. 그 말씀 자체이신 분은 "존재하게 된 것"들 가운데 있는 분이 아니다. 그렇다고 해서 서언이 창조에 있어서의 말씀의 역할이 전적으로 이 일신론적 요점을 지칭하는 것이라고 말하는 것은 아니다. 요한복음 1:10이 분명하게 밝히는 것처럼, 피조물에게 영원한 생명을 주시기 위해 이 세상에 오신 분이 태초에 만물을 창조하신 분이셨다는 것 역시 중요한 사실이다. 하지만 3절에 기록된 이 단호한 반복은 그 말씀이 만물의 유일한 창조자의 정체에 속해 있다는 것을 강조하는 기능을 한다.

요한의 복음은 예수님이 아버지를 나타내시고 영생을 수여하신다는 구원 사역의 두 가지 주요한 측면을 묘사한다. 서언은 창세기의 창조 내러티브(빛과 생명)의 독법에 뿌리를 박은 구원론적 주제를 모두 소개한다. 원시 시대에 말씀이 어떠했는지, 또한 그 말씀이 역사적 시간 안에서 세상에 오게 되었을 때의 모습이 무엇인지를 밝혀 준다. 그 말씀은 세상을 비추는 빛이셨고(8-9절), 세상에 생명을 주시는 창조자이셨다(10-13절). 그러나 서언의 절정 부분(13-18절)에서 1절 이후에 '말씀'이란 용어가 처음으로 사용되었고 전체 복음서에서 보자면 이 용어가 (그런 뜻으로는) 이 단락에서 마지막으로 사용되었다는 것은 '독생자'(모노게네스)와 '아버지'라는 용어와 함께 계시라는 주제가 지배적이라는 사실을 나타내 준다. 이 두 용어는 14절에서 처음으로 함께 등장하며 서언의 마지막 부분(18절)에서 다시 한 번 등장하면서 서언의 이 별개 단락을 수미쌍관(inclusio) 구조로 만든다.

현재 우리의 목적을 생각한다면, 우리는 "독생자"(모노게네스)로서의 예수 그리스도에 대한 두 번의 언급에만 관심을 제한시켜야 한다. 서언을 넘어서면 이 용어는 서언과는 달리 '아들'(휘오스)이란 단어와 결합되어 3:16, 18에만 등장한다. '모노게네스'란 단어는 '혼자만 태어난'(only-begotten)을 의미하지 않고 '한 종류의'(one of a kind), '하나이자 유일한'(one and only), 그리고 '독특한, 유일한'(unique)을 의미한다.[22] 하지만 이 단어는 독자의 의미로 자주 사용되었고 특히 '아버지'를 지칭하는 관계 속에서 사용된 서언에서는 이 구절들을 통해 적절하게 '유일한 아들, 즉 독자'(only son)를 의미한다(3:16, 18에서 '휘오스'가 첨가된 것은 이해할 만한데, 이 부분에서는 하나님이 '아버지'로 불리지 않기 때문이다). 바로 이것이 왜 18절에서의 '모노게네스 데오스'를 그 대체 독법인 '호 모노게네스 휘오스'보다 더 선호해야 하는지, 그리고 이 '모노게네스 데오스'를 왜 '유일하신 아들 하나님'으로 번역해야 하는지의 이유가 된다.[23]

말씀이 육신이 되었을 때 증인들(눈으로, 그리고 통찰력으로 이것을 본 사람들)[24]은 "그의 영광, 아버지의 독생자의 영광"[25]을 보았다(14절). '독생자'와 '아버지'라

---

22 특히 다음을 참조하라. Gerard Pendrick, 'Monogenēs', NTS 41 (1995), pp. 587-600.
23 상세한 논의를 위해서는 다음을 참조하라. Fennema, 'John 1.18'; Elizabeth Harris, Prologue and Gospel: The Theology of the Fourth Evangelist, JSNTSup 107 (Sheffield: Sheffield Academic Press, 1994), pp. 101-109. '데오스'가 원래 단어가 아니라는 견해에 대해서는 다음을 참조하라. James F. McGrath, The Only True God: Early Christian Monotheism in Its Jewish Context (Urbana: University of Illinois Press, 2009), pp. 65-66.
24 내 견해로는, 여기 14절의 '우리'는 16절의 '우리가 다'(모든 그리스도인 신자들)와 대비되는 것으로, 일인칭 복수의 의미이다.
25 이 구절은 "아버지의 독자"(NRSV)란 뜻을 의미하는 것 같지 않다. 사람들이 '파라'(para)가 아니라 '에크'(ek)를 기대하기 때문이다. 만일 '파라 데오'(아버지와 함께)가 '독산'(영광)과 함께 붙어 있을 때 그 의미는 "독자가 그의 아버지로부터 받으시는 영광"을 뜻하는 반면, '모노게네스'(독생자)와 함께 붙어 있다면 그것은 "그의 아버지로부터 오시는 유일한 아들"을 의미한다. 전자의 의미에 대해서는 요한복음 5:44을, 후자의 의미에 대해서는 6:46; 7:29; 16:27-28; 17:8을 보라. 다음 책을 참조하라. John Henry Bernard, A Critical and Exegetical Commentary on the Gospel According to St. John, ICC, vol. 1 (Edinburgh: T&T Clark, 1928), p. 23. 관사가 없는 명사와 동반된 '호스'(영어로 'as')의 용법은 아버지로부터 오는, 독자가 소유한 영광으로서의 정체성을 암시한다. 그러나 '호스'를 특정한 종류의 영광 즉 '독자가 아버지로부터 받으시는 유일한 종류의 영광' 또는 '아버지로부터 오시는 독자에게만 유일하고 독특한 영광'으로 이해하는 것도 가능하다. 다음을 참조하라. Edwyn Clement Hoskyns, The Fourth Gospel, ed. Francis Noel Davey (London: Faber & Faber, 1947), p. 149.

는 전문술어가 여기서는 직유의 방식으로 소개되었지만 18절에 다시 등장할 때는 직접적으로 적용되었다. "하나님을 본 사람은 아무도 없다. 아버지 품속에 계신 독생자이신 하나님, 그분이 하나님을 알게 하셨다."(필자의 번역). 여기서 '독생자'와 '아버지'라는 언급은 14절과 함께 수미쌍관을 이룬다. 그러나 나아가서 "아버지 품속에 계신 독생자이신 하나님"이라는 전체 구절은 말씀이 하나님과 함께 계셨으며 말씀이 곧 하나님이라는 서언의 시작과 수미쌍관을 구성한다. "말씀이 하나님과 함께 계셨다"라는 진술이 이제는 "아버지의 품속에 계신 유일하신 아들"이라는 좀 더 생생한 개인적인 언어로 펼쳐서 소개된다. 부가적으로 (우리가 18절에서 '모노게네스 데오스'로 읽기로 한다면) '데오스'라는 단어는 말씀과 독생자 둘 다에 적용되는데, 서언의 마지막과 복음 이야기의 절정인 도마의 고백(20:28)의 마지막 부분에서 이를 기대하게 한다.

서언의 이 마지막 부분(13-18절)에서 "말씀"은 장차 성육신을 통해 계시되는 한 분, 즉 독생자가 되실 분의 예비적인 직함이라는 것이 분명하다.[26] 바로 이것이 "말씀"에서 '아버지'의 '독생자'로의 변화가 일어나는 14절 이후에서 "말씀"이 이런 의미로 다시 등장하지 않는 이유가 된다.[27] 이 변화에 함축된 의미는 말씀이 독생자를 계시해 줄 뿐만 아니라 이제 하나님이 아버지로서 계시된다는 것이다. 히브리 성경과 후기 유대 문헌은 하나님을 그분 백성인 이스라엘의 아버지로 소개하지만 요한복음에서 이 단어는 항상 그의 아들이신 예수님의 아버지로서의 하나님으로만 사용된다(20:17은 단 하나의 중대한 예외이다).[28] 신적인 아

---

26 이것이 복음서 내러티브 전체를 통해 예수님이 하나님을 계시하신다는 의미에서의 '말씀'이시라는 것을 부정하는 것은 아니다.
27 다음을 참조하라. Mark Stibbe, 'Telling the Father's Story: The Gospel of John as Narrative Theology', in John Lierman (ed.), *Challenging Perspectives on the Gospel of John*, WUNT 2.219 (Tübingen: Mohr Siebeck, 2006), pp. 170-193, 특히 175쪽을 참조하라. 'the God/Logos distinction is redefined as a Father/Son distinction'.
28 Marianne Meye Thompson, *The God of the Gospel of John* (Grand Rapids: Eerdmans, 2001), pp. 50-51, 70-71.

들이자 동시에 인성을 지니신 분으로서 예수님은 그의 아버지로서의 성부 하나님과 더불어 신적 정체성 안에서의 영원한 관계로서 아버지와 자신의 관계 모두를 계시하신다.

영원한 아들?

나는 성육신을 통해 말씀이 아버지의 유일하신 아들이라는 것이 **계시되었다**고 말한 바 있다. 이는 말씀이 항상 아버지의 아들이었다는 것, 즉 영원히 "아버지의 품속에 있는" 아들이었는데 성육신을 통해 이것이 계시되었다는 것을 의미한다. 요한은 1-14절에서 "말씀"이라는 단어를 사용할 터인데 그 이유는 이것이 14-18절에 있는 "독생자"로 전환되는 히브리 성경의 용법이었으며, 또한 이것이 바로 성육신을 통해서 계시되는 말씀이 지시하는 바로 그분이시기 때문이다. 그러나 어떤 학자들은 서언에 따르면 말씀이 성육신하실 때 아들이 **되었다**고 주장한다. 존 로빈슨은 말씀이 즉 하나님의 자기 표현과 자기 계시가 예수님 안에 와서 "완전한 인간적 존재로 구체화되었고 사람이 되었다."라고 주장했다.[29] 교부학의 전문술어를 빌려서, 로빈슨은 교부들과 전통이 따르는 것처럼 로고스가 무위격으로서의 예수님의 인성을 취했을 때 위격(사람 또는 인성)이 된 것으로 생각하지만, 우리는 반드시 "하나님의 말씀이 궁극적으로 단순히 자연이나 사람들을 통해서가 아니라 개인적이며 역사상의 사람 안에서의 자기 표현으로 임하기 전까지는 [로고스를] 무위격으로 보아야 하며 따라서 그 후에 위격이 **된 것**"이라는 피에트 쇼넨베르크를 따른다.[30]

로빈슨은 예수님의 '아들 됨'이 하나님과의 관계에 있어서 이상적인 인간의

---

29 John A. T. Robinson, *The Priority of John* (London: SCM, 1985), p. 380.
30 Ibid., pp. 380-381; 참조. Piet Schoonenberg, *The Christ*, tr. Della Couling (London: Sheed & Ward, 1972), pp. 80-91. 강조점은 원문의 것이다.

형태가 되는 것, 즉 예수님께서 완벽하게 그 예가 되심으로써 그의 아버지이신 하나님을 계시하는 인간이 되신 것으로 이해한다. 로빈슨은 요한이 예수님을 '하늘의 사람'으로서 선-존재와 후-실존하심의 최초의 사람으로 제시한다는 것을 인정하지만, 그는 이것을 "하나님의 목적이 시작되었을 때부터 예수님이 구현했던 아들 됨의 진리를 강요하는 신화적인 언어"로 이해한다.[31] 요한에 따르면 예수님은 "사람의 형태로 세상에 오신 신적 존재가 아니라, 로고스 또는 하나님의 자기 표현의 활동이 전적으로 구체화된 독특하게 평범한 인간 존재"[32]라는 것이다.

더구나 최근에 키스 워드(Keith Ward)는 삼위일체 교리의 '재공식화'를 주장하면서 요한의 서언에서의 '말씀'은 "하나님의 자기 표현적 사상"이며 "영원히 표현된 하나님의 생각이라고 간주한다. 이것은 '모노게네스 데오스'(1:18)의 생각이며, 독특하게 생성된 하나님의 모습이다. 그렇다면 하나님의 사상이 예수님 안에서 물질적인 형태로 참되고 특별한 것으로 만들어진 것이다." 예수 안에는 오직 유일한 인격적 '주체' 즉 인간적 주체가 있는데, "그러나 이 주체는 신적 이상 또는 하나님의 자아소통적인 표현을 완벽하게 나타내 준다."[33] 워드는 요한이 예수님을 '그 아들'로 칭함으로써 무엇을 의미하는지 분명하게 논하지 않는다. 하지만 로빈슨과 마찬가지로 워드 역시 이 용어가 예수님이 오직 인간적 존재라는 것에만 합당하게 적용될 수 있다고 생각하는 것이 분명해 보인다.[34] 건설적인 신학자로서 워드는 로빈슨과 마찬가지로 예수님의 인성의 온전함을 주장하는 일에 관심이 있다. 그런데 이런 주장은 예수님의 인간적 주체를

---

31 Robinson, *Priority*, p. 389.
32 Ibid., pp. 393-394.
33 Keith Ward, *Christ and the Cosmos: A Reformulation of Trinitarian Doctrine* (Cambridge: Cambridge University Press, 2015), pp. 56-57.
34 워드는 조심스럽게 자신이 "나 자신의 매우 다른 역사적 정황 속에서 요한을 해석한다."라고 말한다(ibid., p. 63). 그리고 "물론 이것이 하나의 정확한 해석이라고 제안하는 것은 아니다."라고 말한다(p. 64).

온전히 인정하나 하나님의 영원한 삼위격의 존재 안에서의 상호 주관적인 관계를 전제하는 '사회적 삼위일체'의 개념은 반대할 것을 요구한다.

나는 여기서 나의 논증을 요한의 복음이 하나님과의 인간적 관계에만 관련되는 것으로서의 예수님의 아들 됨을 제시하는데 그 취지가 있지 않다는 것으로 한정할 것이다. 어떤 이는 여전히 신학적으로 예수님의 인격적 선재하심이라는 사상은, 신약 성경이 그것을 형이상학적으로 **의미했든지** 또는 단지 비유적인 것으로 여겼든지 간에, 예수의 인성을 위한 하나님의 영원한 목적의 절정이었다고 말하는 '신화적' 방식의 표현이라고 주장할 것이다.[35] 하지만 복음서가 그것을 어떻게 제시하느냐가 여전히 중요할 것이다.

성자께서 성육신 이전에 선재하신 아들이라는 가장 결정적인 증거는 어떤 면에서 서언의 상대 부분이기도 한 17장의 예수님의 기도에서 발견된다.[36] 요한복음 17장에서만 복음의 시각이 다시 원래 시작했던 "태초"로 돌아간다(17:5; 24). 아버지께서 하라고 주신 일을 마치기 직전에(17:4), 예수님은 "세상이 있기도 전에"(창세전에) 아버지와 함께 나누었던 영화(영광)를 돌아보신다(17:5). 예수님은 아버지에게로 돌아가서 원시에 함께 누렸던 영광을 또다시 받으려는 임박한 순간을 향해 나아가기 위해 과거를 회상하시는 것이다. 예수님은 "그래서 지금, 아버지여, 당신의 면전에서(파라 세아우투) 세상이 존재하기도 전에 당신과 함께(파라 소이) 가졌던 영광으로 나를 영화롭게 하옵소서"(17:5, 필자의 번역)라고 기도하신다. 여기 "당신의 면전"(좀 더 문자적으로 번역하자면, '당신 가까이에서')[37]이

---

35 이는 쿠셸의 논증인데 다음을 참조하라. Karl-Josef Kuschel, *Born Before All Time? The Dispute over Christ's Origin*, tr. John Bowden (London: SCM, 1992).
36 이 두 구절(1:17; 17:3)에서만 예수님이 "예수 그리스도"라고 불리었다는 점에 주목하라. 나는 브로디가 서언과 17장의 일치와 조화를 지나치게 강조한 면이 없지 않지만, 확실히 그 관계성을 확증했다고 본다. 다음 부분을 참조하라. Thomas L. Brodie, *The Gospel According to John: A Literary and Theological Commentary* (New York: Oxford University Press, 1993), pp. 508-511.
37 비교. 8:38.

란 1:1-2에서 말씀에 대해 언급된 "하나님과 함께"에 상응하는 단어이며, 또한 "독생하신 하나님의 아들"을 말하고 있는 1:18에서 "하나님 품속에 있는"이라는 구절에 상응하는 어구이다. 더욱이 '영광'이라는 단어는 "우리가 그의 영광을 보니 아버지의 독생자의 영광이요"라는 1:14 구절에 나왔던 것이다. 그러므로 증인들이 목격했던 영광(1:14)은 세상이 있기도 전에 아들이 아버지와 함께 누렸던 그 영광이 지상에서 현현한 것이다(17:5). 이것을 성육신적 형태로 "아버지로부터 오는 독생자의 영광"이라고 부를 수 있다면, 이것은 반드시 영원 전부터 존재하시던 "아버지의 독생자로서의 영광"이었을 것이다.

예수님은 기도의 마지막 부분에서 그분을 믿는 자들이 미래에 "나 있는 곳에 나와 함께 있어 아버지께서 창세전부터 나를 사랑하시므로 내게 주신 나의 영광을 그들로 보게 하시기를 원하옵나이다"라고 기도하시면서 다시 이 주제로 돌아오신다(17:24). 이것은 복음서에서 '영광'이라는 핵심 단어가 마지막으로 등장하는 경우이며, "우리가 그의 영광을 보니"(1:14)라는 구절에서 이 단어가 첫 번째 등장한 경우와 상응한다. 그의 영광을 세상적 형태로 본 사람들은 그 영광을 하늘의 형태로 다시 보게 될 것이다. 여기서 영광은 아들을 향한 아버지의 영원한 사랑과 연결되어 있다. 이것은 아버지가 '창세전에' 아들을 사랑하셨기 때문에 아들에게 주신 영광이다. 요한복음이 여기서 아버지와 아들 사이의 영원 전부터의 사랑의 상호 주관적인 교제에 대해 말하고 있다는 것은 의심의 여지가 없는 사실이다.[38] 서언의 마지막 부분에서와 마찬가지로 여기서도 하나님과 말씀의 관계가 그의 아버지와 독생자의 (내재적으로 사랑하는) 친밀함으로서

---

[38] 『솔로몬의 지혜서』 8.3은 8:2의 언급에 이어서 "만군의 주께서 그녀를 사랑한다."라는 식으로 지혜에 대한 솔로몬의 사랑을 언급한다. 여기서 지혜는 마치 솔로몬이 결혼하고 싶어 하는 아름다운 여인으로 의인화되어 있다. 그러나 요한복음 17:24에서는, 아버지를 향한 예수님의 개인적인 말씀의 정황 속에서, "아버지께서 … 나를 사랑하시므로"라는 말씀을 "하나님이 말씀을 사랑하셨다."라는 의미로 한정할 수 없다. 예수님이 제자들 안에 있기 원하신 사랑은 이런 유형의 사랑이 아니었다(17:26).

다시 진술되어 있듯이, 예수님은 자신의 사역 결말 부분에서 아버지와 교제하시며, 그것을 하나님의 친밀한 임재 안에서 아버지의 사랑을 기뻐하는 것으로 간주하신다. 더구나 여기 요한복음 17장에서의 언급 역시 서언의 시작에서처럼 창조 이전의 영원성을 언급하고 있다는 사실에는 의문의 여지가 없다. 서언이 그 시작 부분에서 하나님과 말씀에 대해 말하는 것은 사실 아버지와 그의 아들 사이의 관계를 훨씬 더 적절하게 묘사하는 17장을 예비적으로 지시하는 것에 불과하다.

요한 신학 일신론의 이위일체론 형태

여기서 '이위일체론'이라는 용어를 사용함에 있어서 나는 일신론에 대한 요한의 이해로부터 성령님을 제외시킬 의도가 전혀 없다. 하지만 당분간은 예수님과 하나님 사이의 관계에 좀 더 초점을 맞추고자 한다. 요한이 이것을 이야기하는 두 가지 방식에 우리는 중요성을 부여할 필요가 있다.

1. 예수님은 **하나님과 독특하게 관계되어** 있다. 이런 경우에 요한은 예수님에게 하나님과 구분되지만 그러나 긴밀하게 관계되는 '하나님'이라는 칭호를 덧붙인다(예를 들면, 이스라엘의 하나님).

2. 예수님은 **하나님과 동일하신 분**이시다. 이런 경우에 요한은 예수님이 이스라엘의 하나님의 독특한 정체성을 가지고 있다는 것을 의미한다.

이러한 두 측면은 이미 우리로 하여금 둘 중 하나에 빠지지 않도록 경고해 주는 서언의 시작 구절에서 잘 강조되었다(말씀이 "하나님과 함께"[39] 계셨으니 말씀은 곧 "하나님이시니라"). 첫 번째 측면의 주목할 만한 실례는 "[그들이] 유일하신 참 하나님과 그가 보내신 자 예수 그리스도를 아는 것이니이다"(17:3)라는 아버지를 향한 예수님의 말씀이다. 여기 유대적 일신론('유일하신 참 하나님')이라는 전문술어가 아들이신 예수님과 구분되는 아버지에게 적용되어 있다(5:44을 참조하라). 그러나 다른 한편으로, 동일하게 중요한 두 번째 측면의 양상은 예수님이 "나와 아버지는 하나이니라"라고 주장하셨다는 데 있다(10:30). 하지만 그 말이 아마도 쉐마("주 너의 하나님은 오직 하나이시니")의 용어를 반영하고,[40] 예수님을 이스라엘의 하나님의 유일한 정체성 안에 포함시키기 때문에 유대인들은 그 말을 "사람이 되어 자칭 하나님이라"(10:31, 33)고 하는 신성 모독으로 인식했다. 바울이 고린도전서 8:6에서 나름대로 쉐마를 설명한 것처럼 말이다[41](쉐마에 대한 유대인들의 견해와 비교해 보라. "아버지는 한 분뿐이시니 곧 하나님이시로다"[요 8:41]).

신적 대권

만물의 유일한 창조자(요한복음 서언에 있는 것처럼)이실 뿐만 아니라 한 하나님의 독점적인 신성에 대한 유대인들의 개념은 하나님을 만물의 유일한 주권적 통치자로 이해한다. 이에 대한 핵심 측면은 생명과 죽음에 대한 그분의 주권이다(신 32:39). 하나님만이 오직 유일하게 살아 계신 하나님이다. 말하자면, 생명

---

39 예수님의 지상 생애 동안에는 이런 관계가 그 반대로, 곧 하나님이 예수님과 '함께' 하셨다(8:29; 16:32)는 형식으로 표현된 것 같다.
40 다음을 참조하라. Richard Bauckham, *The Testimony of the Beloved Disciple: Narrative, History, and Theology in the Gospel of John* (Grand Rapids: Baker Academic, 2007), pp. 250-251; *Gospel of Glory: Major Themes in Johannine Theology* (Grand Rapids: Baker Academic, 2015), pp. 32-34.
41 이에 대한 상세한 연구는 다음을 참조하라. Erik Waaler, *The Shema and the First Commandment in First Corinthians*, WUNT 2.253 (Tübingen: Mohr Siebeck, 2008).

이 영원히 본질적으로 속해 있는 분은 오직 하나님뿐이시다. 다른 모든 생명은 하나님께로부터 나오며 그분에게서 받고 다시 하나님께로 돌아간다. 또 다른 핵심 측면은 공의를 시행하시는 심판에 대한 하나님의 대권이다. 이런 신적 대권은 하나님께서 단순히 다른 사람들에게 위임하시는 기능이 아니라 신적 정체성에 본질적으로 속하는 것으로 이해해야 한다. 만물을 통치하시고 생명을 부여하시며 만물에 심판을 행사하시는 주권은 **하나님이 누구신지**에 대한 유대인들의 필수적인 이해에 속한 것들이다.

신성에 있어서 본질적인 이런 신적 주권은 유대 지도자들과의 논쟁을 통해 예수님께서 자기 자신의 정체성에 대해 말씀하시는 첫 주요 단락인 요한복음 5장의 강조점이다. 여기서 예수님은 안식일에 일하시는 하나님의 유일한 대권을 주장하심으로 안식일에 병자를 고치신 행위를 변호하신다. "내 아버지께서 이제까지 일하시니(예를 들면, 하나님의 일하심은 만물의 창조에서 멈추지 않고 만물을 통치하시는 하나님의 주권적 사역을 통해 계속된다) 나도 일한다"(5:17). (사람들은 안식일에도 태어나고 죽기 때문에, 다른 날들과 마찬가지로 안식일에도 하나님이 생명과 죽음에 대한 그분의 주권을 행사하시며 심판에 대한 그분의 대권을 행사하시는 것이 분명하다. 예수님 역시 동일한 일을 행한다고 주장하신다.) 유대 지도자들은 이것을 가리켜 예수님이 "자신을 하나님과 동등하다"(5:18)라고 의미하는 것으로 받아들였다. 그리고 이어지는 예수님의 담화는 어떤 의미에서는 그들의 말이 맞지만 다른 한편으로는 틀리다는 것을 암시한다. 자신이 행하시는 모든 일에 있어서 예수님은 전적으로 아버지께 의존적이며 자신을 아버지와의 경쟁 관계에 위치시키지 않는다. 예수님은 유대 지도자들이 의도했던 의미에서는 하나님과 동등하지 않으시지만 아버지께서 그에게 하라고 주신 일이 독특한 신적 대권이라는 의미에서는 하나님과 동등하시다. 예수님은 단순히 하나님의 주권의 몇몇 측면을 시행하시는 하나님의 대리자로서 행동하시는 것이 아니다. 예수님은 아버지께 받은 완전한 신적 주권을 행사하시지만("아버지께서 행하시는 그것을 아들도 그와 같이 행하느니라"[5:19].[42] 그와 동시에 전적으로 당신 자신의 주권을 행하시는 분이시다. "아버지께서 죽은 자들을 일으켜 살리심같이 아들도 **자기가 원하는 자들을** 살리느니라"(5:21). "아버지께서 아무도 심판하지 아니하시고 **심판을 다** 아들에게 맡기셨으니"(5:22). "아버지께서 자기 속에 생명이 있음같이 아들에게도 **생명을 주어 그 속에** 있게 하셨고"(5:26). 그러므로 예수님은 오직 살아 계신 한 분 하나님, 생명의 수여자, 만물의 심판자로서의 신적 정체성을 공유하시는 분이시다.

이런 진술들을 통해 우리는 일신론의 이위일체론 형태의 두 측면이 어떻게 긴밀하게 연결되어 있는지를 알 수 있다. 예수님은 그의 아버지의 전권대사로 하나님과 구별되는 분이지만 **하나님과 독특하게 관계되어** 있다. 이와 동시에, 하나님의 전권대사로서 오직 예수님만이 유일하게 한 분 하나님이라는 독특한 정체성에 속한 권위로서의 신적 대권을 행사하신다. 이는 바로 이 독특한 신적 정체가 성자이신 예수님께서 그의 아버지이신 하나님과 함께 소유한 신적 권위와 함께 특수한 의존적 관계를 **포함하고** 있다는 것을 의미한다. 바로 이런 의미에서 예수님은 하나님과 **동일하신 분**이시다. 바로 이것이 요한 저작의 구절들에 대한 정확한 이해라는 것은 다음과 같은 말씀에서도 확증된다. "아버지께서 … 심판을 다 아들에게 맡기셨으니 이는 모든 사람으로 아버지를 공경하는 것같이 아들을 공경하게 하려 하심이라 아들을 공경하지 아니하는 자는 그를 보내신 아버지도 공경하지 아니하느니라"(5:22-23). 유대인의 전통에 따르면 예배는 본질적으로 일신론과 관련되어 있다. 유일하게 참되신 하나님은 반드시 경배를 받으셔야 하며, 오직 그분만이 경배를 받으셔야 할 유일한 분이시다. 이는 예배라는 것이 오직 유일한 신적 정체성에 대한 인식이기 때문이다. 유대인의 종교적 의식에 따르면, 경배란 하나님의 주권적 통치 아래 있는 존재들과 피조

---

42 또한 3:35; 13:3; 17:2을 참조하라.

물들로부터 한 분 하나님을 구별하는 것이다.

절대적인 "나는 …이다"라는 진술

요한복음은 "나는 …이다"(헬라어로 '에고 에이미'[egō eimi]에서 대명사인 '나'[egō]는 헬라어에서 항상 그런 것은 아니지만 동사와 함께 강조의 용법으로 사용된다)라는 식의 예수님의 두 종류의 진술 시리즈를 포함한다. 이 시리즈에는 각각 7개의 진술이 있다. 그중 한 가지 유형은 영어 번역으로는 복음서의 독자들이 쉽게 이해할 수 있는 것들이다.[43] 이 진술들은 "나는 …이다"(I am)라는 구절 이후에 명사가 뒤따라온다. 어떤 의미에서 이것들은 예수님이 구원을 주시는 분으로서 자신을 묘사하는 은유적인 진술이다(예를 들면, 생명의 떡, 세상의 빛, 참된 포도나무 등). 현재 우리의 관심사는 그와 다른 유형에 있는데, 바로 그 뒤에 명사 없이 독립적으로 "나는 …이다"("I am", 헬라어로 '에고 에이미')라고만 되어 있는 구절들이다.[44] 이는 번역자들이 그 정황에 있어서 그 뜻을 쉽게 이해할 수 있도록 다양한 번역 전략을 채택하기 때문에 영어 번역에서는 좀처럼 쉽게 감지할 수 없는 것들이다.[45] 어떤 경우에 그런 문장들은 "내가 그로다", 또는 "그가 나이다", 그리고 적어도 한번은 "내가 있느니라"(8:58)로 번역되었다.

---

43 (1) 6:35, 41, 48; (2) 8:12; 참조. 9:5; (3) 10:7, 9; (4) 10:11, 14; (5) 11:25; (6) 14:6; (7) 15:1.
44 (1) 4:26; (2) 6:20; (3) 8:24; (4) 8:28; (5) 8:58; (6) 13:19; (7) 18:5-6, 8. 이 진술들에 대한 더 상세한 논의는 다음을 참조하라. Bauckham, *Testimony*, pp. 243-249. 다음 책도 중요한 연구를 담고 있다. Catrin H. Williams, *I Am He: The Interpretation of 'Anî Hû in Jewish and Early Christian Literature*, WUNT 2.113 (Tübingen: Mohr Siebeck, 2000). 다음 책도 살펴보라. David M. Ball, *'I Am' in John's Gospel: Literary Function, Background and Theological Implications*, JSNTSup 124 (Sheffield: Sheffield Academic Press, 1996). 술어가 있고 없는 상태에서의 이 일련의 "나는 …이다"라는 진술은 예수님이 하나님과 동일하신 분이라는 정체성(독립적인 진술)이 예수님의 구세주로서의 역할(술어가 있는 진술)에 기초가 된다는 것과 관련이 있다.
45 새개정표준역(NRSV)는 모든 사례에 있어서 각주에서 문자적 번역을 제공함으로 영어권 독자들이 이 진술들의 유사성을 인식할 수 있도록 도와준다.

예를 들면, 4:26("내가 그라"; 예수님은 자신을 방금 언급된 메시아와 동일시하신다.), 6:20("내니"; 예수님은 지금 제자들에게 자신이 누구신지를 밝히신다.), 18:5, 6, 8(군인들이 예수님을 찾고 있을 때, 예수님께서 "내가 그니라"라고 대답하신다.)의 세 가지 경우에 이 표현들은 언뜻 보아서는 매우 평범한 의미를 지닌 것으로 보인다. 하지만 나머지 네 가지 경우에 이런 평범한 의미는 가능하지 않으며, "나는 …이다"라는 구절은 이상하게도 문자적인 영어 번역에서와 마찬가지로 헬라어에서도 불완전한 상태로 기록되어 있다. 이 가운데 세 개가 8장 후반부에 연이어서 등장한다. "너희가 만일 내가 그인 줄 믿지 아니하면 너희 죄 가운데서 죽으리라"(8:24 NRSV 난외주); "너희가 인자를 든 후에 내가 그인 줄을 알고"(8:28 NRSV 난외주); "아브라함이 나기 전부터 내가 있느니라"(8:58). 8:24과 8:28에서 지금 예수님은 분명히 어떤 종류의 놀라운 주장을 하시면서 청중에게 모호한 말씀을 하신다. 요한복음 8:58의 경우, 유대 지도자들의 반응은 예수님을 신성 모독자로 간주하면서 돌로 치려 하는 것이었다(8:59). 이런 반발은 예수님께서 그저 단순히 아브라함 이전에 존재하셨음을 의미하는 것이 아니라 어떤 종류의 신적 정체성을 주장하시는 것으로 이해된 것임을 의미한다. 네 번째 경우의 "나는 …이다"는 13:19 즉, "지금부터 일이 일어나기 전에 미리 너희에게 일러둠은 일이 일어날 때에 내가 그인 줄 너희가 믿게 하려 함이로라"라는 말씀에 기록된 바대로 평범한 뜻을 의미할 수는 없다.

특별한 의미가 암시되어 있는 이 네 가지 경우의 관점에서 볼 때, 일곱 가지 말씀을 모두, 평범한 의미가 이중적 의미를 갖는 어구(double entendre: 요한복음에서 빈번하게 사용되는 문학적 장치)의 실례로 간주하는 것이 최상일 것이다. 이런 경우에 좀 더 명료한 의미가 틀린 것은 아니지만 좀 더 심오한 의미가 그 이면에 숨겨져 있다. "나는 …이다"라는 구문이 독립적으로 사용된 경우 중, 일곱 번째 구절에서 이런 사용법을 가장 분명히 알 수 있는데, 이 구절에서는 그 구문을 세 번이나 반복함으로써 절정을 이룬다(18:5, 6, 8). 여기서 군인들의 질문에 대한 대답이 갖는 통상적인 의미로는 그 후 이어지는 군인들의 반응을 설명할 수 없다. 그들은 모두 땅에 엎드렸는데, 이는 8:58-59에서처럼, 예수님께서 일종의 신적 정체성을 주장하셨음을 시사한다.

하지만 어떻게 "나는 …이다"라는 구절이 이런 주장을 표현한다는 것인가? 특히 8:58과 관계해서 이루어지는 한 가지 제안은 "나는 …이다"이라는 단어가 네 글자로 된 신적 이름(YHWH, 야훼)의 형태라는 것이다.[46] 하나님이 모세에게 자기 이름을 알려 주시는 출애굽기 3:14에서 하나님은 "나는 스스로 있는 자니라"(이는 히브리어로 번역할 수 있는 여러 경우 가운데 하나이다)라는 의미로 해석해 주신다. 그리고 나서 하나님은 이 신적 이름의 더 짧은 형태를 이렇게 사용하신다. "너는 이스라엘 자손에게 이같이 이르기를 '**스스로 있는 자**(I AM)가 나를 너희에게 보내셨다' 하라." 이런 제안의 한 가지 어려움은 출애굽기 3:14의 그 어떤 헬라어 역본도 요한복음의 헬라어 구절인 '에고 에이미' 번역을 사용하지 않는다는 점이다. 좀 더 심각한 장애물은 출애굽기 3:14을 제외한 유대 문헌 그 어디에서도 "나는 …이다"이라는 구절을 신적 이름의 한 형태로 사용하지 않았다는 것이다.

따라서 요한복음에서의 이러한 진술에 대한 좀 더 적절한 설명은 이 진술들이 "내가 그로라"라는 신적인 자기 선언을 반영한다는 것이다.[47] 칠십인역 헬라어 구약 성경은 신명기 32:39과 이사야 40-55장(41:4; 43:10; 46:4)의 여러 곳에서 '아니 후'라는 히브리어 구절을 번역하기 위해서 '에고 에이미'라는 구절을 사용하는데, 이 히브리어는 일반적으로 영어에서는 "내가 그다."(I am he.)라고 번역된다. 동일한 구절을 좀 더 강조하는 히브리어 표현인 "아노키 아노키 후"가 쓰인 두 가지 경우(사 43:25; 51:2)에, 칠십인역은 이를 '에고 에이미 에고 에

---

46 예를 들면, 다음 책을 참조하라. Jerome H. Neyrey, *An Ideology of Revolt: John's Christology in Social-Science Perspective* (Philadelphia: Fortress, 1988), pp. 213-224.
47 이는 다음과 같은 책에서 잘 논의되어 있다. Ball, *'I Am'*; Williams, *I Am He*.

이미'라는 반복적인 표현으로 번역했다. "내가 그다."(또는 "내가 그인 줄 알라")라는 구절은 대단히 중요한 구절이다. 이는 독특하고 독점적인 신성에 대한 야훼의 주장을 요약하는 것으로 신적인 자기 선언이다. 히브리어 성경에서 이 구절은 하나님께서 말씀하시는 명백하게도 일신론적 설명인 토라의 마지막 부분에 등장하는 말씀이다. "보라, 나, 곧 내가 그다. 나 외에 다른 신은 없다."(신 32:39, 필자의 번역). 열방의 우상들과 비교하여 당신의 유일한 신성을 끊임없이 주장하시고, 만물의 영원한 창조자이자 모든 역사의 유일한 주권자로서 당신의 독특성을 밝히 설명하시는 이사야 40-55장의 예언(히브리 성경: 사 41:4; 43:10, 13, 25; 46:4; 48:12; 51:12; 52:6)에서 하나님의 이런 자기 선언 형식은 명백하게도 이스라엘의 하나님의 절대적인 유일성을 표현해 준다. 종말론적 구원이라는 하나님의 위대한 행위는 모든 세상이 그분을 하나님으로 인정하고 구원을 위해 하나님에게 돌아오도록 하기 위하여 그분의 영광을 계시하시는 하나님을 모든 열방 가운데서 하나이자 유일한 하나님이 되게 만든다.

"내가 그다."라는 선언들은 히브리 성경의 가장 분명한 일신론적 주장이며, 또한 만일 요한복음에서 예수님이 그 주장을 계속 반복하신다면 이는 예수님이 명백하게도 자신을 이스라엘의 하나님, 한 분이며 유일하신 야훼 하나님과 동일시하는 것을 의미한다. 어떤 학자들이 그렇게 하는 것처럼, 단순히 이 말씀들을 예수님이 하나님의 전권대사라는 것에 기초한 '대리' 기독론의 표현으로 보는 것은 공정한 일이 아니다.[48] 이는 의심의 여지 없이 요한복음에서의 예수님 이해에 대한 중요한 측면이다(예수님이 자주 자신이 아버지에 의해 "보냄을 받았다"라고 말씀하셨던 부분에서). 하지만 절대적인 "나는 …이다"라는 말씀을 포함해서 복음서의 전반적인 정황으로 볼 때, 하나님께서 구원에 있어서 그의 대리인으로 다

---

48 다음 책을 참조하라. James F. McGrath, *John's Apologetic Christology: Legitimation and Development in Johannine Christology*, SNTSMS 111 (Cambridge: Cambridge University Press, 2001), 4-5장.

른 **누군가**를 보내서 행동하게 하시지 않는다는 것은 분명하다. 우리가 바로 이전 부분에서 살펴보았듯이 이 대행자께서 행하시는 일은 독특하게 한 분 하나님의 신적인 대권에 속한 것이기 때문에 하나님 이외에 다른 누군가를 내세워서 할 수 있는 일이 아닌 것이다. 유일한 신적 정체성을 참되게 공유하시는 그분만이 영원한 생명을 줄 수 있으며 세상에 하나님의 영광을 나타내실 수 있다. 예수님의 절대적인 "나는 …이다"라는 말씀들은 하나님의 유일하고도 독점적인 신성에 대한 예수님의 유일하고도 독점적인 참여를 나타낸다. 히브리 성경의 "내가 그다."라는 말씀이 참된 하나님이 누구신지를 요약해 주는 것처럼 요한복음에서 그 말씀은 예수님을 완전한 의미에서의 참되신 하나님과 동일시한다.

성부와 성자

성자 예수님과 성부 하나님의 관계는 요한복음 신학의 중심 주제이다. 그것은 서언의 절정이며(1:18), 자신과 자신의 사명에 대한 예수님 이야기 대부분의 주제이며, 예수님이 아버지를 향한 순종 안에서 십자가를 지시는 내러티브의 원천이며(10:17-18; 18:11), 예수님의 기도 중에, 특히 17장 기도에서 펼쳐지는 내용이다. 신약의 다른 기록자들보다 요한이 특히 더 예수님의 아들 되심의 독특성을 강조한다. 요한은 예수님을 "독생자"(모노게네스; 1:14, 18; 3:16, 18)로 묘사하는 것에 만족하지 않고, 나아가서 "아들"(휘오스)이라는 용어를 예수님에게만 한정한다. 주님께서 "하나님으로부터 나게 하시는" 사람들은 "아들들"이 아니라 "자녀들"(테크나)이다(1:12; 11:52; 참조. 13:33). 그들과 달리, 성자 예수님은 시간적인 기원을 암시하는 의미로서 출생하셨다고 언급된 적이 없다. 유일하게 성자는 영원히 하나님과 함께 계셨다(17:5). 오직 그만이 하나님을 보셨고(6:46), 따라서 하나님을 계시하실 수 있다(1:18; 12:45; 14:9). 그들은 상호 지식을 향유하시고(10:15), 모든 것을 함께 소유하신다(17:10). 따라서 예수님의 지상에서의 삶은 하나님과의 자유로운 관계 속에서 참되게 인간적인 것이 무엇인지에 대한 본이 되셨음에도 불구하고, 예수님의 아들 되심은 그저 인간 존재의 완전한 예시화(instantiation) 그 이상이다.

독특하게 신적인 대권을 행사하시는 하나님의 전권대사로서의 예수님에 대해 내가 지금 방금 말한 것은 바로 이 아버지-아들의 관계라는 더 광범위한 범주 안에 속해 있다.[49] 예수님은 그저 부재중인 파송인의 대리자로서가 아니라 그의 아버지께서 항상 함께하시는 아들로서 이 모든 신적 대권을 행사하신다.[50] 하지만 예수님은 아버지께서 하시는 방식으로서가 아니라 자신의 아들 됨의 방식으로 대권을 행사하신다. 한편으로 아버지께서는 이런 대권의 행사를 수여하시기도 하지만 다른 한편으로는 이 대권의 시행을 위해 예수님 **자신** 안에서 행하도록 하신다(5:26).[51]

이에 대해 톰슨은 다음과 같이 언급한다.

> 예수님께서 아버지로 말미암은 생명을 **부여받았다**(6:57)는 주장과 함께, 아들이 "자기 속에 있는 생명"(5:26)을 소유했다는 주장을 분명히 견지할 때, 우리는 아버지와 아들의 관계에 대한 요한의 독특한 묘사를 발견한다.[52]

의존과 소유(또는 본래적으로 주어진 것으로서의 소유)라는 이런 결합은 성자가 하

---

49 Sjef van Tilborg, *Imaginative Love in John*, BibInt 2 (Leiden: Brill, 1993), pp. 25-28.
50 William R. G. Loader, 'John 5,19-7: A Deviation from Envoy Christology', in Joseph Verheyden, Geert van Oyen, Michael Labahn and Reimund Bieringer (eds.), *Studies in the Gospel of John and Its Christology: Festschrift Gilbert van Belle*, BETL 265 (Leuven: Peeters, 2014), pp. 149-164.
51 참조. 1:4, "그 안에 생명이 있었으니."
52 Thompson, *God*, p. 79, 강조점은 원저자의 것이다. 내 생각에는 **생명**에 있어서 아들이 아버지에 의존적이라는 톰슨의 강조는 한 면만 본 것이다. 아들은 아버지에게 **모든 것**을 의존한다.

나님이 되시는 고유한 방식을 구성한다.[53] 아들이 아버지와 공유하는 독특한 신적 정체성 안에는 또한 아버지와 아들의 구별된 관계성이 있다.

계속 반복해서 요한복음은 아들이 말하고 행하는 모든 일에 대해서 절대적이며 계속적인, 아버지에 대한 아들의 의존을 강조한다(5:19, 30; 7:16, 28; 11:41-42; 12:49-50; 17:7-8; 18:11). 이 의존은 하나님의 이름(17:11-12), 영광(8:54; 17:22), 그리고 그를 믿는 모든 이들을 위한 의존이다(6:37; 10:29; 17:6, 9, 24). 아들에게는 문자적으로 **만물**이 주어졌으며(3:35; 13:3; 17:2), 그가 소유한 모든 것은 **맡겨진** 것이다. 아버지는 만물의 유일한 근원이시며, 아버지로부터 만물을 받으신 유일한 분이신 아들은 그것을 다른 이들에게 주실 수 있다. 하지만 아버지께서 하라고 주신 일을 수행하시고 아버지께서 아들에게 주신 것을 다른 이들에게 나누시면서 아들은 아버지에게 사랑을(14:31), 그리고 공경과 영광을(7:18; 8:49; 17:1, 4) 돌리신다.

아버지를 향한 예수님의 절대적인 의존성의 한 측면은 "나는 항상 그가 기뻐하시는 일을 행하므로"(8:29)라고 표현된 것과 같이 아버지의 명령에 대한 순종이다(10:18; 12:49; 14:31). 물론 이것은 아들에게 당연히 기대되는 일이었다. 그러나 아버지가 아들에게 만물에 대한 권세를 주신 것을 생각할 때(3:35; 13:3; 17:2), 이런 권위와 순종의 관계가 지나치게 강조되어서는 안 된다. 아버지와 아들의 관계에 있어서 (아버지께서 아들에게 만물을 주신다는) 비대칭 관계는 명령과 순종보다 크며 그것을 포괄한다. 많이 논의된 진술인 "아버지는 나보다 크심이라"(14:28)라는 말씀을 통해 볼 때, 이 진술은 아버지의 주심에 대한 아들의 의존을 의미하는 바, 문맥과 관련이 없는 아버지에 대한 아들의 순종을 의미하는 것이 아니다. 따라서 위계질서를 암시하는 듯한 "종속"(subordination)이란 용어

---

53 특히 예수님이 자신을 하나님과 동일시하시는 말씀("내가 그인 줄 알라")이 예수님이 아버지에게 의존하신다는 말씀("내가 스스로 아무것도 하지 아니하고")과 함께 기록된 8:28을 주목하라.

를 사용하는 것은 크게 도움이 되지 않는다.[54] 요한의 문서들은 아들이 아버지보다 낮은 지위에 있음을 암시하지 않으며, 아들이 아버지와 함께 모든 것을 소유하고 있음을 암시한다. 모든 것이 주어졌기 때문에 여기에는 비대칭(14:28)과 완전한 공유가 함께 있다(16:15; 17:10). 아들은 아버지께서 주신, 아버지와의 동등성을 지니고 있다(5:17-29).[55]

아버지와 아들의 관계에 대한 요한의 설명이 항상 아버지께서 이 세상에서 성취하라고 아들에게 주신 '일'의 견지에서 기록되어 있다는 것을 깨닫는 일은 매우 중요하다. 고전적인 삼위일체 교리 용어로 서술하자면 이것은 '경륜적'(economic) 삼위일체이다. 내가 "아들이 하나님이 되시는 방식"이라고 부르는 것은 사실 성육신하신 아들이 하나님이 되시는 방식인데 그것은 인간 예수로서 하나님이 되시는 방식을 뜻한다. 따라서 우리는 요한복음이 성육신하신 아들에게 돌리는 것(순종과 같은 것)을 아버지와 그의 관계의 모든 측면에 있어서 '내재적인' 삼위일체 안에서 그 아들에게 적용하는 일을 주의해야 한다.[56] 그럼에도 우리는 아버지를 향한 아들의 영원한 관계가 참되게 인간적인 측면에 있어서도 가능했음을 확실히 가정할 수 있다. 만일 영원하신 아들이 하나님 되시

---

54 이 이슈는 더 충분한 논의를 요구한다. 예를 들면, 다음 책을 참조하라. Charles Kingsley Barrett, '"The Father is Greater Than I" John 14.28: Subordinationist Christology in the New Testament', *Essays on John* (London: SPCK, 1982), pp. 19-36; Craig S. Keener, "Is Subordination Within the Trinity Really Heresy? A Study of John 5:18 in Context', *TrinJ* 20 (1999), pp. 39-51; Thompson, *God*, pp. 92-98; Christopher Cowan, 'The Father and Son in the Fourth Gospel: Johannine Subordination Revisited', *JETS* 49 (2006), pp. 115-135; Andreas J. K stenberger and Scott R. Swain, *Father, Son and Spirit: The Trinity and John's Gospel*, NSBT 24 (Downers Grove: InterVarsity Press, 2008), pp. 114-127.

55 우리는 요한복음이 실제로 모든 면에 있어서 고대 세계 인간의 아버지들과 아들들의 관계성과는 다른 방식으로 성부와 성자의 관계를 묘사하는 것에 주의해야 한다. 주요한 차이점은 성부와 성자가 모두 영원하시다는 점이다. 제한된 의미에서 성자의 지위는 아버지가 돌아가실 때 그 지위와 재산을 상속받는 아들의 지위와 비슷하다. 요한복음에서 성부 하나님은 여전히 생명의 근원으로 남아 계시면서 만물을 성자 예수님께 주신다.

56 아버지가 아들을 보내셨다는 요한복음의 매우 빈번한 주장은 종종 내재적인 삼위일체 안에서의 아들의 순종 개념을 요구하는 것으로 간주되었다. 하지만 이 보내심은 내재적 삼위일체와 경륜적 삼위일체 사이의 바로 그 경계선에서 발생하는 것이다.

는 방식이 아버지를 절대적으로 의존하는 것이었다면, 그것은 예수님의 삶과 죽음과 높아지심이라는, 사람의 모양으로 실행하실 수 있는, 하나님 되심의 방식이었을 것이다. 바로 이것이 예수님의 이야기에 대한 이 요한복음의 설명이 가현설을 배제하고 예수님의 참된 인성을 타협하지 않고서도 어떻게 그 안에서 하나님이 전적으로 관여하시는가를 강조할 수 있는 이유가 된다.

인격적인 상호내재(coinherence)[57]

(고전적인 신학 개념을 사용한다면) 경륜적 삼위일체와 내재적 삼위일체 사이의 조화에 관해 요한복음이 분명하게 밝히는 한 가지 측면이 있다. 그것은 아들을 향한 아버지의 사랑과 관계한다. 서언이 이미 선언하고 있듯이 성육신으로 말미암아 계시된 것은 바로 아버지와 아들 사이의 친밀한 관계이다(1:18). 아들을 향한 아버지의 사랑에 대한 복음서의 일련의 언급들이(3:35; 5:20; 15:9-10; 10:17; 17:23, 24, 26),[58] 우리가 이미 살펴본 바와 같이 그 주제를 재개하고 확장시킴으로써, 어느 정도 요한복음의 서언과 상응하는 17장 예수님 기도의 마지막 부분에서 매우 명확하게 등장하는 삼위를 통해 절정에 이르는 것은 결코 우연이 아니다. 독특한 신적 대권에 대한 아들의 참여는 그의 하늘 영광(17:24)과 마찬가지로 그를 향한 아버지의 사랑 안에 기초를 두고 있다(3:35; 5:20). 이것은 아들

---

57   이 주제에 대해서는 다음 책을 참조하라. Bauckham, *Gospel of Glory*, pp. 9-13, 36-41; David Crump, 're-examining the Johannine Trinity: Perichoresis or Deification?' *SJT* 59 (2006), pp. 395-412. '페리코레시스'(perichoresis)라는 용어는 삼위의 모든 위격이 상호 내재하는 것으로서의 "하나 안의 또 하나"(in-one-anotherness)를 지칭하는 용어로, 헬라 교부들이 사용했고 위르겐 몰트만과 같은 근대의 삼위일체 신학자들이 채택했다. 톰슨(Thompson, *God*)이나 쾨스텐베르거와 스웨인(Köstenberger and Swain, *Father, Son and Spirit*)이 이 주제에 대한 연구를 경시한 것은, 내 판단으로는, 심각한 태만이다.

58   아들을 향한 아버지의 사랑에 관해, '아가파오'(*agapaō*)가 여섯 번, '아가페'(*agapē*)가 한 번(15:10), 그리고 '필레오'(*phileō* : 요한에게 있어서 '아가파오'의 동의어)가 한 번(5:20) 사용되었다. 예수님에 대해서는 오직 한 번 아버지를 사랑하는 것(14:31)으로 기록되었지만 이 언급은 아버지를 향한 예수님의 전 생애적 순종이 아버지를 향한 예수님의 사랑에 근거해 있음을 보여 준다.

의 지상 생애뿐만 아니라 영원 안에서 그의 선재하심에 있어서도 가장 심오한 현실이다(17:24). 더욱이, 예수님 기도의 결론의 상황으로 돌아가서 생각해 보면, 우리는 요한복음이 말하고 있는 구원의 전체 이야기가 아버지와 아들 사이의 사랑으로부터 흘러나오는 한 축을 말하고 있으며 또한 이 사랑의 **관계에** 인간을 포함시키는 것을 목표로 한다고 말할 수 있다("나를 사랑하신 사랑이 그들 안에 있고 나도 그들 안에 있게 하려 함이니이다"[17:26]). 아버지와 아들 사이의 사랑은 하나님에 대한 요한복음의 이해뿐 아니라 구원론에 있어서도 가장 깊은 차원이다.

요한복음이 아버지와 아들 사이의 친밀성을 묘사하는 또 다른 방식은 "아버지가 아들 안에 있고 아들이 아버지 안에 있다."라는 신조 형식의 방법을 통해서이다(10:38; 14:10-11; 17:21; 참조. 14:20). 이런 독특한 요한 문서의 형식이 10:30("나와 아버지는 하나이니라")에 나오는 쉐마의 주목할 만한 번역에 이어 10:38에서 처음으로 등장하는 것은 매우 중요하다. 신성 모독이라는 고소에 대한 예수님의 자기 변호 역시 동일하게 신성 모독인 것으로 간주되었는데 그것이 바로 "아버지께서 내 안에 계시고 내가 아버지 안에 있음"(10:38)이라는 대담한 주장이다. 이는 첫 번째 주장과 동등하거나 그보다 더 나아가는 설명으로 보인다. 유대인들의 한 분 하나님 신앙을 구성하는, 아버지와 아들의 통일성이라는 내밀한 실재는 그들의 친밀한 교통에 있다. 10:30에 의하면, 그들의 '하나 됨'이라는 것은 어떤 주석가들이 말하는 것처럼 그저 그들의 공동 목적을 보여 주는 것이 아니다. 한 분 하나님이라는 정체성 안에는 아버지와 아들 사이의 목적과 행위의 연합에 있어서 기초와 원천이 되는 인격적인 관계성이 있다.

이 독특한 "서로 안에"라는 언어는 상호 간의 사랑과 관련되는 인격적인 상호내재를 표현하기 위해 요한이 만들어 낸 언어처럼 보인다.[59]

---

59   이런 상호 관계는 "그리스도 안에서"라는 바울의 언어와는 구별된다. 요한의 "서로 안에"라는 언

상호내재 즉, 일종의 정체성이 서로 겹친다는 것은 어느 정도는 인간의 상호적인 사랑의 특징이기도 하지만[60] 제한적인 의미에서만 그러하다. 아버지께로부터 주어졌고(17:24) 아들이 받은(14:31) 것으로서의 아버지와 아들의 사랑은 서로에게 자기 자신을 완전히 주는 관계이다. 이는 말하자면, 각각의 위격에 고유한 하나님으로 존재하는 방식의 독특성을 그대로 유지한 채 한 하나님을 구성하는 관계이다. 그것은 사실이다. 요한복음이 "서로 안에"라는 언어를 아버지와 아들의 관계에서만이 아니라 개인 신자와 예수님 사이의 관계(6:56; 참조. 15:5), 그리고 신자 공동체와 예수님 사이(14:20; 참조. 15:4, 7)에도 사용한 것은 사실이다. 아버지를 향한 기도에서 예수님은 세 가지 관계를 함께 언급하고 있다. "아버지여, 아버지께서 내 안에, 내가 아버지 안에 있는 것같이 그들도 다 하나가 되어 우리 안에 있게 하사"(17:21). "이는 우리가 하나가 된 것같이 그들도 하나가 되게 하려 함이니이다 곧 내가 그들 안에 있고 아버지께서 내 안에 계시어"(17:22-23). "이는 나를 사랑하신 사랑이 그들 안에 있고 나도 그들 안에 있게 하려 함이니이다"(17:26). 아버지와 아들의 연합, 그리고 신자들 간의 연합을 비교한 것은(17:22-23) 그것이 모든 측면에서 서로 같다는 의미가 아니라 일종의 유비이다.[61] 신자들이 "서로 안에서"의 상태로 하나라고 말하지 않고, 그들 안에 있는 예수님을 통해, 그리고 그리스도 안에 있는 아버지의 실재 안에서 하나라고 말하고 있음은 주목할 만하다. 이 절정으로 치닫는 예수님의 기도 안에 대단히 압축되어 있는 언어는 그들을 하나로 만드는 아들을 향한 아버지의 사랑이 신자들을 아들과 아버지와 연합시킬 만큼 아들을 통해 흘러넘치고 있음을

어가 상호적인 사랑이라는 것은 특히 15:4-10과 17:26을 참조해 볼 때 확실하다. 요한복음 14:23은 병행 구절이기는 하지만 여기에서는 다른 비유가 사용되었다.

60 참조. Daniel B. Stevick, *Jesus and His Own: A Commentary on John 13-.17* (Grand Rapids: Eerdmans, 2011), p. 157: "우리가 사랑하는 것은 절대로 우리 밖에 따로 떨어져 있지 않다."

61 Bauckham, *Gospel of Glory*, pp. 34-36; Francis Watson, 'Trinity and Community: A Reading of John 17', *IJST* 1 (1999), pp. 168-184, 특히 171쪽.

보여 준다.[62]

생명과 진리의 성령

요한의 복음에서 성령님이 중요한 위치를 점하고 있음에도 불구하고, 하나님에 대한 요한 문서의 이해에 있어서 성령에 대한 언급이 아들에 대한 언급보다 훨씬 적다. 우리는 먼저 성령님이 요한복음에서 두 가지 다른 역할로 등장한다는 사실을 인식하는 것으로 시작해야 한다. 고별 강화(13-16장) 밖에서 성령님은 대부분 생명과 관련되고, 어느 정도는 권능과 관련될 것이다.[63] (이런 범주에 속하지 않는 유일한 구절은 보혜사 구절 쪽에 가까운 4:23-24이다.) 다른 한편, 고별 강화에서 성령님은 보혜사 또는 "진리의 성령"이라는 특별한 역할로 등장하신다. 요한복음 1:33과 20:22뿐만 아니라 14:26에서의 "성령"이라는 용어 사용법(제2성전 유대주의와 신약 시대에 **하나님의** 영을 그 용어의 다른 용례들[예를 들면, 천사들이나 사람의 영들을 지칭하는 것]과 구분하기 위한 방식으로 자주 사용했던 것으로 보이는)은 동일한 하나님의 영이 이렇게 서로 다른 역할들로 나타나셨다는 사실을 분명히 해 준다. 대략적으로 이 역할들은 요한의 구원론의 두 가지 주요 흐름과 관련이 있는데, 즉 하나님으로부터 나오는 영원한 생명이라는 선물과 하나님의 계시이다.

하나님의 영이 생명과 권능과 관련된 것은 본래 숨(20:22), 바람(3:8), 그리고 물(1:33; 7:38)[64]과 같은 히브리 성경의 용법[65]에서 연원하지만, 요한복음에서 하

---

62 세상을 향한 아버지의 사랑(3:16)과 제자들을 향한 예수님의 사랑(13:1, 34; 15:9-10 등)을 주목하라.
63 요한복음 1:32-33; 3:5-8, 34; 6:63; 7:37-39; 20:22. 더욱이 7:38-39의 견지에서 볼 때, 우리는 4:10-14의 생수(living water)가 성령님을 상징하는 것으로 보아야 하며, 19:34에서는 피가 희생제사로서의 예수님의 죽음을 의미하는 것처럼 물은 생명을 주시는 성령님에 대한 상징으로 보아야 한다.
64 사 40:7; 44:3; 겔 37:1-10; 39:29.
65 예를 들면, 삼상 11:6; 욥 33:4; 시 104:39.

나님의 영에 대한 언급은 영원한 생명, 즉 예수님께서 사람들과 함께 나누기 위해 오셨던 신적 생명, 그들을 "하나님의 자녀들"로 삼아 주는 생명이다.[66] 예수님은 다른 이들에게 수여하시기 위해 성령을 "한량없이" 받으셨다(1:32-33; 3:34; 20:22; 참조. 7:37-39). 예수님은 "아버지께서 자기 속에 생명이 있음같이 아들에게도 생명을 주어"(5:26)라는 주님 자신의 주장에 따라[67] 그 자신을 통해 성령님을 주신다(이는 그리스도 안에서 나오는 물과 숨으로 상징된다: 7:37-39; 19:34; 20:22).[68] 생명을 주시는 것이 아들이 함께 공유하는 하나님 아버지의 대권이기에(1:4; 5:26-29; 1:25-26) 성령님이 신적 정체성에 필수적인 부분임은 의심의 여지가 없다. 하지만 히브리 성경의 전통에 따르면 말씀이 하나님의 말씀인 것처럼, 실제로 이것은 성령께서 하나님의 영이시기 때문에 요한이 당연한 것으로 여기는 어떤 것이다. 아버지와 아들의 연합에 대해서 그렇게 하는 방식처럼 하나님과 하나님의 영의 연합을 광범위하게 설명할 필요는 없다.

이 대부분의 구절들에서 사용된 언어는 성령님을 '그의' 대리인으로 여기지 않으며, 성령님이 능동적 동사의 주어로 등장하는 두 가지 경우에도(1:33; 3:8) 성령님께서 사실상 아버지와 아들과는 구별되는 대행자임을 보여 주기 위해 용어로 특별히 강조하지도 않았다. 그러나 고별 설교에 나타난 보혜사 또는 진리의 성령에 대한 구절들은 또 다른 인상을 준다. '파라클레토스'(보혜사)[69]의 엄밀한 의미가 무엇이든지 간에 이는 의심의 여지 없이 인간적이고 인격적인 이미지를 나타낸다. 확실하게도 예수님 자신 역시 보혜사(파라클레토스)이시며, 성령

---

66 만일 요한이 서언에서 성령에 대한 명백한 언급을 하기를 원했다면, 1:12-13에서 그렇게 할 수 있었을 것이다.
67 이 요점은 다음 책에서 주장되었다. Thompson, *God*, pp. 175-177.
68 요한복음 20:22은 창세기 2:7을 반영한다.
69 예를 들면, 다음 책을 참조하라. Kenneth Grayston, 'The Meaning of PARAKL ETOS', *JSNT* 13 (1981), pp. 67-82; Gary M. Burge, *The Anointed Community: The Holy Spirit in the Johannine Tradition* (Grand Rapids: Eerdmans, 1987), pp. 6-31; Andrew T. Lincoln, *Truth on Trial: The Lawsuit Motif in the Fourth Gospel* (Peabody, Mass.: Hendrickson, 2000), pp. 113-114.

님 역시 이 역할에 있어서 또 다른 보혜사이시다(14:16). 보혜사는 가르치고, 생각나게 하고, 증언하시고, 책망하고, 인도하고, 말씀하시고, 선언하신다(14:26; 15:26; 16:8, 13-15). (단순히 이런 활동들을 목록으로 기록하기만 해도 그분을 왜 "진리의 성령"으로 부르는지 잘 보여 준다; 14:17; 15:26; 16:13.)[70]

이런 활동들이 한편으로는 예수님께서 아버지와 함께 거하시기 위해 떠나실 때(16:7), 예수님의 요청으로 아버지께서 보내심으로(14:16; 26), 또는 다른 방식으로, 아버지로부터 받아 예수님이 보내심으로(15:26; 16:7), 제자들과 세상의 관계에 있어서 보혜사가 예수님의 계승자 역할을 하게 한다. 여기에는 한편으로는 보혜사와 아버지와 아들 사이에 쉽게 개념화될 수 없는 관계가 있으며, 다른 한편으로는 아버지와 아들의 관계에 대한 암시가 내포되어 있다. 이것은 예수님께서 제자들과 함께하시며 그들 안에 있겠다는 약속의 말씀(15:4-5)과 비슷한, 보혜사 성령님이 "너희들(제자들)과 함께 거하시며(메네이) 너희들 안에 계실 것"이라는 진술(14:17)에 암시되어 있다. 그러나 14:17에는 아버지와 아들과 제자들 사이의 인격적인 상호내재라는 상호적인 언어가 결핍되어 있기 때문에 병행이 정확히 이루어지는 것은 아니다. 아마도 더 중대한 것은 14:17 이후에 예수님과 아버지가 "그들에게 가서 그들과 거처를 함께할 것(모넨)"이라는 독특한 약속의 말씀인 14:23이 뒤따라온다는 점일 것이다. 이 구절에 사상적 관련성이 확실하다고 단정하는 것은 어려운 일이지만[71] 많은 주석가들은 여기에서 "성령

---

70 이 용어는 쿰란문서에서도 유사하지만, 성령의 활동의 특별한 형태를 특정화하기 위해 표준 형태 (관념적 용어 + "~의 영")의 실례로 나타난다(예: 신 34:9; 사 11:2; 슥 12:10; 롬 8:2; 딤후 1:7; 히 10:29).
71 Thi Tuong Oanh Nguyen, 'The Allusion to the Trinity in Jesus' Understanding of His Mission: A Theological Interpretation of ΠΕΜΠΩ and ΑΠΟΣΤΕΛΛΩ in the Fourth Gospel' in G. Van Belle, M. Labahn and P. Maritz (eds.), *Repetitions and Variations in the Fourth Gospel: Style, Text, Interpretation*, BETL 223 (Leuven: Peeters, 2009), pp. 257-294, 특히 pp. 292-293은 14:15-17과 14:26에서의 보혜사에 대한 언급이 성령님을 예수님과 아버지의 오심에 관한 구절과 관계시키는 인클루지오(inclusio)를 형성한다고 주장한다.

님이 신자들을 향한 예수님과 하나님의 임재의 중보자"라고 결론 내린다.[72]

요한복음이 보혜사를 아버지와 아들과 관련시키는 몇 가지 방식은 아버지와 아들 사이의 관계와 병행을 이룬다. 아들이 그러한 것처럼(또한 제자들이 예수님의 보내심을 받은 것처럼) 성령은 아버지로부터 보내심을 받았으며, 아들이 그렇게 하시는 것처럼 성령은 아버지로부터 오신다(15:26). 예수님께서 오직 아버지께 들은 것을 말씀하시는 것처럼, 성령은 "스스로 말하지 않고 오직 들은 것을 말할 것"이라고 예수님께서 말씀하신다(16:13). 아들이 아버지를 또한 아버지가 아들을 영화롭게 하시는 것처럼, 성령님은 아들을 영화롭게 하실 것이다(16:14). (하지만 '성령님께서 아버지와 아들과 만물을 공유'하시고 따라서 그들과 함께 '독특한 신적 정체성을 공유'한다고 말하는 것은 16:14-15을 지나치게 해석하는 것이라 판단된다).[73] 아들과 보혜사, 그리고 아버지와 아들 관계의 이런 병행 구절들은 어떤 의미에서는 보혜사를 삼위일체적 관계의 형태로 통합하지만 이는 제한적이다. 사랑과 인격적 상호내재, 그리고 '하나 됨'으로 두드러지는 아버지-아들 관계는 보혜사와 유사한 관련성이 없다. 같은 요점을 다르게 표현하자면, 보혜사와 아버지 혹은 아들 사이에는 상호성이 없다.[74] 아버지와 아들 사이의 사랑에 있어서 우리는 그들의 영원한 관계의 어떤 것을 보지만, 보혜사 구절이나 요한복음의 다른 부분에서 묘사된 성령님은 전적으로 세상(특히 신자들)에 대해 하나님과 관계하는 기능을 한다. 데이비드 크럼프가 잘 지적했듯이, "아버지와 아들은 상호 내재하는 교제 안에서 서로를 포용하지만 성령님은 세상을 정면으로 마주하고 뒤돌아보지 않는다."[75]

---

72 Andrew T. Lincoln, *The Gospel According to Saint John*, BNTC (London: Continuum, 2005), p. 396.
73 Köstenberger and Swain, *Father, Son and Spirit*, p. 135.
74 그렇기에 성령님께서는 영화롭게 하시나 영광을 받으시지는 않는다.
75 Crump, 'Re-examining' p. 409. 여기서 요점이 잘 제시되었지만 아들 역시 그가 아버지와 공유하시는 세상을 향한 사랑으로 "세상을 향해 나아가시는 것과 관계하신다."라는 점을 간과하고 있다.

아마도 예수 그리스도 안에서 세상을 향한 하나님의 관계에 대한 요한 문헌의 이해로 볼 때, 그리스도께서 성육신을 통해 인간의 모양을 지니시고 세상에 오신 이유가 바로 이 관계 때문이기에 아버지와 아들 사이의 영원한 관계를 이해하는 것이 필요할 것이다. 하지만 성령님의 영원성에 대해서는 이런 방식으로 생각할 필요는 없다. 그러므로 요한복음은 우리에게 세상에서 행하시는 성령님의 두 가지 다른 역할을 제시한다. 하나는 하나님과 연합되어 있는 피조물의 풍성한 생명이 되기 위해 아버지와 아들로부터 흘러나오는 신적 생명이며, 다른 하나는 예수님의 높아지심 이후에 예수님 안에서 아버지를 계시하는 신적 대행자이시다. 요한복음은 또한 우리에게 이 두 가지 역할 모두에 적합한 성령님의 인격적인 동시에 비인격적인 모습을 보여 준다. 따라서 성령님은 아버지가 하나님 되시는 방식과 아들이 하나님 되시는 방식과는 다른 방식으로서의 하나님이시지만, 한 분 하나님의 정체성에 완전하게 속하신 분이시다.

5. 바울과 삼위일체

— 브라이언 S. 로즈너

바울과 삼위일체

바울 서신들은 신약 성경에서 삼위일체 신학의 가장 풍성한 줄기를 내포하는 것으로서 요한복음과 함께 자리매김하고 있다. 삼위일체 교리가 어느 한 곳에 모여 있지 않고 삼위일체의 전통적인 표현을 위한 핵심 전문 용어(위격, 본체 등)도 명백하게 존재하지 않음에도 불구하고, 바울 서신에는 적어도 삼위일체적이라고 분명하게 설명할 수 있는 세 구절이 있다.[1]

은사는 여러 가지나 **성령은 같고** 직분은 여러 가지나 **주는 같으며** 또 사역은 여러 가지나 모든 것을 모든 사람 가운데서 이루시는 **하나님은 같으니** (고전 12:4-6)[2]

---

1 참조. Gordon D. Fee, *Paul, the Spirit, and the People of God* (Peabody, Mass.: Hendrickson, 1996), p. 39.
2 따로 언급하지 않는 한, 번역 성경은 새국제역(NIV)에서 가져왔다. 진한 글씨는 강조를 위한 것이다.

주 예수 그리스도의 은혜와 하나님의 사랑과 성령의 교통하심이 너희 무리와 함께 있을지어다 (고후 13:13)

몸이 하나요 **성령도 한 분**이시니 이와 같이 너희가 부르심의 한 소망 안에서 부르심을 받았느니라 주도 한 분이시요 믿음도 하나요 세례도 하나요 **하나님도 한 분이시니 곧 만유의 아버지시라** 만유 위에 계시고 만유를 통일하시고 만유 가운데 계시도다 그러나 우리 각 사람에게 **그리스도의** 선물의 분량대로 은혜를 주셨나니 (엡 4:4-7)

이 세 구절은 하나님에 대해 심오하고도 엄중한 견해를 제시한다. 이 구절들은 하나님의 하나 되심의 의미와 함께 세 분의 신격의 정체성을 반영한다. 하지만 이 구절들은 하나님 교리에 대한 심오한 사상을 나타낼 뿐만 아니라 소위 바울 서신의 실천적 부분에 등장하기 때문에 중요하다. 아마도 독자들은 신학 일반에 대한 바울의 가장 심오한 사상이 그의 서신서에서 교리와 신앙 문제에 초점을 맞춘 부분에서 발견될 것이라고 기대했을 것이다. 하지만 우리는 영적 은사 오용에 대한 문제(고전 12장), 편지의 통상적인 끝인사말(고후 13장), 그리고 연합을 위한 호소(엡 4장)에서 한 분이신 사랑의 하나님 아버지와 한 분이신 은혜로우신 주 예수 그리스도, 그리고 한 분이신 후히 주시는 성령님께서 우리의 유익을 위해 완전한 균형과 조화 가운데 한 분으로서 함께 일하신다는 바울의 묘사를 발견한다. 바울 서신의 삼위일체를 연구하는 많은 방식이 있겠지만, 특히 바울의 삼위일체적 사상과 그의 실천적 가르침 사이의 관계성은 가장 매력적이고 교훈적이며 동시에 가장 탐구되지 않은 미지의 관점이다.

삼위일체 교리의 견지에서 바울 서신을 어떻게 읽어야 하는가? 여기에는 피해야 할 두 가지 극단이 있다. 첫째, 후기 교부시대의 삼위일체 이해 방식으로 바울 서신을 읽어 냄으로써 바울을 시대착오적으로 해석하지 않도록 주의해야 한다. 삼위일체 교리는 성경 일부분에서 발견되는 진술이 아니라 전체 성경의 가르침에 대한 종합적 판단이다. 그러나 동시에 우리는 이 문제에 대해서 축소주의 이론과 비신학적 해석 방식을 채택해서는 안 된다. "바울은 신성의 본질을 숙고하는 데 시간을 보내지 않았다."라고 썼던 샌더스의 말은 어떤 의미에서는 옳다. 그러나 "바울로부터 우리는 하나님에 대해 새롭거나 놀랄 만한 것을 배운 적이 없다."라고 주장한 샌더스는 확실히 틀렸다.[3] 바울은 하나님에 대해 이론적으로 쓰지 않았다. 그러나 그렇다고 해서 이것이 하나님의 중대한 교리가 바울의 매우 시의적절한 서신들을 통해 드러나지 않는다는 의미는 아니다.

바울의 서신서에서 하나님의 교리를 파악하고 이해할 때, 바울의 삼위일체적 사상을 아버지와 아들과 성령이 명백하게 언급된 구절들로 제한하지 않는 것이 중요하다. 신성의 세 위격에 대한 다른 이름들과[4] '주'와 같은 용어의 용법, 대명사와 신적 수동태의 용법들[5]과 같은 좀 더 정교한 본문의 특징들은 우리의 주의를 끌기에 충분하다. 그리고 세 분의 구별되는 신적 정체성을 염두에 두고 바울 서신을 읽을 때, 그들의 통일성과 하나님의 하나 되심이라는 방식에 주의하는 것이 필수적이다.

우리는 그리스도와 성령님에 대한 바울 교리의 삼위일체적 측면을 소홀히 취급해서는 안 된다. 조셉 피츠마이어에 따르면, 다메섹 도상에서 바울이 그리스도에게 붙잡힌 후에 바울의 신학 일반이 아니라 기독론이 바뀌었다.[6] 그러나 기

---

3   E. P. Sanders, *Paul and Palestinian Judaism: A Comparison of Patterns of Religion* (Philadelphia: Fortress, 1977), p. 509.
4   바울 서신에서 '하나님'(헬라어로 데오스[*theos*])은 거의 항상 아버지 하나님을 지칭한다. 본 장을 시작할 때 인용했던 고린도전서 12:6, 고린도후서 13:14, 그리고 특히 에베소서 4:6에 등장했던 "하나님"에 대한 언급을 보라("한 분 하나님, 만유의 아버지"). 다음을 참조하라. 에베소서 1:17, "우리 주 예수 그리스도의 하나님, 영광의 아버지"; 에베소서 5:20, "아버지 하나님". 데오스(*theos*)가 그리스도를 지칭할 가능성이 있는 두 가지 예외는 로마서 9:5과 디도서 2:13이다.
5   신적 수동태는 수동태 동사와 함께 하나님이 행위를 수행하는 작용인으로 암시된 것을 의미한다.
6   Joseph A. Fitzmyer, *Paul and His Theology: A Brief Sketch* (Englewood, N.J.: Prentice-Hall, 1989), p. 30.

독론과 성령론에 대한 바울의 많은 논의 역시 하나님에 대한 그의 이해를 보여준다. 예를 들면, 고린도전서 8:6에서 바울은 예수 그리스도께서 독특한 주님의 지위를 가지고 계심을 확증한다. "그러나 우리에게는 한 하나님 곧 아버지가 계시니 만물이 그에게서 났고 우리도 그를 위하여 있고 또한 한 주 예수 그리스도께서 계시니 만물이 그로 말미암고 우리도 그로 말미암아 있느니라."

이 구절에 나타나는 "주", "하나님", "한[하나]"와 같은 핵심 단어들은 **주와 하나님**이 같은(한) 하나님을 지칭하는 이스라엘의 위대한 쉐마인 신명기 6:4("우리 하나님 여호와는 오직 유일한 여호와이시니")에서 차용되었다. 고린도전서 8:6에 대해 라이트는 다음과 같이 지적한다.

> 바울은 '하나님'에 '아버지'를, '주'에 '예수 그리스도'를 첨언하여 각각의 경우에 설명적 구절을 덧붙인다. "하나님은 아버지이시다. 만물이 그에게서 났고 우리도 그를 위하여 있다." 그리고 "주는 메시아이신 예수이시다. 만물이 그로 말미암고 우리도 그로 말미암아 있다."[7]

그와 동시에 고린도전서 8:6에서 바울은 유대인들의 엄격한 일신론을 재확인하며 그리스도의 정체성이 '한 하나님/이스라엘의 주'라는 순전한 정의와 함께 존재한다는 사실을 발견함으로, 상상할 수 있는 가장 고상한 기독론을 주장한다. 기독론과 성령님에 대한 바울의 많은 논의는 삼위일체 교리에 있어서도 역시 적실하다.

종종 신약 학자들은, 심지어 복음주의자들조차도, 바울이 기껏해야 "무자의식의(unselfconscious) 삼위일체설"과 관계했다는 것 정도까지만 받아들인다. 하

---

[7] N. T. Wright, 'Monotheism, Christology, and Ethics: 1 Corinthians 8', *The Climax of the Covenant: Christ and the Law in Pauline Theology* (Minneapolis: Fortress, 1992), p. 129. 바울의 삼위일체적 고찰이 얼마나 자주 구약 성경에 기초하고 있는지를 확인하는 것은 참으로 놀라운 일이다.

지만 문제는 이런 사조에 따르면 바울 서신 안에 있는 이런 요소들이 어떤 이의 의식에 영향을 주도록 허용하지 않는 위험에 처하게 된다는 것이다.

그렇다면, 바울의 실천적인 가르침의 삼위일체적 측면이란 과연 무엇인가? 이제 우리는 구원의 확신, 기도에 대한 확신, 친밀한 교제, 도덕성 회복과 같은, 삼위일체와 관련된 네 가지 실천적인 문제를 다룰 것이다.

구원과 삼위일체

구원의 확신은 예민한 목회적 차원의 신학적 문제이다. 은혜로 말미암는 칭의를 충분히 잘 이해하고 있는 헌신적인 신자들이라 할지라도 때때로 자신의 선택과 구원을 의심한다. 그러한 경우에 대해 우리는 무엇을 말할 수 있을까? 이런 논의에 있어서 삼위일체 교리가 화두가 될 수 있을까? 바울이 매우 자주 신자들에게 하나님의 사랑을 확신시키려고 한 것이 삼위일체 구조 안에 놓여 있다는 사실은 얼마나 놀라운 일인가.

고린도전서 6장에서 바울은 고린도에 있는 하나님의 교회가 행한 터무니없는 두 가지 잘못, 소위 민사 소송과 매춘부에게 가는 문제를 다룬다. 이런 심각한 도덕적 실패의 한가운데에서, 고린도전서 6:9-10을 통해서 바울은 욕심과 성적 부도덕 등과 같은 범죄에 사로잡힌 사람들은 "하나님의 나라를 유업으로 받지 못할 것"이라고 경고한다. 이런 경고를 신자들의 영원한 안전을 약화시키는 것으로 간주해서는 안 된다. 사실상, 그 경고는 신자들이 인내할 수 있도록 하나님이 사용하시는 수단이다. 그럼에도, 이런 심판의 강력한 말씀들이 의도치 않은 영향을 주어서 하나님 백성의 확신을 흔들리게 할 수 있다. 따라서 고린도전서 6:11에서 바울은 고린도교회 신자들에게 그들의 회심의 진정성을 상기시킨다. "너희 중에 이와 같은 자들이 있더니 주 예수 그리스도의 이름과 우리 하나님의 성령 안에서 씻음과 거룩함과 의롭다 하심을 받았느니라."

고린도교회의 신자들을 안심시키기 위해 바울은 그들의 씻음과 죄 용서, 지위상의 성화와 법정적 칭의를 상기시킨다. 그러나 칼케돈 신조의 용어를 빌려 말하자면, 신성의 세 위격의 공동적인 협력 사역이 바울이 영원한 구원을 이해하는 데 있어서 근본적인 것임을 반드시 주목해야 한다.[8] 고린도전서 6:11에서 바울이 사용하는 용어는 고린도교회 교인들이 (그리스도 안에 있는 다른 모든 신자들과 함께) 경험했던 변화의 종말론적 특질을 강화시킨다. 하나님께서 메시아를 만물의 주로서 확인하시는 것과, 씻으심과 새롭게 하시는 능력과 성령님의 임재로 말미암아 자기 백성을 변화시키시는 것, 이 두 가지는 다가오는 세대의 등장과 이 악한 현재 세대를 극복하는 것으로 시작될 놀라운 변화에 대한 구약 성경의 묘사이다.[9]

우리의 확신의 기초로서 믿음을 통해 은혜로 말미암은 칭의를 논의하면서 바울은 일정하게 성부 하나님과 그리스도와 성령의 역할을 강조한다. 로마서 5:1-11에서 바울은 의롭다 하심을 받은 자들의 삶과 그러한 상태에 있는 자들의 열매를 묘사하기 시작한다. "그러므로 우리가 믿음으로 의롭다 하심을 받았으니"(롬 5:1a). 고난에 직면해서 바울은 "우리에게 주신 성령으로 말미암아 하나님의 사랑이 우리 마음에 부은 바" 되었다고 안심시킨다(롬 5:5). 이 사랑은 의심의 여지 없이 "그리스도께서 우리를 위하여 죽으심"으로 확증된 사랑이다 (5:8; 참조. 5:6). 하나님 사랑의 전체 이야기를 말하면서 바울은 그리스도와 성령

---

8   구원이 뚜렷하게, 또는 은연중에 삼위 하나님의 삼중적 사역으로 서술되어 있는 고린도전서 1:4-7, 2:4-5, 12; 6:19-20을 보라(참조. 고후 1:21-22). Gordon D. Fee, 'Christology and Pneumatology in Romans 8:9-11 – and Elsewhere: Some Reflections on Paul as a Trinitarian', in J. B. Green and M. Turner (eds.), *Jesus of Nazareth*: *Lord and Christ* (Grand Rapids: Eerdmans, 1994), pp. 312-331.

9   예를 들면, 시편 2편에서 다른 모든 권세 위에 뛰어난 권세로 자기 아들을 세우심과 에스겔 36:23-27에서 하나님의 백성들이 더 이상 하나님의 이름을 더럽히지 못하게 하시고 도리어 마음으로부터 순종하게 하시기 위해 성령으로 자기 백성을 정결하고 거룩하게 하심으로 그의 이름을 거룩하게 하시겠다는 말씀을 주목하라. 다음을 참조하라. Roy E. Ciampa and Brian S. Rosner, *The First Letter to the Corinthians*, PNTC (Grand Rapids: Eerdmans, 2010), p. 245, n. 96.

의 역사하심을 언급하지 않을 수 없다. 구원이란 인간 존재를 위하시는 구원적 삼위일체 하나님의 행위에 대한 내러티브이다.

마찬가지로, 디도서 3:4-7에 의하면, 우리의 미래적 소망의 기초는 "그의 은혜를 힘입어 의롭다 하심을" 얻은 것이다(3:7). 바울은 두 가지 사실이 우리에게 "하나님의 사랑"을 확신시킨다고 진술한다(3:4). 첫째는 "우리를 구원하시되 우리가 행한 바 의로운 행위로 말미암지 아니하고 오직 그의 긍휼하심을 따라" 하신 것이다(3:5). 둘째는 "그의[하나님의] 긍휼하심을 따라 중생의 씻음과 성령의 새롭게 하심으로 하셨나니 우리 구주 예수 그리스도로 말미암아 우리에게 그 성령을 풍성히 부어" 주신 것이다(3:5-6). 만일 디도서 3:5-6의 하나님과 예수 그리스도와 성령님의 협동적인 사역이 세 분의 구별되는 신적 정체성을 나타낸다면, 하나님과 그리스도의 통일성은 바울이 그 두 분을 "우리 구주"로 묘사하는 디도서 3:4, 6에서 잘 나타난다.

에베소서 3장에서 바울은 그가 감옥에 갇힌 것으로 인해 신자들의 마음이 흔들려서는 안 된다고 말한다. "그러므로 너희에게 구하노니 너희를 위한 나의 여러 환난에 대하여 낙심하지 말라 이는 너희의 영광이니라"(엡 3:13). 고난을 경험함으로 낙담에 빠지는 상황에 직면했을 때, 하나님의 사랑을 의심하는 것은 자연스러운 일이다. 이런 견지에서 바울은 에베소서 3:14-19에서 이렇게 기도한다.

> 이러므로 내가 하늘과 땅에 있는 각 족속에게 이름을 주신 아버지 앞에 무릎을 꿇고 비노니 그의 영광의 풍성함을 따라 그의 성령으로 말미암아 너희 속사람을 능력으로 강건하게 하시오며 믿음으로 말미암아 그리스도께서 너희 마음에 계시게 하시옵고 너희가 사랑 가운데서 뿌리가 박히고 터가 굳어져서 능히 모든 성도와 함께 지식에 넘치는 그리스도의 사랑을 알고 그 너비와 길이와 높이와 깊이가 어떠함을 깨달아 하나님의 모든 충만하신 것으로 너희에게 충만하게

하시기를 구하노라

고린도전서, 로마서, 디도서 본문(앞을 참조하라)에 잘 나타나 있듯이, 에베소서 3:14-19에서의 바울의 격려는 하나님 아버지와 그리스도와 성령님의 공동 사역의 정황 속에서 기록되어 있다.[10] 이 기도는 **아버지**를 향해 있고, 그의 간구는 **성령으로 말미암아** 속사람을 능력으로 강하게 하시고, **그리스도께서 계시는** 마음을 강하게 하시는 것을 포함한다. 고난의 현실에도 불구하고, 신자들은 힘과 강력을 얻을 수 있는 지위를 가진, 주의 거룩한 백성들로서 주님께 속했음을 알 수 있다. 마지막 기도는 하나님의 백성들이 **그리스도의 사랑**을 인식할 수 있으며, **하나님의 모든 충만하심**으로 충만하게 해 달라는 것이다. 성령님과 그리스도 두 분 모두 신자의 마음 안에서 역할을 감당하신다. 성부 하나님과 그리스도 두 분 모두 신자가 하나님의 사랑을 충만히 경험하기 위해서 필요하다.

이와 마찬가지로, 로마서 8장은 신자의 "현재의 고난"(8:18)을 묘사하고 있으며 여기서 바울은 많은 지면을 할애해 어려움에 직면한 신자들에게 하나님의 사랑을 재확인시키고 있다. 로마서 8:38-39은 "다른 어떤 피조물이라도 우리를 **우리 주 그리스도 예수 안에** 있는 **하나님의 사랑**에서 끊을 수 없으리라"라고 결론짓는다. 다시 한 번, 이렇게 재확신을 갖도록 지원하는 일에도 명백한 삼위일체적 기초가 놓여 있다. 만일 "**성령**이 친히 우리의 영과 더불어 우리가 하나님의 자녀인 것을 증언"하신다면(8:16), 바울은 하나님과 그리스도 역시 우리 편이시라고 주장하는 것이다.

그런즉 이 일에 대하여 우리가 무슨 말 하리요 만일 하나님이 우리를 위하시면 누가 우리를 대적하리요 자기 아들을 아끼지 아니하시고 우리 모든 사람을 위

---

10 또한 에베소서 1:17에 나타난 삼위일체적 기도의 구조도 참조하라. "우리 주 예수 그리스도의 하나님, 영광의 아버지께서 지혜와 계시의 영을 너희에게 주사 하나님을 알게 하시고."

하여 내주신 이가 어찌 그 아들과 함께 모든 것을 우리에게 주시지 아니하겠느냐 누가 능히 하나님께서 택하신 자들을 고발하리요 의롭다 하신 이는 하나님이시니 누가 정죄하리요 죽으실 뿐 아니라 다시 살아나신 이는 그리스도 예수시니 그는 하나님 우편에 계신 자요 우리를 위하여 간구하시는 자시니라 (롬 8:31-34)

아버지와 아들의 통일성과 하나 되심이라는 바울의 개념에 대한 또 다른 실례가 그리스도의 사랑(8:35)과 하나님의 사랑(8:39)으로 설명된, 우리를 향한 하나님의 호의적인 입장에서 여실히 드러난다. "하나님이 우리를 위하시면"(8:31)이라는 말씀은 우리가 하나님과 그리스도의 사랑을 확신할 수 있음을 의미한다. "이 모든 일에 우리를 사랑하시는 이[그리스도]로 말미암아 우리가 넉넉히 이기느니라"(롬 8:37).

하나님과 그리스도와 성령님의 조화롭고 연합된 사역을 호소하는 바울의 일관된 방식을 드러냄에 있어서 그리스도인의 안전을 가리킬 때 언급되어야 할 두 구절이 더 있다. 첫째, 데살로니가후서 2:13b-14에서 바울은 하나님이 과거에 선택하신 사역과 현재 성령님이 거룩하게 하시는 사역, 그리고 미래에 예수 그리스도의 영광을 공유할 것에 대한 기대를 강조한다. "하나님이 처음부터 너희를 택하사 성령의 거룩하게 하심과 진리를 믿음으로 구원을 받게 하심이니 이를 위하여 우리의 복음으로 너희를 부르사 우리 주 예수 그리스도의 영광을 얻게 하려 하심이니라."

둘째, 고린도후서 1:21-22에는 '굳게 서 있음'의 개념, 기름을 부으심, 하나님께 속함, 보장된 미래를 소유함 등이 하나님과 그리스도와 하나님의 영이 연합된 삼중적 사역으로 다시 서술되어 있다. "우리를 너희와 함께 그리스도 안에서 굳건하게 하시고 우리에게 기름을 부으신 이는 하나님이시니 그가 또한 우리에게 인 치시고 보증으로 우리 마음에 성령을 주셨느니라."

구원을 위한 삼위 하나님의 사역을 인식하는 것보다 그 은혜를 더 찬미할 수 있는 일은 없다. 하나님과 주 예수 그리스도와 성령의 협력 사역을 가리키는 것보다 신자들에게 하나님이 그들을 알고 계시며 사랑하고 있음에 대한 더 큰 확신을 주는 것은 없다.

기도와 삼위일체

바울 서신에서 기도의 특권은 삼위일체 사상에 대한 분명한 표현 가운데 하나이다.[11] 그럼에도 불구하고 바울과 관계해서 삼위일체의 본질을 논하는 많은 논문과 논고들은 기도 그 자체를 가능하게 하시는 삼위일체의 권능보다는 기도가 누구에게 드려지는 것이냐에 더 초점을 맞춘다. 그러나 바울 서신의 몇몇 구절들은 기도에 대한 삼위일체의 영향을 상세하게 소개한다. 하나님의 본질적인 삶에는 의사소통이 있다. 이 의사소통의 두 가지 측면은 성도를 위해 중보하는 것과 성도들이 직접 계속해서 기도할 수 있게 하는 것이다.

기도와 삼위일체를 반영하는 본문의 가장 간결한 두 가지 실례는 에베소서 2장과 갈라디아서 4장에 나온다. 에베소서 2장에서 바울은 그리스도께서 우리와 하나님 사이의 평화, 그리고 유대인과 이방인을 그리스도의 한 몸으로 모으셔서 그들 서로 간의 평화를 성취하시는 사역을 펼쳐 놓는다(엡 3:6). "이는 그 [그리스도]로 말미암아 우리 둘이 한 성령 안에서 아버지께 나아감을 얻게 하려 하심이라"(엡 2:18). 아마도 기도에 관한 한, 바울의 가장 예전적이며 공식적인 표현일 수 있는 이 구절은 우리가 성령님으로 말미암아 아들을 통하여 하나님께 기도한다는 것을 지시한다.

---

11 참조. Paul Fiddes, 'Participating in the Trinity', *PRSt* 33 (2006), p. 382: "무엇보다도 하나님을 삼위 하나님으로 논하는 일에 참여하는 실제적인 경험은 기도를 논할 때 가장 생생해진다. 신약 성경은 기도를 아버지께 '향하여', 아들을 '통해', 성령 '안에서' 행하는 것으로 묘사한다."

성자 하나님과 성령님이 가능하게 하시는 사역으로서의 기도 목표는 성부 하나님께로 "나아가는" 것이다. 여기서 바울은 헬라어 '프로사고게'를 두 번이나 사용했는데 이 단어는 신약 성경 다른 곳에서는 발견되지 않는다. 두 가지 경우 모두에 이 단어는 하나님께 "접근하는 (안전한) 방법"을 지칭한다.[12]

> 우리가 그 안에서 그를 믿음으로 말미암아 담대함과 확신을 가지고 하나님께 **나아감을** 얻느니라 (엡 3:12; NRSV)

> 또한 그[그리스도]로 말미암아 우리가 믿음으로 서 있는 이 은혜에 **들어감을**[하나님을 향해] 얻었으며 (롬 5:2a)

바울에게 있어서 기도는 달을 향해 활을 쏘는 것처럼 "무작정 되는 대로 하는" 일이 아니다. 우리는 하나님이 우리 기도를 들으실지도 모른다는 마음으로 소심하게 또는 불확실하게 마구잡이로 기도하지 않는다. 우리는 하나님께 나아가든지 그렇지 않든지 둘 중 하나이다. 우리가 하나님께 나아갈 수 있도록 그리스도께서 보증하셨기에 우리는 성령님의 도움을 통해 담대함과 확신을 가지고 기도로 나아갈 수 있다. 기도하라는 격려의 말을 듣기 어려운 시대임에도 불구하고 특히 기도를 위한 기초로서의 이런 삼위일체적 설명은 우리로 하여금 기도하게 하는 가장 효과적인 자극이 된다.

기도에 대한 이와 유사한 형태는 갈라디아서 4:6에 나타난다. "너희가 아들이므로 하나님이 그 아들의 영을 우리 마음 가운데 보내사 **아빠** 아버지라 부르게 하셨느니라." 아들과 상속자로서 우리를 하나님의 가족으로 입양해 주신 것을 감사하는 단락의 절정 부분에서, 바울은 삼위일체적 용어를 사용하는 기도

---

12 BDAG, p. 876.

에서 하나님을 아버지로 부르는 특권을 묘사한다. 그것은 바로 우리가 그분의 아들의 영이신 성령님을 통해 아버지께 기도한다는 것이다. 에베소서 2:18에 묘사된 바와 같이 여기서의 기도는 불확실한 절망 속에서 '행운을 기대하는' 행동이 아니라 하나님의 생명에 참여하는 행위이다. 기도를 위한 토대는 "하나님이 그 아들의 영을 우리 마음 가운데 보내"셨다는 것이다. 그리고 실제로 그 영께서 우리를 위해 기도하신다. 바울이 갈라디아 교회의 그리스도인들을 이제 하나님을 아는 자들로 묘사할 뿐만 아니라, 도리어 하나님께서 우리를 먼저 아신다고 더 좋게 표현함으로 자신의 말을 즉시 수정해 이어 가는 구절에서도 동일한 은혜가 발견된다(갈 4:8-9; 참조. 고전 8:2).[13] 이것은 기도에 대한 전체 사안을 완전히 다른 견지에서 보게 만드는데 로마서 8장에서 유사한 용어로 더욱 확장된다.

로마서 8장에서 바울은 기도하는 일이 어렵다는 것을 사실적으로 표현하며 왜 기도가 그토록 어려운지를 설명한다. 그 해결책으로 바울은 삼위일체 하나님을 말한다.

> 이와 같이 **성령**도 우리의 연약함을 도우시나니 우리는 마땅히 기도할 바를 알지 못하나 오직 **성령**이 말할 수 없는 탄식으로 우리를 위하여 친히 간구하시느니라 마음을 살피시는 **이[하나님]**가 **성령**의 생각을 아시나니 이는 **성령**이 **하나님의 뜻**대로 성도를 위하여 간구하심이니라 (롬 8:26-27)

우리는 자신의 약함과 불확실성으로 인해 무엇을 어떻게 기도해야 하는지 모르며(8:26), 또한 우리가 우리 마음을 잘 알지도 못하고 하나님의 뜻을 알지도 못하기 때문에 기도하는 데 어려움을 느낀다. 그러나 '기도하라'고 격려하면서

---

13 참조. Brian S. Rosner, "Known by God: The Meaning and Value of a Neglected Biblical Concept", *TynB* 59 (2008), pp. 207-230.

바울은 성령님이 우리의 약함을 도우시며[14] 우리를 대신하여 하나님께 기도하신다고 말한다. 성령님께서 우리에게 무엇이 필요한지 아시는 이유는 하나님께서 우리 마음과 성령님의 생각을 아시기 때문이다. 그렇다면, 성령님은 하나님의 뜻에 따라 우리의 기도를 간구하시며 하나님은 성령의 간구를 들으실 것을 보장하신다. 만일 그것으로 충분하지 않다면 성령님과 더불어 그리스도 예수께서 이 일에 관여하시며 친히 하나님의 오른편에서 우리를 위해 더욱 간구하신다(롬 8:34).

기도에 대한 설명에 있어서 로마서 8장보다 더 하나님 중심적인 해설은 찾을 수 없다. 연약한 우리는 어떻게 기도해야 할지 알지 못한다. 바울은 우리의 간구가 (1) 성령님을 통해, (2) 그리스도 예수를 통해 전달된다고 말한다. 이런 간구는 (1) 하나님이 우리의 마음을 아시는 것과 (2) 하나님이 성령님의 생각을 아시는 것과 (3) 성령님이 하나님의 뜻을 아시는 것에 근거해 있다. 로마서 8:26-27의 어떤 부분이 불확실하다 해도(예를 들면, "말할 수 없는 탄식"의 본질이 무엇인지) 한 가지는 확실하다. 삼위일체 하나님께서 처음부터 끝까지 우리 기도를 도우신다는 것이다.

교제와 삼위일체

삼위일체로서의 하나님의 생명과 그리스도인들 안에서 행하시는 하나님의 사역은 신자들에게 특정한 삶의 방식을 갖게 한다. 바울은 하나님과 화목하고 서로 간에 화목하게 된 자들로서의 신자의 삶을 묘사하기 위해 다양한 용어를 사용한다. 실제로 수직적이며 수평적으로 회복된 관계의 친밀성은 바울 서신에

---

14 헬라어. '쉬난틸람바노마이'(*synantilambanomai*). 참조. BDAG, 'συναντιλαμβάνομαι' p. 965, '도우러 오심, 도움이 되심'. 여기서 성령님의 역할은 요한복음 14:16, 26; 15:26; 16:7에서 보혜사(헬라어 '파라클레토스')와 비교할 수 있다.

서 반복하여 등장한다. 이런 양방향의 교제는 내밀한 탐닉이 아니라 하나님을 섬김에 있어서의 공동체적 삶을 위한 실천적인 결과를 낳는다.

고린도후서의 마지막 장에 기록된 유명한 축도는 그리스도인의 삶에 대한 바울의 비전의 삼위일체적 토대를 계시한다. "주 예수 그리스도의 은혜와 하나님의 사랑과 성령의 교통하심이 너희 무리와 함께 있을지어다"(고후 13:13). 고린도교회를 향한 바울의 모든 교훈을 단단히 묶어 주는 것이 바로 삼위 하나님의 사역이다. 고든 피(Gordon Fee)는 고린도후서 13:13이 하나님에 대한 견고한 삼위적 언급을 담고 있을 뿐만 아니라 하나님으로부터 고린도교회 교인들에게까지 확장되는 친밀한 교제의 모델을 제시하고 있다는 점을 지적한다. 이에 대해 피는 다음과 같이 말한다.

> **성령님의 관여**는 계속해서 신자와 신자 공동체의 삶에 나타난 사랑과 은혜를 현실화한다. **성령님의 코이노니아**(교제/참여)는 살아 계신 하나님이 사람들을 모든 은혜의 하나님이신 자신과의 친밀하고도 영속적인 관계로 이끄실 뿐만 아니라 그 은혜와 구원의 모든 은덕에 참여하게 하시는 원인이 되신다.[15]

이 교제 또는 참여는 하나님과 우리의 관계, 교회 안에서의 서로의 관계로 확장된다. 그리스도인에게는 수평적이든지 수직적이든지 간에 그리스도 안에서 알려지신 하나님과 상관없는 자율적인 삶이란 없다.[16]

마찬가지로 빌립보서 2:1-2은 우리의 삶의 기초를 신적 축복 안에서 함께하

---

15 Gordon D. Fee, 'Paul and the Trinity: The Experience of Christ and the Spirit for Paul's Understanding of God', in Stephen T. Davis, Daniel Kendall and Gerald O'Collins (eds.), *The Trinity: An Interdisciplinary Symposium on the Trinity* (Oxford: Oxford University Press, 2000), pp. 53, 강조는 원저자의 것이다.

16 참조. C. Kavin Rowe, 'The Trinity in the Letters of St. Paul and Hebrews', in Gilles Emery, O. P., and Matthew Levering (eds.), *The Oxford Handbook of the Trinity* (Oxford: Oxford University Press, 2012), pp. 49-51.

는 것에 둔다.

> 그러므로 그리스도 안에 무슨 권면이나 사랑의 무슨 위로나 성령의 무슨 교제나 긍휼이나 자비가 있거든 마음을 같이하여 같은 사랑을 가지고 뜻을 합하며 한마음을 품어

언뜻 보아 이 구절은 그리스도인 교제의 '이위일체적' 기초를 제공하는 듯 보인다. 그리스도와의 연합과 '성령의 교제'(코이노니아 프뉴마토스)를 통해 보충되는 그리스도의 사랑이 묘사되어 있기 때문이다. 여기 성령 안에서의 **교제**가 그리스도와의 연합이라는 수직적 측면으로부터 몸의 다른 지체들과의 관계라는 수평적인 측면으로 흘러간다.[17]

그러나 바울이 연합과 사랑을 독려하는 빌립보서 2:1-2에 나타난 삼위일체적 기초는 현재적인 것이기도 하다. 네 가지 '조건' 절은 그 행위자가 거의 하나님인 것이 확실한, 함축된 수동태 동사를 포함한다. "그러므로 그리스도 안에 [하나님으로부터] 무슨 권면이나 [하나님으로부터] 사랑의 무슨 위로나"처럼 말이다. 바울에게 있어서 조화로운 교회 생활의 기초를 형성하는 그리스도를 믿는 믿음의 가장 인격적이며 주관적인 유익들(권면, 위로, 교제, 긍휼, 자비)은 모두 하나님과 그리스도와 성령님의 역사로부터 연원된다. 빌립보서의 또 다른 곳에서 바울은 신자들을 "하나님의 성령으로 봉사하며 그리스도 예수로 자랑"하는 자들로 묘사한다(빌 3:3).

에베소서 1:17-20에서 바울은 신자들이 하나님을 알며 하나님께서 그들에게 확실한 소망과 풍성한 기업을 주셨음을 알게 되기를 기도하고, 그리스도를 죽은 자 가운데서 다시 살리신 하나님의 능력이 크게 나타나기를 기도한다. 이

---

17 A. Katherine Grieb, 'People of God, Body of Christ, Koinonia of Spirit: The Role of Ethical Ecclesiology in Paul' "Trinitarian" Language', *AThR* 87 (2005), pp. 225-252.

런 영적 축복을 좀 더 완전히 붙잡기 위해서 바울은 성부 하나님과 그리스도와 성령님의 연합된 사역에 호소한다. "우리 주 예수 그리스도의 하나님, 영광의 아버지께서 지혜와 계시의 영을 너희에게 주사 하나님을 알게 하시고"(엡 1:17).

마지막으로 기쁜 찬미와 감사함과 서로를 향한 교훈으로 표현된, 바울이 권면하고 있는 신자의 공동적 삶의 특징은 옥중서신의 잘 알려진 두 구절에 요약되어 있다. 에베소서 5:18에서 이 생활은 성령 충만함으로부터 흘러나오는 삶이다. 골로새서 3:16에서 이것은 그리스도의 말씀의 충만함으로부터 흘러나오는 삶이다. 이 두 구절 모두에서 그리스도인들의 교제를 묘사함에 있어서 삼위일체적 형식이 분명하게 나타난다. 특히 두 가지 경우에 모두, 주 예수 그리스도의 이름으로 아버지 하나님께 감사드리고, 성령님으로부터 흘러나오는 진심 어린 찬송을 하나님께 드리라는 구절이 있음을 보라.

> 술 취하지 말라 이는 방탕한 것이니 오직 성령으로 충만함을 받으라 시와 찬송과 신령한 노래들로 서로 화답하며 너희의 마음으로 주께 노래하며 찬송하며 범사에 우리 주 예수 그리스도의 이름으로 항상 아버지 하나님께 감사하며 (엡 5:18-20)

> 그리스도의 말씀이 너희 속에 풍성히 거하여 모든 지혜로 피차 가르치며 권면하고 시와 찬송과 신령한 노래를 부르며 감사하는 마음으로 하나님을 찬양하고 또 무엇을 하든지 말에나 일에나 다 주 예수의 이름으로 하고 그를 힘입어 하나님 아버지께 감사하라 (골 3:16-17)

로마서 14:17-18에서 바울은 우리에게는 먹는 일보다 훨씬 더 중요한 것이 있다는 사실을 지적함으로 로마의 그리스도인들 사이에 있었던 정결한 음식법 논쟁에 대해 답변한다.

> 하나님의 나라는 먹는 것과 마시는 것이 아니요 오직 성령 안에 있는 의와 평강과 희락이라 이로써 그리스도를 섬기는 자는 하나님을 기쁘시게 하며 사람에게도 칭찬을 받느니라

바울이 하나님 나라를 미래의 기업으로 말하기는 하지만(고전 6:9-10; 15:50; 갈 5:21에 기록된 것처럼), 여기서 하나님 나라는 그리스도인의 삶에 있어서 현실로 제시되어 있다(고전 4:20에 기록된 것처럼). 그리고 하나님의 법칙 아래에 있는 이런 삶의 특징은 성령님으로부터 흘러나오는 "의와 평강과 희락"이라는 용어로 묘사되어 있다.[18] 로마서 14:17에서 바울이 지극히 강조하는 것은 하나님 나라에서의 우리의 공동적 삶을 위한 우리의 칭의와 하나님과의 화목의 성취이다. 하나님 앞에서 의롭다고 선언받은 상태는 반드시 인간관계의 의로움으로까지 나아가야 한다. 하나님 안에서 평화를 발견했다면 다른 사람들과의 관계에서도 평화로운 삶으로 나아가야 한다. 달리 말하면, 하나님과 올바른 관계를 맺은 기쁨과 그리스도인의 소망은 그리스도인들의 교제의 기쁨을 통해 흘러넘쳐야 하는 것이다. 바로 이것이 "그리스도를 섬기는" 삶으로 묘사되기도 하는, "하나님을 기쁘시게 하는" 삶을 살아가도록 인도하는 것이다. 바울에 따르면, 신자들의 공동적 삶은 단지 하나님에 의해서만 아니라 그리스도와 성령님에 의해서도 지지를 받는다.

선을 행함과 삼위일체

삼위일체적 차원을 지닌 바울의 실천적 가르침의 네 번째 측면은 선을 행하

---

18 갈라디아서 5:22에서 이 세 가지 특질들 가운데 두 가지(희락과 화평)가 성령의 열매로 등장하는 것은 우연이 아니다.

는 문제와 관련된다.[19] 교회 밖에 있는 사람들을 포함해서 다른 이에게 "선을 행하라"는 특정한 언어와 관련해서 두 가지 본문이 두드러진다.

첫째, 갈라디아서 2:19-20은 그리스도의 생명에 참여하여 "하나님을 위해 사는" 삶에 대해 말한다.

> 내가 율법으로 말미암아 율법에 대하여 죽었나니 이는 하나님에 대하여 살려 함이라 내가 그리스도와 함께 십자가에 못 박혔나니 그런즉 이제는 내가 사는 것이 아니요 오직 내 안에 그리스도께서 사시는 것이라 이제 내가 육체 가운데 사는 것은 나를 사랑하사 나를 위하여 자기 자신을 버리신 하나님의 아들을 믿는 믿음 안에서 사는 것이라

미로슬라브 볼프가 주장하듯이 "성령님으로 말미암아 십자가에 못 박힘의 내재에 기초한 구원론(갈 2:19-20)은 세상의 구원을 위하시는 하나님의 수난을 모델로 하는 사회적 실천의 바탕이 된다."[20] 바울은 갈라디아서 5장에서 이런 삶을 성령을 따라 행하며(갈 5:16) 성령의 열매(갈 5:22-23)를 맺는 삶으로 더욱 정교하게 설명한다. 그리고 나서 바울은 갈라디아서 6:9-10에서 "선을 행함"이라는 언어를 사용하면서 자신의 요점을 더욱 강화한다. "우리가 **선을 행하되** 낙심하지 말지니 포기하지 아니하면 때가 이르매 거두리라 그러므로 우리는 기회 있는 대로 모든 이에게 **착한 일을 하되**…."

그리스도인의 행실을 형성하는 성령님의 역할과 함께 우리는 반드시 기독

---

19 참조. Rowan Williams, 'Interiority and Epiphany: A Reading in New Testament Ethics', *Modern Theology* 13,1 (1997), p. 42: "관대함, 자비, 그리고 환영하는 것은 신적 행동에 참여하는 것이기 때문에 이는 그리스도인들에게 있어서 명령형이 된다. 그러나 이는 하나님의 영광을 보여 주고 사람들로 하여금 하나님께 영광 돌리며 살도록 초청하기 때문에, 즉 하나님이 누구신지를 반영해 주는 것이기 때문에 그리스도인에게 명령형이 되기도 한다."

20 Miroslav Volf, '"The Trinity Is Our Social Program": The Doctrine of the Trinity and the Shape of Social Engagement', *Modern Theology* 14 (1998), p. 417.

론적 차원에 주의해야 한다. "그리스도께서 내 안에 사신다"(갈 2:20)라는 바울의 어법은, 바울이 그리스도를 믿는 사람들을 "그리스도 안에" 있는 자들로 빈번하게 묘사한 일을 상기시킨다. 많은 의미를 담고 있기에, 이 구절이 다양하게 해석되어 온 것은 놀랄 만한 일이 아니다. 어떤 해석자가 이 구절의 신비적이며 경험적인 의미 즉 신자의 영혼의 종교적인 힘을 강조한다면, 다른 해석자는 하나님의 새로운 피조물의 존재 양식으로서 그리스도 안에 있는 자들의 종말론적인 지위를 강조한다(참조. 고후 5:17: "그런즉 누구든지 그리스도 안에 있으면 새로운 피조물이라"). 그 중간 길을 선택해서, 그리스도인의 경험이란 것이 그리스도 안에 있는 객관적 신분에서 흘러나오는 것이기 때문에 상태와 지위 모두에 강조점을 두는 것이 타당성이 있다는 것으로 이해하는 것이 최선일 것이다. 하지만 이런 행복한 지위가 은밀하게나 개인적으로 해석되어서는 안 된다. 어떤 의미에서 바울은 고린도전서 12:12-27에서 "그리스도 안에" 있음을 모든 신자들이 그 지체로 구성되는 그리스도의 몸이라는 은유로 설명한다. 그리스도 안에 있다는 것은 하나님 앞에서 안전함과 객관적인 지위를 향유하고, 다른 신자들과의 연합에 있어서 종말론적 존재의 새로운 양식을 누리는 것이다. 그리스도인의 삶의 모습과 삼위일체에 관한 바울의 고찰 정황에 있어서 주목해야 할 요점은, "선을 행함"은 모든 인간 삶의 마땅한 목적이며, 이는 성령님의 능력으로 말미암아 그리스도를 닮아 가는 것과 관련된다는 것이다.

로마서 8:29-30에서 바울은 그리스도인들이 향하고 있는 목표를, 그리고 그와 관련된 과정을 지시한다.

> 하나님이 미리 아신 자들을 또한 그 아들의 형상을 본받게 하기 위하여 미리 정하셨으니 이는 그로 많은 형제 중에서 맏아들이 되게 하려 하심이니라 또 미리 정하신 그들을 또한 부르시고 부르신 그들을 또한 의롭다 하시고 의롭다 하신 그들을 또한 영화롭게 하셨느니라

그분의 자녀를 위한 하나님의 목적은 예수님과 깊은 관련이 있고, 이는 예수님이 많은 형제와 자매들 사이에서 영광을 받으시기 위함이다. 또한 그리스도는 신자들이 본받아야 할 본보기가 되신다. 이 과정의 마지막에 그리스도인들은 영광을 향유할 것을 기대할 수 있다. 로마서 8:17이 잘 약속하고 있듯이 "자녀이면 또한 상속자 곧 하나님의 상속자요 그리스도와 함께한 상속자니 우리가 그와 함께 영광을 받기 위하여 고난도 함께 받아야 할 것"이다.

로마서 12-13장에 기록된 바울의 실천적 교훈 역시 그리스도를 닮아 가는 이 목적을 통해 촉진된다. 12:1-2에서 강조된 변화는 1:18-32의 "타락의 하강"에 대한 반전을 보여 준다.[21] 톰슨에 따르면 "12:1-2의 토대는 예수님의 근본적이며 표본적 제사이다. 바울에게 있어서 그리스도의 형상은 성화 과정의 목표이다."[22] 그리스도인들에게 "산 제사"로 자신을 드리라고 요청하는 것은 이 편지에서 계속해서 반복된 예수님의 속죄적 죽음에 대한 제사적 적용(3:24-25; 5:8-9; 8:3-4)을 상기시킨다. 그리스도의 제사가 필연적으로 속죄를 낳기 위해 피 흘리는 제사였다면, 신자들은 산 제사를 올려 드린다. "변화를 받아"라는 말은 '예수님을 닮아 간다'는 목표를 반영한다. 또한 이 부분을 마감하는 구절인 로마서 13:14은 바울이 인류에 대한 자신의 비전을 나누고자 할 때 예수님을 염두에 두고 있음을 암시한다. "오직 주 예수 그리스도로 옷 입고 정욕을 위하여 육신의 일을 도모하지 말라."

바울이 선을 행함을 삼위일체적 구조 안에 배치하는 두 번째 실례는 디도서 3:4-8a에서 발견할 수 있다.

우리 구주 하나님의 자비와 사람 사랑하심이 나타날 때에 [하나님이] 우리를 구

---

21 Michael Thompson, *Clothed with Christ: The Example and Teaching of Jesus in Romans 12.1-5.13*, JSNTSup 59 (Sheffield: JSOT Press, 1991), pp. 78-82.
22 Ibid., p. 85.

원하시되 우리가 행한 바 의로운 행위로 말미암지 아니하고 오직 그의 긍휼하심을 따라 중생의 씻음과 **성령의** 새롭게 하심으로 하셨나니 **우리 구주 예수 그리스도로** 말미암아 우리에게 그 성령을 풍성히 부어 주사 우리로 그의 은혜를 힘입어 의롭다 하심을 얻어 영생의 소망을 따라 상속자가 되게 하려 하심이라 이 말이 미쁘도다 원하건대 너는 이 여러 것에 대하여 굳세게 말하라 이는 **하나님을 믿는** 자들로 하여금 조심하여 선한 일을 힘쓰게 하려 함이라

신자들이 "선한 일을 행함"에 힘쓰도록 호소하기 위해 바울이 기초로 삼은 것은 하나님의 은혜로 말미암는 은총과 사랑과 자비와 칭의로 말미암는 구원이다. 흥미롭게도 하나님과 예수 그리스도 모두에게 구주라는 직함이 주어졌다(위에 있는 디도서 3:4, 6을 참조하라). 만일 이 구절이 하나님이 우리의 구원을 위한 동인(agent)이심을 확증한다면 우리는 예수 그리스도 안에서 우리에게 부어진 성령의 씻음과 중생을 통해 구원을 얻는 것이다. "선을 행함"이라는 이 문제의 가장 일상적이며 실천적인 면으로 볼 때도 바울은 철저하게 삼위일체적인 이론적 설명과 동기를 제시한다.

결론

바울 서신을 볼 때, 바울에게 삼위일체 교리의 실천적인 함의는 무엇인가? 이것이 좋은 질문이기는 하지만 바울과 그의 서신의 본질에 보조를 맞추어 볼 때 이 사안은 다른 방식으로 생각해야 한다. 그것은 다음과 같다. **바울의 실천적인 가르침에 대한 삼위일체적 측면은 무엇인가?** 바울은 진공상태에서 삼위일체 교리를 물려받거나 그 교리에 도달한 후에 실천적 신학에 적용한 것이 아니다. 복음을 전하며 신자들에게 복음에 합당한 삶을 살아가기 위해서는 어떻게 살아가고 행동할 것인지를 교훈해야 하는, 예수 그리스도의 종이요 사도로서의 소명

에 충실한 바울은 필연적으로 삼위 하나님 교리를 깊이 있게 추구한다. 삼위일체 교리를 언급하지 않고서도 구원의 확신, 기도의 행위, 그리스도인의 교제, 그리스도인의 삶의 모습을 논하는 것이 가능하지만 이것은 바울이 진행하는 방식이 아니다. 여러 차례, 효과적으로, 바울은 목회적 사안을 다룰 때, 한 분 하나님을 구성하는, 신적 정체성을 가지신 세 분, 곧 하나님과 그리스도와 성령의 연합되고 협동적인 사역을 언급할 수밖에 없다.[23]

---

[23] 이 연구를 도와준 크리스 포터(Chris Porter)와 초안에 대해 유익한 조언을 해 준 스콧 해로우어(Scott Harrower)에게 감사드린다.

6. 히브리서와 삼위일체

- 조나단 I. 그리피스

삼위일체 하나님의 속성과 사역은 히브리서 페이지마다 설명되어 있다. 히브리서 저자는 이스라엘의 한 하나님에 대한 충성을 요구하며, 그 하나님을 아버지와 아들과 성령으로 알려 준다.[1] 물론 히브리서는 삼위일체에 관한 교리적 소논문이 아니다. 우선 무엇보다도 먼저 히브리서는 동요하는 신자들에게 그리스도와 함께 계속 거하라고 촉구하는 설교이다.[2] 그러나 성경을 강해하며 수신자들에게 믿음과 순종으로 반응할 것을 권면하는 기록자로서 히브리서 기자는 삼위일체 하나님의 속성을 밝히 설명하기 위한 많은 이야기를 한다.

히브리서 안에 있는 관련된 모든 요소를 적절하게 다루려면 그 자체로 한 권의 논문이 필요할 것이다. 따라서 현재 우리의 연구 목표는 좀 더 간소할 터인

---

1   히브리서가 삼위일체적 작품이라는 견해에 관한 최근의 변증에 대해서는 다음 책을 참조하라. Nathan D. Holsteen, 'The Trinity in the Book of Hebrews', *BibSac* 169 (2011), pp. 334-346; 다음 책도 보라. C. Kavin Rowe, 'The Trinity in the Letters of St Paul and Hebrews', in Gilles Emery, O. P., and Matthew Levering (eds.), *The Oxford Handbook of the Trinity* (Oxford: Oxford University Press, 2011), pp. 41-54.

2   히브리서의 설교적 장르에 대해서는 다음 책을 참조하라. Jonathan I. Griffiths, *Hebrews and Divine Speech*, LNTS 507 (London: Bloomsbury T&T Clark, 2014), pp. 16-24.

데 그것은 히브리서 기자가 그의 강화의 중심 주제로 삼은 '계시와 구속'이라는 주제와 관계하여 세 분의 신적 위격을 진술하는 방식을 연구하는 것이다.[3] 하나님의 신적 계시와 구속의 계획이 각기 어느 정도로 성부와 성자와 성령에 의해 명백하게 수행되는가? 히브리서는 각 위격의 정체성과 역할에 대해, 그리고 그들이 서로 관계하는 방식에 대해 무엇을 보여 주고 있는가?

계시

1) 인격적 말씀

히브리서는 과거 "선지자들을 통하여" 말씀하신 하나님이 이 마지막 날에 아들을 "통하여" 말씀하셨다는 단언으로 시작한다(1:1-2). 이어지는 구절들은 웅변과 경륜으로 아들을 통해 말씀하시는 하나님의 말씀의 방식과 본질을 표현한다(1:1-4은 헬라어 단 한 문장이라는 사실에 주목하라). 하나님은 아들의 존재와 아들이 행하시는 일을 통해 자신을 알려 주신다. 아들은 "하나님의 영광의 광채시요 그 본체의 형상"이시다(1:3).[4] 우주를 만드시고 유지하시며, 속죄받을 수 있는 방법을 주시고, 높은 곳에 좌정하시는 아들의 그 모든 활동이 다 하나님의 자기 계시를 구성한다. 따라서 아들을 "통하여" 주시는 하나님의 말씀은 (심지어 존재론적이라 할지라도) 그 속성에 있어서 인격적이다. 비록 아들을 통한 인격적 계시의 신학을 표현하는 히브리서 용어들이 요한복음 서언의 용어들과는 다르다 할지라도, 히브리서에도 비슷한 사상이 있다. 그것은 바로 아들 그 자신이 하나님의

---

[3] 마찬가지로 히브리서의 삼위일체에 관한 홀스틴(Holsteen)의 좀 더 광범위한 연구 역시 두 가지 중요한 주제에 관심을 기울이고 그것을 간략하게 발전시킨다('Trinity', pp. 342-344).
[4] 하나의 단어나 구절에 대해 주해의 요점을 더욱 명료하게 하기 위한 대안적인 번역이 필요할 때를 제외하고는 영어 성경은 영어표준역(ESV)에서 인용했다.

계시적 말씀 즉 인격적 형태로서의 하나님의 언어라는 것이다.[5]

2) 천사들보다 위대하심

1:1-4에서 아들이 하나님의 인격적 계시라는 사상을 소개한 후에, 히브리서 저자는 1:5-14에서 주로 시편을 중심으로 몇 개의 구약 성경 구절을 인용하면서 예수의 아들 됨의 본질과 그 의미를 고찰한다. 한편, 히브리서 기자의 목적은 매우 분명하다. 히브리서 저자는 아들이 천사들보다 훨씬 뛰어나다는 것을 증명하기 원한다. 하지만 아들이 천사들보다 훨씬 뛰어나신 분으로 간주되는 것이 도대체 왜 중요하다는 말인가? 2:1-4에 약간의 통찰이 주어지는데, 성경적 논증을 펼치던 저자는 이 단락에서 그의 독자들에게 그가 선언한 진리에 반응하라고 설교한다.[6]

> 그러므로 우리는 들은 것에 더욱 유념함으로 우리가 흘러 떠내려가지 않도록 함이 마땅하니라 천사들을 통하여 하신 말씀이 견고하게 되어 모든 범죄함과 순종하지 아니함이 공정한 보응을 받았거든 우리가 이같이 큰 구원을 등한히 여기면 어찌 그 보응을 피하리요 (2:1-3a)

전통적인 유대인들의 해석으로는 천사들을 대리자로 여기는데, 유대인들은 하나님께서 시내산에서 율법을 주실 때 그 율법을 천사들을 통해서 주셨다고 보았다.[7] 따라서 히브리서 저자는 "천사들을 통하여 하신 말씀"이라고 언급한

---

5 이에 대한 추가적인 연구에 대해서는 다음을 참조하라. Griffiths, *Divine Speech*, pp. 42-48.
6 히브리서는 각각의 주제가 권면("그러므로 우리는 …")으로 끝나는 일련의 성경 본문과 주제 강해로 구성되어 있다. 각각의 강해 부분을 결론짓는 권면을 관찰하는 일은 독자가 그 강해 부분에서 저자의 주요 관심사가 무엇인지를 확인하는 데 도움을 준다. 다음을 참조하라. Ibid., pp. 28-35.
7 다음을 참조하라. 신 33:2(칠십인역), 『희년서』 1.27, 29; 2.1; 6.22; 30.12, 21; 50.1-2; 요세푸스,

다(참조. 행 7:38, 53; 갈 3:19). 여기서 히브리서 저자의 계획은 수신자들이 아들을 통해 들은 구원 메시지에 더 깊은 주의를 기울이도록 예수님이 천사들보다 뛰어나심을 증명하는 것이다.

그렇다면 저자는 이 일련의 구약 성경 인용들이 어떻게 자신의 요점을 증명할 것이라고 생각하는가? 우선 그는 아버지가 아들에게 하신 말씀으로서의 시편 2:7과 사무엘하 7:14을 인용하는 1:5에서부터 시작한다. 물론 이 말씀들은 다윗의 혈통으로 오시는 약속된 메시아적 왕에 대해 말하고 있다. 그리고 나서 기록자는 계속해서(시 104:7을 간략하게 인용한 후에)[8] 다윗 계보의 왕에 대해 언급하고 그것을 예수님에게 적용하는 시편을 두 개(시편 45편과 110편) 더 인용한다.[9] 그러나 이 부분에 있어서의 저자의 주요 목적은 예수님이 다윗의 후손으로 오시는 분이심을 증명함에 있지 않다. 실제로 다윗 후손의 왕(심지어 다윗 후손의 그 왕: the Davidic king)이라는 예수님의 지위는 예수님이 천사들보다 훨씬 더 뛰어나신 분임을 반드시 암시하려는 것은 아니다.

여기서 우리는 히브리서가 의도하는 독자들을 염두에 두는 것이 중요하다. 유대인 개종자들은 예수님을 메시아로 믿었지만 자신이 예수님 안에서 안전한지 의심하고 있었고 다시 구약의 종교로 돌아갈 유혹을 받고 있었다.[10] 저자의 논증은 만일 예수님이 다윗의 후손으로 오시는 약속된 왕이시라면 히브리서

『유대 고대사』. 15.136.
8 여기서의 초점은 하나님의 권위 아래서 하나님을 섬기는 '사역자들'로서의 천사들의 '지위'에 있다.
9 카슨(D. A. Carson)은 최근에 "아들"이라는 명칭이 존재론적 아들 됨이라는 필연적인 암시 없이도 구약 성경에서 다윗의 후손으로 오시는 왕에게 적용될 수 있다는 사실(특히 삼하 7:14의 견지에서)에 주의를 기울이게 한다. 마찬가지로 다윗의 후손으로 오시는 왕은 실제로 그의 신성을 암시하지 않고서도 "과장된" 방식으로 "하나님"(1:8을 보라)으로 지칭될 수 있다(D. A. Carson, *Jesus the Son of God*: *A Christological Title Often Overlooked, Sometimes Misunderstood, and Currently Disputed* [Nottingham: Inter-Varsity Press; Wheaton: Crossway, 2012], pp. 13-62). 이것은 히브리서 1장에 있는 왕과 관련된 구약 성경 본문들이 그들의 본래 정황 속에서는 역사적으로 다윗의 후손으로 오시는 왕들에게 중대하게 적용되는 것임을 필연적으로 상기시킨다 (이는 그 본문에 대한 기독교적 주해에 있어서는 대개 간과되는 사실이다).
10 이 요약은 히브리서가 의도한 독자들과 관련해서 광범위하게 학문적으로 의견이 거의 일치된 부분이다. 대부분의 주요 히브리서 주석의 서론은 이런 기본적 입장을 요약하고 있다.

1장에 인용된, 왕적/메시아적 본문이 확실한 여러 말씀들이 합법적으로 예수님에게 적용될 수 있음을 당연한 것으로 받아들인다. 히브리서 저자는 이 본문들이 예수님께 적용될 수 있다는 사실을 말하는 것이 아니라, 저자가 선택한 인용문들을 통해 메시아적 정체성에 대한 놀라운 함축된 의미를 도출해 낸다. 곧 메시아적 왕이 "아들"로 불리며 심지어 "하나님"으로 불린다는 것이다.

케어드(G. B. Caird)는 히브리서가 구약 성경을 자의식적으로(self-consciously), 그리고 명백히 완성되지 않은 것으로 다루고 있다는 것을 올바르게 관찰한다.[11] 예수님의 성육신과 죽으심과 부활하심이 없이는 구약 성경의 매우 중요한 측면들이 궁극적으로 전혀 이해될 수 없다는 것을 당연한 것으로 여긴다. 믿음이 흔들리는 유대인 신자들로 하여금 예수님을 신뢰하도록 다시 확신을 주기 위한 계획 속에서 히브리서 기자는 메시아 안에서의 성취를 가장 분명하게 보여 주는 구약 성경의 본문들로 그들을 안내한다.[12]

여기 1장에서 히브리서 기자는 어떤 익숙한 왕적/메시아적 본문들(한두 개 정도의 좀 덜 분명한 왕적 본문들뿐만 아니라)을 새롭게 고찰하고, 그 본문들이 다윗의 후손으로 오신 왕을 '아들'과 '하나님'으로 인정하고 있음을 주목하라고 요청한다. 그렇다! 여기에는 구약 성경의 역사적 정황 속에서는 다윗의 후손인 왕들이 "아들"이요 "하나님"(god)으로 불릴 수 있다는 한정적이며 약간은 '과장된' 의미가 있다. 하지만 이 왕들 가운데 그 누구도 존재론적으로 참된 하나님이거나 하나님의 아들은 아니었다. 따라서 다윗의 후손으로 오시는 왕에게 이런 칭호를 부여하는 본문들은 예수님이 그들이 말하는 분이라는 것을 받아들이지 않을

---

11 George B. Caird, 'The Exegetical Method of the Epistle to the Hebrews', *CJT* 5 (1959), pp. 44-51, 특히 49쪽.
12 히브리서 1장에서 작동되고 있는 구약의 해석학에 대한 모티어(Motyer)의 분석을 참조하라. 케어드의 관찰에 기초하여 모티어는 그 본래의 역사적 정황 속에서 구약 본문들 사이의 긴장에 대한 히브리서 기자의 관심을 강조한다. 이는 "그로 하여금 예수께서 성취, 곧 문제의 해답이심을 주장하게" 한다(Stephen Motyer, 'The Psalm Quotations of Hebrews 1: A Hermeneutic-Free Zone?', *TynB* 50 [1999], pp. 3-22, 특히 21쪽).

구약 성경 독자들에게는 분명한 어려움을 줄 것이라고 히브리서 기자는 추론한다. 결국 이런 본문들에서 예수님을 제외한다면 궁극적으로 논리적 모순 또는 신학적 불가능성의 상태에 빠질 것이다.

히브리서 기록자는 이미 선재하신 그리스도("또 그로 말미암아 모든 세계를 지으셨느니라"[1:2])와 존재론적 아들 되심("이는 하나님의 영광의 광채시요 그 본체의 형상이시라"[1:3])을 소개한 바 있다. 히브리서 기자는 독자들이 구약 성경의 권위를 인정하며 구약으로부터 나오는 설득력 있는 논증을 잘 수용해야 한다고 판단한다(결국 그들은 옛 언약 아래의 종교로 돌아가도록 유혹을 받는다). 따라서 히브리서 기자는 구약 자체가 참되신 아들이요 참된 하나님이신, 다윗의 후손으로 오시는 왕을 지시하고 있다는 것을 증명하려 한다. 바로 여기에 이 논증의 의의가 있다. 이 약속된 왕, 곧 **성경이 하나님의 아들이시자 하나님 자신으로 증언하고 있는 분**, 그가 천사들보다 헤아릴 수 없을 만큼 훨씬 더 뛰어나시기 때문에 우리가 들은 것에 더욱 시급하고도 신중하게 주의를 기울여야 한다는 것이다(2:1).

3) 신적 대화

히브리서 기록자에게 있어서 1장에 소개된 구약 인용의 말씀들은 근본적으로 그리스도에 관한 말씀이며(항상 그래 왔다), 몇몇 경우에는 그리스도를 향해 기록된 말씀이다.[13] 하나님께서 아들을 향해 또는 아들에 대해 이 말씀을 "말씀하신다"는 것을 확증함에 있어서 히브리서 기자는 극적인 목적을 위해 능숙한

---

13   구약의 다른 인물들과 제도에 대한 저자의 논법은 다윗 왕국에 대한 이런 접근과 어느 정도 유사하다. 멜기세덱은 아들에 대한 역사적 기대와 예상으로서 중요한데 그 이유는 예수님이 그를 반영해서가 아니라 멜기세덱이 하나님의 아들과 "닮아서"이다(7:3). 아들은 멜기세덱이 부분적으로 증언하는 분으로서, 보다 앞선 근본적인 실체이시다. 역사적 용어로서는 광야의 장막이 새 언약보다 앞서 있지만 그래도 그것은 단지 예수님께서 새 언약의 대제사장으로 섬기고 계시는 하늘에 있는 성소의 "모형과 그림자"일 뿐이다(8:5). 그러므로 구약의 구조는 새 언약에서의 그리스도의 사역과 관계되어 있는 좀 더 근본적인 하늘의 실재에 대한 반영이요 증거였던 것이다.

주해 솜씨를 뽐내고 있는 것이 아니다. 아마도 구약 성경에서 인용한 이 말씀들은 수 세기 전에 기록되었을 것이며 많은 경우에 하나님 백성의 삶과 예배를 통해 이야기되었지만, 이제 이 말씀들은 아들의 삶과 사역 안에서 궁극적이며 완전한 표현으로서의 약속된 시간을 지니는 것이다. 히브리서 1장에서 구약 성경의 인용구들이 기록하는 신적 대화는 아들이 높은 곳에 좌정하시는 때에 발생한 것이다.[14] 이와 동일한 원리가 히브리서 2:12-13을 뒷받침하는데, 이 단락에서는 시편 22편과 이사야 8장의 말씀을 사용해서 아들이 아버지에게 대답하신다. 이 말씀들은 시편 기자와 선지자가 기대하는 방식으로 선포된 말씀이지만 궁극적으로는 아들의 말씀이다. 그러므로 히브리서 기자는 히브리서 1장과 2장에서의 구약 인용구들을 한 하나님의 신성 안에서의 두 신적 위격 사이에 발생한 대화를 들여다볼 창문으로 제시한 것이다. 이 인용구들을 통해 우리는 하나님 아버지께서 아들과 더불어 대화하신다는 사실의 중요성을 결코 간과해서는 안 된다. 이 사실은 아버지와 아들이 서로 바뀔 수 있는 동일 인물이 아니라, 서로서로 관계하시는 (대화까지 하시는) 참된 인격자들이심을 강력하게 확증해 준다.

---

14 히브리서 1:3b-4은 아들의 승천/즉위에 대한 언급이며, 구약의 인용인 1:6은 "맏아들을 이끌어 세상에 다시 오게 하시는 이가 말씀하신다."라는 약속으로 서두를 시작한다. 2:5의 '오이쿠메네'(oikoumenē)라는 용어는 명백하게도 아들에게 복종하는 "다가올 세상"을 지칭한다. 이 세상은 예수님이 "영광과 존귀로 관을 쓰시고" 오셨을 때의 세상을 가리킨다. 히브리서 기자가 "우리가 말하는 바"(2:5) 바로 이 "다가올 세상"을 언급한 것은 분명히 1:6을 상기시키는 것이며 이 두 구절 모두가 그리스도께서 죽음과 부활 후에 그의 영적인 영역으로 다시 오심을 말하고 있다는 것을 나타낸다. (Peter T. O'Brien, *The Letter to the Hebrews*, PNTC [Grand Rapids: Eerdmans; Nottingham: Apollos, 2010], p. 69); 또한 다음 책을 참조하라. Ardel B. Caneday, "The Eschatological World Already Subjected to the Son: The Οἰκουμένη of Hebrews 1.6 and the Son' Enthronement' in Richard Bauckham et al. (eds.), *A Cloud of Witnesses: The Theology of Hebrews in Its Ancient Contexts*, LNTS 387 (London: T&T Clark, 2008), pp. 28-29.

4) 대화의 확장-성령님의 역할

히브리서에서 특히 히브리서 1장의 인용구들은 독립적인 구약 성경 인용 구절들이 가장 집약되어 있는 성경 주해집을 구성한다. 하지만 히브리서 전체적으로 구약 성경 인용이 꾸준히 이루어지고 있고 이 가운데 많은 말씀들이 신적 인격자가 하신 말씀으로 소개된다. 몇몇 경우에는 성령님께서 '말씀하시는 분'(speaker)으로 지명되어 있다. 히브리서 3:7-11에서 인용된 시편 95:7-11은 "성령이 이르신 바와 같이"라는 말씀으로 소개된다. 시편의 경고의 말씀은 광야에서의 반역을 상기시키지만 단일한 역사적 성취나 적합성에 묶여 있지 않다. 그보다는 하나님 말씀을 들을 때마다 그 음성에 주의를 기울이라는, 하나님의 백성에게 주는 경고다.

> 오늘 너희가 그의 음성을 듣거든
> …거역하던 것같이 너희 마음을 완고하게 하지 말라
> (3:7b-8)

히브리서 10:15에서 성령님의 이름이 또다시 화자(speaker)로 언급되어 있는데 이곳에 인용된 구약 성경은 이 서신의 수신자인 "우리"를 직접 향하고 있다. 성령님께서 성경 말씀의 화자로 언급되어 있는 이 두 경우에 말(speech)은 신성으로부터 나와 하나님의 백성을 향해 있다.[15]

히브리서의 또 다른 두 경우에 성령님은 계시적 역할을 소유한 분으로 소개

---

15 이 주제에 대해서는 켄 쉔크(ken Schenck)가 이미 관찰한 바 있다. 다음 책을 참조하라. 'God Has Spoken: Hebrews' Theology of the Scriptures', in Richard Bauckham et al. (eds.), *The Epistle to the Hebrews and Christian Theology* (Grand Rapids: Eerdmans, 2009), pp. 321-336, 특히. 334-335쪽.

되며 이 두 가지 경우에 모두 이 계시의 수신자들은 하나님의 백성들이다. 히브리서 2:3-4에서 "구원" 메시지 계시에 대해 언급하면서 기록자는 이렇게 쓰고 있다.

> 우리가 이같이 큰 구원을 등한히 여기면 어찌 그 보응을 피하리요 이 구원은 처음에 주로 말씀하신 바요 들은 자들이 우리에게 확증한 바니 하나님도 표적들과 기사들과 여러 가지 능력과 및 자기의 뜻을 따라 성령이 나누어 주신 것으로써 그들과 함께 증언하셨느니라

성령님의 이러한 표적과 기적과 같은 선물들은 "처음에 주[즉, 예수님]로 말씀하신" 구원 메시지의 진정성에 대한 하나님의 증언의 핵심 부분을 구성하며, (아마도 사도들과 같은) 목격자들이 증언한 것들이다. 이런 정황 속에서 성령님의 역할이 하나님의 백성을 향한 신적 계시를 촉진시키고 강화한다는 사실을 주목하는 것 이상으로 다음 두 가지를 더 관찰해 보는 것이 적절할 것이다. 첫째, 구원의 메시지가 계시되고 널리 퍼져나가는 방편으로서의 이런 중요한 요약적 진술은 우리에게 신성의 세 위격들의 협동적인 사역으로서의 복합적인 사건들을 제공한다. 주 예수님은 메시지를 선포하시고 하나님 아버지는 그것을 증언하시고 또한 그 일을 하실 때 부분적으로는 "성령의 은사로 말미암아" 하신다. 둘째, 성령님은 계시의 이런 협력적인 공동 사역에 있어서 특히 성부 하나님의 대행자로서 행동하신다. 하나님(여기서는 아들을 지칭하는 "주님"과 구별되는 아버지로서)은 증언을 하시는 분이다. 성령님이 나누어 주심은 하나님의 증언 사역의 일부분을 구성하며 그것은 "하나님의 뜻을 따라" 주어진다(2:4b).

히브리서 9:8에 보면, 성령님께서 오늘날의 성경 독자들에게 진리를 계시해 주시는 실례를 볼 수 있다. 두 부분('성소'와 '지성소')으로 구성된 광야 장막에 관

한 성경의 형식을 언급하면서[16] 저자는 "성령이 이로써 보이신 것은 첫 장막이 서 있을 동안에는 성소에 들어가는 길이 아직 나타나지 아니한 것이라 (이 장막은 현재까지의 비유니)"라고 말한다(9:8-9a). 히브리서 기자는 모세에게 일러 준 장막의 배치(8:5)와 출애굽기에 기록된 장막은 "현재까지의" 계시적 목적을 지닌 "비유" 또는 "상징"이었다고 주장한다(9:9a).[17] 이 점에 있어서 성령님께서 수행하신 사역은 장막 배치의 적절성을 '보이신 것'(델룬토스)이다.

주석가들은 성령님의 이런 활동의 본질을 서로 다르게 평가한다. 어떤 이들은 이런 "보이신 것"을 언약적 문서에 대한 본래적 영감으로 보는가 하면,[18] 다른 이들은 성령님이 히브리서 기자에게 고대 본문에 대한 신선한 통찰력을 주시는 활동을 한 것으로 본다.[19] 분사인 '델룬토스'(보이신 것: signifying 또는 indication - 역주)의 의미 범위는 위에 언급한 두 가지 다 포함한다.[20] 특히 하나님께서 한 번 말씀하셨던 성경의 말씀을 계속 말씀하신다는 것을 히브리서가 분명히 강조하고 있기 때문에 이 선택사항들이 상호 배타적으로 여겨질 필요는

---

16   지금은 "첫째" 장막과 "둘째" 장막을 둘러싼 주해적 질문들을 고찰할 만한 여유가 없다. 이런 묘사의 구체적인 고찰에 관해서는 다음 책을 참조하라. David Gooding, 'The Tabernacle: No Museum Piece', in Jonathan Griffiths (ed.), *The Perfect Saviour: Key Themes in Hebrews* (Nottingham: Inter-Varsity Press, 2012), pp. 69-88.
17   "현재까지의"라는 단어는 "개혁할 때까지"와 같은 의미로 이해되며, "그리스도께서 장래 좋은 일의 대제사장으로 오사"(9:11) 안내하시는 현재의 성취 시기를 지칭한다(9:11). 계속되는 논의를 위해서는 다음 책을 참조하라. Harold W. Attridge, *The Epistle to the Hebrews*, Hermeneia (Philadelphia: Fortress, 1989), p. 241.
18   따라서 예를 들면 코커릴의 주석을 보라. "성경의 영감자로서 '성령'께서 심지어 그 한계를 묘사하심을 통해 옛 질서의 불충분성을 '계시'하신다. 목사는 어떤 신비하고 내밀한 신적 말씀을 선포하는 것이 아니다. 그가 전해야만 하는 말씀은 그 성취의 빛을 통해 이해한 옛 질서에 대한 명백한 성경의 묘사이다."(Gareth Lee Cockerill, *The Epistle to the Hebrews*, NICNT [Grand Rapids: Eerdmans, 2012], pp. 380-381).
19   예를 들면, 오브라이언의 주석을 참조하라. O'Brien (*Hebrews*, p. 312, 강조은 본래 저자의 것이다): "**성령께서 이를 통해 보이신 것**이라는 구절은 물론 그것을 전제한다 할지라도 그저 성경적 본문의 영감에 대한 성령의 역할에 대한 인식이 아니다. … 도리어 저자는 이런 구약의 규정들의 의미와 목적이 그리스도 안에서 성취된다는 견지를 통해 **성령님**으로부터 나오는 특별한 통찰력을 주장하는 것이다."
20   '델루'라는 동사는 이전에 알려지지 않은 것을 '계시하다', 또는 무엇인가를 '설명하다', '분명하게 하다'를 의미한다(BDAG, 'δηλόω' p. 222).

전혀 없다. 하지만 구약 성경 해석에 대한 히브리서 기자의 광의적 형식은 새로운 통찰력을 제공하는 것보다는 성경에 대한 성령님의 영감에 (그리고 그가 본래 말했던 것을 계속 말씀하는 쪽에) 더 무게를 두게 한다. 히브리서 9:8-9a에서 저자의 요점은, 첫 언약의 문서에 본래적으로 잘 설계되어 있는 것처럼, 성령님께서는 장막을 "성소에 들어가는 길이 아직 나타나지 아니한 것"을 보이기 위해서 사용하셨다는 것이다. 따라서 성령님께서는 경계선 없이 하늘의 성소로 직접 들어가는 길이 그리스도를 통해 가능해진 '현재의 시대'를 지시했던 것이다. 바로 이것이 성령님께서 언약적 성경의 영감의 순간으로부터 동일한 성경을 통해 계속해서 "보이신 것"이 의미하는 바이다.

여기서 또다시 우리는 성령님께서 성경의 말씀과 메시지를 하나님의 (고대와 현재 모두의) 백성에게 건네주신 것의 실례를 보고 있다.

구속

이미 살펴본 바와 같이 히브리서 1:1-4의 헬라어 한 문장에서 저자는 하나님 아버지께서 "이 모든 날 마지막에" 말씀하시는 방편으로서의 아들의 인격과 사역을 제시한다. 아들이 아버지를 완전하게 나타내시고 계시하시기 때문에(1:3a) 아들이 성취하시는 "죄를 정결하게 하는 일"은 아들을 "통하여" 하시는 아버지의 자기 계시의 일부분이다. 하지만 구속의 드라마에 있어서 아버지의 역할은 수동적이지 않다. 아버지 하나님은 아들이 승천하시고 높은 보좌에 좌정하실 때 그가 상속받을 이름을 기업으로 주시는 분이시다(1:3-4). 따라서 이 서신의 시작하는 구절들은 아버지와 아들의 공동 사역으로서의 구속의 전체 영역에 대한 개요를 제공해 준다.

1) 아들의 온전하심

히브리서 1장에서 신적 아들로서 예수님의 높으신 상태를 묘사했기 때문에 저자는 계속해서 2장에서는 성육신을 통한 그의 낮아지심을 고찰한다. 여기서 독자는 "아들의 온전하심"에 관한 가르침이라는 히브리서 신학의 가장 (처음부터, 적어도) 복잡한 측면을 마주하게 된다. 히브리서 기자는 이 주제를 히브리서 2:10에서 처음으로 독자들에게 밝힌 후에 5:7-10에서 다시 이 주제로 돌아온다.

> 그러므로 만물이 그를 위하고 또한 그로 말미암은 이가 많은 아들들을 이끌어 영광에 들어가게 하시는 일에 그들의 구원의 창시자를 고난을 통하여 온전하게 하심이 합당하도다 (2:10)

> 그는 육체에 계실 때에 자기를 죽음에서 능히 구원하실 이에게 심한 통곡과 눈물로 간구와 소원을 올렸고 그의 경건하심으로 말미암아 들으심을 얻었느니라 그가 아들이시면서도 받으신 고난으로 순종함을 배워서 온전하게 되셨은즉 자기에게 순종하는 모든 자에게 영원한 구원의 근원이 되시고 하나님께 멜기세덱의 반차를 따른 대제사장이라 칭하심을 받으셨느니라 (5:7-10)

그리스도의 '온전하심'에 대한 이 두 언급이 대제사장이라는 직무를 위한 그의 준비와 지명에 대한 논의의 정황을 제공한다. '온전하심'이라는 언어가 어떤 '불완전함'이 제거되거나 그것을 극복하는 과정처럼 들리기는 하지만 이 문맥의 정황은 하나님 아버지께서 대제사장으로서의 아들의 사역을 위한 소명적 상태와 준비, 그리고 단련을 뜻하는 고난을 통해 아들을 "온전하게 하심"을 나타낸다.[21] 물론 이 역할은 예수님께서 **성육신하신 아들로서** 취하시는 역할(특히 2:9과 5:7을 보라)이며, 성육신하신 지상에서의 삶을 위해 준비되는 역할이다. 따라서 성육신을 통해 그가 경험하시는, 이 역할을 위한 그의 모습과 성장은 다른 인간적인 발전의 과정들과 비교될 수 있다.[22]

여기서 주요 관심사는 '온전하심'의 과정 속에서 아버지와 성육신하신 아들 사이에 벌어진 상호작용이다. 성육신하신 아들이 그 과정 속에서 관계된 고난을 경험하시고 기꺼이 견디시는 동안 아버지 하나님은 근본적인 행위자로 제시된다. 고난 속에서 아들은 아버지에게 부르짖으며, 아버지는 그 과정 속에서 아버지를 향한 아들의 "경건하심"으로 말미암아 그 부르짖음을 들으신다. 성육신하신 아들로서 이전에 전혀 겪어 보지 못한 시험에 직면했을 때(여기서 저자는 분명히 겟세마네 동산에서의 사건과 십자가를 지러 가심을 상기시키고 있다) 아버지를 향한 그의 순종이 새로운 방식으로 시험대에 올라 시련을 겪었으며 그는 "받으신 고난으로 순종함을 배"우셨다(5:8). 그리스도께서는 이전에도 불순종하셨던 적이 없다. 이런 종류의 인간적 고난의 정황 속에서 순종을 요구받은 적도 없었다.

아들의 '온전하심'의 과정에 있어서 아버지와 아들 사이의 이러한 상호 작용은 구속의 성취를 위해 필수적인 것이다. 그보다 더, 이런 관계적 역동성이야말로 아들이 자기 백성을 위해 성취하시는 구속의 본질을 나타내는 것이다.

---

21 '온전하심'이라는 주제와 그것을 소명과 관련지어서 이해해야 하는 사례를 철저히 연구한 것에 대해서는 다음 책을 참조하라. David G. Peterson, 'Perfection: Achieved and Experienced', in Jonathan Griffiths (ed.), *The Perfect Saviour: Key Themes in Hebrews* (Nottingham: Inter-Varsity Press, 2012), pp. 125-145; *Hebrews and Perfection*, SNTSMS 47 (Cambridge: Cambridge University Press, 1982).
22 참조. 예를 들면, 예수님은 어릴 때 지혜가 자라갔다(눅 2:40, 52).

2) '형제들'과 '아들들'이라는 가족

이 점에 있어서, 2:5-11의 논리에 대한 광의적인 흐름을 추적하는 것이 우리 논의에 유익할 것이다. 히브리서 기자는 "장차 올 세상을 천사들에게 복종하게 하심이 아"님에 주목하면서 천사들보다 훨씬 더 뛰어나신 아들의 우월성을 위해 계속 논증하고 있으며, 또한 시편 8편 주해를 중심으로, 장차 올 세상이 새로운 인류의 대표자로서의 아들에게 복종하고 있음을 설명한다.

하나님이 우리가 말하는바 장차 올 세상을 천사들에게 복종하게 하심이 아니라 그러나 누구인가가 어디에서 증언하여 이르되

"사람이 무엇이기에 주께서 그를 생각하시며
인자가 무엇이기에 주께서 그를 돌보시나이까
그를 잠시 동안 천사보다 못하게 하시며
영광과 존귀로 관을 씌우시며
만물을 그 발아래에 복종하게 하셨느니라" 하였으니

만물로 그에게 복종하게 하셨은즉 복종하지 않은 것이 하나도 없어야 하겠으나 지금 우리가 만물이 아직 그에게 복종하고 있는 것을 보지 못하고 오직 우리가 천사들보다 잠시 동안 못하게 하심을 입은 자 곧 죽음의 고난 받으심으로 말미암아 영광과 존귀로 관을 쓰신 예수를 보니 이를 행하심은 하나님의 은혜로 말미암아 모든 사람을 위하여 죽음을 맛보려 하심이라

(히 2:5-9)

시편 8편은 창세기 1:26-28의 창조 양식을 돌아보게 하며, 나머지 자연계의

세상을 다스리고 통치하라는 부르심으로 인간에게 특별한 존엄이 주어졌음을 설명한다. 하지만 시편 기자는 작금의 타락한 세상의 인류가 본래 목적(2:8)대로 세상을 다스리지 못한다는 것에 주목한다. 인류의 대표적 지도자로서의 아담("사람" 또는 "사람의 아들")에게는 고상한 부르심이 주어졌지만 죄로 말미암아 아담은 그의 역할을 올바르게 수행하는 일에 실패했다. 그러나 이런 타락한 인류의 전형화된 양식에서 예외인 위대하신 분, 바로 예수님이 계신다. 성육신과 고난과 죽으심을 통해 천사들보다 잠시 동안 못하게 하심을 입은 예수님이 이제 높은 보좌에 좌정하셨다(2:9a). 아담의 실패를 처리하고 인류가 그 본래의 "영광과 존귀"를 회복하도록 예수님께서 아담을 대신하셨고 "하나님의 은혜로 말미암아 그가 모든 사람을 위하여 죽음을 맛보려" 성육신을 통해 "사람의 아들"이 되셨다(2:9a; 또한 2:17을 보라). 예수님은 다른 사람들을 위한 합당한 대속자로서 죽으시기 위해 사람이 되셨다.

이제 더 나아가서 히브리서 기자는 아들이 성취하시는 구원을 위해 그 아들의 인성의 중요성을 이끌어 낸다.

> 그러므로 만물이 그를 위하고 또한 그로 말미암은 이가 많은 아들들을 이끌어 영광에 들어가게 하시는 일에 그들의 구원의 창시자를 고난을 통하여 온전하게 하심이 합당하도다 거룩하게 하시는 이와 거룩하게 함을 입은 자들이 다 한 근원에서 난지라 그러므로 형제라 부르시기를 부끄러워하지 아니하시고 이르시되
>
> "내가 주의 이름을 내 형제들에게 선포하고
> 내가 주를 교회 중에서 찬송하리라" 하셨으며
>
> (2:10-12; 시 22:22을 인용함)

자기의 성육신과 고난과 죽음과 부활과 승천을 통해 예수님은 "많은 아들들을 이끌어 영광에" 들어가게 하심으로 이제 단순히 아담의 때의 원래 창조를 회복한 것이 아니라 사람이 더 높은 지위에 오르게 하셨다. 성육신을 통해 하나님의 아들이 사람의 아들이 되셨고 다른 사람들을 "형제들"이라 부를 수 있게 되셨다. 하지만 그 이상으로, 예수님께서는 그들의 구원의 창시자(대표적인 지도자)가 되셨고 그들을 그 자신이 승천하실 때 들어가신 영광으로 이끄셨다.

하나님의 아들이신 예수님께서 구속하신 "아들들"은 예수님의 "형제들"이 되고 하나님 아버지의 임재 앞에서 예수님의 부활과 승천하신 삶의 영광을 공유한다. 아들이 아버지를 찬미하는 노래를 부르실 때 함께하고 있는 '회중' 또는 '교회'(에클레시아)는 12:22-24에 묘사된 하늘의 '교회'이기도 하고 그것을 그대로 반영하고 고대하는 하나님 백성의 지상의 모임이기도 하다.[23] 놀랍게도 히브리서 기자는 이 천상의 모임을 가리켜 "장자들의 모임"(에클레시아 프로토토콘, 12:23)이라 지칭한다. 히브리서는 이미 예수님을 가리켜 하나님의 "맏아들"(1:6a)이라 칭한 바 있다. 하지만 이제 그의 구속받은 모든 백성들(그의 흘리신 피와 제사장적 중보 사역을 통해[12:24] 하나님의 임재 앞에 모인 백성들[12:22-23])이 "장자"의 회중으로 인식된다.[24]

아들 됨의 독특한 삼위일체적 범주가 구속받은 백성에게까지 확장된다고 말하는 것은 분명히 지나친 말일 것이다. 그럼에도 불구하고 히브리서는 예수님의 구원받은 백성들이 하나님의 아들의 형제들로, 그리고 하나님 아버지의 아들들로서 신적 '가족'에 가입된다는 것을 확언한다.[25]

23　O'Brien, *Hebrews*, pp. 111-112.
24　Ibid., pp. 485-486; Peterson, *Hebrews and Perfection*, p. 162.
25　2:13b-14에서 그리스도인 백성은 하나님께서 아들에게 주신 "자녀들"로 묘사된다. 이 점에 있어서 코커릴(Cockerill)의 설명이 적절할 것이다. "하나님의 백성이 그리스도의 '자녀들'이 되며 하나님의 '아들들과 딸들'이 되는 것 사이에는 아무런 모순이 없다. '자녀들'이라는 헬라어 단어(파이디아)는 종종 친밀한 관계를 지닌 어린 사람들, 그리고 그 어린 사람들을 '자녀'로 부르는 자들을 존중하는 이들을 지칭하는 일반적인 용어로 사용된다. 그러므로 그리스도께서 그들을 '자녀들'로 부

3) 아들 됨을 공유하는 경험

유일한 아들로부터 다른 아들들로의 이런 '가족' 관계의 확장은 히브리서에서 새 언약의 신자들에게 아버지와 관련을 맺을 것을 요청하는 방식의 많은 측면을 형성한다. 이것은 확실하게도 그리스도를 통하여 하나님 아버지의 임재 앞에 가까이 갈 수 있는 그들의 능력을 (적어도 부분적으로는) 설명해 준다. 아들은 아버지의 임재 안으로 기쁘게 들어가신다(1:3b). 이미 하늘에 기록된 "장자들의 모임"(12:23)의 일부로서의 신자들은 담대하게 직접 하나님의 임재 앞에 나아오도록 초청받는다(4:16; 10:22). 적어도 어떤 경우에 이 새로운 관계적 역동성은 하나님의 백성을 향한 그의 말씀의 확장을 지지해 준다(예수님은 "교회" 중에서 그의 "형제들"에게 말씀하신다[2:12]; 아버지는 "아들들"로서의 그의 백성에게 성경의 말씀을 사용하여 말씀하신다[12:5-6]).[26]

가장 현저하고도 명백한 것은 이 '아들 됨'을 공유하는 경험은 히브리서 12:3-11에 기록된 부성적 "징계"의 논의라는 근원적인 전제로부터 흘러나온다. 히브리서 기자는 방금 수신자들에게 그들의 관심을 "그 앞에 있는 기쁨을 위하여 십자가를 참으사 부끄러움을 개의치 아니하"신 "믿음의 주요('지도자' 또는 '창시자', '아르케고스', 2:10을 보라) 또 온전하게 하시는 이인" 예수님께 집중시키

르는 것은 아들 됨의 유일성을 보존하고 '아들들과 딸들'과 그의 결속을 확인하는 것이며, 또한 그들은 예수님의 도움이 필요하다는 것을 시사한다."(*Hebrews*, p. 145).

26 매키는 그의 백성들에게 "가족 구성원이 되게 하는 예수님의 회원권의 수여"는 그들이 하나님의 임재 앞으로 가까이 갈 때 해야만 하는 "신앙고백의 거룩한 행위를 통해" 가족으로서 그들이 믿는 도리이신 예수님에 대한 헌신을 굳게 하라는 요청의 기초를 제공한다고 주장한다(4:14; 10:23). (Scott D. Mackie, *Eschatology and Exhortation in* (Footnote 26 cont.) *the Epistle to the Hebrews*, WUNT 2.223 [Tübingen: Mohr Siebeck, 2007], p. 217); 또한 'Confession of the Son of God in Hebrews', *NTS* 53 (2007), pp. 114-129을 보라. 이 견해에 따르면 아들 됨을 공유하는 경험은, 하나님이 그들에게 말씀하시는 것을 수신자들이 들어야 할 뿐 아니라 하나님께 반응하며 양방향의 대화에 참여할 이유까지도 제공한다. 비록 "신앙고백"의 반응이 수신자들을 위해 공유된 아들 됨의 지위와 명백하게 연결된 본문은 아무도 없기 때문에 잠정적으로 수용되어야 하지만, 그럼에도 불구하고 매키의 주장은 오늘날 연구의 주해적 결과와 모순되지 않는다.

고 "인내로써 우리 앞에 당한 경주를" 하라고 요청한 바 있다(12:1-2). 예수님의 인내는 신자들이 악한 세상에서 당하는 적대 행위에 대응하는 모델로서 주어진 것이다.

> 너희가 피곤하여 낙심하지 않기 위하여 죄인들이 이같이 자기에게 거역한 일을 참으신 이를 생각하라 너희가 죄와 싸우되 아직 피 흘리기까지는 대항하지 아니하고 (12:3-4)

2장에서와 마찬가지로, 12:2에서의 '창시자'(아르케고스)로서의 예수님은 그의 백성들을 대표하는 지도자로서 마지막 목적지의 기쁨을 위해 고난을 견디신 분이시다. 논의가 진행되면서 아들 됨의 범주는 성부께서 듣는 자들에게 다음과 같은 성경 말씀을 통해 "아들들"이라고 명시적으로 말씀하심으로 특히 신자들에게 적용되는 범주로서 되돌아간다.

> 또 아들들에게 권하는 것같이 너희에게 권면하신 말씀도 잊었도다 일렀으되
> "내 아들아 주의 징계하심을 경히 여기지 말며
> 그에게 꾸지람을 받을 때에 낙심하지 말라
> 주께서 그 사랑하시는 자를 징계하시고
> 그가 받아들이시는 아들마다 채찍질하심이라" 하였으니
> (12:5-6; 잠언 3:11-12을 인용함)

비록 하나님께서 1:5에서 아들의 아버지로 지칭되어 있지만 그 이전에는 히브리서에서 그분 백성의 아버지로 지칭된 적이 없다. 하지만 이제는 하나님의 백성들이 고난을 견디신 '아르케오스', 창시자이신 예수님의 발자취를 따라가듯이, 그들은 모든 참된 아들들이 그들의 아버지와 관계를 맺을 때 갖는 기본적

인 경험을 공유하는데 그것은 바로 아버지께 징계를 받는다는 것이다. 실제로 이 경험은 하나님이 정당하게 그들의 "아버지"이심을 증명해 줌으로써(12:9) 그들이 참된 아들이라는 합법성의 표지가 된다(12:7-8).[27]

4) 성령님, 그리고 그리스도의 자기 희생제사

구속 사역과 관련해서 성령님이 자주 언급되지 않는다 할지라도 히브리서는 성령님의 역할이 필수적이라고 말한다. 이 점에 있어서 가장 인상적인 구절은 히브리서 저자가 그리스도께서 "영원하신 성령으로 말미암아 흠 없는 자기를 하나님께 드린" 분임을 확인해 주는 9:14이다. 이 서신에서 성령님에 대한 이전의 언급들은(2:4; 3:7; 6:4; 9:8; 10:15) 독자들로 하여금 여기 "영"이라는 언급이 그리스도 그분의 존재의 구별된 측면이 아니라 성령님을 지칭하는 것임을 이해하게 도와준다.[28] 그리스도께서 자신을 드리심에 있어서 성령님의 사역의 본질은 특정한 기능으로 제한되지 않을 뿐더러 여기서 일정한 개념적 배경으로 매이지도 않는다.[29] 도리어 그리스도께서 궁극적으로 자신을 희생제물로서 하나님 아버지께 드리실 수 있었던 전 과정은 성령께서 가능케 하신 과정으로 이해되어야 한다.

27　"영의 아버지"라는 직함은 하나님을 그분 백성의 "육신의 아버지"(12:9a)와 구별해 주는 칭호이다.
28　Cockerill, *Hebrews*, p. 398; Peterson, *Hebrews and Perfection*, p. 138; O'Brien, *Hebrews*, p. 324. "이 구절의 정확한 의미가 무엇인지 결정하기는 어렵다고 생각했던" 애트리지(Attridge)는 이 구절의 삼위일체적 이해를 너무나 쉽게 포기해 버린다. "삼위일체적 사변은 여기서 관계가 없다. 성령에 대한 히브리서의 언급은 매우 다르며 문맥 속에서 삼위일체 신학을 지지하기에는 집중되어 있지 못하다."(*Hebrews*, p. 250). 하지만 성령님에 대한 언급들이 히브리서 서신에 여기저기 흩어져 있다는 것은(성령께서 그 어떤 지속적인 관심을 받지 않은 채) 히브리서 기자가 그의 수신자들이 공유하고 있을 것이라고 가정하고, 따라서 변호하거나 발전시킬 필요가 없는 성령에 대한 일관된 신학을 견지하고 있다는 증거이기도 하다.
29　여기서 히브리서 기자가 의도했던 관심사가 무엇인지를 탐지하기 위한 엄밀한 신학적 또는 전통적 배경에 대한 수많은 시도는 일반적으로 실패로 돌아갔다. 이런 제안들의 개관에 대해서는 다음을 참조하라. Martin Emmrich, "*Amtscharisma*": Through the Eternal Spirit (Hebrews 9:14), *BBR* 12 (2002), pp. 17-32. 여기서 저자가 성령의 기름 부으심과 제사장적 직무 사이의 전통적인

세 가지 구체적인 사항에 주목해야 한다. 첫째, 히브리서 기자는 그리스도께서 "흠 없는" 자신을 드렸다고 기록한다. 흠이 없다는 것은 당연히 그의 신체적 완벽함이 아니라 도덕적 완전함을 지칭한다.[30] 그렇다면 확실한 것은 성육신하신 그리스도께서 죄를 짓지 않은 채 시험을(죽음에 이르게 되는 그의 마지막 고난의 시련을 포함해서) 견디셨던 것(4:15)과 도덕적으로 흠 없는 상태로 자기 자신을 드릴 수 있었던 것이 성령님의 사역이셨다는 말이다.

둘째, 성령님을 "영원하신 성령"(프뉴마토스 아이오니우)이라는 직함으로 칭한 것은 신약 성경에서 매우 독특한 표현이다. 히브리서 기자는 이미 그리스도께서 "성소"에 들어가심으로 그의 백성을 위한 "영원한 속죄"를 안전하게 확보하셨음을 확인한다(9:12; 참조 5:9). 히브리서 9:15은 그리스도께서 자기 자신을 드리심을 통해 그의 백성을 위해 안전하게 확보하신 "영원한 기업"을 언급하면서 '영원한'이라는 용어를 되풀이한다. 확실하게 여기에 함축되어 있는 의미는 그리스도께서 현세에 지속되는 유익을 성취하시기 위해 자신을 제물로 드리는 일을 성령님께서 할 수 있게 하셨다는 것이다. 그러나 문맥적 정황은 "영원하신"이라는 직함에 시간적 의미를 넘어서는 공간적인 의미 또한 있다는 것을 암시한다.[31] 그리스도께서 하나님께 자신을 드리심은 참된 것의 그림자인 이 지상에 있는 손으로 만든 성소와 구별되는 하늘의 성소에 계시는 하나님의 임재 안으로 "들어가시고" 그 앞에 "나타나심"에 있어서 절정을 이룬다(9:11-12, 24).

고린도후서 4:18은 이와 대조되는 흥미로운 요점을 제공한다. 여기서 바울은

관계를 반영한다는 엠리히 자신의 제안은 호기심을 자아내지만 그것을 결정적인 설명으로 받아들이기에는 히브리서 자체 내에서의 충분한 증거가 부족하다.
30 O'Brien, *Hebrews*, p. 325.
31 엘링워스는 '영원하신'이란 용어가 "히브리서에서 일반적으로 시간적 의미를" 갖지만 … 문맥적 정황에서 그보다 더 중요한 것은 그것이 "이 세상이 아닌" 하나님 편으로 향하는 실재를 표시한다는 점이라고 주장함으로 이것을 강조한다(Paul Ellingworth, *The Epistle to the Hebrews: A Commentary on the Greek Text*, NIGTC [Grand Rapids: Eerdmans; Carlisle: Paternoster, 1993], p. 457). Cf. Attridge, *Hebrews*, p. 251

자신이 "영원한" 영역을 시간적으로 영원할 뿐 아니라 보이지 않는 영역으로도 이해하고 있음을 보여 준다. "우리가 주목하는 것은 보이는 것이 아니요 보이지 않는 것이니 보이는 것은 잠깐이요 보이지 않는 것은 영원함이라."[32] 히브리서 9:14에 기록된 "영원하신"이라는 용어에 공간적인 함축이 있다고 보는 것이 옳다면, "영원하신 성령"이라는 표현에는 보다 더 깊은 의미가 담겨 있다. 비록 하나님의 아들이 성육신을 통해 유한한 인성의 제한을 취하셨지만 그럼에도 그는 "영원하신 성령"의 힘으로 말미암아 하늘의 성소에서 자기 백성을 위한 구속을 안전하게 확보하셨다.[33] 그렇다면 구속은 하나님의 백성이 "살아 계신 하나님을 섬기기(라트레우에인)" 위해 필연적으로 요구되는 내적인 "양심"을 깨끗하게 하는 일을 제공한다(9:14b). 하나님을 '섬긴다'는 말은 성전에서의 제사장적 분야에 속하는 언어이며(참조. 8:5) 그리스도의 대제사장적 사역을 통해 신자들이 현재 즐기고 있는 하늘에 계신 하나님의 임재에 들어감을 지시한다.[34] 따라서 "영원한 구속"에는 그리스도께서 "영원하신 성령으로" 말미암아 자기 백성을 위해 성취하시는 중대한 "공간적" 측면이 있다.

---

32 영원한 영역이 그저 단순히 영속하는 영역이 아니라 보이지 않는 영역이라는 고린도후서 4:17-18은 바울의 그런 사상에 대한 증거가 된다: "우리가 잠시 받는 환난의 경한 것이 지극히 크고 영원한 영광의 중한 것을 우리에게 이루게 함이니 우리가 주목하는 것은 보이는 것이 아니요 보이지 않는 것이니 보이는 것은 잠깐이요 보이지 않는 것은 영원함이라." 헬라어에 있어서 보이지 않는 것과 영원한 것 사이에 개념적으로 중복되는 부분에 대해서는 다음 책을 참조하라. Plato, *Phaedo* 79a; and Margaret E. Thrall, *A Critical and Exegetical Commentary on the Second Epistle to the Corinthians*, 2 vols., ICC (London: T&T Clark, 1994-2000), vol. 1, pp. 355-356.

33 아마도 성령님의 사역은 그리스도를 죽음에서 살리시어 하나님의 우편에 있는 영광으로 올리시는 행위를 포함할 것이다. 히브리서 기자가 그리스도의 부활을 독특한 사건으로 직접적으로 말하지 않는다는 것은 주목할 만한 일이다. 히브리서 기자는 그리스도께서 실제로 죽으셨으나(2:9; 9:12, 17) 이제 영원히 살아 계신다(7:16, 24)는 사실을 매우 확실하게 언급함으로 부활을 전제한다. 그의 신학에 따르면, 부활과 승천은 함께 결합되어 있으며, 아마도 히브리서 9:14의 자연스러운 의미는 그리스도의 부활/승천에 있어서 성령님께서 그 작용인으로 활동하신다는 뜻일 것이다(참조. 롬 1:4; 8:11; 벧전 3:18).

34 특히 12:28을 참조하라. 신자들은 이미 하늘의 예루살렘에 "이르렀으며"(12:22-24) 따라서 하나님 앞에서 하나님을 "섬길 수"(라트레우에인: 12:28) 있게 되었고 여기 이 땅에서조차 매일의 경건한 순종을 통해 하나님을 섬길 수 있게 되었다(13:1-17).

셋째, 우리는 여기 9:14에서 삼위일체의 세 위격에 대한 언급을 본다. 아들 되신 그리스도께서 영원하신 성령으로 말미암아 아버지 하나님께 자기를 드리신다. 학자들은 히브리서 9:11-14이 히브리서 신학의 핵심 측면을 중요하게 요약한다는 데 일반적으로 동의한다.[35] 여기 이 히브리서 서신에서 매우 중대한 압축된 진리의 진술을 통해 히브리서 기자가 삼위일체 세 위격의 각각의 역할이 무엇이고 그들이 함께 어떻게 그 직무를 수행하고 계신지를 언급하고 있다는 사실이 놀랍다.

요약과 결론

히브리서를 통해 자신을 계시하시고 자기 백성을 구속하시는 하나님은 의심의 여지 없이 성부와 성자와 성령이신 삼위일체 하나님이시다.

계시의 역사 속에서 아버지 하나님은 아들이신 그리스도의 위격과 사역을 통해, 또 그 안에서 자신을 알리신다. 아버지와 아들은 성경이 기록되기 이전부터 서로 대화하시면서 관계를 맺고 교제하신다. 성령님은 성경의 말씀을 전하시는데, 그 말씀은 아버지와 아들을 향하지 않고 이제는 하나님의 백성을 향한다. 마찬가지로 성령님은 표적과 기사와 은사 분배를 통해 아들과 그의 사역에 대한 계시를 확증하시는 아버지 하나님의 대행자로서 활동하신다.

히브리서의 중심 교훈 가운데 하나는 하나님의 말씀을 들으라는 것, 계속해서 들으라는 것이다. 이 말씀은 근본적으로 그 본질에 있어서 삼위일체적이다. 이 말씀은 성부 하나님이 하신 것이며, 그 중심 주제는 아들이신 그리스도의 위격과 사역이며, 오직 그리스도를 통해 가장 완전하게 표현된다. 또한 이 말씀은

---

35 간략한 논의와 더 많은 참고자료를 위해서는 다음 책을 참조하라. Emmrich, 'Amtscharisma', p. 17; William L. Lane, *Hebrews 9-.13*, WBC 47B (Nashville: Nelson, 1991), pp. 234-235.

"오늘날" 성령의 힘과 능력으로 말미암아 하나님의 백성들에게 전달된다. 성부, 성자, 성령 삼위일체 하나님이 성경의 말씀을 통해 그분 백성에게 말을 건네고 계심을 안다면, 이것은 우리가 그 말씀을 들어야 한다는 데 강력한 자극이 된다.

구속이라는 위대한 계획에 있어서 성자께서는 마치 인간 아버지의 아들이신 것처럼 사람이 되시고 순종을 배우셨다. 영원하신 성령의 힘으로 말미암아 그리스도께서 성취하신 그의 죽음과 부활을 통해 다른 사람의 아들들을 그의 형제들이 되게 하셨고 성부 하나님의 아들들이 되게 하셨다. 하나님의 '가족'으로 들어간 이후 이 사람의 아들들은 성부 하나님의 훈련을 받게 되는데 이는 무엇보다도 그의 형제이자 '앞서 가신 분'인 성자 그리스도 예수의 경험을 공유하는 것임을 알게 된다.

저자의 중요한 목회적 관심은 그들이 이미 받았고 그 유익을 누리고 있는 구원을 꼭 붙잡으라고 독자들에게 촉구하는 것이었다. 이 권면은 "가까이 나아가자"는 요청으로 구성된 구절들로 반복된다(4:16; 10:22). 이는 그분 백성의 대제사장이신 하나님 아들의 중보를 통해 하나님 아버지께 가까이 나아가라는 초청이다. 이 권면은 신자로 하여금 어떻게 하늘에 계신 하나님께 가까이 나아가는 것이 가능한지를 질문하게 만든다. 히브리서 전체가 "영원하신 성령"의 사역을 말하고 암시했듯이, 이는 성령님(하나님의 말씀을 그의 백성들에게 가져오시고 확증하시며, 성자가 성부에게 자신을 드릴 수 있게 하셨던 분)께서 신자들이 기도를 통해서 하나님의 진정한 임재 앞으로 나아오도록 이끄시는 신적 위격이시라는 사실을 자연스럽게 나타낸다. 한 분 하나님께서 아버지와 아들과 성령이시라는 사실은 저자의 메시지의 신학적 요점을 형성할 뿐 아니라 저자가 이 메시지를 받는 사람에게 요구하는 반응까지도 구체화한다.[36]

---

36 본 장의 원고에 대해 친절하게 조언해 준 동료인 팀 워드(Tim Ward)에게 감사를 표한다.

7. 삼위일체와 일반서신

— 브랜든 D. 크로

일반서신이라 알려진 7개 서신(야고보서·베드로전후서·요한 1, 2, 3서·유다서)은 상대적으로 간략하지만 하나님의 삼위일체적 본질에 대해 많은 것을 계시해 준다. 이 편지들은 하나님의 신성의 각 위격을 넘나들며 삼위일체의 구원 계획과 성취와 적용을 들여다볼 수 있게 해 준다. 자, 이제 정경 순서에 따라 일반서신을 살펴보자.

야고보서

야고보서는 그리스도께서 이루신 구원의 함축적 의미를 강조하는데 심지어 예수님의 신적인 활동을 표현할 때조차도 이것을 강력한 일신론적 방식으로 제시한다. 따라서 야고보는 그리스도 안에 있는 1세기 유대인 신자들의 세계관을 염두에 두고 편지를 쓰고 있다. 이것은 구약 성경을 믿음과 삶을 위한 토대로 간주했다는 것을 의미하는데, 그럼에도 예수님을 메시아로 믿는 신자로서 예수님의 가르침 역시 극히 중요했다.

1) 한 분 하나님

야고보의 가르침에 있어서 유대적 체계는 몇 가지 방식에 있어서 뚜렷하다. 첫째, 야고보는 흩어져 있는 열두 지파, 곧 타국에 있는 유대인들에게 편지를 쓰고 있다(1:1). 둘째, 구약 성경의 세계관이 야고보서에 스며들어 있다. 야고보는 구약을 명백하게 인용하고 있을 뿐만 아니라(예를 들면, 야고보서 2:8에서 레위기 19:18을 인용; 야고보서 2:23에서 창세기 15:6을 인용), 그 전반적인 논의에 있어서 구약의 언어와 이미지에 깊이 몰두한 저자의 모습이 나타난다(예를 들면, 아브라함, 라합, 율법, 믿음, 지혜). 셋째, 이전 요점에 기초해서 야고보는 자신을 하나님의 종이라 밝히는데(1:1) 이 또한 분명히 구약의 하나님을 의미한다(예를 들면, 야고보서 4:6에 인용된 잠언 3:34). 그러므로 야고보는 예수님으로 말미암은 새로운 계시의 빛을 통해서 하나님을 이해할 때조차도 하나님을 구약의 하나님으로 이해한다.

야고보가 구약 성경의 일신론적 조망을 공유하고 있음을 알려 주는 중요한 본문은 야고보서 2:19a이다. "네가 하나님은 한 분이신 줄을 믿느냐 잘하는도다."[1] 새국제역(NIV)은 요점을 정확히 포착한다. "네가 한 분 하나님만 계신 줄 믿는구나. 훌륭하다." 비록 하나님의 유일성을 이해하는 것만으로는 참되고 구원받을 만한 믿음이 되기에 충분하지 않다는 것을 계속해서 언급하고 있지만(2:19b-26), 그럼에도 하나님은 한 분이심을 믿는 것이 지극히 중대하다는 것을 확증하고 있다. 나아가서 야고보는 하나님이 지혜의 근원이시며(1:5), 온갖 좋은 은사와 선물의 수여자이시며(1:17), 입법자와 재판관이시며(4:12), 섭리하시는 주님이시며(4:14-15), 만군의 주이시며(5:4), 자비하시고 긍휼히 여기시는 분(5:11)이심을 인정한다. 더욱이 하나님은 자기의 뜻을 따라 우리를 낳으신 분이시며(1:18), 가난한 자를 택하사 믿음에 부요하게 하시는 분이시다(2:5). 이 본문

1　따로 언급하지 않는 한, 본 장에서의 모든 성경은 영어표준역(ESV)에서 가져왔다.

들은 구원 경륜에 있어서 성부 하나님의 역할, 곧 하나님이 구원을 계획하시는 분이라고 기록된 다른 말씀들과도 일치한다.

이외에도, 하나님을 아버지와 동일시하는 야고보의 말씀은 하나님이 예수 그리스도의 아버지시라는 신약의 강조점을 계시해 준다. 확실히, 하나님은 이미 구약에서 아버지로 알려졌다(예를 들면, 신명기 32:4-6; 이사야 1:2; 호세아 11:1 등에서). 그러나 예수 그리스도의 아들 되심의 중심성이라는 관점에서 볼 때 신약의 강조점은 하나님의 아버지 되심(부성)에 더 중요하게 놓여 있다. 예수님은 특히 하나님의 아들이시다. 이 점에 있어서 중요한 본문은 1:27인데, 여기에서는 하나님과 아버지가 모두 헬라어에서 '카이'(*kai*)와 연결된 여격으로 등장한다(그래서 '투 데오 카이 파트리'로 읽는다). 중대하게도, 헬라어의 정관사는 "아버지" 앞에서 반복되지 않으며(참조. 마 28:19), 이는 가장 자연스러운 독법으로서 하나님이 아버지와 동일시되는 해석으로 인도한다. 이것은 베드로후서 1:1에 대한 우리의 이해에도 적절한 도움을 주는 그랜빌 샤프 법칙(Granville Sharp rule)이다. 간단히 말하자면, 이 법칙은 격(case)이 같은 두 개의 단수 대명사가 카이(*kai*)로 연결되는 것을 뜻하며 이 경우에 정관사는 오직 첫째 명사 앞에만 온다. 이럴 경우 둘째 명사는 처음 명사와 항상 동일한 의미를 지니며 동일한 인물을 지칭한다.[2] 야고보가 아버지로서의 하나님을 강조하는 것은 항상 예수 그리스도에 대한 강조와 함께 이루어진다. 아버지 되심은 특히 예수님을 향한 하나님의 아버지 되심을 나타내기 때문이다. 하나님은 예수 그리스도의 아버지이시기 때문에 우리의 아버지이시다.[3]

---

2   Daniel B. Wallace, *Greek Grammar Beyond the Basics: An Exegetical Syntax of the New Testament* (Grand Rapids: Zondervan, 1996), pp. 270-272.
3   다음 책을 참조하라. Herman Bavinck, *Reformed Dogmatics*, ed. John Bolt, tr. John Vriend, 4 vols. (Grand Rapids: Baker Academic, 2003-8), vol. 2, pp. 269-273.

2) 예수, 영광의 주

야고보서에 나타난 하나님에 대한 이해의 부가적인 열쇠는 주로서의 아버지와 주로서의 아들의 정체성에 있다. 예수님은 1:1("주 예수 그리스도"), 2:1("예수 그리스도, 영광의 주"), 그리고 5:7("강림하시는 주")에서 주님과 동일한 분으로 묘사되어 있다. 나아가서, 1:27("하나님 아버지"), 3:9("우리가 주 아버지를 … 하나님의 형상대로 지음을 받은 사람을"),[4] 그리고 5:10-11("주의 이름으로 말한 선지자들")에서는 세 번 정도, 성부 하나님 역시 분명히 '주'이시다. 또한 1:7에서 기도를 받으시는 주님 역시 성부 하나님일 가능성이 큰데, 그 주님은 우리가 그 앞에서 반드시 우리 자신을 낮추어야 할 분이다(4:10).

그러나 주에 대한 다른 언급들, 특히 5:1에서 주를 언급한 것은 좀 더 모호하다. 야고보서 5:4이 주로서의 성부 하나님을 지칭하는 한편, 그 이후 인접해 있는 5:7은 심판자로서 예수님의 재림을 염두에 두고 있기 때문에(5:9) 확실히 주로서의 예수님을 지칭한다. 그럼에도 위에서 언급한 바와 같이, 그 후에 이어지는 두 구절(5:10-11)은 성부 하나님을 지칭하는 것처럼 보인다. 마지막으로 야고보는 5:14-15에서 질병의 치유와 죄 용서를 위해 주님의 이름으로 올리는 기도를 언급한다. 야고보서의 주에 대한 거의 대부분의 언급들이 성부 하나님을 지칭하기 때문에, 그리고 모든 주에 대한 인접한 선행사들이 성부 하나님을 지칭하기 때문에 우리는 아마도 야고보서 5:14-15의 주님이 성부 하나님이라고 결론 내려야만 할 것이다(참조. 4:10). 하지만 치유와 기도는 예수님의 이름으로 수행되어야만 하는 것이기 때문에 우리는 이것을 완전히 확신할 수는 없다. 게다가 주님이라는 단어가 아버지와 아들 모두에게 중복하여 사용되고 있기 때문에 야고보서에서의 아버지와 아들은 **심판자**와 동일시된다. 야고보서 5:9에서

---

[4] 야고보서 3:9은 그랜빌 샤프 법칙의 또 다른 실례일 것이다.

의 재림하시는 심판주는 주로서의 예수님으로 이해되어야만 하듯이(참조. 5:7), 4:12에 묘사된 아버지는 계명을 수여하시는 아버지 하나님과 관련해서 심판주로서의 아버지가 되신다.

성부와 성자 모두에게 심판주와 주님을 중복적으로 사용하는 야고보의 용법의 함축된 의미는 무엇인가? 첫째, 우리는 야고보가 성부와 성자를 둘 다 말하기 위해 이 용어들(신적 용어들)을 쉽게 사용하고 있다는 점에 주의해야 한다. 그러나 우리는 야고보가 다른 본문들을 통해 성부와 성자 사이의 구별을 분명하게 인식하고 있기 때문에(예를 들면 1:1을 보라) 그가 신성의 위격들에 대해 혼란스러우며 양태론적인 이해를 하고 있다고 결론 내릴 필요는 없다.[5] 둘째, 예수님의 '주'라는 호칭의 힘을 간과해서는 안 된다(1:1; 2:1; 5:7). 야고보서 1:1에서 예수님은 '**주** 예수 그리스도'로 묘사되어 있다. 예수님을 '주'로 칭하는 일에는 성경의 많은 독자들이 친숙하기 때문에 이런 구절이 마땅히 그러해야 할 만큼 강력하게 느껴지지는 않는다. 예수님을 주님으로 간주함에 있어서 야고보는 예수님께서 하나님 자신과 함께 하늘 높은 곳으로 올리우신 분이라고 주장한다. 나아가서 이는 야고보가 예수 그리스도를 영광의 주와 동일시하는 2:1에서 더욱 명확해진다.[6] 여기서 나사렛 사람 예수(아마도 야고보의 형제인)가 메시아일 뿐만 아니라 영광스러운 하늘의 주로서 합당하게 묘사되어야 한다는 야고보의 주장은 정말 놀랍다! 자신보다 몇 년 일찍 이 세상에 태어나 살았던 사람에 대해 이렇게 말하는 것은 야고보와 같은 일신론자로서는(2:19) 매우 놀랄 만한 주장이다. 그러나 야고보는 하나님 아버지와 예수 그리스도 모두를 (영광스러운) 주로 묘사할 수 있었다. 구약 성경에서 하나님의 유일성에 함축된 의미는 하나님

---

5 하나님(데오)이라는 단어 앞에 헬라어 관사가 없다는 것은 야고보서 1:1이 오직 한 분의 신적 위격만 염두에 두고 있지 않다는 것을 나타낸다.
6 "영광의 주"라는 구절에서의 소유격 구성을 어떻게 해석할 것인지에 대해서는 다음 책을 참조하라. Ralph P. Martin, *James*, WBC 48 (Waco, Tex.: Word, 1988), pp. 59-60.

께서 자기 영광을 다른 이에게 주시지 않는다는 것이다(예를 들면, 사 42:8; 48:9-11). 그러나 야고보는 구약의 한 분 하나님을 훼손하지 않으면서 하나님께 전유된 영광을 아버지와 아들 모두에게 속한 것으로 가르친다.

마지막으로 야고보가 성령님을 분명하게 언급하지 않는다 할지라도 성경이 성령을 영광의 주와 밀접하게 연관 지어 언급하고 있는 것은 주목할 만한 가치가 있다.[7] 그러므로 확실히 야고보가 이런 가능성 있는 관계를 탐구하고 있지는 않지만, 우리는 야고보가 예수님을 영광의 주로 언급함에 있어서(2:1) 이것이 성령님의 영광을 암시하고 있음을 알 수 있다.

3) 결론: 야고보서

어떤 본문에 있어서 야고보가 심판주 또는 주님에 대해 언급할 때 이것이 성부 하나님을 염두에 둔 것인지 성자 예수님을 지칭한 것인지 결정하는 일이 어렵다 할지라도 야고보가 이 두 용어를 아버지 또는 아들 모두를 지칭하는 것으로 사용한다는 것은 가장 높은 기독론을 나타내는 것이다. 하나님이 가장 영광스러운 주님이신 것처럼 예수님 역시 영광스러운 주이시다. 야고보는 성령님에 대해서는 별로 말하지 않지만 감사하게도 우리는 성부와 성자에 대한 성령님의 관계에 대해 이제 우리가 살펴볼 베드로전서를 포함한 신약 성경의 다른 부분에서 많은 것을 알 수 있다.

---

7   베드로전서 4:14; 참조. Meredith M. Kline, 'The Holy Spirit as Covenant Witness' (ThM thesis, Westminster Theological Seminary, 1972), pp. 5-26; Meredith G. Kline, *Images of the Spirit* (Grand Rapids: Baker, 1980), p. 15.

베드로전서

1) 삼위일체적 인사

"하나님 아버지의 미리 아심을 따라 성령이 거룩하게 하심으로 순종함과 예수 그리스도의 피 뿌림을 얻기 위하여"(1:2)라는 베드로전서 1장의 구절에는 하나님의 삼위일체적 본질에 대한 많은 내용이 계시되어 있다. 여기 베드로의 문안 인사에는 신성의 세 위격이 모두 포함되어 있다.[8] 베드로전서 1:2에서 구원은 신성의 각 위격들이 구원의 성취를 위해 고유의 역할을 행하시는 삼위일체적 축복으로 제시된다. 하나님 아버지는 그분의 선택하신 백성을 미리 아시는 분이시다(1:2). 이런 문맥 속에서 "성령이 거룩하게 하심"이란 아마도 그들을 세상과 구별시키심으로 하나님의 선택받은 백성을 위한 예수님의 사역을 주도적으로 적용하시는 성령님의 사역을 가리키는 것 같아 보인다. 달리 말하면, 회심("순종함")을 염두에 둔 것 같은데, 이는 성령의 사역이 신적 행위라는 것을 강조한다.[9] 또한 회심은 예수 그리스도의 언약적 피로 가능한데, 이는 예수님 자신의 피를 흘림으로 인한 죄 용서를 가리킨다.[10]

베드로전서 인사말의 풍성한 의미에 대해서는 더 많이 이야기할 수 있겠지만 현재의 목적에서만 보자면 베드로가 구원 사역을 삼중 렌즈로 보고 있다는 점이 가장 중요하다. 구원이란 성부 하나님과 성자 하나님과 성령 하나님의 통일

---

8 베드로전서와 후서의 저자는 '베드로'라고 알려져 있고, 나도 이 두 서신서의 저자를 베드로라고 언급할 것이다. 하지만 이 서신서들의 역사적 저자로 다른 사람을 가정하더라도 그것은 현재의 논증에 아무 차이를 만들어 내지 못한다. 두 서신의 삼위일체적 흐름은 변함없을 것이기 때문이다.
9 다음 책을 참조하라. Thomas R. Schreiner, *1, 2 Peter, Jude*, NAC 37 (Nashville: B&H, 2003), p. 54; J. Ramsey Michaels, *1 Peter*, WBC 49 (Waco, Tex.: Word, 1988), p. 11.
10 구약의 배경에 대해서는 다음 책을 참조하라. Brandon D. Crowe, *The Message of the General Epistles in the History of Redemption*: *Wisdom from James, Peter, John, and Jude* (Phillipsburg, N.J.: P&R, 2015), pp. 12-13.

된 사역이다. 베드로는 신성의 그 어떤 위격들의 신적인 본질이나 행위를 논하는 대신, 통일적이며 삼중적 동력을 지닌 구원의 전제로부터 이야기를 풀어나간다.[11] 비록 베드로가 하나님의 삼위일체적 속성을 정교하게 설명하지는 않지만 성부를 창조주로, 성자를 구속주로, 그리고 성령을 성화주로 인식하는 베드로의 인사말이 후기 삼위일체적 공식과 매우 흡사한 것은 놀라운 일이다.[12] 베드로의 삼위적 형태는 이례적이지 않으며 전체 서신을 통해 성부와 성자와 성령이 조화를 이루는, 베드로전서의 나머지 부분과도 잘 들어맞는다.

2) 성부 하나님과 구원

신약 성경을 통해 우리가 잘 알 수 있듯이 하나님은 주 예수 그리스도의 아버지이시다(1:3). 이와 동시에 하나님은 예수 그리스도를 통해(1:21) 자기 백성의 아버지가 되신다(1:17). 하나님은 말세에 나타내시기로 예비하신 구원을, 그분의 능력으로 그분의 백성이 얻게 하신다(1:5). 예수님께서 이 땅에서 시련을 받으시면서 아버지를 신뢰하셨고(2:21-24) 하나님께서 예수님을 죽은 자 가운데서 다시 살리셨듯이(1:21), 베드로는 하나님께서 예수님의 부활을 통해 우리가 거듭나도록 역사하셨기 때문에(1:3) 그들이 비록 나그네로 있으면서 어려움에 직면하더라도 아버지로서의 하나님을 의지하라고 모든 세대의 사람들에게 교훈한다(1:17; 2:19-20). 우리는 나그네로 살아갈 때 하나님의 손 아래서 자신을 낮추면, 때가 되었을 때 하나님께서 우리를 높이실 것이라는 것을 믿고(5:6-7), 모든 사람을 존중하고 무엇보다도 하나님을 두려워해야만 한다(2:13-17). 아버지를 의지하면서 받은 예수님의 고난이 예수님을 영광으로 이끌었던 것처럼,

---

11   참조. Bavinck, *Reformed Dogmatics*, vol. 2, pp. 269-270.
12   Ibid., pp. 319-320, 334; Schreiner, *1, 2 Peter, Jude*, p. 57.

그리스도인들 역시 고난의 순간에라도 영원한 기업이 기다리고 있기 때문에 하나님의 주권적인 통치 안에서 용기를 얻어야 한다(4:12-19).

구원에 있어서 신성의 각 위격의 역할이 베드로전서에 매우 분명하게 정의되어 있다. 우리가 이미 삼위일체적 인사를 통해 살펴본 것 이외에 베드로는 하나님이 예수 그리스도의 부활을 통해 신자들을 거듭나게 하셨고(1:3), 우리가 예수 그리스도를 통해 하나님을 믿으며(1:21), 또한 예수 그리스도를 통해 영적 제사를 하나님께 드린다고 쓰고 있다(2:5). 마찬가지로 베드로의 소망은 예수님이 재림하실 때 이방인들이 하나님을 영화롭게 할 것(2:12; 참조. 1:7, 13; 5:4)과 관계되어 있는데, 이는 하나님께서 예수 그리스도로 말미암아 영광을 받게 될 것이라는 베드로의 송영적 진술(4:11)과 하나님께서 그리스도 안에서 그의 영원한 영광 가운데 자기 백성을 부르셨다는 베드로의 통찰력과 일치하는 것이다(5:10). 이 간략한 개관은 베드로전서가 구원과 관계해서 성부 하나님에 대해 많은 것을 말하고 있음을 나타낸다. 물론, 베드로는 우리의 다음 주제인 예수님에 대해서도 많은 것을 말하고 있다.

3) 성자 하나님과 구원

우리가 놀랄 정도로 높은 기독론의 계시를 살펴본 바와 같이 베드로전서에서 아들은 '주 예수 그리스도'로 표현되는데 이 주로서의 예수님은 하나님 오른편으로 오르시어 우주의 주인이 되신 것을 의미한다. 예수님은 또한 마지막 날에 나타나실, 다시 오실 주님이시다(1:7, 13; 5:4). 예수님께서 주이시기에 그리스도인들은 주이신 예수님께 합당하게 행해야 한다(3:15). 주라는 신분을 가지신 것과 함께, 성자는 창세전부터 이미 알려진 바 되신 분이시다(1:20). 성자와 성부가 항상 완전한 교제를 나누고 계셨지만, 1:20에서 미리 알려진 바 되었다고 말

하는 것은 구속자로서의 성자의 역할과 관계되어 있을 것이다.[13]

이런 입장에서 베드로전서에서 구원을 위해 고난 받으시는 분은 예수 그리스도이심이 분명하다(2:21). 예수님은 그의 피로 죄를 없이하시는 흠 없는 어린양이시다(1:2, 19). 예수님은 그의 몸에 우리 죄를 짊어지시고 십자가에 달리신 분이시며(2:24; 4:1, 13) 육체로는 죽임을 당하신 분이시다(3:18). 베드로는 양태론자가 아니었다. 성육신하신 분은 아들이셨고(1:20) 친히 나무에 달려 고난당하신 분도 예수님이셨다(2:24; 5:1). 그리고 이 아들은 아버지에게 자신을 부탁하셨다(2:23). 게다가 예수 그리스도께서는 죽은 자 가운데서 부활하신 분이시다(1:3, 11, 21; 3:18, 22; 참조. 4:13; 5:1). 자기 양 떼의 목자장으로서(2:25; 5:4) 예수님은 자기 백성의 구원을 위해 자기 피를 흘리셨던, 하나님의 흠 없는 어린양이시다. 또한 목자로서 예수님은 자기 양 떼를 사랑으로 돌보심으로, 그가 다시 오실 때까지 양 무리를 돌보아야 할 장로들에게 모범을 보이시는, 영광 중에 다시 오실 만유의 주이시다. 장로들은 그때에 시들지 않는 영광의 면류관을 받게 될 것이다(5:1-4).

4) 성령 하나님과 구원

베드로전서는 성령님에 대해서도 많은 이야기를 한다. 우리는 이미 성령님이 신적 행위로서 하나님의 백성을 거룩하게 하시는 분이심을 살펴본 바 있다(1:2). 그뿐만 아니라 베드로는 적어도 한 구절 또는 두 구절에서 예수 그리스도의 오심 이전에 있었던 성령님의 활동에 대해 언급한다. 베드로전서 1:10-12에서, 비록 성취의 시대를 살지는 않았지만(1:20) 그리스도의 고난과 후에 받으실

13　다음 책을 참조하라. Edmund P. Clowney, *The Message of 1 Peter: The Way of the Cross*, BST (Downers Grove: InterVarsity Press, 1988), p. 72.

영광을 예언했던 선지자들을 읽게 된다(1:11).[14] 중대하게도, 베드로는 선지자들이 성령(1:12)이시며 거룩하게 하시는 영(1:2)이신 그리스도의 영으로 감동을 받았다고 말하는데 이는 시대를 관통하는 구원의 연속성을 강조하는 것이다. 사실상 이 동일한 성령님이 베드로에게 감동을 주셔서 그에게 복음 설교를 듣는 사람들이 구원을 받게 하셨다(1:12). 게다가 1:20에서 그렇게 하는 것처럼, 베드로는 성령님을 그리스도의 영과 동일시함으로 예수님의 선재성을 암시한다.[15]

좀 더 광의적으로 베드로전서 1:3-21은 하나님의 삼위일체적 본질을 감지할 수 있는 내용을 제공한다. 삼위일체적 인사(1:2) 이후를 면밀히 살펴보면, 베드로는 구원과 관계해서 세 분의 모든 신적 위격에 대해 말한다. 하나님은 주 예수 그리스도의 거룩하신 아버지이시며(1:3, 16-17, 21), 고난을 받으시고 부활하셨으며 다시 오실 분은 아들이신 예수 그리스도이시고(1:3, 7, 11, 13, 18-21), 성육신 이전에 그리스도의 고난과 영광에 대해 말하도록 선지자들을 감동시키시고(1:11) 나아가서 베드로 자신의 시대에 구원을 위한 예수 그리스도의 복음 설교를 강력하게 하시는 분은 바로 성령님이시다(1:12). 베드로는 세 위격으로 계시는 한 분 하나님으로 말미암아 성취된 하나의 구원 계획에 대해 말한다. 이와 비슷한 견해가 2:5에도 나타나는데 베드로는 예수 그리스도를 통해 하나님이 기쁘게 받으실 신령한 제사에 대해 말한다. 비록 여기서 베드로가 그리스도인들이 행하는 모든 일이 성령님의 능력으로 말미암는다는 것을 의미한다 할지라도 특히 신약 성경 다른 곳에서의 예배와 관련된 견지에서 볼 때(요 4:24; 롬 12:1; 고전 11-14; 빌 3:3) 이 제사는 필시 성령님에 의해 역사된 것이다.[16] 만일 2:5에서의 제사가 실제로 성령에 의해서 드려진 것이라면 우리는 베드로전서에서 하나님을 삼위일체의 형태로 제시하는 또 다른 본문을 마주하는 것이다.

---

14 다음 책을 참조하라. Schreiner, *1, 2 Peter, Jude*, pp. 74-76.
15 Ibid., p. 73.
16 Ibid., p. 107.

구원의 경륜에 있어서 그리스도가 오시기 이전의 성령님의 역할에 대해 말하는 또 다른 본문은 베드로전서 3:18-19이다. 이 구절들은 신약 성경에서 가장 논란의 여지가 많은 단락(3:18-22)의 일부이며 그에 따른 해석학적 질문들 역시 무수하다. 그러나 현재의 논의를 위해 우리는 예수님 죽음 이후의 부활과 영광(3:18, 22)에 대해 말하는 본문의 일반적 흐름을 관찰해야 한다. 하지만 "영으로는 살리심을 받으셨으니"(즈포이에테이스 데 프뉴마티; 3:18)라는 말씀은, 신약 성경의 다른 곳에서도 그리스도의 부활로 개시된 새로운 생명과 시대를 성령님께서 설정하시기 때문에(롬 1:3-4; 고전 15:42-49; 참조. 롬 8:11), 이는 필시 행위자로서의 행위이든지 또는 성령님의 활동 측면이든지 간에 성령님에 대한 언급이 분명하다.[17] 베드로전서 3:18의 성령(또는 영)에 대한 이해가 3:19에서의 영들을 향한 선포에 대한 이해에 영향을 미친다. 만일 3:18의 영(프뉴마티)을 성령님을 지칭하는 것으로 이해하면, 우리는 3:19의 성령님의 역할에 대해서도 1:11-12에서 이미 보았던 것처럼 이해할 수 있을 것이다. 말하자면, 그리스도의 영이 선지자들을 통해 말씀하셨던 것처럼 그리스도의 영이 노아를 통해 의를 설교한 것이다(참조. 벧후 2:5). 하지만 이것은 완전히 확실한 것은 아니다.

마지막으로 베드로전서 4장의 두 구절이 성령님의 모습을 더 나타내 준다. 첫째, 베드로전서 4:14에서 우리는 "영광의 영, 그리고 하나님의 영"(토 테스 독세스 카이 토 투 데오) 또는 "영광의 영, 즉 하나님의 영"이라고도 할 수 있는 말씀을 읽게 된다. 헬라어 구문은 다양하게 번역될 수 있지만 여기서 베드로가 성령님을(신자들에게 강림하시는; 참조. 사 11:2) 신적인 영광과 동일시하고 있다는 것은 매우 분명하다. 이는 확실히 **피조된** 영에 대해 언급하는 방식이 아니다. 성령님의 신성에 대한 베드로의 명백한 언급은 앞서 언급했던 성령님의 신적인 사역과도 자연스럽게 어울리며(1:2), 베드로전서 다른 곳에서의 성령님을 통한 그리

---

17   참조. Michaels, *1 Peter*, p. 205.

스도의 영광에 대한 강조와도 잘 들어맞는다(1:11, 21; 4:11, 13; 5:1, 4, 10). 우리가 베드로전서 4:14의 짧은 한 문장에서 그리스도와 성령과 하나님을 모두 읽게 되는 것은 매우 교훈적이다. 그리스도께 임하셨던 성령께서 동일하게 그리스도의 고난에 참여하는 신자들 위에 임하시는데(4:13-14, 16) 바로 이분이 하나님의 영으로 알려진 분이시다.[18]

성령님에 대해 언급하는 베드로전서의 둘째 본문은 "영으로는 하나님을 따라 살게 하려 함"(조시 데 카타 데온 프뉴마티)이라고 말하는 4:6이다. 하나님 또는 그리스도를 지칭하는 것으로 사용될 때의 **영**(프뉴마)이라는 언어를 성령님을 언급하는 것으로 이해하는 것은 훌륭한 주해적 본능이며, 이는 4:6에서 최선의 선택으로 보인다. 우리가 3:18에서 살펴보았듯이 베드로전서 4:6은 육과 성령(또는 영) 사이의 대조를 제시한다. 베드로전서 4:6에서 하나님이 성령/영을 따라 사시는 분으로 묘사되어 있기에, 여기서 베드로는 거의 확실히 베드로전서 다른 곳에서(3:18) 예수님의 부활 생명과 관계할 때 염두에 두고 있는 동일한 성령님을 지칭하는 것 같다.[19]

5) 결론: 베드로전서

베드로전서는 성부와 성자와 성령에 대해 많은 것을 이야기하지만 우리는 베드로 서신의 실제적 기록 이유를 간과해서는 안 된다. 베드로는 믿음을 지키는 일 때문에 어려움에 직면한 사람들을 격려하기 위해 이 편지를 썼다. 그리스도께서는 자기 백성을 구속하셨을 뿐만 아니라 그의 발자취를 따라가도록 모범까지 보여 주셨다. 그리고 이것이야말로 궁극적으로 하나님께 영광이 되는 일이

18　Ibid. pp. 264-265.
19　다음을 참조하라. Ibid. pp. 238-239; Schreiner, *1, 2 Peter, Jude*, pp. 208-210.

다(4:11; 참조. 5:10-11).

베드로후서

베드로후서는 예수 그리스도의 신성에 대해 많은 이야기를 한다. 실상 베드로후서는 예수님을 하나님과 동일시함에 있어서 신약 성경에서 명백한 언어 몇 가지를 포함하고 있다. 그러므로 우리는 베드로후서에서 삼위적 측면을 어느 정도 고찰하기 전에 먼저 예수님의 신성을 살펴볼 것이다.

1) 하나님으로서의 예수님

베드로후서 1:1에서 우리는 "우리 하나님과 구주 예수 그리스도의 의"에 대한 언급을 발견한다. 헬라어 구절(투 데우 바이몬 카이 소테로스 이에수 크리스투)은 우리가 야고보서에서 주목했던 것과 같은 그랜빌 샤프 법칙의 실례이다.[20] 달리 말하면, 예수님은 "우리 하나님과 구주"와 동일한 분이시라는 말이다.[21] 이 견해를 더욱 확증해 주듯이 베드로후서 1:3에서 우리는 "그의 신기한 능력으로 생명과 경건에 속한 모든 것"을 우리에게 주셨다는 말씀을 읽게 된다. 베드로후서 1:3에 대한 가장 자연스러운 선행사는 바로 이전 구절에 나타나는 "우리 주 예수"(1:2)이시다. 더욱이 1:4은 그리스도를 닮아 가는 우리의 성장을 염두에 둔, 신성한 성품에 참여함에 대해 말한다.[22] 그러므로 신의 성품에 참여하는 것이 우리가 하나님의 일부분이 되는 것을 의미하지는 않지만(창조자-피조물의 구

---

20 Wallace, *Greek Grammar*, pp. 270-277. 베드로후서 1:11; 2:20; 3:18에서 한 사람을 지칭하는 유사한 구조에 주목하라.
21 이 책의 서두에서 주목했던 것과 같이 구약 성경에서 **구주**는 신적인 직함이다.
22 다음 책을 참조하라. Schreiner, *1, 2 Peter, Jude*, pp. 294-295; Gene L. Green, *Jude and 2 Peter*, BECNT (Grand Rapids: Baker Academic, 2008), p. 186.

분은 절대로 파기되지 않는다) 우리가 실제적으로 더욱 예수 그리스도를 닮아 가는 것을 의미한다. 그 거룩한 성품에 있어서 예수님을 닮아 가는 것(1:4-10)이 바로 신의 성품에 참여하는 것이다.

베드로 또한 이 서신서 전반에 걸쳐(1:2, 8, 11, 14, 16; 2:20; 3:2, 10, 18) 예수님을 (부활하시고 승천하신) "주"와 동일시하는 것과 일관되게 예수님께서 다시 오실 것을 진술한다(3:8-13; 참조. 1:16). 예수님의 재림의 확실성은 영광스러운 주로서의 예수님의 정체성과 함께 나타나는 베드로후서의 핵심 특징 가운데 하나이다. 예수님께서 다시 오실 때 완전히 나타나게 될 예수님의 높아지신 상태의 영광은 예수님의 지상 사역 동안 그의 능력과 오심을 미리 지시하는 변화산상에서 예기되었다(1:16-18).[23] 베드로후서는 그 시작과 유사한 방식으로 우리 (영광스러운) 주와 구세주이신 예수 그리스도의 은혜와 지식 안에서 자라도록 독자들을 격려함으로 편지를 끝맺는다. 놀랍게도 베드로후서는 이제와 영원까지 영광을 예수 그리스도께 돌리는 송영으로 마친다(3:18). 베드로후서에서 예수님은 확실히 하나님이시다.

2) 성부와 성자

비록 베드로후서가 예수님을 우리 주와 동일시하지만 베드로가 그 두 분을 유사한 방식으로 묘사함에도 성부와 성자를 혼동하지는 않는다. 베드로후서는 1:2에서 성부와 성자라는 두 신격을 지칭하는 하나님과 우리 주 예수님의(투 데우 카이 이에수 투 퀴리오 바이몬) 지식을 통한 은혜와 평강이 더욱 많아짐에 대해 말한다.[24] 특히 하나님이 주 예수 그리스도의 아버지와 동일시되는 1:17에서 우

---

23 Crowe, *Message of the General Epistles*, pp. 64-69.
24 다음 책을 참조하라. Richard J. Bauckham, *Jude, 2 Peter*, WBC 50 (Waco, Tex.: Word, 1983), p. 165.

리는 아버지와 아들의 명백한 구분을 발견한다. 우리는 또다시 베드로 서신이 양태론이 아니라는 것을 보게 된다.

이와 동시에 베드로후서는 성부와 성자 모두를 지칭하는 교환 가능한 언어(예를 들면, 주 또는 하나님)를 사용할 수 있다. 따라서 성자 예수님은 1:1에서 하나님과 동일시되지만 다른 곳에서 하나님은 거의 대부분 성부를 지칭한다(1:2-3, 17, 21; 2:4; 3:5). 마찬가지로 성부 하나님을 때때로 주로 칭하지만(2:9, 11; 3:8-9), 좀 더 광의적으로 볼 때, 초기 기독교의 역사적 정황에서와 마찬가지로 베드로후서에서 '주'는 예수님에게 더 선호되는 직함이다(1:2, 8, 11, 14, 16; 2:20; 3:2, 8-9, 15, 18). 주목할 만한 구절 하나가 있다면 그것은 바로 '주'라는 용어를(참조. 3:8-9을 3:10과 비교해 보라) 예수님과 하나님 모두를 지칭하는 용어로 사용하는 3:8-12이다. 더욱이 3:12은 하나님의 오심을 지칭한다. 베드로후서 3:12은 하나님을 지칭하는가, 아니면 예수님을 염두에 두었는가? 결론은 둘 중 하나겠지만[25] 하나님과 예수님이 서로 구별되는 위격이심은 분명하며 또한 예수님의 재림은 주의 오심(참조. 3:10) 또는 하나님의 오심(참조. 1:1)으로 올바르게 묘사될 수 있을 것이다.

3) 성부, 성자, 성령

우리는 비록 간략하다 할지라도 변화산 사건을 재설명하는 베드로후서 1:16-21에서 세 분의 신적 위격이 함께 나타나심을 본다. 베드로후서 1:17은 위엄하신 영광 가운데서 말씀하시는 음성과 함께 아들이 아버지로부터 받으신 그 영광에 대해 말한다. 앞서 마태복음의 논의에서 나는 성경적-신학적 정황 속에서 볼 때 변화산의 영광의 구름은(특히 예수님이 세례 받으실 때의 병행 구절의

---

25 참조. Schreiner, *1, 2 Peter, Jude*, p. 390; Bauckham, *Jude, 2 Peter*, p. 325.

견지에서) 성령님의 임재를 지칭할 수 있다고 제안한 바 있다. 만일 그렇다면, 베드로후서 1:16-18의 변화산 사건의 설명에서도 역시 마찬가지일 것이다. 심지어 이런 가능성을 제외한다 할지라도 몇 구절 뒤에서(1:21) 우리는 하나님으로부터 말씀을 받아 예언했던 선지자들을 감동하신 성령님에 대한 명백한 언급을 발견한다. 놀라운 것은 예수님이 다시 오시겠다는 성경의 약속의 견지에서 성령님을 통해 말씀하시는 하나님의 말씀 사이의 연속성이다. 우리는 이런 병행을 다음과 같이 해석할 수 있다. 하나님의 말씀이 그리스도께서 다시 오실 때 나타날 영광에 대한 전조를 제공하는 변화산상의 장엄한 영광으로부터 왔듯이 (1:17-18, 성령의 임재를 지칭하는 것일 수도 있는), 성령님께서는 하나님을 위해 선지자들을 통하여 그리스도의 다시 오심에 대해 말씀하신 것이다.[26] 만일 이런 해석이 옳다면, 성령님의 역할은 베드로전서에서 그러했던 것처럼 모든 시대를 관통하는 하나님의 계획의 연속성을 지시하는 듯 보인다. 성령의 감동으로 된 성경에서의 하나님의 말씀은 베드로가 변화산상에서 들었던 음성만큼이나 확실하다. 요약하자면, 베드로후서 1:16-21을 어떻게 상세하게 해석하든지 간에, 우리는 여기서 예수님께서 다시 오실 때 궁극적으로 성취될 미래의 구원과 관계해서 성부와 성자와 성령이라는 신성의 세 위격을 모두 확실히 만나게 된다.

요한 1, 2, 3서

1) 아버지와 아들

요한일서의 서론은 요한복음의 서언을 상기시키는 방식으로서 하나님의 아

---

26 참조. Crowe, *Message of the General Epistles*, pp. 65-68; Kline, *Images*, p. 29. 또한 다음 책을 참조하라. Vern S. Poythress, *The Manifestation of God: A Biblical Theology of God's Presence* (forthcoming), chs. 5, pp. 16-17, 43.

들의 선재성에 대해 말한다. 요한일서는 태초부터 아버지와 함께 계셨던 생명의 말씀에 대해 이야기한다. 요한과 그의 동료들은 이 생명이 나타난 바 되심을 보았다(1:1-2). 마찬가지로 요한복음도 태초부터 하나님과 함께 있었고 육신이 되었던(요 1:14) 말씀에 대해 이야기한다(요 1:1-2; 참조. 창 1:1). 두 본문 모두 성육신하시고 우리 가운데 거하신 하나님의 아들의 선재성을 고려한다. 이것 때문에 우리의 교제는 아버지와의 교제뿐 아니라 아들이신 예수 그리스도와의 교제가 된다(요일 1:3). 더욱이 아들을 **영원한** 생명과 동일시함으로(1:2) 요한은 아들의 생명의 초시간성에 대해 말하는 것처럼 보인다. 이것은 단지 미래에까지 연장되는 영원한 생명이 아니라, 그분 아버지와의 교제 속에서 아들만이 가질 수 있는 영원한 생명이다.[27] 영원한 생명으로 정의되는 분으로서 예수님은 그 자신 안에 오직 하나님만이 가질 수 있는 모든 완전한 생명을 지니신다(참조. 요 5:29). 피조물은 시간의 제한을 받지만 하나님은 그렇지 않으시다.[28] 그럼에도 이 구절들은 놀랍게도 우리가 영원한 생명이신 아들과 교제를 나눌 수 있다(1:3)는 것을 강조한다.[29]

요한서신 전반에 걸쳐(특히 요한일서에서) 우리는 아버지와 아들의 통일성을 본다. 요한일서의 서언 이외에서도 우리는 아버지와 아들이 악한 인류와 달리 죄가 없으시다는 것을 발견한다. 하나님은 빛이시다. 그분에게는 어두움이 조금도 없으시다(1:5). 우리가 만일 죄가 없다고 말한다면 우리 안에 진리가 있지 않고 하나님을 거짓말하는 분으로 만드는 것이 된다(1:8, 10). 빛 가운데 행한다는 것은, 우리의 의로운 대언자 되시는(2:1) 그 아들 예수 그리스도의 피로 우리 죄가 하나님 아버지 앞에서 깨끗하게 되어 우리가 하나님과 사귄다는 것이다(1:7;

---

27 참조. John R. W. Stott, *The Letters of John*, 2nd ed., TNTC 19 (Downer's Grove: InterVarsity Press, 1988), p. 63.
28 참조. Bavinck, *Reformed Dogmatics*, vol. 2, pp. 160-164.
29 참조. Stephen S. Smalley, *1, 2, 3, John*, WBC 51 (Waco, Tex.: Word, 1984), p. 10.

참조. 1:9). 그뿐만 아니라 아들을 시인하는 자에게는 아버지가 있지만(2:23), 적그리스도는 아버지와 아들을 부인하는 자(2:22)라는 것을 우리는 읽게 된다. 태초로부터 있는 말씀 안에 거할 때 우리는 영원한 생명을 받기 위해 아버지와 아들과 함께 계속 거하게 될 것임을 보장받는다(2:24-25). 예수님은 성육신하신 생명이시며(1:2), 요한일서 전반에 걸쳐서 (영원한) 생명과 동일시되신다(5:11-13, 20). 이와 동시에 생명은 그 생명을 수여하시는 아버지께서(5:11, 16; 참조. 2:25) 설정하신다(참조. 요 5:21, 26). 달리 말하면, 아버지와 아들의 통일성을 인식하는 하나의 방법이 바로 생명이라는 렌즈를 통하는 것이다.

또한 하나님이 그 아들을 보내심에 있어서 우리는 아버지와 아들의 통일성을 볼 수 있다(4:9-10, 14). 유감스럽게도 어떤 이들은 아버지가 아들을 죽음으로 보내심이 폭력적이며 압제하는 행위에 해당한다고 주장했다. 그러나 이런 오도된 견해는 하나님의 삼위일체적 사역을 심각하게 오해하게 만든다. 우리는 삼위일체의 외부적인 사역(ad extra)이 나뉠 수 없는 것임을 보았다. 그러므로 아버지와 아들, (그리고 성령님)은 구속 사역에 있어서 연합되어 계신다. 여기 아버지와 아들 또는 성령님 사이에는 그 어떤 부조화도 존재하지 않는다.[30] 실제로 우리는 요한일서 4:10에서 하나님께서 우리를 사랑하셨기 때문에 그의 아들을 우리 죄를 위한 화목제물(힐라스모스)로 보내셨다는 것을 읽는다(참조. 4:19). 이는 또한 우리를 위해 자기 생명을 버리심으로 나타내 보여 주신 그 아들의 사랑과도 동일한 사랑이다(3:16; 참조. 요한이서 3). 게다가 요한일서에서 하나님의 아들을 믿는 것은 하나님을 믿는 것과 동일한 것이다(5:10). 요한일서에서 아버지와 아들 사이의 심오한 연합의 견지에서 볼 때, 영원한 생명이신 예수 그리스도를 참되신 하나님과 동일시하는 것으로 편지를 끝맺는 것은 이상한 일이 아닐 것

---

30 Bavinck, *Reformed Dogmatics*, vol. 2, pp. 259, 318-319.

이다(5:20).³¹

비록 요한의 서신에서 아버지와 아들 사이의 통일성이 분명하게 발견된다 할지라도 우리는 아버지와 아들 사이의 구분을 매우 잘 주목해야만 한다. 따라서 아들을 보내시는 분은 아버지이시며(4:9-10, 14), 성육신하시고 죄를 위한 화목제물로 섬기신 분은 다름 아닌 아들이시다(1:2-3; 2:2, 22; 3:8, 16; 4:2, 10; 5:6-8). 비록 하나님은 볼 수 없으나(4:12, 20), 우리는 하나님을 알려 주시는 그분의 아들을 볼 수 있다(1:1-3; 4:2, 14; 요이 7). 특히 우리의 사귐은 그 위격에 있어서 구분되시는 아버지와 그의 아들과의 교제이다(1:3).

2) 아버지, 아들, 성령님

요한일서는 또한 성령님을 아버지와 아들과 관계시킨다. 요한일서 2:20, 27에서 우리는 필시 성령님을 지칭하는 것 같은 거룩하신 이의 기름 부으심을 읽게 된다. 중대하게도, 거룩하신 이께서 신자들에게 모든 것을 가르치시기 때문에 신자들은 다른 이에게 배울 필요가 없다(예를 들면, 분리주의자들의 실책들).³² 좀 더 구체적으로 말하자면, 성령님은 구원에 관계된 진리(참조. 5:11)인 아버지와 아들의 실재에 대해 교훈하신다(2:21-23).

성령님에 대한 또 다른 가능한 언급은 신자들 안에 거하는 "하나님의 씨(스페르마)"에 대해 말하는 3:9에 있다. 이 씨의 정체에 대해서는 논란의 여지가 있지만, 분리주의자들의 의견과는 달리, 이 씨는 신자들로 하여금 의를 행하게 만드는 효력 있는 원리로서(참조. 2:28-3:10) 거듭남의 동인이 되기 때문에(참조. 요

---

31 참조. Richard N. Longenecker, *The Christology of Early Jewish Christianity*, SBT 2,17 (London: SCM, 1970), pp. 136-141; Colin G. Kruse, *The Letters of John*, PNTC (Grand Rapids: Eerdmans, 2000), pp. 197-198; Robert W. Yarbrough, *1-3 John*, BECNT (Grand Rapids: Baker Academic, 2008), p. 319.

32 다음 책을 참조하라. Kruse, *Letters of John*, p. 153.

3:5-8) 성령님일 가능성이 높다는 것이 가장 강력한 주장일 것이다.³³ 그렇다면, 여기서 성령님은 기름 부어 성화를 가능하게 하시는 분으로 간주되어야 하는데, 이는 요한일서 다른 곳에서 나오는 아버지와 아들의 죄 없으신 속성과도 일치하는 것이다. 더욱이 요한일서 3:4-9은 삼위의 성격을 증언해 주는데 신자들이 하나님의 참된 자녀로 드러나기 위해(3:10) 하나님의 아들이 마귀의 일을 멸하려 오셨고(3:8), 하나님의 씨(성령님)는 참된 신자들로 하여금 의를 행하게 만든다(3:4-9).

더욱 명백한 삼위적 형식은 성령님에 대한 언급과 관련한 3:24에 잘 나타난다.³⁴ 하나님의 계명을 지키는 자들은 하나님 안에 거한다(3:24). 하나님의 계명은 그의 아들 예수 그리스도를 믿는 것이다(3:23). 우리는 하나님께서 우리에게 성령님을 주심으로 하나님이 우리 안에 거하심을 알게 된다(3:24). 우리는 아버지 안에 거해야 하고(2:24; 3:24; 4:12), 아들 안에 거해야 하며(2:6, 24, 27-28; 3:6), 그리고 우리가 소유한 지식을 제공하시는 분은 성령님이시다(3:24). 오직 신적 위격만이 신적 구원의 확신을 제공하실 수 있기 때문에 이 점에 있어서 성령님의 역할은 요한일서의 중요한 관심사인 구원의 확신(5:13)을 제공하는 그의 역할을 우리에게 알려 주시는 것이다.³⁵

또 다른 삼위적 단락에서 우리는 성령님과 함께 거하는 것에 대한 유사한 강조점을 발견한다(요일 4:7-21). 이 문맥에는 하나님의 사랑이 특히 강조되어 있으며 이 사랑이 아버지와 아들과 성령님의 특징을 묘사해 준다. 사랑은 하나님으로부터 나오며(4:7), 하나님은 사랑이시다(4:8). 하나님은 우리 죄를 위한 화목

---

33 다음을 참조하라. Ibid., pp. 124-125, 153-154; Stott, *Letters of John*, p. 132; Christopher D. Bass, *That You May Know: Assurance of Salvation in 1 John*, NACSBT 5 (Nashville: B&H Academic), p. 114; 대조. Yarbrough, *1-3 John*, p. 195.
34 참조. Robert Letham, *The Holy Trinity: In Scripture, History, Theology, and Worship* (Phillipsburg, N.J.: P&R, 2004), p. 67.
35 참조. Bavinck, *Reformed Dogmatics*, vol. 2, p. 312.

제물로 자기 아들을 보내심으로 사랑을 확증하셨다(4:9-10). 따라서 우리가 서로 사랑하면 하나님의 사랑이 우리 안에 거하시고, 우리는 이 사실을 하나님께서 우리에게 주신 성령으로 인해 알게 된다(4:11-13). 또다시 반복하지만, 여기서 우리는 삼위 하나님의 사역의 심오한 연합을 언뜻 보게 된다. 하나님이 우리를 사랑하셔서 우리 죄를 위한 화목제물로 그의 아들(그분 또한 우리를 사랑하신다 [3:16; 참조. 3:23])을 우리에게 보내셨고(4:9-10), 하나님의 영은 우리가 하나님께 속해 있다는 확신을 주신다(4:13). 그 전 구절에 보면, 성령님은 예수 그리스도의 진리와 관련되어 있다(4:2, 6). 하나님의 영(4:2)이 하나님의 자녀들에게 예수 그리스도께서 하나님으로부터 육체로 오신 것을 참되게 증언하신다(4:4, 6). 이 구절들은 하나님과 예수님과 성령님의 일치를 강조하며, 따라서 삼위적 형태를 드러내 보인다.

마지막으로 요한일서 5:6-8을 살펴보자. 일반적으로 잘 알려진 것처럼, 어떤 역본이나 사본의 전통으로 볼 때 요한일서 5:7은 삼위일체에 대한 명백한 언급(소위, 요한의 콤마[요한의 삽입구]라고 불리는)을 포함한다. 흠정역(AV) 5:7은 이렇게 쓰고 있다. "하늘에서 증언하는 이가 셋이니 아버지와 말씀과 성령이시다. 그리고 이 셋은 하나이시다." 흠정역의 이 진술이 참일지는 몰라도 요한일서 원본에도 이 진술이 그대로 수록되었을지는 개연성이 없다. 실례를 들자면, 교회의 초기 삼위일체 논쟁에서 이것은 교부들을 위해 삼위일체 교리를 위한 성경적 증거로 활용하도록 맞춤복처럼 만들어진 구절이지만 그 어떤 헬라 교부들도 이 진술을 인용한 바가 없다.[36] 아마도 이는 누군가의 난외 주석으로부터 가져온 후기 삽입구로 이해하는 것이 최선일 것이다. 그러나 이런 요한의 콤마를 2차적 자료로 간주한다는 것이 요한일서가 삼위일체 교리를 위한 증거를 제공하지

---

36 Bruce M. Metzger, *A Textual Commentary on the Greek New Testament*, 2nd ed. (Stuttgart: Deutsche Bibelgesellschaft, 1994), pp. 647-649.

않는다고 말하는 것과 동일한 의미는 아니다. 사실상, 나는 요한의 콤마를 후기의 삽입구로 간주하지만, 지금까지 본 장을 통해 우리가 요한일서에서 삼위일체 교리에 대한 증거를 찾을 수 있다고 주장해 왔다. 더욱이 하나님을 삼위일체적으로 이해하는 증거가 되는 구절로서 요한일서 5:6-8을 좀 더 광의적 정황 속에서 읽어야 할 합당한 이유가 있다.

요한일서 5:6에서 우리는 예수 그리스도께서 물과 피로 말미암아(통하여) 오셨다는 것을 읽게 된다. 또한 5:7-8에서 서로 연합하여 증언하시는 세 증인들 즉 성령과 물과 피가 있음도 알게 된다. 이는 역사적으로 이해하기 힘든 구절이었지만 내가 판단하기에 가장 그럴듯한 해석은 예수님의 세례(물)로부터 그의 죽음(피)에 이르는 전체 사역을 지칭하는 것이다. 여기서 성령은 아마도 예수님의 세례시의 성령의 증언을 지칭하며(참조. 요 1:29-34), 예수님의 전체 사역을 통해 역사하시는 성령님의 임재를 지칭할 것이다.[37] 이런 이해는 하나님과 예수님과 성령님이 모두 예수님의 세례 시에 나타나시던 공관복음을 상기시킨다.[38] 더욱이 요한일서 5:9는 5:6-8에서 암시된 것을 더욱 명확하게 설명하는데 그것은 성령님께서 (물과 피와 함께) 하나님 자신이 주신 예수 그리스도에 대한 증언을 제공하신다는 것이다.[39] 그리고 5:10에서 우리는 (성령님을 통한) 하나님의 증언을 믿지 않는 자들은 하나님을 거짓말하는 분으로 만드는 반면, 하나님의 아들을 믿는 신자들은 자기 안에 이 (성령님으로부터의) 증언을 가지고 있다는 것을 읽게 된다.

---

37 다음 책을 참조하라. D. A. Carson, 'The Three Witnesses and the Eschatology of 1 John', in Thomas E. Schmidt and Moisés Silva (eds.), *To Tell the Mystery: Essays on New Testament Eschatology. Festschrift for Robert H. Gundry*, JSNTSup 100 (Sheffield: JSOT Press, 1994), pp. 216-232.
38 비록 예수님의 세례 사건이 요한복음에 기록되어 있지 않지만, 성령님이 내려오시고 예수님 위에 머물러 계셨다는 세례 요한의 증언은 아마도 예수님의 세례를 가리킬 것이다.
39 Stott, *Letters of John*, p. 181. 더욱이 성령님 역시 예수 그리스도께서 하나님으로부터 보내심을 받았다는 사실을 증언하는 것처럼 보이며(4:1-6) 이는 요한일서의 삼위일체적 흐름을 더욱 강조한다.

요약하자면, 요한의 콤마에 대한 사람들의 견해가 어떠하든지 간에, 요한 서신의 하나님이 아버지와 아들과 성령이시라는 삼위일체적 용어로 묘사되는 것만은 분명하다는 것이다. 그리고 이런 이해는 이 하나의 논쟁적인 구절에만 제한되지 않는다.

유다서

1) 성부와 성자

유다는 하나님 아버지의 부르심을 받고 사랑을 받으며 예수 그리스도를 위하여(또는 아마도 '예수 그리스도에 의해') 보호하심을 입은 자들에게 편지하는데(1절), 이 세 분이 동일한 신적 지위를 공유하지만(자비와 평강과 사랑의 근원으로서 [2절]) 신적 위격에서는 구별되심을 보여 준다. 이는 하나님과 예수님이 종종 구원에 관해서 서로 밀접하게 관계가 있는 분들로 언급되는 본 서신 전반에 걸쳐 확증된다. 그러므로 4절에서 유다는 하나님의 은혜를 방탕한 것으로 바꾸고 **또한** 우리의 유일한 주인이시자 구주이신 예수 그리스도를 부인하는 자들에게 경고한다. 유다는 우리에게 단번에 주신 믿음을 위해 힘써 싸우라고 쓰면서, 다시 성부와 성자를 구원에 있어서 매우 밀접한 관계에 위치시킨다(3절).

유다서에서 광범위하게 논의된 구절 가운데 하나는 바로 5절이다. 애굽에서 백성을 인도해서 나오게 한 이는 과연 누구였는가? 네슬 알란트(Nestle-Aland) 27판 헬라어 성경 본문은 그를 '**퀴리오스**'(주님)로 읽지만, 28판 본문은 그를 '**이에수스**'(예수님)로 쓰고 있다.[40] 본문 비평의 논증들은 복잡하며, 두 가지 독법(reading)이 모두 가능하지만, '**예수님**'으로 읽는 것이 가장 최선의 독법일 것이

40　SBL 헬라어 신약 성경도 역시 '이에수스'(*Iēsous*)로 쓴다.

다.[41] 그렇다면, 이는 도리어 구약 성경의 광야 세대의 시기에 백성을 이끄신(그리고 멸하신) 예수님의 선재성에 대한 명백한 암시이다. 그러나 만일 '**주님**'이 정확한 독법이라 할지라도 유다서 4절과 다른 곳에서 예수님에 대해 '**주님**'이라는 용어를 사용하는 유다의 전형적인 용법으로 볼 때 이 지시 대상물은 아마도 여전히 예수님일 것이다.[42] 그렇다면, 유다서 5절은 우리가 신약 성경 다른 부분에서 보게 되는 것들과 유사한(예를 들면, 고전 10:4, 9), 아들의 선재성에 대한 언급일 것이다. 그의 서신 전체에서 주님으로서의 예수님에 대해 말할 때, 유다는 예수님을 다른 피조된 존재들과는 비교도 할 수 없을 만큼 큰 영광을 지니신 높으신 분으로 보는 신약 성경 저자들과 일관성을 가진다.

2) 성부, 성자, 성령

유다서에는 성령님 역시 분명하게 언급되어 있다. 유다서 19절에서 우리는 성령이 없고 분열을 일으키는 조롱하는 자들을 보게 된다. 이와 대조적으로 유다의 독자들은 성령 안에서 기도하면서 그들의 지극히 거룩한 믿음 위에 자신을 세워야 한다(20절). 따라서 우리의 기도가 성령 안에서 이루어져 한다는 사실의 중요성을 잊어서는 안 된다.[43] 이는 성령님이 하나님과 예수님과의 참된 사귐을 제공하는 분이시라면 그분도 반드시 하나님이셔야 한다는 전통적인 삼위

---

41 그렇기에 영어표준역(ESV), 새영역본(NET), 새생명역본(NLT)을 포함한 몇 개의 영어 번역본들은 '예수님'으로 번역한다. 그러나 반대로 새국제역(NIV), 새개정표준역(NRSV), 홀만기독표준성경(HCSB), 새미국표준역(NASB)은 '주님'으로 번역한다.
42 다음과 같은 다양한 책들을 참조하라. Simon J. Gathercole, *The Preexistent Son: Recovering the Christologies of Matthew, Mark, and Luke* (Grand Rapids: Eerdmans, 2006), pp. 36-40; Bauckham, *Jude, 2 Peter*, p. 49; Tommy Wasserman, *The Epistle of Jude: Its Text and Transmission*, ConBNT 43 (Stockholm: Almqvist & Wiksell, 2006), pp. 262-266; Schreiner, *1, 2 Peter, Jude*, pp. 444-445.
43 다음 책을 참조하라. Bauckham, *Jude, 2 Peter*, p. 113.

일체적 이해에도 부합한다.[44] 바로 이 중대한 때에 유다서는 성령으로 기도하며(20절), 하나님의 사랑 안에서 자신을 지키며(21a절), 주 예수 그리스도의 긍휼을 기다리라고(21b절) 독자들을 권면하면서 신성의 위격들 사이를 거침없이 이동한다. 이는 하나님에 대한 삼위적 이해를 **위한 논증**이 아니라, 구원이 삼위적으로 형성되어 있다는 깊은 사상의 구조를 나타내 주는 말씀이다.

유다서는 신약 성경의 위대한 축도 가운데 하나로 본 서신을 끝낸다. 또다시 반복하지만 강조점은 주 예수 그리스도를 통해 오시는, 구주로서의 하나님의 영광에 놓여 있다. 영광, 위엄, 권력, 그리고 권세가 영원토록 하나님께 있을 것이다. 구주로서의 하나님께서 자기 백성을 그 영광 앞에 흠이 없이 기쁨으로 서게 하실 것이다(24절). 비록 24절에서 성령님이 언급되어 있지 않다 하더라도 하나님의 영광과 임재의 조합은 성경 다른 곳에서의 하나님의 영광과 성령님과의 긴밀한 관계를 상기시킨다(참조. 벧전 4:14). 그러나 유다서의 축도는 아버지와 아들의 영광에 그 초점을 맞춘다. 그럼에도 불구하고 우리는 유다의 권면을 통해 우리 주 예수 그리스도의 다시 오심을 기다리면서 성령으로 기도해야 하며 또한 그렇게 함에 있어서 하나님의 사랑 안에서 자기를 지켜야 한다는 것을 알게 된다.

---

44 Bavinck, *Reformed Dogmatics*, vol. 2, p. 312.

8. 삼위일체의 계시록 모델
: 요한계시록의 삼위일체 개념에 대한 다니엘서의 영향

- 벤저민 L. 글래드

많은 학자들은 삼위일체가 일신론의 핵심을 공격한다고 믿기 때문에 구약 성경에서의 삼위일체 존재를 부정한다. 하지만 도대체 어떻게 기독교 신앙의 중요한 교리 가운데 하나에 대해 침묵할 수 있다는 말인가? 삼위일체 교리가 구약 성경에서 아직 발전되지 않은 교리로 남아 있다는 것을 인정한다 할지라도, 몇몇 구절은 의도적인 수수께끼 같으며 구약 저자들의 본래 의도에 부합되는 궁극적인 삼위일체적 해석을 기다리게 만든다.[1] 요한복음 12:41은 이 점에 있어서 가장 감질나는 진술이다. "이사야가 이렇게 말한 것은 주의 영광을 보고 주를 가리켜 말한 것이라." 믿지 않는 청중과 예수님의 대화 한가운데서 발생한 이 진술은 선지자 이사야가 이사야 6장에 기록된 대로 하늘의 이상을 통해 그리스도의 위격을 어느 정도 이해했음을 주장하는 구절이다. 요한복음에 따르면, 선지자 이사야는 그리스도의 선재성 또는 그의 '영광'을 **어렴풋이** 알아차린

---

[1] 이 어려운 주제의 진전된 논의에 대해서는 다음 책을 참조하라. G. K. Beale and Benjamin L. Gladd, *Hidden but Now Revealed: A Biblical Theology of Mystery* (Downers Grove: InterVarsity Press, 2014), pp. 257-259.

것이다.[2]

요한계시록은 신약 성경에서 삼위일체에 대한 가장 정교한 묘사를 담고 있다. 신약 성경의 다른 부분에서 암시된 것이 요한의 계시록에서 더욱 분명해진다. 계시록에서의 삼위일체는 너무 복합적이며 진전된 것으로서 이 주제로 글을 쓰고자 하면 이내 다루기 힘든 것이 되고 만다. 지면이 제한되어 있기에, 요한계시록에서 삼위 하나님에 대한 한 측면만 다루고자 한다. 나는 다니엘서가 요한의 삼위일체 개념에 대한 대략적인 청사진 또는 모델을 제공한다는 점을 주장할 것이다.

씨앗 형태로 다니엘서는 삼위 하나님의 위격들이 서로 어떻게 관련되며 특히 하나님이 성령님을 통해 종말의 계시에 대한 신비를 어떻게 밝혀 주시고 그에 빛을 비추어 주시는지, 또한 인자(the Son of Man)를 통해 그것을 어떻게 시행해 나가시는지를 묘사한다. 다니엘서의 어떤 부분은 악명 높을 정도로 복잡하며 심지어 비밀스럽다. 그러나 삼위일체 교리를 건전하게 이해하는 데 필요한 요소들은 모두 남아 있다. 사도 요한은 다니엘의 하나님 개념에 빚지고 있으며, 삼위 하나님께서 어떻게 신성 안에서 서로 교통하시는지, 그리고 교회와 어떻게 교통하시는지를 밝혀 준다.

신비의 계시자로서의 하나님

요한계시록 1:1을 그저 스쳐 지나가 버리고 좀 더 극적인 부분을 다루고자

---

[2] 리처드 보컴은 예수님 신성의 배경이 유대인의 일신론에 기초해 있다고 바르게 주장한다. 그리스도는 주님 자신이라는 유일한 위격과 동일시된다(*Jesus and the God of Israel: God Crucified and Other Studies on the New Testament's Christology and Divine Identity* [Milton Keynes: Paternoster; Grand Rapids: Eerdmans, 2008]). 나는 구약이 약간의 수수께끼 같은 본문을 포함하고 있으며 이 본문들은 후일 성경 저자들이 더욱 정교한 삼위일체 교리로 발전시킬 본문들이라 믿기에 이 주장을 더 확장하고자 한다.

하는 유혹에 굴복해서는 안 된다. 요한계시록의 첫 번째 구절은 하나님께서 그리스도에게 주신 계시를 어떻게 드러내시는지를 정교하게 밝혀 준다. 요한은 그의 책을 계시의 '사슬'(chain)로 시작한다. "예수 그리스도의 계시라 이는 **하나님이 그에게 주사**(헨 에도켄 아우토 호 데오스) **반드시 속히 일어날 일들을**(하 데이 게네스타이 엔 타케이) 그 종들에게 보이시려고 그의 천사를 그 종 요한에게 보내어 **알게 하신 것**(에세마넨)이라"(1:1).[3] 요한이 하나님께서[4] 그리스도에게 나타내신 계시의 내용을 어떻게 드러내시는지를 자세히 설명하지 않는다 할지라도, 그는 그 계시의 내용이 의미할 것에 대해 암시를 제공한다. 몇몇 주석가들이 주장했듯이, "반드시 속히 일어날 일들"(하 데이 게네스타이 엔 타케이)이라는 표현과 "알게 하신 것" 또는 "암시하는 것"(에세마넨)이라는 핵심 동사는 다니엘서를 상기시킬 수 있는데 특히 2장을 기억나게 한다.[5] 그러나 주석가들은 "하나님이 그에게 주사"라는 구절을 강조하며 이것을 철저하게 계시록 서언에 적용한다.[6] 특히 다니엘서를 둘러싸고 있는 함축적인 암시의 견지에서 볼 때 하나님께서 그리스도에게 계시를 "주심"의 의미는 무엇인가? 종종 간과되는 이 구절을 올바로 이해하기 위해서 우리는 요한의 견해에 주의할 것이며 하나님께서 계시를 그리스도에게 '주심'에 대한 중요성의 의미를 결정하기 위해 다니엘서를 참조할 것이다.

---

3 따로 언급하지 않는 한, 모든 성경 인용 구절은 새국제역(NIV)에서 가져왔다.
4 "하나님"에 대한 지시는 따로 언급하지 않는 한, 삼위일체의 첫 번째 위격이신 '성부'를 지칭할 것이다.
5 예를 들면, 다음 책을 참조하라. G. K. Beale, *The Book of Revelation*, NIGTC (Grand Rapids: Eerdmans, 1999), pp. 181-183.
6 '디도미'(*didōmi*: 주다)라는 용어는 요한계시록에서, 특히 6-21장에서 준(semi) 전문용어의 용법으로 사용되었다. 대부분의 경우에 하나님은 명시적으로든지 암시적으로든지 이 동사의 주어이다. 종종 하나님의 대적자들은 어떤 종류의 심판을 행할 권세를 받았다(주어에 수동태 동사가 함축되어 있다: 6:2, 4, 8; 7:2 등). 이런 관찰이 중대한 이유는 이 동사가 그 누구도 상대할 수 없는 하나님의 주권적 권세와 관련되어 있기 때문이다. 그러므로 계시록에 포함되어 있는 환상들은 필적할 수 없는 지혜와 권세를 지니신 하나님에 의해 드러난다.

다니엘서의, 계시의 근원으로서의 하나님

다니엘서의 상당 부분은 하나님을 비견할 수 없는 지혜의 근원으로 묘사한다. 각 장은 쉬지 않고 이 요점으로 안내하는데 특히 7:9에서 그분의 초월적인 지혜에 대한 언급으로서 "깨끗한 양의 털" 같은 머리털을 지니신 "옛적부터" 계신 분으로 하나님을 묘사하는 상징적 묘사에서 절정을 이룬다(참조. 레 19:32; 잠 16:31; 20:29). **다니엘서의 중심 주제는 그분의 '지혜' 또는 '신비'를 선별된 개인들(느부갓네살과 다니엘)에게 나타내시는 하나님의 능력에 있다.** 가장 기본적인 수준에서 '신비'(미스테리온)라는 용어는 하나님이 자신의 지혜를 **드러내시는** 것과 관련된다.[7] 이는 다니엘서 전체를 통해 계시하심(revealing) 또는 드러내심(disclosing)과 같은 용어를 잘 적용하고 있음을 보여 준다.[8]

다니엘서 2장에서 하나님은 적대적인 이교도 나라의 멸망과 하나님의 영원한 왕국의 수립(2:28, 44-45)에 대한 당신의 "은밀한 일"을 다니엘에게 "나타내"신다. 비록 계시적 언어가 4장에서는 나타나지 않지만 느부갓네살의 꿈을 계시로 부르는 것은 여전히 유효하다(참조. 4:9). 이와 동일한 특징이 다니엘서 7-12장에서 다니엘이 본 환상에도 적용될 수 있을 것이다. 더욱이 7:1에서 다니엘은 2장과 4장에서의 느부갓네살의 꿈과 유사한 "꿈과 환상"을 보았다. 하나님께서 2장과 4장에서 느부갓네살의 꿈을 알고 해석할 수 있도록 자신의 지혜를 다니엘에게 전달하셨던 것처럼, 이제는 7-12장에서 자신의 지혜를 다니엘에게 직접적으로 드러내시고 그것을 이해할 수 있도록 다니엘을 지혜롭게 하신다.

---

7   다니엘서의 신비에 대한 더 많은 논의에 대해서는 다음 책을 참조하라. Benjamin L. Gladd, *Revealing the* Mysterion: *The Use of* Mystery *in Daniel and Second Temple Judaism with Its Bearing on First Corinthians*, BZNW 160 (Berlin: de Gruyter, 2008), pp. 20-43.

8   '계시하다'(*glh*)라는 동사는 8번 출현하며, 이 단어는 하나님의 "은밀한 것"(2:19, 28-30), "깊고 은밀한 일"(2:22), 그리고 환상(이상)적인 메시지(10:1)를 "드러내심"을 의미한다.

하나님은 먼저 지혜를 계시하시고 그 계시에 대한 해석 부분을 드러내신다. 다니엘서 2장에서 느부갓네살은 꿈을 꾸고 그 해석을 알고 싶어 한다(2:1-13). 하나님은 다니엘에게 "밤에 환상으로"(2:19) 꿈과 해석(은밀한 것: 신비)을 모두 드러내신다. 그리고 다니엘은 2:31-45에서 그것을 설명한다. 이런 하나님의 지혜를 드러내심은 다니엘서에서 34회나 사용된 "해석"(페세르)이라는 용어로 특징지어진다. 다니엘서 7-12장에서는 선지자 다니엘이 먼저 꿈에서 환상을 받은 후에 천사가 그 환상을 해석한 반면, 2장과 4장에서는 느부갓네살이 은밀한 일을 받고 다니엘이 이 환상을 해석한다. 선지자들이 직접 하나님의 계시를 받는 구약 성경의 다른 부분들과 대조적으로 다니엘서의 묵시록적 특징은 이중적인 계시의 본질에 있다.

다니엘서에 의하면, 이 간략한 관찰의 결론은 하나님이 신적이며 감추어진 지혜의 **근원**이시고 특정한 개인들에게 이 지혜를 드러낼 것을 선택하신다는 것이다. 또한 하나님은 이 환상의 해석적 부분을 다른 수신인들에게 나타내신다.

요한계시록의, 계시의 궁극적 근원으로서의 하나님

앞에서 개괄적으로 설명한 모델은 여기 하나님께서 그리스도에게 "반드시 속히 될 일"에 대해 계시로 알려 주시는 요한계시록 1:1과 놀랍게도 잘 들어맞는다. 비록 "비밀"이란 단어(참조. 계 1:20; 10:7; 17:5, 7)가 서언에서 발견되지 않는다 할지라도 이 책은 '묵시록' 장르에 속해 있기 때문에 충분히 암시되어 있다고 본다. 계시록적 문학 장르 안에서 "비밀"(과거에 감추어졌던 일이 이제는 드러난)이란 단어는 하나님께서 자기 메시지를 밝히시는 방편이다. 요한계시록 1:1에 따르면, 하나님은 마지막 날의 비밀을 그리스도에게 알리시며 그리스도는 후에 천사들에게 이것을 알려 주신다.

요한계시록의 마지막 부분인 결언(22:6-21)에서 하나님은 다시 한 번 동일한 방식으로 말씀을 전하신다. 결언의 시작은 1:1에서 소개된 주제를 강화하고 더욱 정교하게 만든다. 여기 결언에서 하나님은 다른 선지자들과 대화하는 특징을 지니신, 계시의 궁극적 근원으로 묘사된다. 더욱이 요한은 다시 한 번 다니엘 2:28, 45을 언급하면서 이 관계를 더욱 단단하게 한다.[9]

다니엘 2:28, 45(칠십인역[Theo])[10]	요한계시록 22:6
"그가 느부갓네살 왕에게 **후일에 될 일**(하 데이 게네스타이 엡 에스카톤 톤 헤메론)을 알게 하셨나이다"(2:28). "크신 하나님이 **장래 일**(하 데이 게네스타이 메타 타우타)을 왕께 알게 하신 것이라 이 꿈은 **참되고**(알레티논) 이 해석은 **확실하니이다**(피스테) 하니"(2:45).	"또 그가 내게 말하기를 이 말은 **신실하고 참된지라**(피스토이 카이 알레티노이) 주 곧 선지자들의 영의 하나님이 그의 종들에게 **반드시 속히 되어질 일**(하 데이 게네스타이 엔 타케이)을 보이시려고 그의 천사를 보내셨도다"

요한이 왜 이런 다니엘서의 내용을 결언에서 언급하고 있는가? 이는 다니엘 2장에 묘사된 바와 같이 영원한 왕국 도래의 초기 성취를 암시할 뿐만 아니라 드러난 비밀의 유일한 근원으로서의 하나님의 속성을 확증해 준다. 기만과 "신성 모독"을 통해 하나님의 진리를 흉내 내려는 요한계시록의 "짐승"과는 대조적으로(예를 들면, 13:5-18), 하나님의 계시는 부패함이 없고 참되며 진실하다. 비밀을 드러내시는 하나님의 능력을 묵시록의 서언과 결언에 두는 구조를 통해서, 요한은 계시의 진정성을 강화하고 그럼으로써 교회는 속임수의 한가운데에서 인내할 수 있도록 격려를 받을 것이다.

---

9   Beale, *Revelation*, pp. 1124-1126.
10 따로 언급하지 않는 한, 칠십인역의 모든 인용구는 칠십인역의 새로운 영어 역본(NETS)에서 가져온 것이다.

비밀한 일의 계시자로서의 그리스도

요한계시록 1:1에서는 계시의 근원으로서의 하나님이 제시되어 있을 뿐만 아니라 그리스도 역시 구별되지만 매우 중대한 역할을 점하고 계신다. 요한은 다소간 모호한 표현인 "예수 그리스도의 계시"(아포칼립시스 이에수 크리스투)라는 말로 시작한다(1:1a). 주석가들은 이것이 어떤 종류의 소유격을 구성하고 있는지에 대해 서로 의견이 다르다. 한편으로는 이것을 "예수 그리스도에 **관한** 계시"(목적격 소유격)로 해석할 수 있다. 다른 한편으로는, 이것은 "그리스도**로부터** 나온 계시"(주격 소유격)일 수도 있다. 몇 가지 이유 때문에 후자가 가장 그럴듯한 해석일 것이다.[11] 만일 요한의 계시록에 담겨져 있는 환상이 "그리스도로부터" 온 것이라면, 이는 독자로 하여금 삼위일체의 두 번째 일원이 계시를 드러냄에 있어서 어떤 독특한 역할을 수행하시는지를 잠시 멈추어 숙고할 수 있게 만든다.

요한계시록 1:1은 그의 천사를 그 종 요한에게 보내어 **"알게 하신 것"**(에세마넨)이라고 진술한다. 동사 '세메이노'(알게 하다)의 주어는 분명하지 않아서 하나님 또는 그리스도일 수 있지만 많은 주석가들은 실제로 그리스도가 주어일 것이라고 주장한다.[12] 아마도 다니엘서의 고대 헬라어 역본에 따르면(2:15은 예외로 하고) 하나님만이 환상을 "알리시"거나 "나타내시는" 분이심은 우연이 아닐 것이다(2:23, 30, 45 OG).[13] 그러나 여기 요한계시록 1:1에서 그리스도는 천사들에게 이 상징적인 환상을 전달하시는 분이시다.

서언에서 정말 매혹적인 묘사 가운데 하나는 요한이 인자를 옛적부터 항상

---

11 Grant R. Osborne, *Revelation*, BECNT (Grand Rapids: Baker, 2002), p. 52.
12 David E. Aune, *Revelation 1-5*, WBC 52A (Dallas: Word, 1997), p. 15.
13 예를 들면, 다니엘 2:45b는 이렇게 말한다. "왕께서 보신 것은 크신 하나님이 장래 일을 왕께 알게 하신 것이라 이 꿈은 참되고 이 해석은 확실하니이다 하니"(NETS).

계시던 분으로 묘사하는 1:14에서 나타나는데, 이는 "그의 옷은 희기가 눈 같고 그의 머리털은 깨끗한 양의 털 같고 그의 보좌는 불꽃이요"라는 다니엘서 7:9에서도 발견된다. 인자를 "흰 머리털"이라는 그림 같은 언어로 묘사함으로 요한은 그리스도의 비길 데 없는 지혜 즉 오직 하나님 한 분만이 소유하신 것과 동일한 지혜를 강조한다.

묵시 문학의 핵심 특징은 천사가 계시를 중개한다는 것이다. 전형적으로 하나님은 계시의 근원이 되시고 탁월한 천사가 그 계시를 개인에게 전달한다.[14] 요한계시록 1:1에서 이런 전달의 "사슬"은 전통적인 동시에 독특하다. 당연하게도 하나님은 계시의 근원이시지만 그리스도께서 이 순서에 있어서 독특한 역할을 차지하신다. "하나님이 그[그리스도]에게 주사 반드시 속히 일어날 일들을 그 종들에게 보이시려고 그의 천사를 그 종 요한에게 보내어 알게 하신 것이라." 따라서 사슬의 순서는 다음과 같다.

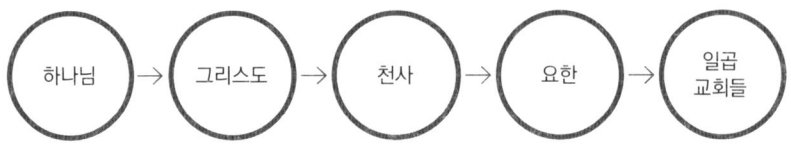

이어지는 구절에서 우리는 "요한은 **하나님의 말씀**(톤 로곤 투 데우)과 **예수 그리스도의 증거**(텐 말티리안 이에수 크리스투) 곧 자기가 본 것을 다 증언하였느니라"(1:2)라는 말씀을 읽는다. 환상을 전달하심에 있어 그리스도께서 독특한 역할을 수행하신다("예수 그리스도의 계시라"[1:1a]). 또한 그리스도는 하나님의 계시

---

14 성경 문학 협회(The Society of Biblical Literature)의 묵시록 그룹에 따르면 "'묵시'는 내러티브 구조를 지닌 계시적 문학의 장르인데, 이는 다른 세상의 존재가 인간 수신자에게 초월적인 현실을 드러냄으로써 전달해 주는 것이다. 이 현실은 종말론적 구원을 마음에 그려 주기에 시간적이고, 그와 동시에 그것이 또 다른 초자연적인 세상과 관계하기에 공간적이다(John J. Collins, 'Introduction: Towards the Morphology of a Genre', *Semeia* 14 [1979], p. 9, 강조점은 원저자의 것이다).

의 궁극적 "증언자"이시며 이 점에 있어서 계시를 천사들에게 신실하게 전하시며 그 진실성을 책임지신다. 또한 결언은 하나님 계시의 최상의 증인으로서 그리스도의 역할을 다룬다. "이것들을 증언하신(호 마르티온) 이가 이르시되 내가 진실로 속히 오리라 하시거늘"(계 22:20).

이런 관찰은 다니엘서가 하나님을 가장 지혜로우시며 은밀한 일에 대한 최상의 계시자로서 제시하고 있음을 보여 준다. 서언과 결언을 통해 다니엘서의 핵심 부분에 대한 암시로서 요한은 삼위일체의 첫 번째 일원이신 하나님을 동일한 방식으로 활동하시는 분으로 묘사한다. 곧, 위대하시고 주권자이신 주께서 선별된 개인을 향해 한 번 더 그의 지혜를 계시하신다는 것이다. 그러나 요한은 계시가 "그리스도로부터" 왔다는 사실을 주장함으로써, 그리고 그 소통의 사슬에 있어서 그리스도에게 탁월한 위치를 부여함으로써, 계시가 임하는 과정에 대한 다니엘의 배열 방식을 발전시킨다. 그리스도께서는 그저 단순히 계시를 중개하시는 분이 아니다. 그리스도는 최고의 '증인'이시며, 하나님의 계시의 근원에 있어서 어떤 역할을 하시는 분이시다(1:2).[15]

계시의 조명자로서의 성령님

성령님 또한 삼위일체의 세 번째 일원으로서 서언에 소개되어 있으며, 요한계시록에서 놀라운 역할을 수행하신다. 요한은 무엇보다도 1:4-5에 기록된 삼위일체의 형식 안에서 성령님을 언급한다. "이제도 계시고 전에도 계셨고 장차 오실 이와 그의 보좌 앞에 있는 **일곱 영**(톤 헵타 프뉴마톤)과[16] 또 충성된 증인으로

---

15 리처드 보컴은 "요한에게 있어서 예수님은 계시의 매개자가 아니라 근원이시다. … 왜냐하면 요한에게 있어서 예수님은 [계시를] 주시는 분으로서 하나님과 관계하시지만 천사는 요한과 함께 방편으로서 기능하기 때문이다."라고 올바르게 덧붙인다(*The Climax of Prophecy: Studies in the Book of Revelation* [New York: T&T Clark, 1993], p. 135).
16 참조. 4Q381 f76_77,13; *T. Reub.* 2,1-3; *T. Sol.* 8,1.

죽은 자들 가운데에서 먼저 나시고 땅의 임금들의 머리가 되신 예수 그리스도로 말미암아 은혜와 평강이 너희에게 있기를 원하노라"(참조. 3:1; 4:5; 5:6). "일곱 영"이라는 이름은 매우 독특한데 주석가들은 이 이름의 배경으로 스가랴 4장을 지목한다("일곱 등잔"[4:2], "영"[4:6], "이 일곱은 온 세상에 두루 다니는 여호와의 눈이라"[4:10], 참조. 계 5:6).

요한계시록 1:4-5은 스가랴 4장과 강한 연관성이 있으며, 구약 성경 구절로 가득하다. 요한계시록에서의 이 유별난 묘사로 볼 때 다니엘서는 이차적 배경으로 간주될 수 있을 것이다. "일곱"이라는 숫자는 다니엘서에서 상징적인 의미를 내포하는데 특히 완전한 기간이라는 시간과 관계한다. 예를 들면, 느부갓네살이 회복되기 전까지 "일곱 때"를 "지내"야 할 것이다(4:16, 23, 25, 32). 아마도 가장 주목할 만한 "일곱"은 "일흔 이레"(세부임 시빔)를 기한으로 정했다고 말하는 다니엘서 9장에서 발견된다(9:24). 이 환상의 나머지 부분은 이 상징적인 숫자를 계속해서 많이 사용한다. "일곱 '이레'", "예순두 '이레'"(9:25), "예순두 '이레'"(9:26), 그리고 "한 '이레' … '이레'"(9:27) 등이 그것이다. 개념적으로 볼 때, 요한계시록에서의 성령의 역할은 다니엘서 안에서 공명되고 있는데 특히 하나님의 종말의 계시의 의미에 빛을 비추어 주시는 방식으로 활동하신다.

다니엘서의, 조명자로서의 성령님

다니엘서에서 "일곱"이라는 숫자는 묵시록적 의미를 지닐 뿐 아니라 다니엘서에서 성령님은 특히 **하나님의 종말 계시를 조명해 주시는 분으로서** 핵심 역할을 수행하신다. 다른 예언서(이사야, 예레미야, 에스겔 등등)와 비교해서 다니엘서를 독특하게 만드는 것은 하나님의 영의 임재와 "은밀한 일" 또는 하나님의 감추어진 지혜 사이의 관계성에 있다. 다니엘서는 "은밀한 일"이라는 용어를 사용하며, 오직 성령님만이 이 용어의 해석을 전해 주실 수 있는 유일한 분이심을 단호하게 주장한다. 다니엘서의 내러티브를 신중히 읽는다면 묵시록적 계시의 수신자들에게 깨달음을 제공해 주시는 성령의 역할을 강조한다는 사실을 알 수 있다.

몇몇 주석가들은 다니엘서의 지혜 논쟁 또는 "왕궁 내러티브"의 중요성을 잘 인식해 왔다. 요셉이나 에스더와 같이 다니엘서에 나타난 이런 왕궁 내러티브는 다른 모든 이들의 지혜보다 더욱 뛰어난 지혜를 가진 이가 왕궁에 거하는 이야기를 전한다. 이런 성공 이야기는 그들의 대적자들의 지혜와 완전히 반대되는 지점에 위치해 있다.

이런 왕궁 내러티브에서 성령 충만한 다니엘이라는 인물은 어리석은 바벨론인들과 비교되면서 두드러진다. 1장에서 '지혜'는 예루살렘에서 포로로 끌려온 소년들을 특징짓는데 주로 사용되었는데 이들은 "곧 흠이 없고 용모가 아름다우며 모든 지혜를 통찰하며 지식에 통달하며 학문에 익숙하여 왕궁에 설 만한" 소년들이었다(1:4). 이 말씀은 다니엘과 친구들을 묘사하는 1:17에서 다시 한 번 등장하는데 이번에는 하나님께서 이런 지혜의 근원이심을 밝힌다. "하나님이 이 네 소년에게 학문을 주시고 모든 서적을 깨닫게 하시고 지혜를 주셨으니 다니엘은 또 모든 환상과 꿈을 깨달아 알더라." 이 구절은 다니엘서에서 모범이 되는 예증적 구절인데 독자들로 하여금 2장에서의 다니엘의 역할을 이해하도록 돕는다.[17] 다니엘은 바벨론 사람들보다 훨씬 더 지혜로웠다. "왕[느부갓네살]이 그들[다니엘과 친구들]에게 모든 일을 묻는 중에 그 지혜와 총명이 온 나라 박수와 술객보다 십 배나 나은 줄을 아니라"(1:20).

다니엘 2:2-13은 바벨론 지혜의 쓸데없음에 대한 가장 긴 이야기이다. 소위 바벨론의 모든 지혜자들이 해석을 알려 주지 못하는 당황스러운 상황(단 4:6; 5:8) 바로 앞에 기록되어 있는 1:17-20에서 다니엘과 그의 친구들이 더 나은

---

17 John J. Collins, *Daniel*, Hermeneia (Minneapolis: Fortress, 1993), p. 144.

"지식"과 "지혜"를 받았다고 말하는 것은 우연이 아니다. 느부갓네살은 모든 방법을 다 동원하기 위해 바벨론의 모든 지혜로운 자들을 불렀다. "왕이 그의 꿈을 자기에게 알려 주도록 박수와 술객과 점쟁이와 갈대아 술사를 부르라 말하매"(2:2). 이 모든 지혜로운 자들의 범위는 실로 어마어마했다. 그들은 박수[18]와 술객과 점쟁이와 갈대아 술사 등이었으며 이들은 분명 바벨론 지혜의 전형을 보여 준다.

바벨론의 지혜자들은 무기력했다. 꿈의 내용을 알지 못한다면 해석을 낼 수 없었던 것이다(그들은 두 번씩이나 왕에게 꿈의 내용을 설명해 줄 것을 간청했다[2:4, 7]). 다소간 예증적인 단락은 2:2-11이다. "왕이 그의 꿈을 자기에게 알려 주도록 박수와 술객과 점쟁이와 갈대아 술사를 불렀는데" 그들은 "왕께서 물으신 것은 어려운 일이라 육체와 함께 살지 아니하는 신들 외에는 왕 앞에 그것을 보일 자가 없나이다"라고 외칠 수밖에 없었다. 바벨론의 지혜자들은 직접적인 계시에 내밀히 관여할 수 없다고 선언한다. 그들은 그 꿈을 설명하거나 해석할 능력이 없었고 그럴 만한 자료도 갖지 못했다.

바벨론의 신들도 이런 정보를 지혜자들에게 알려 줄 수 없었다. 그러나 다니엘의 하나님은 그런 신들과는 다르다. 하나님은 계시하심으로 자신을 드러내신다. 2:10-11과 직접 대조하면서 다니엘은 다음과 같이 진술한다.

> 왕이 물으신 바 은밀한 것은 지혜자나 술객이나 박수나 점쟁이가 능히 왕께 보일 수 없으되 오직 은밀한 것을 나타내실 이는 하늘에 계신 하나님이시라 그가 느부갓네살 왕에게 후일에 될 일을 알게 하셨나이다 (2:27-28; 47절을 보라)

그러므로 이 두 구절(2:10-11, 27-28)은 다니엘과 바벨론 지혜자들 사이의 논

---

18   다음을 보라. 창 41:8, 24; 출 7:11, 22; 8:3, 14; 9:11.

쟁을 확인시켜 주기 때문에 다니엘서의 해석에 있어 매우 중요하다. 이 양자 간의 논쟁의 본질은 바벨론 지혜자들이 점치는 일과 대조되는 다니엘의 방법에 관한 것이 아니라, 바벨론인들의 우상 숭배적인 지혜와 비교되는 다니엘의 신적 지혜에 있다. 다니엘이 바벨론 지혜자들과 충돌하는 바로 이 중대한 때에, 성령님께서 다니엘의 내러티브에 핵심 인물로 등장한다.

전조는 이미 드러난 일을 해석하는 것이기 때문에 바벨론의 점치는 자들이 이 정도의 직접 계시를 받는 것은 불가능하다. 그러나 다니엘의 하나님은 직접적인 계시를 산출하시는 분이시다. "오직 은밀한 것을 나타내실 이는 하늘에 계신 하나님이시라"(2:28). 그러므로 다니엘은 그의 지혜가 참되신 하나님으로부터 직접 오기 때문에 진정으로 지혜자이다. 다니엘은 자기 스스로 지혜로운 자가 된 것이 아니라 그의 하나님과 성령님의 역사하심으로 지혜자가 된 것이다.

한편 느부갓네살은 4장에서 다시 한 번 그의 지혜자들을 불러 모아 꿈을 해석하고자 한다(4:6-7). 하지만 4장의 이 구절은 느부갓네살이 자신의 꿈을 분명히 설명했다는 점에서 2장과 다르다. 지혜자들에게 기회가 주어졌다. 꿈의 내용이 상세히 공개되었고 해석자들은 준비되었다. 하지만 꿈을 자세히 설명해 주었는데도 지혜자들이 그 꿈을 해석하는 데 실패하고 말았기에 왕은 크게 분노한다. 이 점에 있어서 이 내러티브는 바벨론의 점치는 자들의 전적인 무능력을 지적한다. 마지막으로 느부갓네살은 4:8[4:5, 맛소라 사본]에서 다니엘을 부른다. "그 후에 다니엘이 내 앞에 들어왔으니 (그는 내 신의 이름을 따라 벨드사살이라 이름한 자요 그의 안에는 **거룩한 신들의 영이**[루아흐 엘라힌 카디쉰] 있는 자라) 내가 그에게 꿈을 말하여 이르되." 칠십인역(데오도션 역본)은 "그 안에 거룩한 신적 영이 있는"(호스 프뉴마 데오 하이곤 앤 헤아우토 에체비)으로 번역하여 "영"을 수식하기 위해 "거룩한"을 사용함으로 이 구절을 약간 조정한다. 그 결과로, 성령의 위격과 함께 다니엘이 느부갓네살의 꿈을 이해하는 데 있어서 성령이 하시는 역할을 분명히 지칭한다.

다니엘과 바벨론의 점치는 자들은 5장에서 다시 한 번 충돌하는데 이번에는 벨사살 왕 치하에서 충돌한다. 벨사살 왕이 성소에서 탈취해 온 거룩한 그릇들로 큰 잔치를 베풀었는데 갑자기 "그때에 사람의 손가락들이 나타나서 왕궁 촛대 맞은편 석회벽에 글자를" 쓰기 시작했다(5:5). 그러자 놀란 벨사살이 술객과 술사와 점쟁이를 불러들였지만(5:7) 이 수수께끼 같은 글자를 풀 수 있는 사람은 아무도 없었다. "그때에 왕의 지혜자가 다 들어왔으나 능히 그 글자를 읽지 못하며 그 해석을 왕께 알려 주지 못하는지라"(5:8). 그들의 지혜는 다시 한 번 실패했다. 하지만 다니엘은 그들이 머뭇거리고 실패한 그곳에서 다시 한 번 정확히 성공했다(5:25-28). 다니엘은 거룩한 신들의 영을 소유했기에(5:11) 이 수수께끼 같은 글자를 해독할 수 있었다. 아람어는 "거룩한 신들의 영"(루아흐 엘라빈 카디쉰)이라고 번역하고, 칠십인역은 이 구절을 "하나님의 영"(프뉴마 데오)으로 번역했다.

이어지는 구절에서 왕비는 벨사살 왕에게 왜 그의 아버지가 다니엘을 높은 지위에 올렸는지를 상기시킨다. "왕[느부갓네살]이 벨드사살이라 이름하는 이 다니엘은 마음이 민첩(루아흐 야티라)"하기 때문에 그렇게 했다는 것이다(5:12). 칠십인역은 다시 한 번 이 구절의 모호성을 제거한다(여기 '루아흐'는 아마도 다니엘의 인격 또는 마음을 지칭할 것이다[참조. NIV, ESV, NJPS]). 고대 헬라어(OG) 역본은 이 구절을 "거룩한 영"(프뉴마 하기온)이라고 번역한다.[19]

다니엘서의 마지막 환상에서 "은밀한 일"에 대한 이해라는 이 주제는 계속되는데 여기서는 이스라엘의 많은 사람들에게 적용된다. 다니엘 11:33은 이것을 가장 분명하게 보여 준다. "백성 중에 **지혜로운 자들**(마스킬레 암)이 많은 사람을

---

19 칠십인역의 데오도션 역본은 이것을 "비범한 영"(extraordinary spirit, *pneuma perisson*)이라고 읽는다. 동일한 형식이 다니엘 6:3[6:4, 맛소라 사본]에 한 번 더 나온다. "그[다니엘]가 마음이 민첩하여(루아 야티라)". 칠십인역에 대한 두 번역본 모두 다음과 같이 번역한다. 고대 헬라어 역본은 이것을 '거룩한 영'(*pneuma bagion*)이라 읽고 데오도션 역본은 "비범한 영"(*pneuma perisson*)이라고 읽는다.

가르칠 것이나 그들이 칼날과 불꽃과 사로잡힘과 약탈을 당하여"(참조. 11:34-35; 12:3, 10). 비록 몇몇 차원에서 수수께끼 같은 부분이 있지만 우리는 이스라엘 내에서 몇몇 이들이 "지혜로운 자들"이 되어 이스라엘의 남은 자들(즉, '많은 사람')을 가르칠 것임을 깨닫게 된다. 어떤 이들이 잘 이해했듯이 다니엘은 반드시 "지혜로운 자들" 가운데 하나로 간주되어야 한다.[20] 이런 연결의 중요성은 어떤 의미에서 의로운 이스라엘이 모두 다 '작은 다니엘들'이 될 것이며, '마지막 날'의 사건들에 관한 하나님의 지혜를 이해하게 될 것이라는 데 있다.

다니엘의 광대한 내러티브를 좀 더 상세하게 분석해 보면, 세 가지 사항을 배울 수 있다. (1) 바벨론의 지혜자들과 완전히 대조되는 것으로, 다니엘은 은밀한 일들을 이해할 수 있도록 하나님께 능력을 받았다. 바벨론 사람들이 실패한 부분에서 다니엘은 성공한다. (2) 다니엘서의 아람어와 헬라어 역본은 지혜를 이해하는 다니엘의 통찰력이 삼위일체의 세 번째 위격 덕분이라고 말한다. (3) 종말의 날에 의로운 이스라엘 사람들은 다니엘처럼 아마도 성령에 힘입어 하나님의 묵시록적 지혜를 이해하게 될 것이다.

요한계시록의 일곱 영

앞에서 진술한 바와 같이, 요한계시록 서언의 개론적 부분(1:1-4)은 몇 가지 면에서 독특하다. 오직 하나님과 그리스도만 언급되어 있음을 상기하라. "예수 그리스도의 계시라 이는 하나님이 그에게 주사"(1:1a). 성령님은 일곱 교회에 보내는 편지의 인사말 부분에서 언급되기 전까지는 등장하지 않는다. "요한은 아시아에 있는 일곱 교회에 편지하노니 이제도 계시고 전에도 계셨고 장차 오

---

20 예를 들면, 다음 책을 참조하라. Stefan Beyerle, 'Daniel and Its Social Setting', in John J. Collins and Peter W. Flint (eds.), *The Book of Daniel: Composition and Reception*, VTSup 83 (Leiden: Brill, 1993), pp. 205-228.

실 이와 그의 보좌 앞에 있는 **일곱 영**과 또 충성된 증인으로 죽은 자들 가운데에서 먼저 나시고 땅의 임금들의 머리가 되신 예수 그리스도로 말미암아 은혜와 평강이 너희에게 있기를 원하노라"(1:4-5a). 여기서 성령님은 다른 신약 성경의 개론적 부분에서 발견되는 형식처럼 하나님과 그리스도와 함께 결합되어 나타난다(참조. 벧전 1:1-2).

놀랍게도, 요한계시록 2-3장의 일련의 형식적 표현에서 잘 드러나는 것처럼 성령님은 탁월한 역할을 수행하신다. "귀 있는 자는 성령이 교회들에게 하시는 말씀을 들을지어다"(2:7a; 참조. 2:17, 29; 3:6, 13, 22). 계시의 과정에 있어서 성령님의 역할에 대한 이 언급들은 1:1의 계시 전달의 사슬의 관점에서 볼 때 가장 독특하다. 요한은 왜 1:1의 계시 전달 사슬에서는 성령님을 생략하고 요한계시록 2-3장에서는 성령님을 포함시켰을까? 성령님께서는 계시의 근본적인 행위자가 아니신가?[21] 요한계시록에서 나타난 성령님을 전체적으로 살펴보면 우리는 다시 한 번 잠시 멈추고 생각하게 된다. 요한계시록에서는 성령님에 대한 명백한 언급이 어느 한 곳에 집중되는 경향이 있기 때문이다. 요한계시록에는 "영"(프뉴마)이라는 용어가 총 20회 등장하는데 그 가운데 8번이 2-3장에서 나타난다.

이렇게 관찰한 내용의 중요성을 즉시 결정하는 것이 쉬운 일은 아니다. 그러나 실마리는 각각의 교회들에게 보내는 편지의 시작과 마지막 부분에 암시되어 있다. 각각의 편지는 매우 동일한 방식으로 시작하고 끝난다. 예를 들면, 에베소에 보내는 편지는 "에베소 교회의 사자에게 편지하라: **이는 그의[그리스도] 말씀이라**"(2:1a)로 시작하며, "귀 있는 자는 **성령이** 교회들에게 하시는 말씀을 들

---

21   요한이 성령님의 역할을 분명하게 포함시킴으로 마태의 표현("귀 있는 자는 들을지어다"[마 11:15; 13:9, 43])을 발전시키고 있음을 주목하라(Beale, *Revelation*, pp. 236-239; Bauckham, *Climax of Prophecy*, pp. 92-117).

을지어다"(2:7a)라는 말씀으로 끝난다.²² 나머지 여섯 개의 편지들도 동일한 구조를 따른다(2:8, 11-12, 17-18, 29; 3:1, 6). 각각의 편지는 인자로부터 나오는 개론적 메시지를 동반한 서론이 첨부되어 있고 이 편지를 선포하심에 있어서의 성령님의 역할에서 그 절정을 이룬다. 성령님께서는 인자의 선지자적 메시지를 받아들일 수 있게 하시며 일곱 교회의 회중이 그 진리의 말씀을 적용함에 있어서 도움을 주신다. 따라서 우리는 요한계시록 1:1의 메시지 전달 사슬 구성을 다음과 같이 종합할 수 있을 것이다. "계시는 하나님으로부터 나와서 그리스도에 의해 증언되고 사자들에게 전달되며 그 후에 요한에게, 그리고 그 환상을 이해하고 적용하시는 성령님의 사역을 의존해야 하는 일곱 교회들에게 전달되었다." 만일 성령님의 도움이 없다면, 그 환상은 그저 공허하게 들릴 것이다. "성령님은 책망하시고 용기를 주시며 약속하시고 위협하시며, 듣는 이의 마음과 지성과 양심을 다루시고 이끄심으로 그리스도의 강력한 말씀을 교회에 가져오신다."²³

요한계시록의 중심 주제 가운데 하나는 교회가 그 환상과 상징들을 이해하도록 권고하는 것이다. 요한계시록 1:3은 문법적으로 다음과 같이 읽을 수 있다. "이 예언의 말씀을 크게 읽는 자는 복되도다. 이 말씀을 **듣는 자와** 그 가운데에 기록한 것을 **마음에 새기는 자는** 복되도다. 왜냐하면 때가 가깝기 때문이다." 여기 '듣는다'(호이 아쿠온테스)는 말과 '마음에 새긴다'(테로운테스)는 단어는 영적 통찰력을 가질 것과 요한계시록의 진리를 사려 깊게 적용할 것을 의미한다. 더욱이 요한계시록은 일반적으로 사람들을 두 부류로 나누는데, 곧 어린양을 따르는 사람들과 짐승을 따르는 사람들이다. 어린양을 예배하는 사람들은 우주를

---

22 사데 교회에 보내는 편지에서 인자는 "일곱 영과 일곱 별을 가지신 이"(3:1)로 묘사된다. 이는 그리스도의 메시지와, 교회와 그들의 대표들(예를 들면, "별들")이 그 메시지를 이해하고 적용할 수 있도록 하시는 성령님의 역할 사이의 긴밀한 관계를 암시한다.
23 Bauckham, *Climax of Prophecy*, p. 161.

향한 하나님의 계획과 하나님에 대한 진리를 이해하는 한편, 짐승을 경배하는 사람들은 미혹을 당하며 짐승의 거짓말에 속는다. 이 두 부류를 구분하는 요인은 신자의 삶에 역사하시는 성령님의 사역이다.[24] 성령님의 도움이 없이는 신자는 요한계시록의 은밀한 일을 이해할 수 없다.[25]

요한계시록에 대한 이런 관찰들의 결과는 매우 분명하다. 그것은 성령님께서 다니엘서에서 그러한 것처럼 요한계시록에서도 동일한 능력으로 기능하신다는 것이다. 두 경우 모두에 성령님은 묵시록적 "은밀한 일"을 파악할 수 있는 능력을 주신다. 다니엘과 바벨론 "지혜자들" 사이의 논쟁과 같이, 요한계시록에서 성령으로 충만한 신자들은 진리를 인식할 수 없는 자들과 확고하게 대조된다. 앞에서 언급한 바와 같이 다니엘 11장은 "많은 사람들"을 가르치는 "지혜로운 사람"을 마음속에 그린다(예를 들면, 의로운 이스라엘 사람들). 요한계시록은 이런 형식을 따라서 요한을 "많은 사람"(예를 들면, 일곱 교회)을 가르치는 "지혜로운 자"로 간주한다. 이제 **모든** 신자들은 요한계시록의 하나님의 비밀을 이해할 수 있게 하시는 성령의 능력을 소유한다(참조. 고전 2:6-16).

다니엘의 환상을 시행하시는 이로서의 인자

지금까지 우리는 삼위일체의 첫 번째와 세 번째 위격에 대해 논했으니 이제는 그리스도의 위격을 살펴보면서 그리스도께서 다니엘의 구조에 얼마나 잘 들어맞는지에 관심을 기울일 것이다. 너무 멀리까지 갈 필요도 없다. 요한계시록

---

24 요한계시록 13:18은 환상을 이해함에 있어서 성령님이 하시는 역할에 관한 실마리를 제공한다: "지혜가 여기 있으니 총명한 자는 그 짐승의 수를 세어 보라 그것은 사람의 수니 그의 수는 육백육십육이니라"(참조. 17:9). 이는 하나님의 영을 소유한 자들만이 신적 지혜를 이해할 수 있다고 주장하는 다니엘서의 강조점과 닮아 있다.
25 "일곱 영"(1:4; 3:1; 그 외)이라는 독특한 이름은 요한계시록 2-3장의 일곱 교회들과 상응한다. 중요한 사실은 전체로서의 요한계시록 메시지가 신자들을 강하게 하시고 그 진리를 신자들에게 적용하시는 성령님의 역할과 결합되어 있다는 것이다.

을 시작하는 환상에서 그리스도는 명백하게 "인자"와 동일시된다.

> 몸을 돌이켜 나에게 말한 음성을 알아보려고 돌이킬 때에 일곱 금촛대를 보았는데 촛대 사이에 **인자** 같은 이가 발에 끌리는 옷을 입고 가슴에 금띠를 띠고 **그의 머리와 털의 희기가 흰 양털 같고 눈 같으며** 그의 눈은 불꽃같고 그의 발은 풀무불에 단련한 빛난 주석 같고 그의 음성은 많은 물소리와 같으며 (1:12-15)

인자와 그의 "흰 머리"라는 조합은 분명히 다니엘 7장을 상기시킨다. 요한계시록 1:12-15의 난제에 빠져 허우적거리지 않으려면 우리는 몇 가지 특별한 부분에 집중해야 한다. 첫째, 인자는 분명하게 "옛적"부터 계신 분과 동일시되는데 이는 그리스도께서 의심의 여지 없이 신적이심을 지시한다. 둘째, 그리스도는 하나님께서 언젠가 자기의 영원한 왕국을 세우시리라는 다니엘의 종말 예언을 시행하실 분이시다. 요한계시록 1:18은 인자의 죽음과 부활의 결과를 표현한다. "곧 살아 있는 자라 내가 전에 죽었었노라 볼지어다 이제 세세토록 살아 있어 **사망과 음부의 열쇠를 가졌노니**." 그리스도의 죽음과 부활로 인해 삼위 하나님은 죽음을 정복하고 새 창조를 시작할 수 있게 되었다. 새 창조는 요한계시록의 중심 주제이다. 인자의 죽음과 부활이 없었다면, 삼위 하나님은 악을 단호히 심판하거나 새 하늘과 새 땅을 그분들의 충만으로 세우실 상황에 있지 않았을 것이다.

충분히 분명해 보이긴 하지만, 명심해야 할 것은 요한계시록에 따르면 그리스도는 인자에 대한 다니엘의 예언이 성취되는 데 있어서 자신의 역할을 수행하신다는 점이다. 요한계시록에 기록된 그리스도의 많은 사역, 특히 1장과 4-5장에서의 사역은 대부분 다니엘서 7장의 렌즈로 보아야 한다.[26] '인자'라는

---

26   G. K. Beale, *The Use of Daniel in Jewish Apocalyptic Literature and in the Revelation of St. John* (Lanham: University Press of America), pp. 154-228.

인물은 요한의 모든 환상 전체를 통해 명시적으로 또는 암시적으로 나타난다(참조. 1:7, 13; 11:15; 14:14-16). 요한계시록에서 인자의 특별한 역할 하나를 소개하기 전에 나는 먼저 다니엘 7장을 살펴서 그 인접한 문맥을, 그리고 보다 넓은 문맥을 개략적으로 살펴볼 것이다.

다니엘서의 인자, 그리고 하나님의 영원한 왕국 수립

다니엘 7장은 그 복잡성에도 불구하고 대체적으로 직선적이고 솔직하다. 옛적부터 계신 이가(7:9) 인자를 통해 세상의 이방 왕국들을 심판하시고 그의 영원한 왕국을 세우신다(7:13). 다니엘 2장은 떠오를 네 왕국(아마도 바벨론, 메대-바사, 헬라, 로마)을 요약하는데 네 번째이자 마지막 왕국은 하나님의 영원하신 왕국에 길을 내주어야 할 것이다. 이 동일한 종말의 시간이라는 청사진은 7-12장에서 계속된다. 2장과 7-12장 사이의 중심적인 차이는 이 네 왕국이 서로 어떻게 반응하며 인자를 통해 하나님의 왕국이 어떻게 이전의 이방 왕국들을 정복하는지에 대한 뛰어난 묘사에 있다. 다니엘 7장의 네 마리 짐승은 아마도 2장의 신상의 네 부분과 동일할 것이다. 그들은 "하늘의 네 바람이 큰 바다로 몰려 불더니" 서로 삼키는 것으로 보인다(7:2). 바다는 악과 반역의 전형이다. 이 왕국들은 상징적으로 기괴하게 묘사되는데, 이는 그들의 오만함과 파괴적인 성질을 나타내 준다.

이 환상은 다시 하늘의 보좌로 돌아가는데, 불가해한 인물인 "인자 같은 이가" 하늘 구름을 타고 와서 옛적부터 계신 이에게 나아간다(7:13). 그때 인자는 기업을 받는다. "그에게 권세와 영광과 나라를 주고 모든 백성과 나라들과 다른 언어를 말하는 모든 자들이 그를 섬기게 하였으니 그의 권세는 소멸되지 아니하는 영원한 권세요 그의 나라는 멸망하지 아니할 것이니라"(7:14).

7장의 나머지 절반은 이 환상을 해석하는 데 할애된다(7:15-27). 네 마리 짐승은 "네 왕" 또는 "네 왕국"을 상징한다(17절). 마지막 왕국은 좀 더 상세하게 논의되는데 특히 "작은 뿔"에 그러하다(8절). 열 "뿔"은 열 "왕"을 지칭한다(24절). 마지막 "뿔" 또는 "왕"은 다른 왕들을 적대하며 이스라엘을 괴롭게 하고 속이며 하나님을 말로 대적한다(20-21, 24-25절).

"인자"라는 인물을 정확히 확인하는 것은 지극히 어려운 일이다. 어법은 매우 어렵고 7:13-14은 쉽게 해석할 수 없는 구절이다. 다니엘에서 "인자" 또는 "인자들"은 인류에 대한 일반적인 지칭이다(2:38; 5:21). 다니엘서의 헬라어 번역본들(데오도션 역본과 고대 헬라어 역본)은 사람들(2:38)과 다니엘 자신(8:17), 그리고 사자들(10:16) 등을 언급하는 데 이 구절을 사용한다. 따라서 이 구절은 두 가지 일반적인 범주 즉 사람과 사자들(천사들)을 지칭하는 것으로 보인다.

이 인물을 이해하는 데 더욱 깊은 통찰력을 제공하는 것은 "인자"가 옛적부터 계신 이에게 나아가는 방식이다. 인자는 하늘 구름을 타신다. "내가 또 밤 환상 중에 보니 인자 같은 이가 **하늘 구름을 타고 와서**"(7:13). 구약에서는 구름을 타신다는 것이 오직 하나님께만 적용되는 표현이다(출 19:9; 겔 1:4; 시 18:11; 97:2; 104:3). 천사들에게도 구름을 타는 특권은 허락되지 않았다. 다니엘서는 상징적으로 수수께끼 같은 신적 인물로서의 인자에 초점을 맞추고 있다.[27] 이 인물이 어떻게 옛적부터 계신 이와 관계되어 있는가는 직접적인 문맥으로 볼 때 분명

27　칠십인역(고대 헬라어 역본)은 인자가 신적 특질을 지녔음을 확증한다. "내가 밤에 환상 중에 보니 인자 같은 이가 하늘 구름을 타고 와서 옛적부터 계신 이에게 인도되매 함께한 자들이 그와 함께 있더라." 9절에 따르면 다니엘은 옛적부터 항상 계신 이가 왕좌에 앉으신 것을 보았다. 몇 구절 뒤에 있는 13절을 보면 선지자는 또 다른 "인자로서" 묘사된 분, 또는 "인자 같은" 이를 본다. 이 인물은 천사 같은 존재인가? 나머지 구절은 이에 부정적으로 대답한다. 왜냐하면 "옛적부터 항상 계신 이"라는 또 다른 직함이 이 인물에게 주어졌기 때문이다. 고대 헬라어 역본에 따르면 13절에는 하나의 인물만 등장한다. 인자는 또한 "옛적부터 계신 이"시다. 김세윤은 이를 다음과 같이 올바르게 조합한다. "우리는 '인자 같은' 하늘의 인물이 '옛적부터 항상 계신 이'로 묘사되고 있다고 결론 내려야 한다." 즉 다니엘은 옛적부터 계신 이 외에 "인자 같은 이와 옛적부터 항상 계신 이"라는 천상의 인물을 본 것이다(The 'Son of Man' as the Son of God, WUNT 30 (Tübingen: Mohr Siebeck, 1983], p. 37). **우리가 추론할 수 있는 것은 고대 헬라어 역본은 인자를 신적 인물로 해석했다는 것이다.** 칠십인역이 천사들이 인자를 섬기고 경배하는 존재로 보고 있다는 점에서, '아우토'(autō)가 '인자'라는 말과 밀접하게 붙어 있는 것은 이런 해석을 더욱 진전시킨다.

하지 않다. 유일한 실마리는 7:13b에서 발견된다. "그가[인자 같은 이가] … 옛적부터 항상 계신 이에게 나아가 그 앞으로 인도되매." 그러므로 적어도 인자는 옛적부터 계신 이와 함께하는 독특한 협력적 관계를 즐거워하는 분이시다.[28]

아마도 하늘의 존재가 왜 "인자"라고 묘사되었는지는 참된 이스라엘과의 긴밀한 일체화로부터 흘러나올 것이다. 예를 들면, 인자는 "권세와 영광과 주권적 능력"과 "영원한 권세"와 "나라"를 받는다(7:14). 초기 환상의 "해석"에 따르면, 인자라는 인물은 7:18, 22와 27에서 이스라엘의 남은 자로 대치된다. 이스라엘의 의로운 남은 자는 "왕국을 얻을 것이며 그것을 영원히 누릴 것이다"(7:18; 7:22, 27을 보라). 인자와 이스라엘의 남은 자는 서로 동일시된다. 이 환상의 해석적 부분은 인자를 이스라엘의 "거룩한 백성"과 동일시한다. 성경에서 왕들이나 고귀한 자들은 종종 나라나 더 큰 집단을 대표한다(수 7:1-5; 대상 21:1-17; 삼하 21:1). 여기서 인자는 의로운 이스라엘 사람들을 대표한다(따라서 이 구절은 "사람의 아들"이다). 따라서 인자가 네 번째이자 마지막 짐승을 정복하실 때 그의 행동은 단체에 전가된다. 이제 남은 자는 그들의 대표이신 인자가 그들의 원수를 정복했기 때문에 왕국을 받을 위치에 있게 된다. 이와 반대로, 의로운 이스라엘 백성들에게 참된 것은 역시 인자에게도 참된 것이다. 예를 들면, 다니엘 7:21은 "내가 본즉 이 뿔이 **성도들과 더불어 싸워 그들에게 이겼더니**"라고 말한다. 여기서 남은 자는 극심한 박해를 받게 되는데 이는 인자 역시 격심하게 고난을 받

---

28 『에녹 1서』는 인자를 선재하신 분으로 제시한다. 그[인자]는 주의 영 앞에서 **창세전에 영원까지 감추어졌던 분이시다**(『에녹 1서』 48.6). 이 본문 외에 여러 본문들(참조. 『에녹 1서』 62.7-9)도 인자라는 인물이 창조 이전에 존재하셨던 것으로 묘사한다. 아마도 『에녹 1서』는 다니엘 7:13의 인자가 이 세상에서 오셔서 통치하시기 이전에 하늘에서 존재하셨던 신적 존재(고대 헬라어 역본과 다른 곳에서 하나님을 묘사하는 "구름을 타고 오심"이라는 말씀의 암시에 따르면)라는 이해를 통해 이런 개념을 발전시킨 것으로 보인다. 비록 이런 선재하시는 인물이 구약이나 유대주의에서 광범위하게 발전되지 않았다 할지라도 이런 개념에 대한 일반적인 선례가 있다. 일반적으로 유대주의와 초기 기독교가 어떻게 종말에 오시는 통치자의 선재하심의 개념을 발전시켰는지에 대한 그 이상의 연구에 관해서는 다음 책을 참조하라. Simon J. Gathercole, *The Preexistent Son: Recovering the Christologies of Matthew, Mark, and Luke* (Grand Rapids: Eerdmans, 2006).

게 될 것을 암시한다.

요약하자면, 다니엘 7장의 일반적 요점은 이방을 향한 옛적부터 계신 이의 종말 심판과 그의 영원한 왕국 수립에 관한 것이다. 비록 이 반역하는 왕국들이 하나님의 백성과 심지어 인자까지도 박해하겠지만 하나님께서 마침내 그들을 구원하시며 그분의 왕국을 세우실 것이다. 옛적부터 계신 이와 인자와의 관계는 완전히 해결되지 않았고 인자가 네 왕국을 **어떻게** 정복하실 것인지도 분명하지 않다(고난을 통해서?). 그러나 인자는 승리하실 것이며 성도들은 왕국을 상속받을 것이다.

요한계시록의 인자와 하나님 왕국 수립

이제까지 다니엘 7장을 간략하게 개관했기에 우리는 요한계시록 1:12-14에 기록된 요한의 묘사를 바르게 이해할 수 있다. "인자 같은 이가 … 그의 머리와 털의 희기가 흰 양털 같고 눈 같으며." 다니엘 7장에서 수수께끼처럼 표현된 것이 여기 요한계시록 1장에서 분명해진다. 다니엘 7장에서는 옛적부터 계신 이와 인자와의 엄밀한 관계를 결정하는 것이 어려웠지만 요한계시록 1장에서는 이 관계를 좀 더 분명하게 이해할 수 있다.

요한계시록 1:12-16에서의 인자는 옛적부터 계신 이와 친밀하게 관계하고 있으며 특히 비견될 수 없는 지혜와 분별력에 있어서 더욱 그러하다('흰' '머리'[참조. 잠 16:31]). 하나님과의 관계에 있어서 인자의 정체는 1:17b에서 더욱 강화된다. "그가 오른손을 내게 얹고 이르시되 두려워하지 말라 **나는 처음이요 마지막이니**"(22:13을 보라). "처음이요 마지막"이라는 직함은 1:8a에서의 하나님 자신에 대한 묘사("나는 알파와 오메가요")를 생각나게 하고, 이는 핵심적인 이사야 말씀(41:4; 44:6; 48:12)을 상기시킨다. 인자는 실상 신적이시며, 초월적인 하나님의 높은 지위를 즐거워하신다. 그럼에도 인자는 구분되며 일곱 촛대 사이를 거니시는 분이시다(2:1).

또한 다니엘 7장은 요한계시록 4-5장을 구성하는 역할을 수행한다. 빌(G. K. Beale)은 요한계시록 4-5장의 환상은 에스겔 1-2장과 다니엘 7장이라는 구약 성경 본문에 전적으로 의존한다고 주장한다.[29] 후자의 본문이 전자의 본문보다 더욱 요한계시록 4-5장의 주 배경이 된다. 요한계시록 4-5장의 환상을 다니엘 7장을 따라서 제시함으로써, 요한은 실상 다니엘 7장의 예언이 그리스도의 죽음과 부활로 시작되었다고 선언한다.[30] 그리스도의 죽음과 부활을 통해 하나님은 그의 영원한 왕국을 세우시고 만국을 통치하신다.

다니엘 7-8장과 사탄적 삼위일체

다니엘서는 요한의 삼위일체에 대한 이해를 구성할 뿐만 아니라 요한계시록 13장의 사탄적 삼위일체의 개념에 대한 청사진도 제공한다. 요한계시록 13장의 세 마귀적인 존재들(용, 바다에서 올라오는 짐승, 땅에서 올라오는 짐승)은 참된 삼위일체의 모형을 따른다.[31] 놀랍게도 요한은 다시 한 번 두 마리의 기괴한 짐승들과 사탄의 동맹을 묘사하기 위해 다니엘서를 언급한다.

요한계시록 13:1-2에서 바다에서 올라온 첫 번째 짐승은 다니엘 7장의 네 마리 짐승의 속성을 닮았다(열 뿔[13:1/ 7:24]; 표범[13:2/ 7:6] 등). 요한계시록 13장 사건의 일반적인 순서는 다니엘 7장에 언급된 사건들의 순서를 기억나게 한다(다음 표를 참조하라).[32]

---

29 Beale, *Revelation*, pp. 313-316.
30 Ibid., p. 368.
31 Bauckham, *Climax of Prophecy*, pp. 434-435; Beale, *Use of Daniel*, pp. 229-248.
32 다니엘서에 대한 그 이상의 암시에 대해서는 다음 책을 참조하라. Bauckham, *Climax of Prophecy*, pp. 424-425.

다니엘 7장	요한계시록 13장
'바다'에서 올라오는 네 마리 '짐승'(7:3)	'바다'에서 올라오는 '짐승'(13:1)
인자가 '권세'를 받음(7:14)	'짐승'이 용에게서 '권세'를 받음(13:2)
인자가 백성과 나라들의 섬김을 받으심(7:14)	용이 불신자들에게 '경배'를 받음(13:3-4)[33]
'또 다른 왕'이 '말로 하나님을 대적할 것'(7:24-25)	짐승이 '과장되고' '신성 모독적인 말'을 함(13:5-6)

다니엘서 7장의 견지에서 볼 때 요한이 사탄적 삼위일체를 구조화한 것의 의미는 두 가지이다. (1) 다니엘서를 삼위 하나님이 어떻게 기능하시는지에 대한 대략의 청사진으로 보는 것은, 비록 씨앗의 형태라 할지라도, 여전히 유효하다. 만일 다니엘서가 요한의 사탄적 삼위일체의 이해를 위한 기초라면 요한의 삼위 하나님의 개념을 형성함에 있어서는 얼마나 더 그러하겠는가? (2) 사탄적 삼위일체는 삼위 하나님을 열심히 흉내 내려는 일이다. 하나님께서 그분의 백성에게 종말의 진리를 계시하시는 곳에서 사탄도 역시 거짓을 드러내며 사람들을 속인다. 하나님과 인자는 악을 정복하는 "권세"를 가졌고 바다에서 올라오는 짐승은 교회를 대적하여 전쟁을 일으키는 "권세"를 가졌다. 궁극적으로 사탄적 삼위일체는 그 자체로 붕괴될 것이며(계 17:5-18) 더 이상 삼위 하나님을 흉내 내지 못할 것이다.

---

[33] 불신자들은 "누가 이 짐승과 같으냐 누가 능히 이와 더불어 싸우리요"(13:4)라고 외치며 짐승을 숭배한다. 첫 번째 수사학적 질문은 혼돈의 홍해 바다 속에서 애굽 군대를 멸하심으로 이스라엘 백성을 구원하신 여호와의 비길 데 없는 역사를 모세와 이스라엘 민족이 송축하는 출애굽기 15:11에 대한 암시이다. 여기 요한계시록 13:4에서 불신자들은 이런 경배를 흉내 내고 있으며, 그래서 거짓된 신에 대한 타락한 숭배가 강조되고 있다.

결론

　삼위일체에 대한 요한계시록의 제시는 초기 기독교의 새로운 발견이 아니며, 아직 완전히 발전된 형태는 아니지만, 구약 성경에 뿌리를 두고 있다. 요한은 다니엘의 하나님 묘사에 보조를 맞추어 계시된 은밀한 일에 대한 궁극적 근원이신 하나님을 나타낸다. 하지만 요한계시록은 몇몇 핵심적인 구절을 통해 신적 계시의 형성에 있어서 핵심적 역할을 하시는 삼위일체의 두 번째 위격이신 그리스도를 지혜와 계시의 근원으로서 특별하게 포함시킨다. 성령님은 계시를 받아들이게 하고 그 요구를 수행하게 하심으로 성도의 삶에 계시의 말씀을 효과 있게 적용하신다. 요한계시록에서 성령님의 역할은 다니엘로 하여금 신적 지혜를 이해하게 하시는 성령님과 긴밀하게 닮아 있다. 마지막으로, 삼위의 두 번째 위격이신 그리스도는 묵시록적 계시의 근원으로 기능하실 뿐만 아니라 그 계시의 시행자이시기도 하다. 다니엘 7장에서 인자로서의 그리스도는 계시의 내용을 실현하시는 분이시다. 그리스도는 환상을 나타내고 수행하심에 있어서 아버지 하나님을 도우시는 분이시다. 사탄적 삼위일체가 그 행동에 있어서 삼위 하나님을 흉내 낸다 할지라도 그런 행위들은 결국 그들을 멸망으로 이끌게 될 것이다.

9. 삼위일체와 구약 성경
: 실재적 존재인가, 해석학적 부과물인가?

— 마크 S. 지그닐리아트

서론

유일한 하나님으로서 성부와 성자와 성령이라는 기독교적 이름을 지닌 야훼의 정체성은 몇 가지 이유에서 여전히 도전적인 주제이다. 그 가운데 한 가지 주요한 이유는 현대 비평학을 위한 지배적인 해석학적 기준이 성경의 역사적 의미와 더불어 **문자적 의미**(*sensus literalis*)를 무너뜨리기 때문이다.[1] 복음주의 학자들은 성경의 지정된 저자로 그 역사적 의미를 한정하는 경향이 있는데 이런 적용은 재구성될 가능성이 있다. 현대 비평학은 역사적 의미를 확장시켜 다양한 수준의 전통과 편집-비평 분석을 포함한다. 여러 차이점에도 불구하고 복음주의적 접근과 비평 해석학적 접근들은 18세기 초반의 역사적 의식의 고조

---

1   다음 책을 참조하라. Brevard Childs, 'The Sensus Literalis of Scripture: An Ancient and Modern Problem', in Herbert Donner (ed.), *Festschrift für Walther Zimmerli zum 70. Geburtstag* (Göttingen: Vandenhoeck & Ruprecht, 1977), pp. 80-93.

로부터 물려받은 해석적 본능을 공유한다.[2]

앞서 주장한 내용은 그 자체로는 비난하기 위한 언급이 아니다. 성경의 사전적이며 역사적인 상황화를 위한 비평학은 현대의 독자들에게 다양한 방식으로 도움을 준다는 점에 있어서 유익하다. 성경의 소위 심원한 측면 즉 현대의 시기에 안정화된 본문(text)의 사상(事象)은 이어지는 세대의 독자들이나 청중에게 하나님 말씀의 특징을 역동적으로 제시하기 때문에 성경의 신앙고백적 이해와 충돌하지 않는다. 본문의 역동성은 성경 자체의 증거를 통해 제시된다. 예를 들면, 예레미야는 자신의 주장을 더욱 강화하기 위해 미가 선지자의 예언에 호소한다(렘 26:18). 출애굽기 34:6-7에 선포되어 있는 하나님의 속성(미도트)은 비평적인 해석학적 연결점으로서 소선지서 전체를 아우른다.[3] 구성의 역사와 본문 수용은 서로 연결되어 있으면서도 구분되는 문세이기는 하지만 여전히 성경이 성경 그 자체의 구성적 역사를 따른다는 사실은 그대로 남아 있다. 성경의 전통적 구성의 과정이 본문 그 자체에 있는 정경적 인식을 드러내는 방법에 대한 이해를 제공하는 것처럼, 성경 자체의 내적인 교차 관련(최근 용어로는 '상호 텍스트성')에 대한 통찰은 다양한 방식으로 현대의 독자들을 돕는다. 이 점에서 정경은 성경의 자증성(self-witness)에 대한 후기의 교리적 공식의 외부적인 부과물이 아니라 본문 자체의 내적인 힘에 의해서 출현한다.

현대성의 모든 역사적 진보에도 불구하고 구약 성경에 대한 삼위일체적 독법은 해석학적 장벽에서 헤맨다. 성육신 이전에 기록된 본문은 도대체 어떻게 구약 성경의 인간 저자들과 전달자들의 개념적 시야를 초월한 형이상학적 실재

---

2 다음 책을 참조하라. Thomas Albert Howard, *Religion and the Rise of Historicism*: *W. M. L. De Wette, Jacob Burckhardt, and the Theological Origins of Nineteenth-Century Historical Consciousness* (Cambridge: Cambridge University Press, 2000).

3 다음 책을 참조하라. Raymond C. Van Leeuwen, 'Scribal Wisdom and Theodicy in the Book of the Twelve', in L. G. Perdue, B. B. Scott and W. J. Wiseman (eds.), *In Search of Wisdom*: *Essays in Memory of John G. Gammie* (Louisville: Westminster John Knox, 1993), pp. 31-49.

(사실)를 언급할 수 있는가? 예를 들면, 모세는 삼위일체주의자였는가? 이런 종류의 질문들은 그 하나님을 호칭하는 교회의 분투를 통해 다양한 순간에 그들의 머리에 생겨난 새로운 것들이 아니다. 해석학적 질문은 솔직하다. 구약 성경의 삼위일체적 특징이 성경 그 자체의 주해 안에 기초하고 있는가? 아니면, 성경 고유의 자증성으로부터 도출되기보다는 거듭 고쳐 쓴 설교적 또는 해석학적 퇴적물인가? 나아가서 우리가 그리스도인으로서 우리 하나님의 삼위적 특징을 확증한다면, 당연히 구약 성경의 야훼의 정체성에 대한 질문이 뒤따를 것이다. 야훼는 신적 본질의 한 **위격**(a persona)이신가, 아니면 **본질**(ousia) 그 자체이신가? 다르게 표현하자면, 야훼는 성부 하나님이신가, 아니면 세 **위격들**의 신적 본질이신가?

확실히 이런 질문들은 대단히 중요하다. 이런 질문들에 대한 철저한 답변을 제공하는 것이 본 장의 목적은 아니다. 하지만 적어도 야훼를 삼위로서 이해한다는 것과 구약 성경의 증언을 그에 맞게 읽어 내는 것이 무엇을 의미하는지를 명료하게 하는 첫걸음이 될 것이다. 이제 이스라엘의 하나님의 본체이신 야훼께 관심을 가져 보도록 하자.

야훼는 누구신가? 출애굽과 신적 이름

"하나님이 누구신가?"라는 질문은 구약 성경의 신학적 문제의 핵심에 가까운 어딘가를 가리킨다.[4] 모세가 불타는 수풀에서 하나님을 만났을 때 하나님의 이름을 확인하는 문제가 전면에 부각된다(출 3:13-14, 필자의 번역). "그들이 당신의 이름을 묻는다면, 제가 무엇이라고 대답해야 합니까?" 모세의 솔직한 질문에 대한 하나님의 대답은 여전히 오늘날까지 논쟁의 문제로 남아 있다. "에흐예 아

---

4 구약 성경의 신학적 증언의 중심을 확인하는 일을 망설이는 데는 이유가 있다.

세르 에흐예.'" "'에흐예'(스스로 있는 자["I am" 또는 "I will be"])가 너를 보내셨다고 그들에게 말하라."

이런 만남의 중요성과 이름의 함축적인 힘을 다루는 일은 결코 초라한 일이 아니다. 필자는 칠십인역과 다수의 기독교 해석학적 전통에 있어서(마이모니데스[Maimonides]의 이름을 그 목록에 추가할 것인데) 출애굽기 3장에서 하나님의 이름에 대한 계시는 그분의 본질 또는 실재, 미래와 과거가 하나님의 영원한 현재 가운데 함께 있는 그분의 순전한 존재 또는 영원한 현존에 대해 말하고 있다.[5] 하나님의 존재는 하나님의 '신성'이라는 중심에 실재한다.[6] 하나님은 존재하신다.

하나님의 본질에 대한 실재론자들의 이런 독법은 20세기 신학을 통해 비평적 검토를 받게 되지만 이런 목표를 너무 추구하는 것은 본 장의 범위를 벗어나는 일이다. 그저 단순하게 말하자면, "하나님이 누구신가?"라는 질문의 대답에 대한 실재론자의 범주는 하나님의 정체와 피조물을 향한 하나님의 관계가 신적 경륜 그 자체와 더욱 긴밀히 연결되어 있기 때문에 내러티브 접근법에 더 많은 여지를 준다. 하나님의 본성(내재성)을 하나님이 역사 속에서 드러내시는 그분의 창조적/구속적 계시(경륜적)로부터 구분하는 경계는 이런 내러티브적 진행에서 흐릿해진다. 하지만 모든 것이 최근의 경향으로 설명되는 것은 아니다. 현재 연구의 표제는 이 점을 날카롭게 지적하는데 그것은 바로 **"하나님은 이야기가 아니다."**라는 것이다.[7]

출애굽기의 이름 신학이라는 더 큰 틀을 통해 출애굽기 3장을 면밀하게 읽는

5　Moses Maimonides, *The Guide of the Perplexed*, vol. 1, tr. S. Pines (Chicago: University of Chicago Press, 1963), vol. 1, p. 61.
6　전형적인 삼위일체의 용어로 볼 때 하나님의 본질과 존재는 동일하다. 피조물의 실존으로 볼 때, 외부적인 원인으로 인해 존재가 발생하기에 이 두 가지는 구분될 수 있다. 그러나 하나님의 경우에는 그 어떤 외부적인 작용도 하나님의 존재를 초래할 수 없기 때문에 이것이 적용될 수 없다. 다음 책을 참조하라. Thomas Aquinas, *Summa Theologiae, Prima Pars*, q. 3, art. 4.
7　Francesca A. Murphy, *God Is Not a Story: Realism Revisited* (Oxford: Oxford University Press, 2007).

것은 위의 두 가지 대안 사이에서 어디로 갈지를 알려 준다. 좀 더 정확히 말하자면, 출애굽기 3장은 실재론주의자와 내러티브적 관심을 상호 연관시킬 수도 있다. 창조와 계시와 구속이라는 당신의 행위들을 통한 하나님의 관계하심(하나님의 경륜의 요소들)은 하나님 존재의 실재적 속성으로부터 흘러나온다. 아퀴나스의 이해의 구조에 따르면 하나님의 영원한 발현(내재성)은 비록 유비론적이기는 하지만 하나님의 시간적인 사명(경륜)을 통해 계시된다. 이 두 가지 양상은 중요한 신학적 이유로 인해, 즉 창조주-피조물 구분의 유지를 위해 계속 존재한다. 그럼에도 이런 구분은 용해되지 않은 채, 그리고 상호적 관계를 통해 남아 있다. 자일스 에머리는 이 문제를 다음과 같이 표현한다. "사명 또는 시간적 출생을 통해, 보내심을 받은 신적 위격이 자신의 영원한 본질을 닮은 성도들의 영혼에 감동을 끼친다고 성 토마스는 설명한다."[8]

나는 이런 신학적 범주들의 미세한 조정에 대해서는 이런 주제를 다룰 수 있는 다른 사람들에게 남겨 두고자 한다.[9] 여하튼 사변적 신학 또는 기독교적 교의들을 통해 발생하는 이런 범주들은 도움이 되고 때로는 필요한 해석학적 열쇠를 제공하기까지 한다. 하나의 책으로서 출애굽기의 신학적 흐름 안에서, 하나님이 자신을 계시하신 것은 자기 백성을 구속하시려는 하나님 뜻의 복합적인 역동성으로부터 발현된 것이다. 하나님께서 드러내신 자아는, 하나님의 영원한

---

[8] Gilles Emery, O. P., 'Trinity and Creation', in R. Van Nieuwenhove and J. Wawrykow (eds.), *The Theology of Thomas Aquinas* (Notre Dame: University of Notre Dame Press, 2005), p. 68. 에머리는 "말씀과 성령의 발출은 창조의 근원만이 아니다. 그들은 전체 신적 경륜에 영향을 미친다."라고 진술한다(p. 67).

[9] 이 주제에 대한 2차 문헌은 엄청나게 많다. 독자들은 아마도 다음 에세이를 통해 이 주제에 대한 도움을 얻을 수 있을 것이다. M. T. Dempsey (ed.), *Trinity and Election in Contemporary Theology* (Grand Rapids: Eerdmans, 2011). 특히 유익한 것은 아퀴나스와 삼위일체의 발출과 과업 사이의 관계에 대한 그들의 해석에 대한 매튜 레버링과 브루스 맥코맥 사이의 대담이다. Matthew Levering, 'Christ, the Trinity, and Predestination: McCormack and Aquinas', in Dempsey, *Trinity and Election*, pp. 244-276; Bruce L. McCormack, 'Processions and Missions: A Point of Convergence Between Thomas Aquinas and Karl Barth', in B. L. McCormack and T. J. White, O. P. (eds.), *Thomas Aquinas and Karl Barth: An Unofficial Catholic-Protestant Dialogue* (Grand Rapids: Eerdmans, 2013), pp. 99-126.

정체가 자기 백성과의 구속적이며 언약적인 관계에 걸려 있는 출애굽기에서 더욱 특별한 명료함으로 변환된다.

지금 내가 면밀하게 살펴볼 내러티브인 얍복강 가 씨름 장면에서 야곱은 초자연적인 상대편에게 이름을 물었다(창 32장). 그러나 답변은 예리했다. "어찌하여 내 이름을 묻느냐? 그것이 너와 무슨 상관이냐?" 일반적으로 이 사건은 여러 가지 면에서 이상하다. 모세오경 안에서의 신적 이름의 전개는 특히 출애굽 사건과 연결되어 있다. 얍복강의 내러티브가 수수께끼같이 난해한 몇 가지 요소들과 관련해서 복합적인 종교적-역사적 배경을 지닌다 할지라도 이 이야기의 모세오경적 정황은 하나님이 자신의 이름을 알려 주기를 꺼리신 것을 신학적으로 중요하게 만든다. 야훼라는 이름의 함축적인 중요성은 출애굽기 사건과 관계되어 있으며 야곱은 아직 이러한 지식에 내밀히 관여할 입장이 아니다.

얍복강의 야곱 내러티브와 동일한 맥락을 지닌 부분은 출애굽기 6:2-3인데, 이는 출애굽기의 이름 신학에 있어서 중심적인 부분이기도 하다.

> 하나님이 모세에게 말씀하여 이르시되 "나는 여호와(야훼)이니라 내가 아브라함과 이삭과 야곱에게 전능의 하나님(엘 엘리온)으로 나타났으나 나의 이름을 '여호와'로는 그들에게 알리지 아니하였고" (출 6:2-3)[10]

이 구절은 비평가들이 계속해서 애용하는 자료다. 그 이유는 다음과 같다. '야훼'라는 이름은 이스라엘의 종교적-역사적 발전의 후기에 출현했기 때문에 족장들은 '엘' 또는 '엘로힘'(하나님)이라는 이름만 알았다. 가나안의 종교적 본능은 이스라엘이 그만의 종교(혹은 야훼 신앙)를 발전시키는 데 빌려온 자원이 되었다. 이 종교적-역사적 내러티브는 여기서 그 전체 내용을 또다시 반복할 필

---

10 따로 언급하지 않는 한, 본 논고에서의 성경 인용구는 새개정표준역(NRSV)에서 가져왔다.

요가 없을 만큼 충분히 논의되었다.[11] 간략히 말하자면, 아브라함은 '야훼'라는 이름의 개념을 전혀 알지 못했다.

이 종교적-역사적 내러티브의 요소들이 참되다 할지라도 정경적 진술은 몇 가지 중대한 요점에 있어서 그와 다르다. 족장의 역사는 야훼에 대한 언급으로 풍성하다. 우리는 단지 비평 이론의 특정 분야에 제시된, 하나님의 이름이 제시된 설명을 문제화하기 위해서는 창세기 18장에서 아브라함이 마므레 상수리 수풀에서 하나님을 만난 것을 생각하면 될 것이다. 정경적 진술에 따르자면 아브라함은 '야훼'를 알았다. 그렇다면 출애굽기 6:3의 주장은 무엇을 의미하는가?

출애굽기 3장과 6장에서의 신적 이름의 계시는 하나님의 구속적 행위들의 연계 속에서 자신을 드러내시는 하나님의 자기 결정을 가리킨다. 아브라함이 하나님의 이름에 관해 셈어의 음소(phonemes)를 몰랐던 것이 아니다. 그럼에도 출애굽 사건 이전의 신적 경륜에 있어서 아브라함의 위치는 특히 이스라엘의 언약적 역사 속에서 경계를 정하는 이런 극히 중대한 사건 속에서 이 이름이 지니는 구원적 의미에 대한 지식을 제한한다.[12] 신적 경륜에 있어서의 이 순간은 특히 하나님의 자기 계시의 순간에 있어서 하나님의 이름과 중요성을 더욱 상

---

11 다음 책을 참조하라. Rainer Albertz, *A History of Israelite Religion in the Old Testament Period*, vol. 1: *From the Beginnings to the End of the* Monarchy, OTL (Louisville: Westminster John Knox, 1994), pp. 27-32.

12 벤노 제이쿱의 고전적인 출애굽기 주석은 이렇게 주장한다. "역사의 두 기간은 하나 또는 또 다른 하나님의 이름에 의해 구분되는 것이 아니라 각 시대에 하나님의 독특한 두 측면을 통해 구별되는 것이다." (Benno Jacob, *The Second Book of the Bible: Exodus*, tr. W. Jacob [Hobokon: KTAV, 1992], p. 146). 마찬가지로, 프란시스 튜레틴 역시 다음과 같이 주장한다. "이런 의미에서, 하나님은 족장들에게 여호와라는 이름으로 알려지지 않았다고 말씀하신다(출 6:3). 이는 의미하는 단어(이와 반대인 것은 창세기에서 증명된다)에 대한 것이 아니라 나타난 것에 대한 것이다(Francis Turretin, *Institutes of Elenctic Theology*, tr. G. M. Giger, ed. J. T. Dennison Jr., 3 vols. [Phillipsburg, N.J.: P&R, 1992-7], vol. 1, p. 185). 또한 다음 책을 참조하라. Christopher Seitz, 'The Call of Moses and the "Revelation" of the Divine Name: Source-Critical Logic and Its Legacy', in C. Seitz and K. Greene-McCreight (eds.), *Theological Exegesis: Essays in Honor of Brevard S. Childs* (Grand Rapids: Eerdmans, 1999), pp. 145-161.

세한 구속적 구조 속에서 표현하게 만든다. 더 확장해서 말하면, 예수님의 대제사장적 기도의 마지막 구절인 요한복음 17:26에서도 유사한 주장을 할 수 있을 것이다. "내가 아버지의 이름을 그들에게 알게 하였고 또 알게 하리니."[13] 제자들은 하나님의 이름을 알지 못한 것이 아니었다. 하지만 구속의 신적 경륜 안에서 이 특별한 순간은 하나님이 스스로를 드러내시는 이 순간까지 알려지지 않았던 의미를 이 신적 이름에 부여한다.

그렇다면 이 하나님의 이름에 속한 이야기가 출애굽기 내러티브의 마지막(32-34장)까지 계속된다는 것은 놀랄 일이 아니다. 금송아지 사건은 신적 경륜의 또 다른 중대한 전환점을 나타낸다. 이스라엘을 향한 십계명의 성격이나 하나님의 언약의 주장이 이제 시험대에 오른 것이다. "너희를 내 백성으로 삼고 나는 너희의 하나님이 되리니"(출 6:7). 이스라엘의 금송아지 숭배는 "내 앞에 다른 신을 두지 말라"라는 하나님의 언약적 요구를 깨뜨린 것이다. 하나님께서 모세와의 대화를 시내산 높은 곳에서 중도에 끊으셨을 때, 출애굽기 독자들은 위험이 최고조에 달했음을 깨닫게 된다. 하나님은 차갑게 거리감을 둔 채 2인칭 소유격 대명사를 사용하여 모세에게 이스라엘이 하나님의 명령을 어기고 속히 떠났으므로 "**너의** 백성"에게 돌아가라고 명하신다(출 32:7). 양자택일의 순간에 도달한 것이다. 그럼에도 모세는 도고의 기도를 올린다. 하나님은 자비를 베푸셔서 진노를 거두신다. 하나님께서 뜻을 돌이키셔서 화를 내리지 아니하시자 모세는 생각지도 못한 것을 요구하는데 그것은 바로 주의 영광 보기를 간구한 것이다. 그러자 야훼께서는 신적 영광으로 모세 앞을 지나가신다. 이어서 다음 장인 출애굽기 34장은 하나님의 이름의 의미를 상세하게 설명한다.

---

13 유감스럽게도 새국제역(NIV)은 이 구절을 좀 더 역동적이게 만드는 '오노모스'(*onomos*)를 번역하지 않고 지나쳤다.

> 여호와께서 그의 앞으로 지나시며 선포하시되
> 여호와라 여호와라…
>
> (출 34:6)

자기 자신의 이름에 대한 야훼의 선포는 그의 영광의 계시**이기도 하다.** 야훼에 의하여 기록된 하나님의 13가지 '미도트'(속성)는 신적 이름의 특징을 계시하고 그렇게 함에 있어서 야훼의 속성을 드러낸다(출 34:6-7). 하나님은 자비하시며 동시에 보응하시는 분이시다. 그러나 그의 자비가 보응보다 훨씬 더 강하다. 야훼의 이름은 존재를 수반하는데, 하나님 자신의 계시를 통해 그분의 존재가 드러나는 구속적이며 계시적 상황 속에서 그 일이 이루어진다. 더욱이 이 자기 계시는 하나님의 존재를 자비하시며 보응하시는 분으로 나타내는데 이 두 가지가 필연적으로 하나님의 자비와 결합되어 있어 하나님의 보응에 대한 우리의 이해를 결정해 준다. 연장선상에서 볼 때, 출애굽기 34:6-7에 대한 본문 간의 호소가 소선지서 전체를 통해 흐르는데, 이는 야훼의 자비와 보응하심의 조건에 대해 이스라엘의 갈등이 계속되고 있음을 계시해 준다. 동틀 때까지 얍복강 가에 있었던 야곱처럼, 이스라엘의 언약적 생활은 그들의 자비하시며 보응하시는 하나님과의 논쟁으로서 지속된다(호 12:1-6).

하나님 이름의 계시와 이 자기 계시의 구속적 정황은 삼위일체와 구약 성경과 같은 술어와 만날 때 어떤 결과를 만들어 낸다. 창조하시고 구속하시는 사역이 하나님 존재의 활동 영역을 다 소진시키지는 않는다. 구약 성경의 다양한 사건들이 증명하듯이, 하나님의 존재는 그 어떤 식으로든 익숙한 것이 되기를 거부한다. 출애굽기 4:24-26에서 모세가 두려워하며 야훼를 만난 것이 딱 들어맞는 예다. 그럼에도 하나님의 계시된 존재는 그분의 자비하심과 보응하심이 전면에 등장하는 구원적 정황 속에 자리 잡고 있다.[14] 앞에서 언급한 바와 같이, 시간 안에서의 하나님의 사역(창조와 구속)은 그분의 지속적인 관계하심 속에서 영원히 출생하심(procession)을 보여 준다. 이 두 가지는 구분되지만 불가분리의 관계에 있다.

야훼: 한 분이시며 여러 분(the one and the many)

야훼의 정체성에 대한 하나의 독특한 측면으로서의 자비하심과 보응하심이 구약 본문의 증언을 통해 알려진다. 어떤 특정한 경향의 전통에서는, 야훼는 자신의 신성 또는 신적 존재를 해체하지 않은 채 자기 자신을 자신에게서 구별하는 능력을 소유하신다. 벤저민 소머는 야훼의 이런 특징을 '신적 유동성 모델'(the divine fluidity model)이라 정의한다.[15] 예를 들면, 데만 또는 헤브론에서 야훼가 임재하실 때는 그곳에 맞게 특별하게 임하시기 때문에, 그곳에서의 임재는 예루살렘에서의 임재와 어느 정도 다르다. 예루살렘이 바로 옆에 있는데도 야훼께 서원하기 위해 압살롬이 헤브론으로 이동한 것은 이런 종교적 역동성에 어떤 의미를 만들어 낸다(삼하 15:7).[16] 야훼가 다양한 장소에서 구별되는 모습으로 나타나신 것에 대한 구약 성경의 증거는 별로 없다. 그러므로 이것을

---

14 리처드 멀러는 하나님의 본질에 대한 교묘한 사변보다 하나님의 이름의 관계적/계시적 특징을 우선시하는 시편 8편의 칼뱅 주석을 다시 설명한다. 칼뱅에게 있어서 하나님은 먼저 그분의 사역을 통해 알려진다. "그것[하나님의 이름]은 그분의 실재보다 그분이 하시는 사역과 속성을 지칭하는 것으로 이해해야 한다." 관계적/계시적 특징에 대한 칼뱅의 우선성은 교리와 주해의 적용성에 대한 개혁주의적 강조점에서 드러난다. 하지만 칼뱅은 성경 그 자체의 주해를 통해 유기적으로 흘러나올 때만 그렇게 주장한다. 예를 들면, 시편 83:18의 여호와의 이름에 대한 칼뱅의 주석을 참조하라(Richard Muller, *Post-Reformation Reformed Dogmatics: The Rise and Development of Reformed Orthodoxy, ca. 1520 to ca. 1725*, 2nd ed., 4 vols. [Grand Rapids: Baker Academic, 2003], vol. 3, p. 251).
15 Benjamin Sommer, *The Bodies of God and the World of Ancient Israel* (Cambridge: Cambridge University Press, 2009), p. 38.
16 Ibid, p. 39.

기초로 삼아 신학적 또는 형이상학적 결론을 도출하는 것은 빈약할 뿐이다. 하지만 야훼와 그의 '말라크'(사자/천사) 사이의 관계는 또 다른 문제이다.

야훼와 야훼의 사자 사이의 관계는 구약 성경의 삼위일체적 본문에 주의할 때 중요하다. 몇몇 경우에 있어서 야훼의 사자는 야훼의 존재와 동일시되는 것을 거부한다(참조. 삼하 24:16-18). 이런 경우에 있어, 야훼의 사자는 야훼의 뜻에 따라 그 명령을 수행하는 야훼의 전달자 또는 전령으로 존재한다. 그러나 또 다른 경우에 야훼와 그의 사자를 구별하는 것은 좀 문제가 있고, 이는 흥미로운 주제이기도 하다. 이에 대해 게르하르트 폰 라트는 다음과 같이 주장한다.

> 가장 흥미로운 점은 참으로 야훼와 그의 사자를 구분할 수 없다는 것이고 따라서 여기 사자를 그저 전달자로만 보지 않고 야훼 자신의 현현으로 보는 것이다. 야훼의 사자는 사람의 형태를 취해 사람의 존재로 나타나시는 야훼 자신이시다.[17]

소머의 '신적 유동성 모델'을 따라 구약의 어떤 특정한 전통들은 '말라크'의 정체성을 야훼와는 다르게 보는 것이 불가능하지는 않더라도 어렵다고 서술한다. 이에 대해 헤르만 바빙크 역시 다음과 같이 진술한다.

> 상당 부분 명백하다. 특히 그 이름에 합당한 야훼의 사자(말라크 야훼)를 통해 하나님(특히 그분의 말씀)은 매우 특별한 의미로 존재하신다. 이는 비록 여호와와 구별되기는 하지만 이 여호와의 사자가 동일한 이름을 지녔고 동일한 권세를 가졌으며 동일한 구원을 성취하고 동일한 축복을 나누어 주며 동일한 경배의 대

17　Gerhard von Rad, *Old Testament Theology*, vol. 1, tr. D.M.G. Stalker (San Francisco: HarperSanFrancisco, 1962), p. 287.

상이 된다는 사실에서 매우 명백해진다.[18]

통일된 신적 본질 안에서 위격의 복수성(plurality)은, 이런 삼위일체적 논리가 본문(text)으로부터 연원된 것이 아니라 본문에 삽입된 것이라는 개념에 반대하면서, 구약 성경의 문제로 남는다.

신적 존재의 단일성 안에서의 위격의 복수성을 지지하는 본문들은 일반적인 의심의 대상이 된다. 루블료프(Rublev)가 그린 주목할 만한 삼위일체 성상(聖像)은 창세기 18장에서 아브라함이 야훼를 만난 것을 묘사한다. 이 본문의 내러티브 흐름 속에서 세 명의 방문자들이 단 하나의 위격, 곧 야훼로 구체화되어 아브라함과 직접 말하는 인물로 등장한다. 나중에 아브라함의 내러티브를 보면 야훼의 사자가 희생제사의 칼을 멈추게 하고 1인칭의 음성으로 아브라함에게 말씀하기 시작하신다(창 22:16). '말라크'와 야훼 사이의 유사한 역동성은 기드온을 부르는 사건에서도 발생한다(삿 6:17-40). 창세기 48:15-16에서 야곱의 축복은 동의어적 평행구로 '말라크'와 '엘로힘'(하나님)을 연결시킨다. 이런 연구의 연장선에서 지금 우리 논의에 중심적인 역할을 하는 하나의 매력적인 본문이 나타난다. 그것은 구약 성경 자체의 구성사(compositional history)에 대한 수용으로 인한 것인데 바로 창세기 32:22-32에 있는 '한 사람'과 야곱의 씨름이다.

얍복강에서의 씨름은 본문 자체가 수수께끼 같은 요소들로 가득 차 있기 때문에 독자들을 어리둥절하게 만들고 그와 동시에 독자들의 상상력을 사로잡는다. 야곱은 자기 가족과 종들을 얍복강 남쪽 나루로 먼저 건너게 했다. "야곱은 홀로 남았더니"(32:24). 야곱은 왜 그렇게 했을까? 한 가지 실제적인 이유는 자기 가족과 종들과 가축들로 하여금 에서의 격렬한 분노를 분산시키기 위해서였

---

[18] Herman Bavinck, *The Doctrine of God*, tr. W. Hendriksen (Edinburgh: Banner of Truth, 1997), p. 257.

다. 내러티브의 관점에서 보자면, 가족을 먼저 보내고 야곱 혼자 남은 것은 이 '한 사람'과의 섭리적인 일전(match)을 위한 기회를 제공한다.[19] 폰 라트는 잠시 후 맞닥뜨리게 될 피할 수 없는 에서와의 일전으로 인한 심리적 긴장과 집중을 강조한다.[20] 하지만 얍복강 가 그 어디에서도 사람이라고는 나타나지 않았다. 하지만 이 사건은 에서와의 충돌보다 훨씬 더 위험한 것이었다.

야곱이 혼자 남았는데 갑자기 어떤 사람이 야곱과 씨름하기 시작했다. 또다시 반복하지만 우리는 수수께끼 같은 영역에 남겨진다. 그들은 도대체 왜 씨름을 시작했는가? 알려진 바가 없다. 그럼에도 야곱(야아콥)이 얍복강(얍복) 가에서 동이 틀 때까지 한 사람과 씨름(예아벡)을 한다. 히브리 단어의 이런 유음(類音)은 야곱의 이름과 그 이름의 개명과 관계하기 때문에 이 사건의 중요성을 강조하는 시적 효과가 있다. 야곱에게 있어서 그의 인생의 결정적인 순간이, 에서를 만나게 될 그다음 날 발생할 터였다. 그러나 야훼에게 있어서 야곱 인생의 결정적인 순간은 얍복강에서의 바로 이 씨름이었다. 여기서 지금 야곱은 하나님과 분투하고 있고 이기고 있으며 버티고 있고, 축복을 받아 그의 이름과 걸음걸이가 바뀌게 된다. 야곱은 더 이상 "발뒤꿈치를 붙잡는 자"가 아니다. 이제 그는 하나님과 겨루어 이긴 이스라엘이다. 야곱이 남은 인생 동안 다리를 절게 된 것이 이를 증명한다.

이 본문의 세부 사항들은 비평적이며 창의적인 연구를 필요로 한다. 예를 들면, 도대체 야곱은 어떻게 하나님과 겨루어 이길 수 있었는가? 어떤 유대인 해석자들은 하나님과 겨루어 이긴다는 것이 불가능하며 신학적으로 무례한 일이라는 분명한 신학적 이유로 이 '한 사람'을 에서를 보호하는 사자로 보기도 한

---

19 루터는 야곱이 홀로 남기를 원했던 것은 그가 기도에 대한 절실한 필요를 가지고 있었음을 보여 준다고 생각했다.
20 Gerhard von Rad, *Genesis: A Commentary*, OTL (Philadelphia: Westminster, 1972), p. 320.

다. 또 다른 해석적 질문들이 계속 떠오른다. '그 사람'은 왜 날이 새기 전에 떠나야만 했는가? 그 사람은 왜 자신의 이름을 알려 주기를 거절했는가? 이런 해석적 질문들은 학문적인 토론과 논쟁의 자료로 남아 있다. 이런 질문의 대답을 추구하는 일은 현재 우리의 관심사가 아니지만 본문은 알 수 없는 요소들로 가득하다. 이런 분명한 본문 요소들에도 불구하고 호세아 12:4-6이 제공하는 해석적 구조가 우리의 삼위일체 연구에 중요한 도움을 줄 것이다.

호세아 12:4은 야곱과 씨름한 '이 사람'을 '말라크'(천사)로 본다. 이런 동일시는 천사를 '이쉬'(사람, man)로 서술하는 것이 이상한 일이 아니기 때문에 전혀 놀랄 일이 아니다.[21] 하지만 6절에 보면 선지자가 이 인물을 야곱과 씨름한 야훼와 동일시하기 때문에 "혼란"이 야기된다. 소머는 이를 이렇게 설명한다.

> 호세아서의 이 구절들에서 하나님과 천사 사이의 명백한 혼란은 호세아 12장과 창세기 32장의 단락에서 천사 자신과 야훼 하나님이 공통되는 부분이 있거나 작은 부분이라도 야훼가 '말라크'로 불릴 수 있다는 확신을 반영한다.[22]

호세아 본문은 창세기 32장의 인물을 천사와 동시에 야훼로 이해한다.[23]
얍복강에서의 야곱에 대한 호세아의 해석은 **위격**과 **실재** 사이의 구분에 있어서 이론적인 기독교 신학의 세상을 맴도는 것처럼 보인다. 나는 호세아가 이런 용어들을 생각하고 있었다고 주장하는 것이 아니다. 그러므로 나는 이 논증을 인간 저자자의 의도성에 근거시키는 것이 아니다. 그럼에도 본체론과 인식론,

---

21 Sommer, *Bodies*, p. 41.
22 Ibid.
23 피조물을 향한 야훼의 비공유성(incommunicability)은 소시니안주의(Socinianism)에 대한 개신교 정통주의의 반응으로서 중요한 문제로 대두되었다. 만일 야훼가 구약에서 '말라크'의 술어라면 필연적인 결론은 이 사자가 피조된 존재가 아니라 창조되지 않은 어떤 존재를 가리키며 이는 "[그리스도의] 성육신에도 전조가 된다."라는 것이다(Turretin, *Institutes*, vol. 1, p. 185). 또한 다음 책을 참조하라. Muller, *Reformed Dogmatics*, vol. 3, pp. 259-260, 264.

또는 하나님의 존재와 하나님의 존재에 대한 우리의 이해는 서로 연결되어 있지만 구별되는 문제이다. 예를 들면, 호세아나 모세 또는 다윗이 하나님의 존재에 대한 그들의 예언적 말씀에 있어서 완전한 본체론적 암시를 개념적으로 이해하고 있었다고 기대해서는 안 될 것이다. 좀 더 긍정적으로 표현하자면, 성경 증언의 본체론적 차원은 신구약 정경의 전체적 증언으로 말미암아 유효해지는 주제인 성경의 의미된 대상(res significata)에 대해 그 표지(signa)가 적합하게 되도록 허용한다. 더욱이 교회의 사변적이고 신학적인 전통 안에서 만들어진 구별은 루이스 아이레스와 다른 이들이 설득력 있게 주장한 요점인 성경 전체 증언의 요구들과 타협하기 위해 만들어졌다.[24] **위격**과 **실재** 사이를 구분하는 일은 삼위일체 신학과 성경 해석학의 핵심으로 남아 있다.

야훼와 그의 '말라크' 사이의 관계는 (그 연장선에서 하나님의 영과 말씀/지혜에 의해서) 위격들 간에 정체성이 겹치는 부분이 있고 동시적으로 구분되기도 함을 나타낸다.[25] 이런 성경의 묘사는 야훼를 신성의 특별한 **본질**이나 **위격**과 동일시하기보다 신적 실재 또는 존재와 동일시하는 전형적인 삼위일체적 사상의 경향을 더욱 강화시킨다. 말하자면, 야훼는 성부와 **전적으로**(simpliciter) 동일시되지 않는다. 리처드 멀러는 이에 대한 개신교 정통의 견해를 다음과 같은 방식으로 설명한다.

---

24   Lewis Ayres, *Nicaea and Its Legacy: An Approach to Fourth-Century Trinitarian Theology* (Oxford: Oxford University Press, 2004), pp. 31-40; 또한 다음 책을 참조하라. David Yeago, 'The New Testament and Nicene Dogma: A Contribution to the Recovery of Theological Exegesis' *ProEccl* 3 (1994), pp. 152-164.
25   야훼가 창조와 구속에 관계하고 있고 말씀의 '적합성'과 야훼의 단일한 작용인으로서의 성령이 역시 창조하시고 구속하시는 역사를 하시기 때문에 야훼의 특별한 기원을 연구하는 것은 매우 가치 있는 일이다. 나는 이 점을 분명하게 제시해 준 나의 동료 칼 벡위드(Carl Beckwith)에게 감사하는 바이다. 이 점에 대해서는 다음 책을 참조하라. Boris Bobrinskoy, *The Mystery of the Trinity: Trinitarian Experience and Vision in the Biblical and Patristic Tradition*, tr. A. P. Gythiel (Crestwood: Saint Vladimir' Seminary Press, 1999), pp. 31-49.

더욱이 "여호와"라는 이름이 신성의 위격들과 동일시되거나 한정되는 것과는 별도로 **본질적이며**(*essentialiter*), **완전하고**(*absoluté*), **구분되지 않는**(*indistincté*) 하나님께 속한 것이기에, 성경은 개인에게 발생하는 이 이름과 본문을 그리스도에게도 적용할 수 있다. 따라서 이사야 6:3의 삼중적 영광은 전도자 요한에 의해 그리스도에게 적용된다.[26]

하나님의 인격적 이름으로서의 '야훼'는 그 완전한 의미에서의 하나님의 신성을 지칭하며, 세 위격이 동일하게 공유하시는 신적 본질을 지칭한다. 따라서 야훼는 아무도 제외하지 않고 세 위격 가운데 누구에게라도 적용되는 것이다. 이와 동시에 야훼라는 이름은 그 어떤 위격이라도 혼자 독점할 수 있는 소유물이 아니다. 야훼는 그 완전한 의미에서의 신적 실재를 동일하게 공유하는 성부와 성자와 성령이시다.[27]

결론적 고찰

현대성이라는 역사적 의식의 발흥은 그와 함께 성경적 자료들과 관계하는 문제에 있어서 많은 긍정적인 결과들을 가져왔다. 이런 주장을 손쉽게 반박할 수는 없다. 다른 한편, 그 역사적/문자적 기원으로 성경의 자료(즉, 원저자, 원래 독자,

---

26 Muller, *Reformed Dogmatics*, vol. 4, p. 303.
27 '야훼'를 신적 본질과 동일시할 때의 위험은 야훼를 삼위일체의 네 번째 일원으로 즉 독립적이며 초월적인 중재자로 소개하는 것이다. 폴 힌리키는 이런 위험을 감지하고 다음과 같이 주장함으로 올바르게 조언한다. "나는 아들과 성령의 축복 안에서 고유한 참된 실존과 관계되어 있는 그렇지 않든 일반적으로 사물을 일으키는 영원한 아버지로서 개별적으로 초월하는 신적 본질은 없다고 주장한다. 그렇다면 신적 실재는 아들의 아버지**이시요** 성령의 호흡**이시다**"(강조점은 저자의 것이다). '야훼'를 신적 본질로 말하는 것은 성부와 성자와 성령으로서의 신적 실재를 말하는 것이다. (Paul R. Hinlicky, 'Quaternity or Patrology' *ProEccl* 23 [2014], p. 52). 관계적 존재로서의 삼위일체 위격들에 대한 아퀴나스의 이해는 그들의 독특한 인격적 관계로부터 신적 실재를 고립시키는 위험을 피하게 해 준다. 하나님 안에서의 관계가 신적 본질**이다**(Aquinas, *Summa Theologiae, Prima Pars*, q. 29, art. 4).

논의하는 주제에 따른 직접적인 상황, 그리고 본문의 마지막 형식을 결정해 주는 과정으로서의 복합적인 전통 구조)를 한정하는 것은 성경을 존재론적 주제로부터 단절시키는 위험에 빠지게 한다. 브레버드 차일즈(Brevard Childs)가 자주 반복하는 문구로, 비평학에서의 해석학적 중심 뼈대는 성경의 지위를 신적 계시의 증언으로부터 비평적 해체주의, 즉 역사적/문자적 의미를 위한 자료로 바꾸어 버렸다. 본문의 역사적 발굴이 끝나면, 역사적 또는 문학적 배경의 재구성이든지 그렇지 않든지, 본문의 문자적 의미에 대한 천착 역시 잘 결론지어진다. 그리스도인 해석자는 반드시 이런 지배적인 해석학적 본능을 염두에 두고 구약의 삼위일체적 특징을 확인해야 한다. 이런 설명으로는, 야훼의 삼위적 정체성은 본문 그 자체를 긴밀하게 읽어 낸 것이 아니라 설교적 부가물이다.

다른 한편으로 교회의 해석적 전통은 성경의 문자적 의미에 주의할 때 성경의 축어적 성격과 그 신적 주제가 서로 긴밀하게 연결되도록 돕는다. 구약의 삼위일체적 성격 또는 야훼의 본체를 성부와 성자와 성령으로서 확증하는 일은 그 실재에 있어서 한 분이시며 위격에 있어서 세 분이시라는 구약 성경의 고유한 특징을 허용하려는 시도이다. 니케아 신경의 언어는 모세나 이사야의 지성적인 시야로서는 매우 낯선 것이었을 터이다. 이런 신경의 형식은 시간이 흘러가면서 더 많이 고찰하고 설명될 필요가 있을 것이다. 하지만 반드시 기억해야 할 것은 우리가 관계해야만 할, 한 분 하나님의 정체성에 관련된 성경 고유의 전체적인 증언을 위해 신학적이자 해석학적 뼈대를 제공하려는 주해적 시도 위에서 니케아 신경이 만들어졌다는 점이다.

실재와 위격 사이의 구분은 신적 존재가 자신의 말을 하고 있다는 성경의 완전한 증언을 인정하기 위해 사변적 신학에서 나타난다.[28] 신앙의 고백과 헌신의

28　다음 책을 참조하라. Gilles Emery, 'Essentialism or Personalism in the Treatise on God in St. Thomas Aquinas?', in idem, *Trinity in Aquinas* (Ann Arbor: Sapientia, 2003), pp. 165-208.

전제를 통해 좌우되는 해석학적 가정이 처음부터 끝까지 제시된다. 이런 주장이 해석학적 중립성을 위한 거짓된 노력으로 부정되어서는 안 된다. 이와 동시에 구약 성경 그 자체의 **말의 특성은** 창세기 32:22-32과 호세아 12:1-6이 잘 증명하듯이 신적 실재의 통일성과 신적 위격들의 다양성이 확증되는 삼위일체적 해석학을 위한 비옥한 토양과 같다. 실상 야훼의 단일성과 위격의 다양성에 대한 구약 자체의 제시는 신실한 독자로 하여금 바로 이러한 해석적 결론에 이르지 않을 수 없게 만든다.

제2부
목회와의 관련성

The Essential Trinity

10. 삼위일체의 신비[1]

— 스콧 R. 스웨인

개론

삼위일체 교리는 기독교 신앙의 웅대한 진리이자 최상의 보화이다. 세 위격으로 한 분이신 하나님에 대한 기독교의 가르침은 "아버지와 아들과 성령의 이름"이라는 전능하신 주 여호와 하나님의 지극히 높으시고 거룩하신 이름으로부터 흘러나온다(마 28:19).[2] 이 영광스러운 이름은 참되시고 살아 계신 하나님과 동일하며, 우리는 이 이름으로 세례를 받고 삶과 죽음 가운데서 위로를 받는다. 삼위일체 교리는 하나님이 누구신지 알려 줄 뿐만 아니라 창조에 나타난 성부 하나님의 목적과 그리스도의 성육신과 성령님의 내주하심의 경이로움을 분

---

1 본 장의 초기 원고는 *Credo Magazine* (Apr. 2013), pp. 26-33에 수록되어 있다. 다음을 참조하라. http://www.credomag.com/the-magazine/archives/the-trinity-and-thechristian-life-why-a-triune-god-makes-all-the-difference (accessed 21 Nov. 2015). 삼위일체 교리에 대한 좀 더 상세하고 정교한 부분에 대해서는 다음을 참조하라. Scott R. Swain, 'Divine Triunity', in Michael Allen and Scott R. Swain (eds.), *Christian Dogmatics: Reformed Theology for the Church Catholic* (Grand Rapids: Baker Academic, 2016).

2 본 장의 모든 성경 구절은 영어표준역(ESV)에서 인용했다.

명히 인식할 수 있도록 하나님의 역사하심도 조명해 준다. 만물이 삼위에서 나오고 삼위를 통하여 삼위 하나님께로 돌아간다. 따라서 삼위일체의 탁월한 빛 가운데 새로운 빛으로 만물을 보게 된다.

웅대하고 최상인 삼위일체 교리는 유일하며 자기 해석적이다. 이 교리는 삼위일체로서의 하나님이 피조물 가운데 있는 다른 종류의 삼자(예를 들면, 얼음과 물과 수증기라는 삼중의 형태)와의 비교를 통해 설명되거나 범주화될 수 없다는 의미에서 독특하고 유일하다. 여호와 하나님은 이사야 40:18에서 이렇게 물으신다.

> 그런즉 너희가 하나님을 누구와 같다 하겠으며
> 무슨 형상을 그에게 비기겠느냐

그리고 요구되는 대답은 '아무도 없다'이다. 삼위로서의 하나님은 스스로 존재하시며 행동하신다. 이런 이유에서 삼위는 자기 해석적이며, 삼위 하나님께서 성경을 통해 자신의 본체와 행동을 우리에게 알려 주시는 한도 내에서만 믿음이 발생하는 신비이다. 예수님께서는 "아버지 외에는 아들을 아는 자가 없고 아들과 또 아들의 소원대로 계시를 받는 자 외에는 아버지를 아는 자가 없느니라"라고 선언하신다(마 11:27). 물론 복된 소식은 삼위 하나님께서 우리에게 자신을 설명해 주시고 기독교 신학에 있어서 주 우리 하나님이시라는 탁월하고 유일한 실재, 성부와 성자와 성령 하나님이시라는 실재를 증언해야 한다는 유쾌하면서도 벅찬 사명을 우리에게 제시하신다는 사실이다.

본 장의 목적은 우리의 근본적인 지침으로서 마태복음 11:25-27에 기록된 예수님의 가르침에 따라 삼위일체 교리의 간략한 개관을 제공하는 것이다. 그와 동시에 이 가르침이 성경 전체와 교회의 신경들과 고백서들을 통해 요약된 형태로 어떻게 반영되어 있는지 그 방식에 주의를 기울이는 것이다. 다른 모든 교리들과 마찬가지로 삼위일체 교리에서도 주 예수 그리스도만이 우리의 유일한 교사이시다(마 23:8). 오직 예수님만이 아버지를 아시며(또다시 마태복음 11:27을 참조하라), 하나님께서 우리에게 은혜로 주신 것을 알게 하시기 위해, 아버지와 함께, 성령님을 주신다(고전 2:11-12). 그러므로 우리가 삼위일체를 알기 원한다면, 반드시 예수님으로부터 배워야 한다(마 11:29). 우리는 예수님께서 말씀하시는 지점에 우리의 주의를 기울여야 하며, 예수님이 요구하시는 순종의 형식에 따라 우리의 지성을 복종시켜야 한다. 그렇게 할 때에만 우리가 반드시 알아야 할 삼위일체 교리를 알게 될 것이다. 그렇게 할 때에만 그리스도의 마음을 함께 소유할 것이다.

예수님께 삼위일체를 배움: 마태복음 11:25-27

> 그때에 예수께서 대답하여 이르시되 천지의 주재이신 아버지여 이것을 지혜롭고 슬기 있는 자들에게는 숨기시고 어린아이들에게는 나타내심을 감사하나이다 옳소이다 이렇게 된 것이 아버지의 뜻이니이다 내 아버지께서 모든 것을 내게 주셨으니 아버지 외에는 아들을 아는 자가 없고 아들과 또 아들의 소원대로 계시를 받는 자 외에는 아버지를 아는 자가 없느니라

삼위일체에 관한 계시로 인해 예수님은 기뻐하신다. 이 계시는 우리가 풀어내야 할 퀴즈도 아니며 우리를 혼동에 빠뜨리기 위해 고안된 수수께끼도 아니다. 삼위일체는 기쁨의 근원이다. 무엇보다도 예수님 안에서, 그리고 예수님을 통해 이 계시를 알게 되는 사람들 안에서 그러하다. "이렇게 된 것이 아버지의 뜻이니이다"(11:26)라는 아버지의 주권적인 명령이 베일을 벗고, 예상 밖의 청중인 "어린아이들"(11:25)에게 삼위일체의 신비는 소통과 교제의 탁월한 생명, 즉 성부와 성자와 성령으로서의 하나님의 생명을 알려 준다. 공식적인 교회의

가르침은 성부와 성자와 성령께서 한 신적 생명 안에서, 한 신적 행동 안에서, 우리의 믿음과 경배를 위한 신적인 권리 안에서 '동일한 본질'이라는 것이다.

삼위일체에 대한 예수님의 가르침은 아버지에 대한 가르침과 함께 시작한다. 예수님께서 하나님을 찬양할 때의 두 가지 묘사에 주목하라. "천지의 주재이신 아버지여 … 감사하나이다"(11:25). 첫 번째 묘사인 '아버지'는 아담(창 5:1-3; 눅 3:38), 이스라엘(출 4:22; 신 32:6), 다윗 가문의 왕들(삼하 7:14)의 아버지이시라는, 하나님에 대한 구약 성경의 정의를 채택한 것으로, 이것을 예수님과 하나님의 관계에 적용함으로 '아버지'라는 단어에 새롭고 독특한 의미를 부여한다(우리는 잠시 후에 하나님의 아버지 되심의 새롭고 독특한 의미를 다시 살펴볼 것이다). '천지의 주재'라는 두 번째 묘사는 아버지의 최상의 주권을 의미한다. 하나님은 무엇이든지 다 하실 수 있으며(마 19:26), 자연 만물에 은혜로 주시는 모든 복이 그분으로부터 흘러나오며(마 6:25-34), 영원한 통치와 영광을 소유하시는(마 6:13) '하늘'을 통치하시는 아버지이시다(마 6:9).

삼위일체에 대한 예수님의 가르침은 아버지에 대한 가르침으로 시작하지만 아들로서의 자신의 정체에 관한 가르침으로 계속된다. 여기서 우리는 아버지에 대한 두 가지 묘사와 병행을 이루는, 아들에 대한 두 부분의 묘사를 보게 된다. 첫째로, 예수님은 아버지로부터 '모든 것'을 받으셨다. 이런 묘사는 아버지와 함께 아들이 최상의 신적 주권을 공유하심을 지시한다. 예수님은 오직 하나님께만 속해 있는 권위인(마 9:3; 막 2:7), 땅에서 죄를 용서하시는 주권적 권위를 소유하신다(마 9:6). 예수님은 오직 하나님께만 속해 있는 권위인(시 107:23-32) 바람과 파도를 잠잠케 하시는 주권적 권위를 행사하신다(막 4:35-41). 예수님은 '하늘과 땅의 모든 권세'를 사용하신다(마 28:18). 또다시 반복하지만 이것도 역시 오직 하나님께만 속한 권세이다(시 135:6). 둘째로, 예수님은 아버지와의 독특한 관계, 즉 '그 아들'의 관계에 있다(마 11:27). 예수님은 그저 많은 아들들 가운데 한 아들이 아니며, 심지어 하나님이 하늘을 통치하시듯 이 세상을 통치하기 위해 하나님이 메시아적 왕으로 지명하신 다윗 왕권의 아들도 아니시다(마태복음 22:41-46을 보라). 예수님은 완전하고 독특한 의미에서, 다른 모든 피조된 하나님의 아들들과 구별되는 의미에서의 하나님의 아들이시다(요 5:18). 예수님은 아버지로부터 모든 것을 받으신 하나님의 군주다운 아들이시며(마 11:27), 아버지와 함께 그분의 주권적 보좌에서 통치하시는 아들이시며(다시 마태복음 22:41-46을 보라), 아버지와 함께 우리에게 삼위일체의 신비를 계시해 주시는 아들이시다(마 11:25, 27). 예수님은 하나님의 신적인 아들이시다.

공통적 특질과 위격적 특질

마태복음 11:25-27에는 위격의 이중적 묘사가 드러나 있으며, 다른 많은 성경 본문들과 함께, 이 구절은 삼위일체 교리에 대한 근본적인 성경적 토대를 구성한다. 성경은 각 위격이 다른 위격들과 공통적으로 공유하는 특질들('공유적 특질들')과 각 위격이 다른 위격들과 구분되는 특질들('위격적 특질들')을 결부시켜서 위격을 확인한다.

첫 번째 유형의 묘사에 관해서, 성경은 각 위격을 참되고 살아 계신 한 하나님으로 인지한다. 세 위격은 단일한 신적 '이름'(마 28:19)을 공유한다. 아버지는 한 주 하나님이시며(예를 들면, 마 11:25), 아들도 한 주 하나님이시며(예를 들면, 요 20:28; 고전 8:6), 성령님도 한 주 하나님이시다(예를 들면, 행 5:3-4; 고후 3:17-18). 더 나아가 성경은 각 위격을 하나님의 독특한 신적 창조 사역과 섭리와 구속 같은 사역들의 대행자로서 인식한다(창 1:1-2; 시 33:6; 요 1:1-3; 갈 4:4-6; 기타 등등). 이런 '공유적 특질들'은 삼위 안에 존재하시는 위격의 증가가 신들(gods)의 증가를 의미하지 않는다는 것을 나타낸다(에베소서 4:4-6을 보라). 삼위일체 교리는 일신론의 한 유형이다(신 6:4를 고전 8:6과 비교해 보라). 구별되는 세 위격들은 서로 공유적이며 그들 스스로 완전히 최상의 한 주님(one Lord)이며 한 하나님(one

God)이시다. 또다시, 신조(creed) 용어를 빌려 말하자면, 성자와 성령은 성부와 동일본질이시다.

두 번째 유형의 묘사에 관해서, 성경은 각 위격들이 다른 위격들과 참되게 구분된다는 것을 지시한다. 이런 실제적인 구분의 본질은 무엇인가? 이 구분은 각 위격의 신성과 관계하지 않는다. 말하자면, 이 세 위격은 한 주 하나님이시다. 그뿐만 아니라 이 구분은 그들의 능력과 지혜와 뜻의 구분이 아니다. 하나님 안에서 이 모든 것들은 '하나'이다(신 6:4). 실제적인 참된 구분의 본질은 '아버지'와 '아들'과 '성령'이라는 그들의 위격적인 대명사로서의 이름에 있다. 이 이름들이 지시하듯이 위격들은 그들의 **관계**에 있어서 구분된다. 아버지는 아들에 대하여 아버지이시며(그러므로 '아버지 되심'은 성부의 독특한 '위격적 속성'이다), 아들은 아버지에게 아들이시며(그러므로 '자녀 됨'은 성자의 독특한 위격적 속성이다), 성령은 아버지와 아들의 영이시다(그러므로 '발출'[spiration: 출현]은 성령의 독특한 위격적 속성이다). 이러한 위격적 속성들은 상호 교환적이지 않다. 아버지는 아들이 아니시다. 아들은 아버지가 아니시다. 성령은 아버지와 아들이 아니시다.

이런 위격적 특질들에 대해 무엇을 더 말할 수 있을까? 또다시 반복하지만 그들의 위격적 이름에 주의하면서, 교회는 이 이름들이 **교통적 관계**(communicative relations)를 지시한다는 것을 인식했다. 말하자면, 위격적 이름들은 그들이 공동으로 가지고 있는 하나의 신적 본질을 각 위격들이 공유하거나 교통하는(예를 들면, '공통으로 만드는') 독특한 방식을 반영한다. 아버지는 영원한 출생(발출)을 통해 아들과 한 신적 본질을 영원히 교통하시는 아버지이다. "내 아버지께서 모든 것을 내게 주셨으니"(마 11:27). "아버지께서 자기 속에 생명이 있음같이 아들에게도 생명을 주어 그 속에 있게 하셨고"(요 5:26). 아담이 자기 모양 즉 자기 형상과 같은 아들을 낳아 셋이라 부르고 인성을 전달한 것처럼(창 5:3), 아버지께서 영원히 독생한 아들을 통해 그에게 신적 본질을 영원히 전달하신다.

확실히 아담-셋의 관계는 성부-성자 관계의 피조물적 유비(비유)이다. 결과적으로, 후자의 신적 관계를 전자의 피조물적 관계를 기준으로 삼아 판단해서는 안 된다. 아담은 **시간 안에서** 셋을 낳았고 그렇게 해서 아버지가 되었다. 그러나 성부는 **영원히** 성자를 낳으셨고 따라서 항상 아버지이시다. 더 나아가 아담이 셋을 낳았을 때 셋에게 인성을 전달했는데 그 인성은 두 명의 인간 존재로 **분리된다**. 그러나 영원히 성자를 낳으시며 그에게 신성을 전달할 때 그 신성은 두 신적 존재로 나뉘지 않는다. 성부께서는 **단일하고 분리되지 않는** 신적 실재를 성자에게 전달하는데 이것은 두 번째 신적 위격을 구성하지만 둘째 하나님을 구성하지는 않는다.

따라서 성자는 성부로부터 영원한 출생을 통해 영원토록 한 신적 실재를 받으시기 때문에 아들이시다. 성자는 성부의 영광의 광채이시며, 하나님 아버지의 적확한 형상이시다(히 1:3). 니케아 신경의 표현대로 하자면, 성자는 "하나님의 하나님이시며, 빛의 빛이시며, 참 하나님의 하나님"이시다. 앞선 논의가 잘 지시하고 있듯이, 영원한 출생의 요점은 성자가 파생적인 신이라는 것이 아니다. 즉, 오직 한 분 하나님이시라는 성자의 독특한 존재 방식이 성부의 참된 아들이시라는 것이며, 성부의 영원한 후손으로서 모든 측면에서 그의 아버지와 함께하시는 한 하나님이시라는 것이다.

이 영원한 출생이라는 것은 우리의 생각이 시간과 유한성의 범주에 매우 단호하게 고착되어 있기 때문에 우리의 지성이 완전히 파악할 수 없는 어떤 것이다. 마르틴 루터에 의하면, 영원한 출생의 교리는 "천사들조차 이해하지 못하는" 것이며, "그것을 파악하려고 시도한 자들은 모두 위태하게 되었다."[3] 그럼에도 루터는 영원한 출생 교리는 "복음 안에서 우리에게 주어진" 교리이며, "믿

---

3   다음 책을 참조하라. Martin Luther, *The Three Symbols or Creeds of the Christian Faith*, in *LW*, vol. 34, pp. 216-218.

음으로" 감지할 수 있는 교리라고 역설했다. 더욱이, 이 교리는 영원히 영광스럽게 빛나고 교통 가능한 분으로서의 아버지의 완전함을 가리키고 있으며, 그와 동시에 아들의 특징을 묘사하는 완전함을 지시하고 있기 때문에 아름다운 가르침이다. 따라서 우리가 아들을 볼 때, 그 어떤 피조물의 빛보다 훨씬 더 뛰어나고 완전한 광채로 빛나는 신성을 보는 것이다.

그렇다면, 성령은 어떠한가? 성령은 아버지(마 10:20)와 아들의 영(갈 4:6)이시다. 성령은 '발출, 출현'(spiration) 또는 '내쉼'(breathed out)을 통해 성부와 성자로부터 한 신적 실재를 받으신다. 전형적인 아우구스티누스 용어로 표현하자면, 성령은 한 발출의 근원으로서의 성부와 성자로부터 나오신다. 심지어 성령님의 '교통적 관계'는 성자의 그것보다 묘사하기 훨씬 더 어렵다. 하지만 이런 어려움 때문에 낙담해서는 안 된다. 왜냐하면, 사실상 성령의 발현(나오심)의 방식을 인식하는 것은 성령께서 자신을 계시하시는 방식에 따라 좌우되기 때문이다. 성령께서는 "바람이 임의로 불듯이" 주권적으로 행하시며(요 3:8), 그 특유의 성격대로 자신으로부터 성자의 위격으로 우리의 주의와 관심을 돌리신다(요한복음 16:13-15를 보라). 성령께서 성부와 성자로부터 나오시는 신적 빛으로 오실 때, 우리는 그 빛에 주목하지 않고 그 빛을 통하여 예수 그리스도의 얼굴에 빛나는 하나님의 영광을 본다(고전 2:9-16; 고후 3:18; 4:4, 6; 엡 1:17-18). 주의 빛 안에서 우리는 빛을 본다(시 36:9).

위격적 특질에 대한 우리의 계속되는 논의는 가치 있는 것이다. 성부와 성자와 성령의 위격적 특질들은 **위격들이** 하나님이 되시는 독특한 방식을 가르쳐 줄 뿐만 아니라 위격들이 하나님으로 **활동하신다는** 것을 가르쳐 준다. 그들이 한 주 하나님이시기 때문에 세 위격이 모든 신적인 활동에 있어서 협력하는 반면, 그럼에도 그들의 통일된 신적인 활동들이 그들의 독특하고 구별되는 위격적 특질에 상응하는 질서를 나타낸다. 삼위일체의 첫 번째 위격으로서의 아버지는 출생하지도 발출되지도 않으시기에 모든 신적 활동을 개시하신다. 만물이

'그에게서' 나온다(고전 8:6). 성자께서는 삼위일체의 두 번째 위격이기에 성부로부터 영원히 출생하신다. 따라서 성자는 성부로부터 활동하신다. 만물이 그로 말미암는다(고전 8:6). 삼위일체의 세 번째 위격으로서의 성령은 성부와 성자로부터 영원히 발출된다. 따라서 성부와 성자로부터 활동하신다.

> 그러나 진리의 성령이 오시면 그가 너희를 모든 진리 가운데로 인도하시리니 그가 스스로 말하지 않고 오직 들은 것을 말하며 장래 일을 너희에게 알리시리라 그가 내 영광을 나타내리니 내 것을 가지고 너희에게 알리시겠음이라 무릇 아버지께 있는 것은 다 내 것이라 그러므로 내가 말하기를 그가 내 것을 가지고 너희에게 알리시리라 하였노라 (요 16:13-15)

만물이 '그분 안에서' 완전함에 이르게 된다.

삼위일체와 관련된 이단들

신적 위격들에 대한 성경의 이중적 묘사와 그것으로부터 발생하는 삼위일체 교리의 견지에서 볼 때, 우리는 역사를 통해 교회를 힘들게 했던 몇 가지 삼위일체적 오류의 뿌리를 보다 쉽게 탐지할 수 있다. '사벨리우스주의'(Sabellianism) 또는 '양태론'(modalism)의 오류는 한 하나님으로서의 위격들을 확인하는 특질, 곧 위격들의 공통된 특질들을 올바로 인식했지만, 한 위격을 다른 위격들과 서로 구분해 주는 특질, 곧 위격들의 개별적인 특질을 인식하는 일에는 실패했다. '아리안주의'(Arianism) 또는 '종속설'(subordinationism)은 위격들이 다른 위격과 구분되는 개별적인 특질들은 잘 인식했지만, 각 위격이 한 주 하나님이심을 확인해 주는 공통된 특질들을 인식하는 일에는 실패함으로 정반대의 오류를 저지른다. 이런 오류는 성자와 성령의 완전한 신성을 부인하는 사람들 사이에서 발생한다. 이는 또한 각각의 위격이 **동등하게**(equally) 신적일 뿐만 아니라 그와 동시에 **동일하게**(identically) 신적인, 즉 **한** 주 하나님이 되게 하는 공통된 특질들을 인식하지 못하는 사람들 사이에서 발생한다. 이는 삼신론(tritheism)의 오류이며, 오늘날 많은 '사회적 삼위일체주의자들'이 위험하게 만들어 내기 쉬운 오류이다.

지면 관계상 이런 오류들에 대해 길게 숙고할 수는 없다. 그럼에도 그들의 공통적인 뿌리를 관찰하는 것은 교훈적이다. 이런 삼위일체의 오류들은 어느 정도 하나님의 전체 경륜이 삼위의 위격들에 대해 교훈하고 있는 바가 무엇인지를 고찰하는 일에 실패했기 때문이다. 다시 말하자면, 삼위일체에 대한 이런 오류들은 성경을 부분적으로나 선택적으로 읽는 데서 발생한다. 물론, 이런 오류들은 다른 방법론적 실책들을 나타내기도 한다. 예를 들면, 피조된 존재의 제한된 표준에 따라 삼위일체의 무한한 존재를 측정하려는 시도 같은 것들이다. 여전히 그것은 그들이 위격적이며 공통적인 하나님의 놀라우신 이름들 모두를 고찰하지 못했기 때문이고, 바로 이것이 그들의 우상 숭배의 뿌리를 구성한다.

결론

삼위일체 교리의 신비에 대해, 프란시스 튜레틴은 우리가 "이성이 파악하지 못하고 실례로도 증명하지 못하는", "믿음으로 받아들이게 하고 사랑으로 경배하게 하는 신적 계시의 권위만이 제안하는" 주제를 다루고 있다고 말한다.[4] 바로 이것이 삼위일체 교리의 목표이다. 우리가 하늘과 땅의 주재이신 아버지를 기뻐하고(마 11:25), 아버지께서 '만물'을 주시고(11:27) 죽음과 높아지심을 통

---

4 Francis Turretin, *Institutes of Elenctic Theology*, vol. 1, ed. James T. Dennison Jr. (Phillipsburg, N.J.: P&R, 1992), p. 253.

해 우리들에게 모든 영적 복락을 수여해 주신 아들 안에서 기뻐하며(롬 8:32; 엡 1:3), 성부와 성자와 성령이신 하나님의 영원하고 웅대한 생명을 특징으로 하는 충만한 사랑을 우리 마음에 채우시는 성령 안에서 기뻐하는 것 말이다(눅 10:21).

11. 삼위일체와 기도

- 칼 R. 트루먼

서론

모든 그리스도인이 삼위일체 교리를 믿기는 하지만 그저 소수의 신자들만이 이 교리가 만들어 내는 차이점을 확신하는 것 같다. 만일 그들이 의식적으로 신앙고백의 역사적 전통과 관계하는 방식으로 성경을 일관되게 설교하고 가르치는 교회의 성도라면 그들은 의심의 여지 없이 삼위일체 교리가 성경의 내러티브와 신학에 어떻게 연결되는지를 경험했을 것이다. 그럼에도 삼위일체 교리가 그들의 매일의 삶에 만들어 내는 현실적이며 실천적인 차이점을 여전히 막연하게 생각할지도 모른다.

사실상 이 교리가 그리스도인들에 매우 직접적으로 실제적인 교리 가운데 하나라는 것은 아이러니다. 삼위일체는 추상적 교리가 아니며 기독교 신학의 부록에 속하는 교리가 아니다. 오히려 삼위일체론은 기독교 교리로부터 시작해서 기독교 실천에 이르기까지 모든 것을 총망라한다. 그리스도인이 성령의 역사로 말미암아 그리스도와의 연합을 통해 하나님에 의해 그분의 아들로 입양된 자라면, 그리스도인이 된다는 것은 철저하게 삼위일체적인 정체성을 가진다는 것을 의미한다. 따라서 신자의 모든 것과 신자가 행하는 모든 것은 어떤 면에서 삼위일체적인 용어로 이해해야만 할 것이다.

일견 추상적으로 보이는 삼위일체론의 어떤 요소들조차도 존재론적이며 실제적 중요성을 지닌다. 삼위일체의 전통적 교리의 발전이 고대 교회의 예전 및 예배의 형식과 복합적으로 긴밀하게 관련되어 있다는 것은 우연의 일치가 아니다.[1] 더 나아가, 아타나시우스가 성부와 성자의 동일본질에 관한 문제에 대해 타협을 거절했던 이유는 이것이 구원뿐만 아니라 그리스도인의 예배와 삶의 본질인 기도에 있어서 극히 중대한 사안이었기 때문이다. 결국 기도란 신자와 하나님 사이의 가장 친밀하고도 실제적인 교통이다. 그리고 이 친밀함 자체는 성령으로 말미암아 하나님 아버지를 향한 그리스도 안에서의 하나님의 행위에 뿌리박고 있다. 구원이 삼위일체적인 것처럼 기도 역시 필연적으로 그러하다.[2]

삼위일체와 기도의 문제가 제기될 때, 사람들은 기도의 대상이라는 사안에만 집중하는 경향이 있다. 우리는 오직 하나님 아버지에게만 기도하는가? 아니면 삼위일체의 각 위격들에게 기도하는가? 예수님께 기도하는 것은 타당한가? 우리는 창조와 구원에 있어서 세 위격이 각각 다른 역할을 하고 있다고 여기며 기도하지 않는가? 이 모든 질문은 정당한 관심사이며, 삼위일체의 구원 경륜이 신자의 경건한 삶을 구성하도록 허용하고자 하는 열망을 반영한다. 하지만 삼위

---

1 다음 책을 참조하라. Robert Daly, S. J., 'Eucharist and Trinity in the Liturgies of the Early Church', in Khaled Anatolios (ed.), *The Holy Trinity in the Life of the Church* (Grand Rapids: Baker Academic, 2014), pp. 15-38.

2 "만일 아버지의 실재의 출생으로서의 말씀, 빛의 광채로서의 말씀과의 연합 없이 아들이 아버지로부터 떨어져 있다면, 그 어떤 발생한 존재도 자신을 주심에 있어서 그를 만드신 창조자와 동반자가 될 수 없기 때문에 오직 아버지께서만 주시는 것으로 충분했을 것이다. 하지만 이런 주심의 방식은 아버지와 아들의 하나 되심을 보여 준다. 예를 들면, 그 누구도 하나님과 사자들에게 구하여 받을 수 없으며 그 어떤 피조물이라도 그들의 하나 됨과 무엇인가를 주심에 있어서 하나 되신 아버지와 아들 이외에는 '하나님과 사자가 당신에게 주시기를'이라 말할 수 없기 때문이다. 아들을 통해서만 주어진 것을 주신다. 오직 하나님 아버지만이 아들을 통해 그것을 성취하신다. 따라서 그것을 받는 자들에게는 은혜가 보장되어 있다."(Athanasius, *Against the Arians* 3.12 [*NPNF*[2] 4:400]).

일체적 기도에는, 기도를 누구에게 해야 하며 무엇을 기도해야 하는지에 대한 질문 그 이상의 무언가가 있다. 삼위일체는 기도의 형식보다는 기도의 토대로서 훨씬 더 중요하다. 삼위일체와 기독론은 구원 경륜 그 자체의 일부분으로서 우리의 기도를 구성한다. 실제로, 만일 하나님께서 삼위일체로 계시지 않는다면 하나님께 말씀드릴 그 어떤 수단도 없었을 터이기에 기독교의 기도는 그 어떤 형태로도 존재하지 못했을 것이다. 따라서 본 장에서 우리는 삼위일체 안에서 기도의 근거에 대해 살펴보고, 그 후에 삼위일체적 구원 사역이 우리 기도의 실천을 어떻게 구체화하는지를 알아 볼 것이다.

삼위일체와 그리스도인 기도의 토대

삼위일체와 기도의 관계성을 이해함에 있어서 중요한 것은 제사장으로서의 그리스도의 역할이다. 기도는 그리스도의 제사장적 역할에 있어서 필수적 요소이며, 이 사실은 성도의 기도를 위한 객관적 기초를 제공한다. 그리스도께서 자기 백성을 대신하는 위대한 중보자이시기에 그의 백성의 도고(intercession) 역시 하나님 아버지가 들으신다.

웨스트민스터 소요리문답은 그리스도의 제사장직을 다음과 같이 요약한다.

> **질문 25:** 그리스도께서는 어떻게 제사장 직무를 수행하십니까?
> **대답:** 그리스도께서는 자기 자신을 희생제물로 올려드림을 통해 하나님의 공의를 만족시키고 우리를 하나님과 화목하게 하시며 우리를 위해 계속적인 중보를 올리심으로 제사장 직무를 수행하십니다.

소요리문답은 성경적 가르침의 중요한 줄기를 요약해 준다. 신약 성경은 성도의 기도와 하나님 아버지 앞에서의 그리스도의 중보 사이의 분명한 관계를 제시한다. 히브리서의 논증은 이것을 가장 중요하게 제시한다. 신인 동시에 인간이신 중보자 그리스도는 하나님 앞에서 그리스도인의 신분에 중심이 되시며 우리 구원에 있어서 계속되는 신성한 활동의 본질을 이해하는 데도 중요하다. 중보는 현재까지도 계속되는 그리스도의 제사장적 행위의 필수적인 부분이다. 그리스도께서는 우리의 죄 때문에 갈보리에서 희생제물로 돌아가셨듯이, 자기 백성을 위한 그 희생제물을 아버지 앞에 드리기 위해 지금도 살고 계신다.

삼위일체와 관계된 이 제사장직에 대해 우리는 다음과 같은 몇 가지 의견을 낼 수 있다.

첫째, 우리는 그리스도의 제사장직이 구원에 있어서 하나님의 주권을 분명하게 가리키고 있다는 점에 주목해야 한다. 누가 제사장이 될지는 여호와께서 정하신다(레위기 8장). 특별히 그리스도를 제사장으로 지명하신 분은 하나님이시다(히 5:4-6). 이는 동정녀 탄생과 예수님께서 세례 받으실 때의 성령의 기름 부으심이라는 역사적 내러티브를 통해 증명되었다. 이는 하나님의 주권적 뜻의 정황 속에서 그리스도의 중보를 포함하는 그리스도의 제사장직의 모든 행위를 구성한다. 따라서 이 확정적인 기도의 행위(아버지를 향한 그리스도의 기도)는 주권자이신 하나님의 행위이다.

둘째, 우리는 그리스도의 제사장직이 일반적으로 하나님의 삼위일체적 본질을 드러낸다는 점에 주목해야 한다. 그리스도께서 요한복음에 기록된 자신의 대제사장적 기도에서 선언하시듯이 예수님은 하나님 아버지의 보내심을 받으셨다. 또한 그리스도는 세례를 받으실 때 성령님을 통해 능력을 받으셨다. 아버지와 아들과 성령으로 당신 자신을 계시하신 분은 하나님 외에는 없다. 그들은 모두 의도와 시행에 있어서 완전한 조화를 드러내시는 방식으로 구원 경륜에 있어서 서로 묶여 있다. 따라서 중보를 포함한 그리스도의 모든 행위는 하나님의 삼위일체적 이해의 정황 속에 놓여 있다.

실제로 신약 성경은 기도라는 인간의 행위가 하나님의 삼위일체적 행위와 친밀하게 연결되어 있으며, 실상 더 큰 하나님의 행위 안에 싸여 있고 포함되어 있다는 것을 분명히 한다. 따라서 로마서 8:26에서 바울은 그들이 연약함 가운데서 무엇을 기도해야 할지 모를 때에도 성령께서 그들을 위해 중보하며 기도하신다고 선언한다. 여기서 성령님의 위격적 특징이 중요한데 우리를 위해 대신 기도하신다는 것은 인격적 행위이다. 더 나아가 바울은 인간의 기도를 삼위일체의 위격들과 관계하는 하나님의 구원 경륜 안에 위치시킴으로 신자들이 확신을 갖도록 촉구한다. 따라서 기도라는 인간적인 행위는 좀 더 심오한 실재, 곧 성도를 위한 성령의 중보기도를 배경으로 삼아 이해해야 한다. 이는 신자의 기도를 하나님 자신의 삼위일체적 생명 안에 위치시키는데, 이것은 교리적 진리이며 실천적 현실이다.

셋째, 이것을 고려할 때, 이 구원의 삼위일체적 경륜이 그리스도에 의한 구원 성취를 경건과 기도의 행위로 만드는 데 공헌하고 있음을 우리는 주목해야 한다. 그리스도의 지상 생애는 기도로 특징지어지고 그의 순종과 고난과 긴밀하게 관계되어 있다(히 5:7-8). 또한 이는 사랑을 구원의 중심부에 위치시킨다. 그리스도께서는 하나님에 대한 사랑, 그리고 자신이 위하여 기도하는 사람들에 대한 사랑의 행위로서 하나님 아버지께 드리는 기도를 통해 당신 자신을 제물로 드리신다.

더 나아가, 그리스도의 사역을 그저 도덕적 모범으로 축소하지는 말아야 하지만, 그리스도의 삶을 볼 때 그의 중보는 부분적으로 신자를 위한 모범이라는 것도 분명하다. 그리스도께서는 자신이 아버지께 기도하신 것처럼 그를 따르는 자들도 동일하게 기도해야 한다고 가르치셨다(마 6:9; 26:39). 심지어 은밀히 기도할 때조차도 그리스도께서는 자신의 제자들이 따를 수 있는 모범을 분명히 제시하셨다(마 6:6; 막 6:46).

그렇다면 이것은 기도와 삼위일체에 대한 첫 번째 실제적인 요점을 교훈한다. 그리스도의 삼위일체적 제사장직은 하나님께 가까이 가기를 두려워하는 모든 이들에게 확신과 용기를 줄 것이다. 우리는 오직 그리스도 안에서만 완벽한 모범과 완벽한 중재자를 얻기 때문이다. 그리스도의 중보를, 마치 아버지를 속이거나 달래서 아버지가 별로 주고 싶어 하지 않는 것을 주게 만드는 것으로 이해하는 경향이 있는데, 이런 견해는 성부 하나님과 성자 하나님과 성령 하나님이 한 분 하나님이시며 모두가 같은 것을 원하신다는, 아타나시우스가 분명하게 깨달은 의미를 이해하는 일에 실패한 것이다. 따라서 신인(God-man)이신 그리스도께서는 아버지께서 그에게 주고자 하시는 것을 아버지에게 구하시며, 그리스도께서 우리를 위해 아버지께 기도하시는 내용은 아버지 자신도 원하시는 것이기 때문에 아버지께서는 그리스도가 구하는 것을 주실 것이다.

그럼에도 그리스도의 인성이 신성과 교제를 누리게 되었다는 사실 역시 심오한 중요성을 지닌다. 본능적으로 인간은 어려운 상황에 처하면 중재자를 필요로 한다. 별것 아닌 일일 때도 그렇다. 우리가 영적인 영역에 진입하여 거룩한 하나님과 악한 백성의 문제를 언급할 때, 중재자에 대한 열망은 더욱 극적으로 증가된다. 아담이 타락했을 때, 그는 자신이 벗었고 하나님 앞에서 자기 자신의 힘으로 설 수 없음을 깨달았기에 하나님을 두려워했다. 중재자가 없었기에 아담은 스스로 몸을 가리고 여호와의 임재로부터 숨어야 했다. 시내산에서 이스라엘 백성은 하나님의 임재를 둘러싼 큰 소리와 폭풍으로 인해 공포에 떨었으며, 따라서 모세는 산 위에서 그들을 대표하여 행동했고 나중에는 성막을 중심으로 하는 의식을 제정했다. 가장 중요한 것은, 구약 성경에서는 제사장만이 홀로 성소에 들어가 그의 백성을 대신하여 속죄제사와 중보의 기도를 올린다는 것이다.

이런 배경에 기대어서 성육신 역시 기도에 대해 매우 특별한 중요성을 지닌다. 물론 전형적으로 성육신은 그리스도의 죽음을 지칭하는 데 필요한 것으로 해석되었다. 여기서 안셀무스 논증의 영향이 의심의 여지 없이 엄청나게 발휘되었다. 성육신에 대한 유사한 논쟁이 그리스도의 중보기도로부터 비롯될 수 있다는 것은 분명한데, 희생제사와 중보가 모두 그리스도의 제사장직의 양 측면이라는 것을 생각하면, 이는 전혀 놀라운 일이 아니다.

첫째, 그리스도의 인성으로 인해 그리스도께서는 우리를 위해 중보기도를 하기에 적합한 존재가 되신다. 그분은 사람이 된다는 것이 무엇인지 아시고 우리 편에서 가까이할 수 있는 중보자가 되시기 때문이다(히 4:14-16). 그리스도는 우리와 같은 사람이시다. 그리스도는 모든 면에서 우리처럼 시험을 당하신 분이지만 죄는 없으시다. 그리스도는 우리와 같이 되신다는 것이 무엇인지를 이해하시며 그것을 기초로 아버지 하나님께 가까이 나아가신다. 그리스도 안에서 하나님은 그저 우리 인성의 수준까지 몸을 굽히신 것이 아니다. 그리스도의 인성은 하나님과 친밀한 관계를 지니신다.

둘째, 그리스도의 신성은 그의 기도를 강력한 어떤 것으로 만들 뿐 아니라 성공을 절대적으로 보증하는 무엇인가가 되게 한다. 우리의 기도는 제사장과 제물 되신 그리스도의 신분에 의존하고 있기 때문에 강력하다. 레위 제사장들이 스스로를 희생하고 하나님께 제사를 올려 드린 것처럼 그리스도께서도 십자가에서 자신을 희생하시고 하늘에서 그의 백성을 위해 기도하실 때 그의 아버지 앞에서 희생 제사를 올려 드리셨다. 따라서 그리스도의 제사장적 행위의 통일성은 효과적이며 강력하고 하나님의 마음 중심에 위치한다.

이는 아버지와 아들의 동일본질에 대한 4세기 논쟁(동일본질[homoousion]을 둘러싼 싸움)이 왜 실제적으로 매우 중요한 논쟁이었는지의 이유가 된다. 동시대 학문이 4세기 논쟁의 복잡성을 입증하고 각각의 주장을 분명하게 정의해 주는 옛 분류 체계를 실질적으로 약화시킨 반면, '호모우시온'(동일한 본질)의 실제적인 중요성은 360년대에 등장한 대체 용어 중 하나인 '호모이우시온'(유사한 본질)과 비교할 때 더욱 잘 드러날 수 있다. '유사성'이라는 용어는 근본적인 차이점이나 절대적인 정체성에 대한 상식적인 대안을 제공하는 것으로 보인다. 그럼에도 이런 종류의 타협은 구원 경륜에 있어서 치명적이다. 아타나시우스와 그의 동료들이 주장한 것처럼 유사성은 다름을 전제하며, 만일 성자가 성부와 같은 하나님이 아니시라면 성자는 누구도 구원하실 수 없다. 그러한 그리스도는 구원과 관계된 문제에 있어서 인간을 하나님과의 충만한 교제를 누리는 곳으로 이끌지 못한다.

기도에 있어서 삼위일체의 중요성을 고찰할 때, 우리는 그리스도의 중보의 견지에서 동일한 주장을 할 수 있다. 만일 아버지와 아들이 그저 유사한 본질일 뿐이라면, 아버지가 뜻하시는 것과 아들이 원하시는 것 사이에 잠재적인 간격이 항상 존재하게 될 것이다. 앞에서 언급한 바와 같이, 아들의 기도의 효력을 보증하는 것은 그가 아버지께서 주기 원하시는 것을 간구하시기 때문이다. 우리는 여기에 성령님을 더해서 로마서 8장에 묘사된 바와 같이 성령께서는 완전한 하나님이시며 그분의 기도 역시 항상 하나님의 뜻과 부합되기에 효력을 발휘하는 기도라고 할 수 있을 것이다. 그리스도와 성령의 기도의 권세는 그들이 하나님 아버지 자신께서 주시기를 즐거워하시는 것을 구하신다는 것에 놓여 있다. 만일 이것이 그들 존재의 본질과 하나님 아버지 사이의 그 어떤 간격으로 말미암아 훼손된다면, 기도를 통해 우리가 가질 수 있는 확신은 산산이 깨질 것이다.

사실, 우리는 삼위일체와 중보기도 사이의 관계는 더 큰 삼위일체적 구원 경륜에 있어서 단순하고 특별한 요소임을 주목함으로써 이에 대한 요약적인 이해를 결론지을 수 있을 것이다. 성부와 성자와 성령은 창조와 섭리에 있어서 각각의 역할을 수행하시며 구원에 있어서도 그들의 직무를 수행하신다.

그러므로 실제적으로 말하자면, 건강하고 힘 있는 기도 생활은 상당 부분 삼위일체 교리에 대한 올바른 이해에 의해 좌우된다. 기도에 대해 삼위일체적 이해를 가져야만 우리의 기도가 무엇을 의미하는지 알 수 있으며 그와 동시에 그 기도가 효과적이며 강력하다는 확신을 소유할 수 있을 것이다. 삼위일체와 같은 정확한 교리가 건강한 기도 생활을 보장하지는 않는다. 하지만 삼위일체에 대한 불완전한 교리가 마땅히 그래야만 하는 모습으로 기도 생활을 하지 못하게 한다는 것은 분명하다.

그렇다면, 이제 우리는 기도의 삼위일체적 이해의 두 번째 측면을 다룰 필요가 있다. 만일 삼위일체 교리가, 성령님을 통해, 성부의 아들이신 예수 그리스도의 위격과 사역 안에서 기도의 토대를 설명한다면, 이것은 기도라는 인간의 행위를 실제적으로 어떻게 형성하는가?

삼위일체의 교통에 관하여

우리가 앞에서 언급한 것을 생각할 볼 때, 매우 적은 신학자들만이 삼위일체의 이해에 뿌리박은 기도의 실천을 이해하고 그것을 설명하려 시도했다는 것은 좀 이상해 보인다. 하지만 이에 대한 주목할 만한 예외는 영국 청교도 존 오웬(1616-1683)이다. 그의 저서 *On Communion with God in Three Persons*(1657)는 삼위께서 구원 경륜에 있어서 어떻게 서로 교제하시는지, 그리고 신자들이 어떻게 그들의 경건 생활을 형성해야 하는지를 암시해 주는 거장다운 설명이다.

오웬의 논증을 대략 설명하기 전에 오웬이 이런 책을 쓴 것은 결코 우연이 아니라는 점에 주목할 필요가 있다. 종교개혁의 개혁주의 진영으로부터 발생한 신학 전통으로서의 개혁주의 정통은 부분적으로는 펠라기우스를 반대하며 구원에 관한 한 하나님의 은혜의 주권에 가장 높은 가치를 부여하는 것과 하나님이 삼위일체라는 사실 사이의 관계성을 이해하려는 시도에서 연원되었다. 따라서 개혁주의 정통은 구원의 모든 측면에 있어서 상당 부분 삼위일체의 함축적인 의미를 연구하는 데 할애되었다. 이것은 신학자들이 구속 언약과 같은 개념들을 발전시킨 엄격한 교의적 차원과 "내가 받은 구원의 특정한 부분에 대해 누구에게 감사의 기도를 올려야 하는가?"라는 질문이 제기되는 실천적인 차원

에서 작동되었다.[3]

따라서 개혁주의 정통은 구속을 삼위일체적 구조에 두기에, 구속받은 남녀 신자들의 정체성이 삼위일체적 정황 속에 있게 만드는, 가장 심오한 삼위일체적 신학이라 말할 수 있다. 신자는 성령 하나님을 통하여 성자 하나님과 연합함으로 말미암아 성부 하나님과 교제하는 사람이다. 그러므로 신자의 삶의 중심 행위로서의 기도는 삼위일체적 술어로 이해되어야 한다.

물론 많은 그리스도인이 본능적으로 하나님을 삼위일체로 인정하고, "성령의 능력으로, 당신의 아들 예수 그리스도의 이름으로, 하나님 우리 아버지께 기도드립니다."라는 공식과도 같은 언급으로 기도를 끝냄으로써 삼위일체의 의미를 인정한다. 이런 기도는 삼위일체의 각 위격이 어떤 방식으로든지 우리 구원과 그 구원으로 인한 우리의 기도 행위와 관련이 있다는 것을 인정하기 때문에 그 자체로 좋은 것이다. 그럼에도 이러한 모든 의식(기도의 형식)과 더불어, 우리가 사용하는 단어들이 우리가 하고 있는 일에 대한 깊은 이해로 이끌어 간다는 사실을 분명히 해야 한다.

오웬의 논증은, 인간은 그 자연적 상태로는 어두움 속에 살고 있으며, 빛이신 하나님과는 단절되었다는 전제에 기초한다.[4] 따라서 하나님과의 교통이나 그분을 향한 기도에 대한 논의는 그 어떤 것이라도 그리스도 안에서의 하나님의 구원 행위와 그리스도와 신자의 연합 위에 기초해야 한다. 오웬은 이런 교통을 두 가지로 구분한다. 오직 영원 속에서만 향유될 수 있는 완전한 교통이 있다. 그리고 우리가 지금 여기서 누리는, 시작되긴 했지만 불완전한 교통이 있다. 전자는 후자가 완성된 상태로 간주되고, 따라서 매우 깊은 의미에서 전자와 후자는

---

[3] 일반적인 발전에 대한 더 상세한 논의는 다음 책을 참조하라. Carl R. Trueman, *The Claims of Truth: John Owen's Trinitarian Theology* (Carlisle: Paternoster, 1998). 오웬의 저작들은 영국 출판사인 Banner of Truth에서 구할 수 있다. Banner of Truth, ed. W. Goold, in 16 vols. (Edinburgh, 1965-8). 이후로는 *Works*로 표기하겠다.

[4] *Works* 2.6.

연속성의 관계에 있다고 할 수 있다.⁵ 이것은 우리의 기도와 구원의 기초에 대해 우리가 이미 주목한 바와 일관된 진술이다. 성령으로 말미암는 하나님 앞에서의 그리스도의 사역 말이다.

그리고 나서 오웬은 이 토대로부터 신자가 성부와 성자와 성령과 더불어 개별적인 교제를 누린다는 진술로 나아간다. 이에 대한 오웬의 주요 구절은 소위 요한 삽입구(Johannine comma)라고 불리는 요한일서 5:7이다. 사실 이 구절은 그 자체로 볼 때, 후기에 삽입된 것으로 여겨지기에 오웬의 논증을 지지하기에는 매우 약해 보인다. 물론 오웬의 논증은 이 구절에 좌우되지 않는다. 분명히, 이 점에 있어서 오웬의 사상 배후에는 구원의 더 큰 삼위일체적 구조가 있으며, 오웬은 다른 곳에서 이 사상을 더욱 자세히 설명한다.⁶ 여기에는 오웬이 지시하는 다른 구절들이 있는데, 예를 들면 하나님과 신자의 교통에 있어서 성부와 성자와 성령의 경륜적 역할을 구분하는 에베소서 2:18이다.

예배 역시 기도에 대한 오웬의 삼위일체적 이해의 토대에 핵심이 된다. 오웬에게 있어서 예배란 하나님을 영혼의 은혜, 믿음, 사랑, 신뢰, 기쁨 등의 대상으로 만드는 것과 관계된다. 그리고 성경은 이 각각의 특징을 신성의 각 위격에 속한 것으로 돌린다. 예를 들면, 성부 하나님은 믿음의 대상이시다. 왜냐하면 하나님은 아들에 대하여 증언하시고, 우리는 그분의 증언을 믿음으로써 아버지에 대한 믿음을 나타내기 때문이다(요일 5:9). 아들 역시 믿음의 대상이시다(요 14:1). 또한 불신앙의 죄는 성령님을 대적하는 것으로 규정된다. 동일한 방식이 사랑과 기쁨의 문제에도 적용된다.⁷

하나의 구원 경륜 안에서 위격의 동일한 기본적인 구분 역시 행위와 관계해서 주목할 필요가 있다. 하나님 아버지께서 구원의 약속을 가르치시는데(요

---

5   Ibid., p. 9.
6   다음 책을 참조하라. Trueman, *Claims of Truth*, 여러 곳에.
7   *Works*, vol. 2, pp. 11-14.

6:45), 아들도 그러하시고(마 17:5), 성령님도 그러하시다(요 14:26). 각각의 경우에 성경은 동일한 행위가 각 위격에 적용된다 할지라도 구원 경륜 안에서의 행위들을 신성의 각기 다른 위격에게 속하는 것으로 돌린다.

오웬에게 있어서 이는 기도의 실천을 위한 함축적 의미를 내포한다. 신자가 구원을 그저 '구분되지 않는 한 분'으로서의 하나님께 돌리는 것만으로는 충분하지 않다. 성경의 미묘한 차이는 구원 경륜에 있어서의 차이를 반영하며, 이것은 기도의 행위를 통해 반영되어야 한다. 그러므로 오웬의 관점에서 볼 때, 기도의 형식에만 치우친 일반적인 삼위일체론자들은 구원의 삼위일체적 내용의 풍성함을 공정하게 평가하지 못한 것임을 관찰하게 된다. 기도의 내용과 구조에 삼위일체론이 스며들게 하지 않는 사람들은 성경이 참된 기독교 방식으로 그들의 기도를 규정하도록 허용하지 않는 것이다.

성부 하나님과의 교통

훌륭한 삼위일체론자로서 오웬은 어떤 차원에서 다른 두 위격을 언급하지 않은 채 절대로 신성의 한 위격만 말할 수 없음을 잘 알고 있었다. 이것을 이해하지 못하면 필연적으로 삼신론을 향하게 된다. 오웬은 신성의 표면적인 사역들은 완전하신 하나님의 사역이라는 교부의 표준적인 금언을 견지한다. 모든 행위에는 각 위격들의 협력이 있다.[8] 따라서 오웬은 각 위격들과의 개별적인 교통을 말할 때, 그는 "하나님께서 복음을 통해 지키기를 기뻐하시는, 은혜를 베푸는 순서"를 말하고 있는 것이다.[9] 달리 말하면, 오웬이 그리스도인들이 하나님을 향한 그들의 기도를 반드시 구원의 근거와 시행과 적용을 구체적으로 고려

---

8   Ibid., p. 18.
9   Ibid., p. 19.

하는 방식으로 구성해야 한다고 믿는 것이다.

따라서 아버지 하나님과의 교통의 문제를 언급하면서 오웬이 신자들에게 이해시키기를 원했던 중심 요점은 구원 경륜이 아버지 하나님을 사랑의 하나님으로 계시한다는 것이다. 하나님을 주권자이며 전능자로 묘사하고 죄에 대해 진노하시는 의로우시고 격노하시는 하나님으로 묘사하는 '창조와 타락'과는 달리, 복음 아래에서 아버지 하나님은 특별히 사랑의 하나님으로 드러난다.[10]

여기서 오웬은 선한 기쁨의 사랑, 그리고 우정의 사랑 사이에 표준적 구분을 채택하는데 두 가지 모두 아버지 하나님께 속하는 것으로 제시한다.[11] 이런 구분은 특히 사랑이 무언가 감상적인 것으로, 심지어 그저 성적인 것으로 전락된 오늘날 우리 시대에 매우 중요하다. 사랑은 가지각색의 일일 드라마나 시트콤에서 볼 수 있는 것같이 희석된 개념이 아니라 성경적으로나 역사적으로 훨씬 더 풍성한 개념이다.

선한 기쁨의 사랑은 선을 행하시고자 하는 성부 하나님의 확고한 뜻이다. 따라서 요한복음 3:16에 설명된 바와 같이 하나님의 사랑에 뿌리를 박고 있는 전체 구속의 경륜은 여기에 기초하고 있다. 하지만 하나님의 신적 사랑에는 이런 기본적인 사랑의 목적 그 이상의 어떤 것이 있다. 그것은 요한복음 14:23이 표현하고 있는 바와 같이 아버지 하나님과 그리스도인 개인을 함께 묶는 좀 더 친밀하고 인격적인 사랑이다.

오웬은 이 점에서 실수하는 것이 종종 그리스도인을 위한 목회적 어려움의 원인이 된다는 것을 정확히 보고 있다. 예를 들면, 죄인을 사랑하시는 아들(예수님)이 죄인에게 어느 정도 화가 난 아버지(하나님)의 마음을 바꾸기 위해 그분을 달래려고 자신을 제물로 드린 것이 바로 그리스도의 속죄라고 생각하는 것

---

10 Ibid.
11 Ibid., p. 21.

이다. 이런 종류의 신학은 신자들의 마음이 자신을 향한 하나님 아버지의 태도에 대한 염려로 가득 차 있기 때문에 문제를 일으킬 여지가 있는, 하나님에 대한 관점을 내포한다. 실제로, 우리는 좀 더 나아가 이것이 기도를 이해하는 데도 궁극적으로 치명적일 수 있다는 점을 역설해야 한다. 만일 성자와 성령의 중보로 인해 신자의 기도가 강력하다면, 이는 두 분이 성부와 불화하는 셈이 되는데 그렇다면 기도가 응답된다는 확신을 어떻게 가질 수 있겠는가? 오웬은 이와 반대되는 의견을 강력하고도 수려한 방식으로 진술한다.

> 오직 소수만이 그들의 마음과 지성에 이런 믿음을 지닌다. 곧 하나님 아버지의 사랑 안에서 그들의 영혼이 쉼을 얻는 믿음 말이다. 사람들은 소망과 두려움, 폭풍과 구름 속에서 고통스러워하며 그 아래에서 살고 있다. 이 믿음 안에서는 모든 것이 고요하고 평화롭다. 하지만 그들이 알지 못하는 이 높이에 어떻게 다다를 수 있을까? 언제나 자비롭고 친절하며 부드럽고 사랑스러우며 변하지 않는 분으로 여겨지는 것, 그리고 특히 모든 은혜로운 교제와 사랑의 열매의 위대한 수원과 샘이신 아버지로 여겨지는 것이 바로 하나님의 뜻이다. 바로 이것이 그리스도께서 오셔서 계시하시려는 것이다.[12]

우리는 여기서 흘러나오는 몇 가지 명백한 실제적 결과를 도출할 수 있다. 첫째, 우리는 우리를 사랑하시는 하나님께 나아가기 때문에, 기도할 때 확신을 가질 수 있다. 우리가 **우리** 아버지로서의 하나님께 기도한다는 것은 그 자체로 하나님이 먼저 우리를 사랑하셨다는 증거가 된다. 이 기도는 하나님이 주권적으로 수립한 관계에 근거하기 때문이다. 주기도문의 시작 부분은 신자가 반드시 묵상해야 할 신학적 중요성으로 가득하다. 신자는 멀리 떨어져 있는 신에게 접

---

12 Ibid., p. 23.

근하는 것이 아니다. 군주가 신하를 대하듯, 또는 주인이 종을 대하는 것처럼 우리와 관계를 맺으시는 하나님께 나아가는 것도 아니다. 주 여호와는 우리 아버지이시며, 바로 이것이 부성적 사랑으로부터 흘러나오는 경의와 친밀감 모두를 상정한다.

둘째, 하나님께서 아버지로서 우리를 사랑하신다면, 하나님을 향한 기도는 우리 편에서 사랑으로 반응하는 행위로 이해되어야 한다. 오웬의 표현을 빌려 말하자면, 만일 하나님의 사랑이 풍성하고, 그 사랑이 그분의 존재로부터 우리에게 흘러나오는 것이라면, 하나님을 향한 우리의 사랑은 일종의 의무이다. 그러나 이 의무는 친밀한 관계 안에서 이해되어야 한다. 하나님과 우리의 관계를 위한 기초로서의 의무가 아니라, 그 관계에 대한 반응이다. 그러므로 기도는 우리가 사랑으로 반응하는 것의 일부이고, 사랑으로 구성되고, 하나님 아버지가 사랑이시라는 우리의 이해에 근거한다.

오웬이 주의하여 보는 것처럼 그 결과는 바로 하나님 아버지의 사랑을 묵상하고 고찰하는 것이 기독교 경건의 중심이라는 것이다. 이는 우리로 하여금 하나님을 기뻐하게 하고 하나님께 사랑으로 반응하며 하나님에 대한 고귀한 생각을 품게 만든다. 이 모든 것은 건강한 기도 생활에 중요한 요소들이며, 또한 이 모든 것은 너무나 자주 경건의 적으로 비방을 받아 온 교리가 실제로는 경건에 매우 중요하며 합당한 기도 태도의 기초가 된다는 것을 보여 준다. 물론 정확한 교리 그 자체가 경건을 보증하지는 않지만 경건의 전제 조건은 된다. 신자들이 하나님 앞에 기도로 나아갈 때, 그들이 기도하는 대상인 하나님이 사랑의 하나님이시며 구원 경륜에 있어서 성부 하나님의 역할이 무엇인지 확고하게 이해하기를 요구하는 분이심을 분명히 아는 것은 매우 중요하다. 또한 그것은 신자를 성자 하나님께로 이끈다.

성자 하나님과의 교통

성부 하나님에 대한 오웬의 이해에 있어서 사랑 중심성은 성자 하나님에 대한 그의 이해와 연결되어 있다. 성자 하나님은 성부 하나님의 사랑을 계시하신다. 그러나 아들 또한 하나님과 신자의 교통에 있어서 독특한 역할을 수행하신다. 아들은 중보자이시며, 성부 하나님의 독특한 행동 원리가 그분의 사랑이듯이, 성자의 행동 원리는 은혜이다. 오웬의 책에서 이 부분이 가장 길고, 이 사실은 오웬의 신학이 바로 그 핵심에 있어서 기독론적임을 나타낸다. 그리스도의 중보는 하나님의 최상의 계시이며 구원의 역동적인 핵심이다.

오웬은 은혜를 세 가지로 구분한다. 우선 그리스도의 인격적 탁월함의 견지에서 그리스도의 위격의 은혜가 있다. 무조건적 호의의 은혜가 있다. 그리고 성령의 열매로서의 은혜가 있다.[13] 첫 번째 은혜에 관해서 오웬은 그리스도의 은혜가 신성의 자유로운 행위였던 그의 성육신과 관계되어 있음을 본다. 그리스도의 성육신은 죄인을 구원하기에 완전히 충분하고, 타락한 인간의 모든 실제 필요를 충족시키기에 완전히 적합하다.[14]

그리스도와 신자의 이런 교통은 아버지 하나님과도 결합되어 있는데, 이는 오직 그리스도 안에서만 하나님께서 사랑이 많고 자비하신 분으로 계시되기 때문이다. 공의와 인내와 지혜 같은 속성들은 다른 곳에서도 드러나고 그리스도 안에서 더욱 완전해진다.[15] 그러나 사랑은 오직 그리스도 안에서만 드러난다. 물론, 위에서 언급한 바와 같이 사랑은 하나님 아버지의 속성이다. 그러나 아버지의 그 사랑은 아들을 보내심을 통해서 더욱 전면적으로 분명해진다. 따라서

---

13 Ibid., pp. 47-48.
14 Ibid., pp. 51-52.
15 Ibid., pp. 83-91.

아들은 죄인들에 대한 하나님의 사랑을 계시하신다.[16] 하나님의 자비하심 역시 마찬가지이다.[17]

또다시 말하지만 여기에도 기도와 관련된 직접적인 중요성이 있다. 성부 하나님의 사랑 때문에 하나님께 감사하려면 그리스도의 사명을 고찰해야 한다. 그리고 그리스도의 사명이 성부 하나님의 사랑으로부터 흘러나온다는 것을 아는 것은, 그리스도의 중보가 그 자체로 하나님 아버지의 사랑의 뜻이기 때문에 하나님이 우리의 기도를 들으실 것이라는 확신을 강화시켜 준다. 두려움과 어두움 대신에 위로를 가져오는 방식으로 하나님의 모든 속성이 완전히 분명하게 나타나고 제시되는 것을 발견할 수 있는 것은 오직 그리스도 안에서만 가능하다고 오웬은 믿는다.[18]

사실, 오웬은 성경이 그리스도를 그저 위로자로 제시하기보다는 그 이상으로 나아간다는 것을 분명히 한다. 성자 하나님과의 교통을 부부 관계로, 곧 그리스도와 신자의 결혼으로 이해해야 한다는 것이다. 이를 위해 오웬은 아가서의 전통적이며 우화적 독법에서 이에 대한 성경의 근거를 찾고 있지만, 현대의 일부 독자들은 최소한 그것만 따로 떼어서 생각해서는 설득력이 없다고 생각할 수 있다. 물론 오웬은 더욱 명백한 신약의 가르침인, 예를 들면 에베소서 5장과 같은 말씀을 근거로 삼아 자신의 주장을 하고 있다. 이런 정황 속에서 오웬이 이 사상을 약간 특이한 방식으로 제시하는 것이 흥미롭다. 그리스도와 교회를 인간의 결혼에 비유할 때 결합적인 측면을 강조하는 경향이 자주 있는데, 오웬은 주로 남편과 아내 사이에서 발생하는 상호적인 자기 계시에 초점을 맞춘다. 그리스도는 교회를 자기 아내로 취할 때 자신의 생각을 교회에 계시하시고, 반면에 성도들은 그리스도에게 자신의 생각을 드러낸다. 이는 그리스도와 성도가

---

16 Ibid., pp. 81-82.
17 Ibid., pp. 82-83.
18 Ibid., p. 92.

서로 나누는 상호적인 기쁨의 중심부에 있다.[19] 그리스도 안에서 하나님을 향한 그리스도인의 접근법은 바로 그리스도를 사랑하는 남편으로 대하는 것이다. 사랑과 기쁨은 바로 이런 관계의 특징이다.

이런 부부 관계 이외에도 오웬은 성자 하나님과의 교통을 이해함에 있어서 입양을 또 다른 표준적 주제로 제시한다. 그리스도 안에서 신자는 아버지의 자녀로 입양되며, 따라서 아버지이신 사랑하는 하나님께로 가까이 간다. 또다시 말하지만 이는 우리가 기도하는 방식에 심오한 영향을 끼치는데, 특별히 하나님께 나아갈 때 담대함을 갖게 한다.[20] 이로 인해 우리는 고난에 대해 어떻게 기도해야 할지를 알게 된다. 때로는 고통이라는 형식으로 경험될 수도 있는 적절한 사랑의 훈육을 자녀에게 행하는 것과, 한편으로는 자녀가 불필요하게 당하는 고통을 경감시키는 일보다, 자녀를 사랑하는 지상의 아버지에게 더 중요한 것은 없다. 그리스도 안에서 하나님 아버지의 아들과 딸로서의 우리 지위와 자격은 우리로 하여금 간구와 도고에 있어서 고난의 문제를 어떻게 합당하게 말해야 할지를 구체화해 준다.

따라서 우리가 하나님을 생각하며 기도로 나아갈 때, 오웬은 아들 되신 예수 그리스도를 통해 우리가 소유하게 되는 용서와 입양을 통해 아버지의 사랑이 드러난다고 주장한다. 이는 우리가 하나님께 나아갈 때 우리의 지위뿐만 아니라 우리를 향한 하나님의 의도와 섭리에 대해서도 확신을 주기 때문에 우리는 담대히 나아갈 수 있다. 또다시 말하지만 교리가 중심이 된다. 메마른 방식으로서가 아니라 신자의 경건을 그리스도에 대한 합당하고 정서적인 사상으로 채우고 뒤덮는 방식으로 말이다.

---

19 "우리가 **마음을 털어놓을** 대상은 오직 절친한 **친구**뿐이다. 사람이 친구에게 자신의 마음을 드러내는 한편 일반적이고 통속적인 것으로 즐거워하지 않는다는 것보다 친밀한 교제에 대한 더 훌륭한 증거는 없을 것이다. 그러므로 성도 안에서 누리는 이러한 그리스도의 기쁨을 묘사하기 위해, 나는 수천 가지 실례 중에서 이러한 예를 선택했다(ibid., p. 119, 강조점은 원저자의 것임).

20 Ibid., p. 221.

성령 하나님과의 교통

오웬은 성령님을 하나님의 창조 사역 대행자로 보는 견고한 성경적, 신학적 전통에 서 있다. 이런 정황 속에서 오웬은 무엇보다도 먼저 보혜사로서의 성령님에 대한 성경적 개념을 이끌어 낸다. 물론, 오웬의 주장에 있어서 이 요점을 다룰 때 성령님께서 제공하시는 위로가 그 자체로 삼위일체적이라는 사실을 분명히 해야 한다. 아들 안에서 계시된 아버지의 사랑을 인격적으로 아는 것으로 인한 위로가 바로 그것이다. 바로 이것이 왜 예수님의 승천이 선한 일이었는지의 이유가 된다. 왜냐하면 그 후에 성령님이 충만히 임하셨고 예수님께서 어느 곳에나 임재하신다고 말할 수 있게 되었기 때문이다.[21]

오웬에게 있어서 성령님의 근본적인 중요성은 성령님은 그리스도에게 관심을 집중시키기 때문이다. 따라서 성령께서는 신자의 마음에 그리스도의 말씀을 생각나게 하시는데, 이는 성령께서 주시는 위로를 구성하는 그 무엇이다. 그리스도의 약속과 하나님 아버지의 사랑을 드러내심은 신자의 위로와 확신의 토대이다.[22] 또한 성령님은 우리 마음에 하나님의 사랑을 충만히 부어 주셔서 우리가 입양되었음을 확신하게 하신다. 또다시 우리는 여기서 명백한 삼위일체적 배경을 발견한다.[23]

하지만 오웬은 성령님의 사역이 역사적으로 볼 때 두 가지 오류의 주제가 되었다는 점을 인식한다. 첫째, 성령님의 사역을 실질적으로 무시하며 실천적으로 경멸하는 사람들이 있다. 그 시대에 청교도인 오웬은 형식적인 예전을 높이 평가한 영국 국교도들의 실책을 발견한다.[24] 다른 한편으로는, 오웬은 말씀이나

21　Ibid., p. 226.
22　Ibid., p. 237.
23　Ibid., pp. 240-241.
24　Ibid., p. 255.

의식을 언급하지 않고 성령에 대해 논하는 사람들을 주목한다. 이는 급진주의자들의 실책이다.[25] 이 두 가지 경우와 대조적으로, 오웬에게 있어서 기도는 **성령님 안에서** 수행해야 하는 것이다. 이는 기도가 우리에게 하나님을 드러내신, 말씀으로 오신 그리스도와 기록된 말씀에 기초해야 한다는 것을 의미한다. 둘째, 기도는 하나님을 영화롭게 하는 것인데 바로 이것이 성령님께서 하고자 하시는 일이다. 그렇다면, 성령님께서 내주하시는 그리스도인들로서 우리의 삶과 특히 우리 기도는 동일한 일을 수행해야 한다. 성령님의 삼위일체적 기능은 우리 기도의 목적 가운데로 흘러넘쳐 들어와야 한다.[26]

나아가서, 성령님은 양자의 영이시라는 사실에 주목해야 한다.[27] 신자가 아버지로서의 하나님께 기도하는 것은 성령님을 통해서이다. 또다시 이는 구원과 기독교 정체성의 기본적인 삼위일체적 구조와 관련된다. 아들이신 그리스도를 통해 성령님께서는 그의 힘으로 우리가 양자로 입양되어 하나님을 아버지로 부르게 하신다.

삼위일체로서의 하나님께 드리는 기도

하나님께서는 삼위일체이시며 우리는 삼위일체로서의 하나님과 교제하기 때문에 오웬은 우리가 구원 경륜에 있어서 각 위격이 어떻게 역사하시는지를 잘 이해해야 한다고 믿는다. 따라서 오웬은 담론의 각 부문에서 신자가 각 위격에 대해 이해해야 하는 특별한 사안들을 강조한다. 논고의 마지막 부분에서는 특별히 기도의 본질과 신성에 대해 설명한다.

오웬은 신적 실재(본질)가 예배의 대상이라는 것을 분명히 한다. 따라서 아버

---

25 Ibid., p. 257.
26 Ibid., pp. 257-258.
27 Ibid., p. 249.

지, 아들, 성령께서 모두 신적 실재의 참여자이시며 따라서 모든 위격이 경배와 기원의 대상이 되신다. 예를 들면, 오웬은 아들을 통해 성령의 역사하심으로 우리가 아버지께 나아갈 수 있다고 말하는 에베소서 2:18이 이것을 가르친다고 본다. 그럼에도 오웬은 각 위격이 각각 경배를 받으셔야 한다고 믿는다.

이는 때때로 기도에 대해 제기되는 질문을 다루게 한다. 우리는 오직 하나님 아버지에게만 기도를 드려야 하는가, 아니면 아들이신 그리스도와 성령님께도 기도할 수 있는가? 뭐라 해도 성경은 오직 첫 번째 경우만 명백하게 승인하는 것처럼 보인다. 그럼에도 오웬은 아들과 성령님 역시 우리의 예배를 불러일으키는 하나님이시며 우리의 감사를 불러일으키는 구원 사역을 수행하는 분이시라는 정당한 요점을 탁월하게 제시한다.[28]

오늘을 위한 삼위일체적 기도

위에서 살펴본 바와 같이 삼위일체론은 확신 넘치는 기도 생활에 지극히 중요하며 확고한 삼위일체론이 그리스도인의 건강한 삶에 매우 중요하다는 것은 분명하다. 기독교에 있어서 기도보다 더 독특하고 개인적인 사안은 없다. 그리고 기도의 중심은 삼위일체 교리에 놓여 있다. 신학적인 차원에서 삼위일체론은 (좀 더 직접적으로 말하자면) 기도가 작동하는 기초이다. 왜냐하면 하나님이 우리 기도를 들으시고 응답하신다는 사실을 우리가 확신할 수 있는 이유는 아버지 하나님과 함께 동일본질을 지니신 보혜사가 우리에게 계시기 때문이다. 이는 성령님이 하나님이시며, 그분은 하나님이 우리의 기도를 들으시고 응답하실 것이라는 확신을 우리가 갖도록 우리의 이해를 초월하시는 방식으로 우리를 위해 중보하시기 때문이다. 기도에 관한 어떤 가르침이라도, 또한 기도를 권면하

---

28 Ibid., pp. 269-270.

기 위한 어떤 격려라 할지라도 바로 이 위대한 교리적 진리에 근거해야만 한다.

그러므로 삼위일체적 기도를 하도록 격려하기 위한 첫 번째 단계는 우리 교회 성도들이 삼위일체 교리를 확고하게 이해하도록 교육하는 것이다. 지난 50여 년 동안 학문적 신학 세계가 삼위일체의 연구에 관한 한 풍성함을 누려왔다고 말할 수 있지만, 이것이 지역 교회 차원에서는 심오한 영향을 주지 못하고 있는 것처럼 보인다. 따라서 목사들과 장로들은 이 사안에 대해 매우 의식적인 접근을 할 필요가 있다. 그리스도인들이 삼위일체의 중요성을 매주 접할 때에만 비로소 그들은 그리스도의 정체성과 구원 경륜과 그리스도 안에서의 그들 자신의 고유한 삼위일체적 측면의 정체성을 이해하는 데 이 교리가 결정적으로 중요함을 깨닫게 될 것이다.

물론, 오늘날 이 시대는 반(anti)교리적 시대이고, 적어도 이런 교의들이 전통적 기독교 신학에 출현할 때 처음에는 다소 복잡하고 추상적으로 보일 것이다. 그럼에도 삼위일체적 교의 형성에 있어서, 우리는 예전의 역할로부터 그리스도와의 교통에 대한 오웬의 정교한 주해에 이르기까지 교회가 삼위일체를 대단히 실제적이며 송영적 중요성을 지닌 것으로 간주했다는 것을 기억해야 한다. 따라서 목사들은 삼위일체 교리에 정통해야 하며, 그것을 회중에게 가르쳐야 할 필요가 있다. 단순히 추상적인 진리로서가 아니라 무언가 명백하고 필수적이며 실제적 중요성을 지닌 것으로 말이다.

오웬은 형식적인 예전을 격렬히 싫어했지만, 예배에 있어서 삼위일체 교리를 촉진하고 강화하는 최선의 방법은 공식 예배의 한 부분으로서 이 교리의 확정적 진술인 니케아 신경을 암송하는 것이다. 게다가 찬송가와 찬양 곡목을 세심하게 선택하는 것 역시 중요하다. 회중은 단순히 설교뿐만 아니라 예배 시간에 진행되는 모든 순서를 통해 배운다. 실제로 회중은 들으면서 배우기보다는, 노래를 부르면서 더 많은 (좋든 나쁘든) 신학을 흡수한다. 모든 찬송이 다 명백하게 삼위일체적이지는 않지만 삼위일체적 찬송이 정기적으로 사용되고 좋은 효과를 발휘할 수 있도록 시간을 들여야 한다. 찬송가와 찬양 곡을 쓰는 은사를 받은 사람들은 하나님을 찬미하고 교육의 실례로 사용할 수 있는 삼위일체적 찬양을 만들기 위해 의식적으로 노력해야 한다.

또한 깊이 숙고한 뒤에 드리는 공중 기도의 습관을 회복할 필요가 있다. 복음주의는 영적 진정성과 역동성의 특징으로 즉흥성을 강조하는 경향이 있다. 물론 이것이 선하다는 것은 의심의 여지가 없지만(어쨌든 건조한 형식주의를 원하는 사람은 없다), 그럼에도 불구하고 이것은 언제나 다소 허울 좋은 기준일 뿐이다. 오늘날 예배 시간에 찬양을 부를 때 이미 특정한 가사가 주어져 있는데 그것이 어떻게 자발적이며 자연스러울 수 있겠는가? 실제로, 교회에서 공적 기도를 인도하는 것은 전체 회중을 하나님의 임재 안으로 이끌 뿐 아니라 회중들 스스로 기도하는 방식에 영향을 끼친다. 이런 기도는 경외심을 갖게 하고 기도 신학을 만들어 내야 한다. 곧, 삼위로서의 하나님께 가까이 가며, 각 위격에게 성경이 구체적으로 지정하고 있는 사역을 합당하게 돌리는 것 말이다.

마지막으로, 그리스도인 개인은 기도할 때 자신이 무엇을 하고 있는지를 이해할 책임이 있다. 매일 규칙적이고 정기적으로 많은 일을 하면서, 기도를 신학적 행위로서 고찰하지 않는 사람들이 많이 있다. 하지만 기도를 확신을 가지고, 그리고 기쁘게 수행하려면 반드시 기도를 신학적으로 이해해야 한다. 그리고 기도가 어떻게 삼위일체 교리와 연결되어 있는지를 이해하는 것은 바로 그 신학적 측면 가운데 하나로서 매우 (아마도 가장) 중요하다.

12. 삼위일체와 계시

– 마크 D. 톰슨

    제자들과 대화하시면서 예수님은 "아버지 외에는 아들을 아는 자가 없고 아들과 또 아들의 소원대로 계시를 받는 자 외에는 아버지를 아는 자가 없느니라"라고 말씀하셨다(마 11:27). 잠시 후에 시몬 베드로가 "주는 그리스도시요 살아 계신 하나님의 아들이시니이다"라고 고백하자 예수님은 "바요나 시몬아 네가 복이 있도다 이를 네게 알게 한 이는 혈육이 아니요 하늘에 계신 내 아버지시니라"라고 대답하셨다(마 16:16-17).[1] 하나님은 '아는 일'과 '알려지는 일'을 위해 심오하고 인격적이고 영원한 투자를 하신다. 이를 달리 표현하면, 하나님은 창조된 시공간의 세계에서 그분의 피조물들에게 알려지시기 위해 주권적 은혜로 자신을 주신다. 그러므로 삼위일체적 하나님의 영원한 자기 지식(self-knowing)과 창조와 구속 경륜에서 자신을 알리시기 위한 활동은 구분되지만 분리될 수 없다. 좀 더 광의적으로 말하자면, 삼위일체의 영원한 진행과 이 세상

---

1   영어 역본은 영어표준역(ESV)에서 인용했다.

에서의 시간적 과업은 구분되지만 분리될 수 없다.[2] 하나님에 대한 모든 인간적 지식 역시 실상은 삼위 하나님의 자기 지식의 부분집합인 셈이다. 따라서 이 지식은 비록 우리의 인식론적 한계로 인해 부분적이며 주관적이지만 동시에 객관적이며 참된 것이다.[3] 하나님에 대한 우리의 지식은 하나님의 본성과 뜻에 좌우된다. 사도 바울이 이에 대해 좀 더 설명한다. 신자로 하여금 "아빠 아버지"라고 외치게 하시는 이는 성령님이시며(롬 8:15-16), 동일한 성령님이 아니고서는 "예수를 주시라" 부르는 것이 불가능하다(고전 12:3). 자신을 계시하시는 하나님의 활동에 대한 삼위일체적 고찰은 새로운 발명품이 아니다. 신약 자체가 삼위일체 교리와 계시의 교리를 서로 묶고 있다.

계시 없이는 삼위일체 교리는 존재할 수 없을 것이다. 이것은 그야말로 명백하다. 삼위일체 교리는 자연 신학의 결론이 아니다. 하나님의 영원한 존재와 본성의 묘사는 우리 주위에 있는 세상에 대한 우리의 묵상으로는 가능하지 않다. 아퀴나스가 말한, 만물의 '움직이지 않는 동작자, 원인 없는 원인, 조건 없는 조

---

[2] 영원한 진행과 시간적 과업이라는 구분의 전형적인 논법은 아우구스티누스의 다음 작품에 잘 나타난다. Augustine, *De Trinitate*, bks. 5 and 15. 이 두 가지 사이의 관계에 대한 현대의 논의에 관해서는 다음 책을 참조하라. Travis E. Ables, *Incarnational Realism: Trinity and the Spirit in Augustine and Barth* (New York: Bloomsbury T&T Clark, 2013), pp. 180-185; Scott R. Swain, *The God of the Gospel: Robert Jenson's Trinitarian Theology* (Downers Grove: InterVarsity Press, 2013), pp. 191-193.

[3] 적어도 프란시스쿠스 유니우스(Franciscus Junius)의 *De vera theologia*(1594, 『참된 신학이란 무엇인가』, 부흥과개혁사, 2016) 이후의 개혁주의 신학은 하나님이 그분 자신을 아는 지식과 우리가 하나님을 아는 지식에 대한 주장을 밝히기 위해 원형신학(*theologia archetypa*)과 모형신학(*theologia ectypa*)의 구분을 도입해 왔다. "이 [참된] 신학은 원형적 즉 하나님 자신의 지혜이거나, 모형적 즉 하나님이 제공해 주신 지혜이다"(W. J. van Asselt, 'The Fundamental Meaning of Theology: Archetypal and Ectypal Theology in Seventeenth-Century Reformed Thought' *WTJ* 64 [2002], p. 327). 원형적 신학은 본래적이며 직접적이고 무한하며 완전하다. 한편 모형적 신학은 유한하고 모방적이며 중개적이어서 항상 부분적이며 불완전하다(고린도전서 13:12을 보라). F. Junius, *A Treatise on True Theology*, tr. D. C. Noe (Grand Rapids: Reformation Heritage, 2014), pp. 103-120. 아마도 거의 아만두스 폴라누스(Amandus Polnus)가 제안했듯이, 이 구분은 둔스 스코투스(Duns Scotus)가 사용한 "신학 그 자체와 우리의 신학"(*theologia in se* and *theologia nostra*)의 변형된 용어일 것이다. 스코투스의 다음 작품을 참조하라. Duns Scotus, *Lectura librum primum sententarium, Opera Omnia XVI* (Civitas Vaticana, 1950-), prol., q. III, lec. iv (Van Asselt, 'undamental Meaning' p. 322).

건자', 그리고 그 나머지도 모두 삼위일체일 필요가 없다.⁴ 아우구스티누스와 다른 이들이 지난 수 세기에 걸쳐 주장했던 하나님의 삼위적 본질의 '흔적' 또는 반향에도 불구하고, 삼위일체 교리가 그것에 대한 우리의 고찰로 인해 발생했다고 주장한 이는 아무도 없다. 그것들은 우리가 다른 곳에서 들었던 것을 희미하고 부분적이며 불완전하게 확인한 것일 뿐이다.⁵ 영원히 아버지시요 아들이시요 성령이신 한 분 하나님에 대한 지식은 자연적으로나 자동적으로 우리에게 다가오는 지식이 아니다. 누군가 우리에게 하나님이 바로 이런 분이라고 말해 주고 보여 주어야 한다. 달리 말하면, 이 교리는 우리에게 주어지는 것이지 우리가 성취하는 것이 아니다.

하지만 어느 정도까지 그 반대되는 내용이 참일 수 있는가? 즉 삼위일체 없이 계시에 대한 다른 진정한 교리는 없다는 말인가? 물론 한 가지 차원에서 이것은 말이 안 된다. 유대교와 이슬람은 자기 자신과 자신의 뜻을 계시하시는 하나님이 삼위일체라는 그 어떤 제안도 지지하지 않으면서 계시의 교리를 가지고 있다. 일단, 단 하나의 실체(monad)가 기독교 신앙의 삼위일체 하나님처럼 자신을 효과적으로 알릴 수 없었는지에 대해서는 확실한 이유는 없는 것 같다. 말하자면, 그것은 우리가 초월적인 하나님께서 창조된 세상의 구조 속에서, 그리고 그에 의해 유지되는 모든 시간을 통해 자신을 알리신다는 것을 둘러싼 이 사안을 좀 더 면밀하게 살펴볼 때까지는 그러하다. 철학자들의 전문용어를 빌려 말하자면, 유한자가 어떻게 무한자를 포괄할 수 있으며, 심지어 이해할 수 있겠는가? 따라서 계시의 문제에 직면할 때 중재의 필요성에 대한 질문이 제기된다. 초월적인 하나님은 중재라는 방식 없이 직접 알려질 수 있는가? 범신론(pantheism) 또는 만유재신론(panentheism)에 빠지지 않게 하는 인식, 곧 창조자

---

4 Aquinas, *Summa Theologiae*, Ia, q. 2, art. 3.
5 아우구스티누스 자신도 이를 인정했다(Augustine, *De Trinitate* 15,6 [10]).

와 피조물의 구분에 대한 인식은 우리의 앎에 어떤 영향을 끼치는가? "나로 말미암지 않고는 아버지께로 올 자가 없느니라"(요 14:6)라는 예수님의 말씀은 하나님 편에서의 언약적 결정에 대한 언급인가, 아니면 하나님의 참된 본질과 하나님이 피조물에 대해 항상 관계하시는 방식에 대한 어떤 것을 반영하는가?

본 장의 근본적인 구조를 제공하는 두 가지 질문은 다음과 같다. 우선, 하나님의 영원하신 삼위일체 본성이 일반계시에 있어서, 그리고 특별히 기독교의 계시 교리에 있어서 얼마나 필요한가? 그렇다면, 하나님의 영원한 삼위일체의 본질이 기독교의 계시 교리에 주는 구체적인 형태는 무엇인가?

참되고 효과적인 계시를 위한, 하나님의 삼위적 존재와 본질의 필요성

첫 번째 질문에 대한 성경적 대답은 내가 시작할 때 인용한 말씀에 명백히 드러나 있다. "아버지 외에는 아들을 아는 자가 없고 아들과 또 아들의 소원대로 계시를 받는 자 외에는 아버지를 아는 자가 없느니라"(마 11:27). 유사한 확신이 요한복음 서언에도 발견된다. "본래 하나님을 본 사람이 없으되 아버지 품 속에 있는 독생하신 하나님이 나타내셨느니라"(요 1:18). 그 무엇보다 가장 직접적인 진술은 이미 언급한 바 있는 예수님의 말씀이다. "나로 말미암지 않고는 아버지께로 올 자가 없느니라"(요 14:6). 오늘날의 한 주석가가 잘 설명했듯이 "오직 아들이 주시는 계시로만 다른 이들에게 공개되는, 아버지와 아들이 스스로 나타내신 세상이 있다."[6] 영원한 아버지는 영원한 아들이신 예수 그리스도의 사역이 아니고서는 알려지지 않으며 우리가 접근할 수 없는 분이시다. 하나님에 대한 우리의 지식은 이 영원한 아버지와 아들의 관계에 견고하게 닻을 내리고 있

---

6   D. A. Carson, 'Matthew' in F. E. Gaebelein (ed.), *The Expositor's Bible Commentary*, 12 vols, (Grand Rapids: Zondervan, 1984), vol. 8, p. 277.

다.[7] 예수님께서 후에 요한복음에서 성령의 오심에 대해 말씀하실 때, 다시 한 번 이 그림은 더욱 명백하게 삼위일체적 방향으로 채워진다. 배신당하고 체포당하시던 날 밤에 예수님은 제자들을 위로하셨다.

> 그러나 진리의 성령이 오시면 그가 너희를 모든 진리 가운데로 인도하시리니 그가 스스로 말하지 않고 오직 들은 것을 말하며 장래 일을 너희에게 알리시리라 그가 내 영광을 나타내리니 내 것을 가지고 너희에게 알리시겠음이라 무릇 아버지께 있는 것은 다 내 것이라 그러므로 내가 말하기를 그가 내 것을 가지고 너희에게 알리시리라 하였노라 (요 16:13-15)

이 부분에는 좀 더 엄밀한 설명이 요구된다. 우리는 삼위일체 **교리**가 효과적인 하나님의 계시를 위해 필요한지 그렇지 않은지를 묻는 것이 아니다. 이 경우에 옛 언약 아래 있던 신실한 이스라엘 백성에게 주신 주님의 계시가 의문의 대상이 된다. 성경에서 삼위일체 **교리**는 살아 계신 하나님이 점진적으로 보여 주신 계시의 결과였으며, 예수님의 부활과 성령의 부어 주심에서 그 절정을 이루었고 초기 기독교회의 첫 4세기 동안 여러 공격에 맞서 좀 더 체계적으로 설명되었다. 그보다, 우리가 던져야 할 질문은 만물을 지으시고, 존재하는 만물이 의존하는 하나님의 효과적인 계시가 사실상 아버지와 아들과 성령으로서의 하나님에 의해 이루어지는가에 대한 문제이다. "나로 말미암지 않고는 아버지께로 갈 자가 없느니라"라는 이 주장은 얼마나 심오한가? 하나님의 지식을 가질 수 있도록 그 일을 가능하게 만드는, 아니 그저 단순히 가능한 게 아니라 **유일하게** 가능하게 만드는, 아버지와 아들과 성령의 관계는 무엇인가?

---

7   "성자는 계시를 전달하는 기관일 뿐 아니라 그분 자체가 계시되어야 할 신비이다. 성부와 성자의 지식은 이제 계시된 동일한 신비의 두 가지 측면이다. 따라서 성부와 성자가 교제 안에서 함께 하신다는 것은 두 분이 계시의 주체이자 객체가 된다는 것을 뜻한다."(Ned B. Stonehouse, *The Witness of Matthew and Mark to Christ* [London: Tyndale, 1944], p. 212).

여기서 우리는 하나님의 초월성과 불가해성이라는 신학적 범주에 직면한다. 이 가운데 첫 번째부터 언급하자면, 우주는 피조물로부터 창조자를 향해 여행하는 길을 우리에게 제공하는 하나님 존재의 확장이 아니다. 하나님은 우주를 **무에서**(ex nihilo) 창조하셨는데 이는 그분 자신과 완전히 다른 어떤 것으로 창조하신 것이다. 창조는 사랑이신 하나님의 영원한 속성에 전적으로 일치되는 사랑의 행위이지만 그와 동시에 주권적으로 자유로우신 하나님의 은혜의 행위이다. 따라서 8세기 다마스쿠스의 요한이 했던 언급을 지지하는 일은 신중해야 한다.

> 선하시고 지극히 선하신 하나님께서는 자기 응시(self-contemplation)로 만족하지 않으시고, 그분의 유익을 누리고 그분의 선함을 공유하도록 어떤 것들이 존재하기를 그분의 굉장한 선하심으로 인해 바라시기 때문에, 하나님은 아무것도 없는 데서 보이는 것과 보이지 않는 것을 존재하게 하시고 창조하셨다.[8]

이런 언급은 하나님에게 어떤 결함이 있는 것 같은, 즉 피조물이 없다면 하나님의 영원한 존재가 만족스럽지 않은 것 같다는 암시를 준다. 그럼에도 이것이 다마스쿠스의 요한의 의도는 전혀 아니었다. 주권적이며 자기 충족적이신 하나님은 당신의 영원한 삼위일체적 삶을 채우기 위한 창조가 필요하지 않다. 그럼에도 하나님은 자신을 넘어서서, 그리고 그분의 뜻과 떨어져서는 계속 존재하지도 않고 존재할 수도 없는, 그러나 존재의 차원에서 여전히 구별되는, 완전히 다른 존재를 지으시기로 선택하셨다.

하나님의 자존성(自存性)에 대한 고대 교리는 아버지와 아들과 성령으로서의 하나님의 영원한 관계와 피조물을 초월한 그분 활동의 근거가 되는 충만한

---

8   John of Damascus, *The Orthodox Faith* 2.2 (PG 94:864-865; *NPNF*[2] 9:18).

생명을 증언하는 하나님의 자기-충족성을 확증함으로 정확히 바로 이 요점을 언급한다.[9] 이 교리는 성경의 보증을 받는데, 첫째는 불타지 않는 떨기나무에서 "스스로 있는 자"라는 자신의 이름을 모세에게 알려 주신 말씀(출 3:14)과 둘째는 "아버지께서 자기 속에 생명이 있음같이 아들에게도 생명을 주어 그 속에 있게 하셨고"라는 예수님의 말씀이다(요 5:26). 마찬가지로 성령님께서도 생명이시자 생명의 수여자이시다(요 6:63; 롬 8:10-11). 자존성의 개념은 때때로 하나님의 독립성 또는 하나님께는 우연성이 하나도 없음을 지시하는 좁은 의미로 사용되어 왔다. 하지만 이 속성을 삼위일체적 용어로 이해하면, 그것은 대립적인 개념을 훨씬 넘어서는 그 이상의 것이다. 존 웹스터는 이를 다음과 같이 설명한다.

> 하나님 자신은 스스로 존재하시고 자신의 생명으로 완전히 활동하심으로 전적으로 자유롭고 충만하시며 아버지와 아들과 성령으로 계시다. 하나님은 스스로 존재하시는 은혜의 주님으로서 자신을 근거로 자신을 주신다. 하나님은 각각 그 안에서 그를 위해 그로부터 결코 분리할 수 없는 아버지 됨과 아들 됨과 발출의 완전하심이며, 이를 통해 자신을 여호와로, 구주로, 그리고 그의 피조물의 상대로 자신을 주신다. 이런 삼위일체적 성격이 하나님의 자존성에 대한 기독교적 고백의 독특한 특징이다.[10]

삼위일체적으로 고찰할 때, 하나님의 자존성은 계시를 막는 방해거리가 아니

---

9 "하나님만이 본래 가지고 계신 자신의 능력으로 살아 계실 뿐만 아니라 자신 안에 생명의 충만을 스스로 품고 만물에 생명을 주시기 때문에, 하나님이 그 자체로 생명을 지니신 분이라고 말하는 것이다."(John Calvin, *Commentary on John*, in D. W. Torrance and T. F. Torrance [eds.], *Calvin's New Testament Commentaries*, 12 vols. [Grand Rapids: Eerdmans, 1961], vol. 4, p. 131).
10 John Webster, 'Life in and of Himself: Reflections on God's Aseity', in Bruce L. McCormack (ed.), *Engaging the Doctrine of God* (Grand Rapids: Baker, 2008), p. 113.

라 도리어 본질적 전제이다. 엄밀히 말하자면, 하나님은 자신 안에 생명을 지니시고 스스로 충분하시며 이 생명과 충분성이 외부행위(ad extra)와 내부행위(ad intra)의 측면을 지니기 때문에 하나님의 본질과 속성에 대한 그 어떤 타협 없이도 계시의 자유로운 행위가 가능하다. 여기서 우리는 칼 바르트의 공헌을 인식할 수 있다.

> 하나님에 대한 성경의 증언은 하나님 자신과는 구별되는 모든 것에 대한 하나님의 초월성을 인식한다. 이런 인식은 자신으로부터 구별되는, 즉 모든 조건으로부터 완전히 결정적으로 자유로운 그 자체의 구별에서뿐만 아니라, 더 나아가 자신의 구별과 자유를 희생하지 않고서 그 구별됨을 시행할 때, 하나님은 창조자와 화목자와 구속자로서의 활동 안에서 초월적인 자신과는 구분되는 차원에서의 피조물과의 교제를 시작하시고 신실하게 유지하신다.[11]

초월성의 일원론적 개념은 계시에 대한 어떤 제안도 문제가 있는 것으로 만든다. 다른 모든 것과 완전히 구별되고 존재론적으로 멀리 있는 존재가 어떻게 창조된 질서 안에 자신을 나타낼 수 있겠는가? 참된 자기소통을 가능하게 만드는 접점은 어디에 있는가?[12] 하지만 자존성의 삼위일체적 개념은 초월성을 그저 대립적이고 고립된 것으로까지 여기게 하는 것이 아니라 관계적인 것으로 이해하게 한다. 만일 하나님 안의 충만한 생명이 가장 근본적으로 관계적이며, 그것이 자유와 생명의 수여자가 되게 하시는 것이라면, 마찬가지 비유로 하나

---

11 CD, II/1, p. 303.
12 "역사적으로, 초월성과 내재성의 개념에 대해 터무니없는 문제들이 발전된 바 있다. 하나님의 초월성(하나님의 높으심과 신비성)은 하나님의 존재가 피조물과는 영원토록 무관하며 우리와 완전히 다른 분이라는 것으로 이해되었다. 따라서 하나님은 전적으로 '타자'이며 전적으로 '숨겨지신 분'으로서 우리는 하나님의 지식을 가질 수 없고 그에 대한 참된 진술을 할 수도 없다. 이런 신은 그 자신을 우리에게 계시하지 않는다(아마 계시할 수도 없을 것이다)."(John M. Frame, The Doctrine of the Knowledge of God [Phillipsburg: P&R, 1987], p. 13).

님의 자기 지식의 충만하심은 자신의 계시와 존재를 통해 그의 피조물에게 자신을 알리시려는 하나님의 능력과 결정을 수행하게 만든다. 하나님의 초월성은 고립되었다고 말할 수 있을 정도로 구별되는 것이 아니라, 모든 측면에서 하나님이 주가 되심을 의미하는 것이다. 더욱이 하나님의 주 되심은 그에 관한 다른 모든 것과 마찬가지로 반드시 삼위일체적 방식으로 이해해야만 하며, 따라서 이는 하나님의 영원한 관계의 특징인 아심(knowing)과 알려지심(being known), 사랑하심과 사랑받으심의 역동성이 내용으로 주어진다.

그다음으로 이것은 하나님의 불가해성 교리에 대해 생각하게 만든다. 전형적으로 하나님의 초월성은 그 자체로 약간의 불가해성 개념을 지닌다. 이것을 하나님을 말로 표현할 수 없다는 것과 혼동해서는 안 된다. 말하자면 하나님은 "(인간이) 완전히 알 수 없으며, 모든 인간의 이해를 완전히 초월하며, 모든 인간의 언어와 개념을 완전히 초월하는" 분이라는 의견, 그리고 가장 강력한 형태로 자아-참조적 비일관성(self-referentially incoherent)과 혼동해서는 안 된다는 말이다.[13] 이와는 반대로 불가해성은 인간의 유한성이나 오류성 때문이 아니라 하나님 자신의 완전성으로 말미암는, 하나님에 대한 진정한 지식을 인정한다. 하나님의 위격과 속성과 뜻은 무궁무진하다(욥 11:7-9; 롬 11:33-36). 하나님의 생각과 길은 피조물의 생각과 길보다 훨씬 더 높을 뿐 아니라(사 55:8-9), 하나님은 가까이 가지 못할 빛에 거하신다(딤전 6:16). 그럼에도 하나님은 여전히 그분이 선택하신 방법으로 참되게 알려지시며(사 55:10-11; 딤전 6:11-15), 하나님이 나를 아신 것같이 내가 하나님을 "알게" 될 날이 올 것이다(고전 13:12; 참조. 요일 3:2). 불가해성 교리는 하나님의 위격이나 하나님의 계시된 뜻에 관한 불가지론(agnosticism)의 기초가 될 때 잘못 사용되고 만다.

---

13 R. T. Mullins, 'An Analytic Response to Stephen R. Holmes, with a Special Treatment of His Doctrine of Divine Simplicity', in T. A. Noble and J. S. Sexton (eds.), *The Holy Trinity Revisited: Essays in Response to Stephen Holmes* (Carlisle: Paternoster, 2015), pp. 88-91.

그러나 불가해성 교리를 삼위일체적 구조로 표현한다면, 이것은 우리에게 하나님의 존재와 속성에 대한 중요한 측면을 참되게 알려 준다. 불가해성은 결국 하나님의 본질에 대한 **증언**(affirmation)이다.

오늘날의 한 작가는 이것을 다음과 같은 방식으로 설명한다.

> 신적 불가해성이 우리가 하나님에 대해 충분히 알지 못하기 때문이거나 감히 삼위일체 하나님에 대해 말할 수 없기 때문에 발생하는 것이 아니라는 주장에 암시된 경고를 주목하는 일은 중요하다. 도리어 우리가 하나님의 삼위일체적 자기 계시 안에서 하나님을 알고 있으며, 다른 이름으로는 하나님을 부르고 싶지 않다고 느끼기 때문에 하나님의 불가해성은 반드시 강조되어야 한다. 하나님에 대해 우리가 알고 말할 수 있는 모든 것은 우리로 하여금 하나님을 이해하게 하는 것이 아니라, 기독교 신앙을 구성하는 것으로서 우리가 선물로밖에 받을 수 없는, 하나님의 자기-교제로 되돌아가게 만든다.[14]

그렇다면, 불가해성은 삼위일체 하나님의 주 되심에 대한 또 다른 표현이다. 하나님은 우리의 지식을 통해 파악되거나 속박당하지 않는 분이시다. 하나님의 계시가 그분의 존재와 활동을 완전히 고갈시키지 않는다는 것은 사실일뿐더러 칼 헨리(Carl F. H. henry)가 잘 지적한 것처럼 주권적 구속자는 자신을 어떻게 알리실지 그 방법까지 결정하는 분이시다.[15] 토렌스는 이것이 무엇을 의미하는지를 다음과 같이 쓰고 있다.

---

14 Christoph Schwöbel, 'Where Do We Stand in Trinitarian Theology? Resources, Revisions, and Reappraisals', in Christophe Chalamet and Marc Vial (eds.), *Recent Developments in Trinitarian Theology: An International Symposium* (Minneapolis: Fortress, 2014), p. 70.

15 Carl F. H. Henry, 'The Hidden and Revealed God', in idem, *God, Revelation and Authority*, vol. 2: *God Who Speaks and Shows. Fifteen Theses, Part One* (1976; repr. Wheaton: Crossway, 1999), p. 47.

하나님께서 우리를 가까이하시고 그리스도의 속죄적 희생제사를 통해 우리로 하여금 하나님께 가까이 가게 하시고 그리스도와 그의 영을 통해 하나님을 알고 하나님께 나아가게 하실 때조차, 어떤 실제적 차원에서, 아버지와 아들과 성령으로서 자신의 영원한 존재의 내적 관계 안에서 하나님은 성육신으로 인한, 가시성 안에서의 불가시성을, 가해성 안에서의 불가해성을 포기하지 않으신다(이레니우스의 표현에 따르면). 그러므로 하나님은 우리가 온전히 이해하거나 표현할 수 있을 정도까지 하나님 자신에 대한 지식을 축소하지 않으신다.[16]

하나님의 고갈되지 않는 완전하심의 배경으로 삼아 해석되는, 하나님에 대한 참된 지식에 대한 이런 사상은 약간 다르게, 그리고 좀 덜 삼위일체적인 방식으로 제시되는데, 곧 마르틴 루터가 했던 유명한 말인 '숨겨지고 계시된 하나님'(Deus absconditus and Deus revelatus)이라는 문구이다. 루터는 이전에 하나님의 행위를 특징지었던 표현(하나님은 반대의 형식을 통해, 감추어진 방식으로 행동하신다: 약함을 통해 강함을 드러내시고, 죽음을 통해 생명을 주시는 것 등[17])에 대해 언급하면서, 하나님 그분의 숨겨지심에 대해 이렇게 말한다.

> 그러므로 하나님은 반드시 그분 자신의 위엄하심 그대로 남겨져야 한다. 이 점에 관한 한 우리는 아무 할 일이 없으며, 하나님은 우리가 무언가 해야 할 일을 의도하지도 않으셨다. 그러나 시편 기자가 하나님께서 자신을 보여 주시고 아름다움과 영광 가운데 옷 입으심을 찬미하듯이, 하나님께서 그분 말씀 안에서 우리에게 계시될 때 우리는 무언가 할 일이 있다.[18]

---

16 T. F. Torrance, *The Christian Doctrine of God, One Being Three Persons* (Edinburgh: T&T Clark, 1996), p. 81.
17 'Lectures on Romans' (1515-1516), in *LW*, vol. 25, p. 366.
18 'The Bondage of the Will' (1525), in *LW*, vol. 33, p. 139 = *WA*, vol. 18, p. 685.14-17.

하나님의 고갈되지 않는 완전하심은 사랑과 빛 안에서 그분의 피조물을 향하신 하나님의 활동이 그분이 실로 누구신지에 대한 타당한 생각을 나타내 주심에 있어서 궁극적으로 관계적이기 때문에 침묵이나 부정적인 신학(apophatic negations: 하나님의 속성이 아닌 것만을 말하는 방식)으로 끝나지 않는다. 계시는 하나님의 무조건적이며 주권적인 활동이지만 또한 전적으로 적합한 활동이기도 하다. 이것을 인식한다면, 우리는 하나님의 존재와 속성의 깊이를 알 길 없는 미궁에 빠지기보다는 계시된 것에 관심을 기울이게 된다. "감추어진 일은 우리 하나님 여호와께 속하였거니와 나타난 일은 영원히 우리와 우리 자손에게 속하였나니 이는 우리에게 이 율법의 모든 말씀을 행하게 하심이니라"(신 29:29). 계시된 말씀은 참된 것이고 올바르게 알려졌지만 그럼에도 우리는 하나님께서 자신을 아심같이 그분을 알지 못하고 알 수도 없다. 주후 4세기 제롬이 잘 말했듯이, "본성의 평등을 통해 아는 것과, 계시하시는 분의 호의로 아는 일은 사뭇 다르다."[19]

삼위일체 각 위격들의 영원한 관계가 하나님의 본성을 스스로 드러내고 있다는 것은 분명하다.[20] 하나님이 아버지와 아들과 성령으로서 자신에게 자신을 주심이야말로 하나님이 피조물에게 자신을 주실 때 전제되는 조건이다. 달리 표현하자면, "하나님의 완전하심은 내부행위(*ad intra*)로서의 교제이다. 하나님의 임재는 외부행위(*ad extra*)로서의 그의 교통이다."[21] 교제와 교통은 양자의 차원에서 서로 연결되어 있으며 초월성, 자존성, 불가해성에 관한 신학적 진술을 정당하게 만든다. 그럼에도 이 점에 있어서 신중해야 한다. 스콧 스웨인이 상기시

---

19 Jerome, *Commentary on Matthew*, tr. Thomas P. Scheck, Fathers of the Church 117 (Washington, D.C.: Catholic University of America Press, 2008), p. 137.
20 Gabriel Fackre, *The Doctrine of Revelation: A Narrative Interpretation* (Edinburgh: Edinburgh University Press, 1997), p. 29.
21 Kevin J. Vanhoozer, *Remythologizing Theology: Divine Action, Passion, and Authorship* (Cambridge: Cambridge University Press, 2010), p. 260.

키듯이, 이 두 가지 차원이나 관점의 구별 및 관계에 우리는 모두 주의할 필요가 있다.

> 교통과 교제의 삼위일체적 생명은 두 가지 관점에서 고려되어야 한다. 하나는 하나님을 향한 내적인 생명(내부행위로서의 신적 생명)이며, 다른 하나는 하나님을 향한 외적인 생명(외부행위로서의 신적 생명)이다. 내부행위로서의 삼위일체적 교통과 교제의 생명은 필연적이고 완전하며 실제적이고 영원하다. 삼위일체 하나님은 항상 그분의 지복한 생명의 완전한 광채이시다(출 3:14; 시 102:26-27; 히 13:8). 하지만 외부행위로서의 삼위일체 하나님의 교통과 교제의 사역은 완전을 향한 과정으로서 불확정적이며 시간적이다. 그것은 "때가 찬 경륜"이다(엡 1:9-10). 이 두 가지 신적 교통의 방식 사이의 **구분**에는 매우 많은 것들이 달려 있다. 이 구분을 유지하는 일에 실패한다면, 하나님의 자존성과 피조물의 피조성을 존중하는 일에 실패하게 될 것이다. 하지만 이 신적 교통의 두 가지 방식 사이의 **관계**에도 역시 매우 많은 것들이 달려 있다. 이런 관계성을 올바로 인식하는 일에 실패한다면 복음의 놀라운 기적을 감사하게 생각하지 못할 것이다. 하나님은 "우리 주 예수 그리스도의 **영원하신** 아버지"이시자 **또한** "그의 아들이신 그리스도께서 **나의** 하나님, **나의** 아버지"라고 부르신 분이시기 때문이다[하이델베르크 요리문답 26].[22]

이는 우리에게 매우 중대한 신학적 범주를 고찰하게 만든다. 이런 고찰은 하나님께서 자신의 완전성을 위험에 빠뜨리지 않고 자신과는 다른 어떤 것으로서 세상에 관여하셔야 하는 것은 아닌지를 요구하는 것처럼 보인다. 하지만 어떤 방법으로 삼위 하나님께서는 하나님 자신과는 다른 존재인 세상과 관계하시

---

22   Scott R. Swain, *Trinity, Revelation, and Reading: A Theological Introduction to the Bible and Its Interpretation* (London: T&T Clark, 2011), p. 6. 강조점은 원저자의 것이다.

며, 그리고 항상 모든 측면에서, 다른 모든 영역과 마찬가지로 계시의 측면에서도 하나님 자신을 의존하게 하시는가? 전개되는 성경 내러티브를 보면 하나님께서 목적하신 대로 피조세계를 존재시키고 유지하시며 섭리하시는 방편으로서 하나님 말씀의 중요성이 나타난다. 시편 기자는 다음과 같이 노래한다.

> 여호와의 말씀으로 하늘이 지음이 되었으며
> 그 만상을 그의 입 기운으로 이루었도다…
> 그가 말씀하시매 이루어졌으며
> 명령하시매 견고히 섰도다
>
> (시 33:6, 9)

이런 고찰은 매우 중대하다. 이렇게 생각할 때, 창조된 세상은 하나님의 진정한 창조물로서 존재할 뿐 아니라 하나님 그분 존재로부터 발현된 것이거나 하나님의 자기 존재가 확장된 것이 아니라 진정한 의미에서 다른 것으로 존재하기 때문이다. 나아가서 이것은 창조에 관한 하나님의 자유와 주권에 대한 우리의 인식을 보증해 준다. "피조물의 타성(他性)은 하나님의 말씀으로 말미암아 존재하게 되었을 뿐만 아니라 하나님의 말씀을 들을 수 있고 하나님과 함께 교제하도록 부르심을 받았다는 점에 존재한다."[23]

이 말씀은 하나님이 하신 말씀이며 수신자들이 들어야 할 말씀이며 '성경 이야기'에 동력을 제공하는 원천이다. 이 성경 이야기란 곧 창세기에 기록된 축복

---

23 Christoph Schwöbel, 'God as Conversation: Reflections on a Theological Ontology of Communicative Relations', in J. Haers and P. De Mey (eds.), *Theology and Conversation* (Leuven: Leuven University Press, 2003), p. 51. 또한 다음 책을 참조하라. Colin E. Gunton, *The Christian Faith: An Introduction to Christian Doctrine* (Oxford: Blackwell, 2002), p. 10: "창조 신학으로 볼 때, 하나님 말씀의 중재 언어는 우리로 하여금 창조 세계에 대한 하나님의 자유로운 개입과 또한 궁극적으로 그리스도 안에서 창조 세계의 한 부분으로서 하나님의 동일하게 자유롭고 주권적인 일체화에 대해 말할 수 있게 한다."

의 말씀과 에덴동산의 심판 한가운데서 선포된 약속으로부터 시작해서, 아브라함을 부르시고, 모세에게 사명을 주시고, 애굽에서 구원하신 이후 산에서 말씀하시고, 선지자들에게 말씀을 주시고, 마지막으로 말씀 그 자체이신 그분이 오실 때까지를 말한다.

> 옛적에 선지자들을 통하여 여러 부분과 여러 모양으로 우리 조상들에게 말씀하신 하나님이 이 모든 날 마지막에는 아들을 통하여 우리에게 말씀하셨으니 이 아들을 만유의 상속자로 세우시고 또 그로 말미암아 모든 세계를 지으셨느니라 (히 1:1-2)

당신의 피조물을 향한 하나님의 다루심에 대한 모든 성경의 설명이 하나님의 말씀 곧 "빛이 있으라"라는 창세기 1장부터 "진실로 내가 속히 오리라"라는 요한계시록 22장까지의 틀 안에 들어 있다. "하나님이 말씀하셨다는 것만큼, 어떤 활동도 이보다 더 특징적이거나 성경에 더 빈번하게 언급된 것이 없다."[24]

신적 중개에 대한 필자의 논의에서 말씀에 탁월한 지위를 부여하는 것은 외부행위(ad extra)뿐만 아니라 내부행위(ad intra)에 있어서까지 하나님의 교통과 교제에 대한 본 고찰에 매우 합당하다. 교통은 하나님의 본질에서 낯선 것이 아니라 필수적인 것이다. 기독교 삼위일체적 유신론은, 케빈 밴후저의 표현을 빌려 말하자면, 교통적(communicative) 유신론이다. 이런 묘사는 살아 계신 하나님이 인간의 종교적 광신의 투영일 뿐인 우상들과 구별되는 방식으로서 합당한 탁월성을 제시한다. 우상들은 입이 있지만 말하지 못한다(시 115:5). 우상들은 오이 밭에 있는 허수아비들과 같아서 말을 할 수 없다(렘 10:5). "나무에게 깨라

---

[24] Vanhoozer, *Remythologizing*, p. 212. 칼 바르트는 행동하는 것보다 말하는 것이 더 인격적이며 강력하다는 견해를 급하게 수용하는 경향에 이의를 제기한다. "하나님의 말씀은 행동으로 보완될 필요가 없다. 하나님의 말씀이 그 자체로 하나님의 행동이다"(*CD*, I/1, p. 143).

하며 말하지 못하는 돌에게 일어나라 하는 자에게 화 있을진저 그것이 교훈을 베풀겠느냐"(합 2:19). 하지만 하나님은 "말씀하셨고, 말씀하시는 하나님"이시다(히 1:1-2). 크리스토프 슈베벨은 이를 다음과 같이 묘사한다.

> 하나님에 관해, 그리고 하나님과 함께 하는 대화는, 창조로부터 하나님 왕국에서 하나님과 그분 피조물의 대화가 완성되기까지, 하나님께서 피조물과의 대화에 참여하신다는 바로 그 사실에 기초한다. 더 나아가, 세상의 존재가 하나님이신 대화 안에 근거하도록, 하나님이 그분 피조물과의 대화에 참여하신다는 것은 대화로서의 하나님 자신의 존재에 기초한다.[25]

성자의 성육신이 요한복음에 다음과 같이 묘사된 것은 바로 말을 통한 묵상이라는 이런 큰 그림의 배경 속에서 이루어진 것이다. "말씀이 육신이 되어 우리 가운데 거하시매 우리가 그의 영광을 보니 아버지의 독생자의 영광이요 은혜와 진리가 충만하더라"(요 1:14). 이스라엘 역사를 통해 구두로 말하여진 말씀은 하나님의 창조 세계 안에서 사람 되신 예수 그리스도를 통해 이루어진 하나님의 살아 계심과 행동하심을 이해할 수 있는 해석적 뼈대를 제공한다.[26] 그와 반대로, 그 말씀들이 항상 가리키고 있는 것처럼, 예수 그리스도의 성육신한 삶과 죽음과 부활은 그 말씀들을 확인하고 명확하게 한다. 예수님 안에서 특히 하나님과 인간 피조물 사이의 이런 화해는 더욱 깊이 있는 것으로 여겨진다. 진실로 하나님이신 분으로서, "예수 그리스도 안에서 하나님은 당신 자신과 동일한 계시를 우리에게 주셨다."[27] 그와 동시에 창조된 질서의 한 부분이며 진실로 사람이 되신 분으로서 예수님은 참으로 합당하게 "하나님과 사람 사이에 한 분이

---

25 Schwöbel, 'God as Conversation', p. 45.
26 T. F. Torrance, *The Mediation of Christ*, 2nd ed. (Edinburgh: T&T Clark, 1992), p. 19.
27 Ibid., p. 23.

신 중보자"가 되실 수 있었다(딤전 2:5). 이는 다양한 문맥에서 토렌스가 주장한 요점이다. "성자 또는 말씀의 성육신은 하나님에 대한 우리의 모든 지식에 있어서 인식론의 핵심을 구성하는데, 공간과 시간 세계에 중심을 두고 또한 하나님 자신 안에 중심을 둔다."[28] 토렌스는 좀 더 집요하게 다음과 같이 말한다.

> 예수 그리스도는 진실로 하나님 가운데 하나님이시며 참으로 사람 중에 사람이시기에, 그리스도 안에서 우리는 이 세상의 피조물로서 그분께 대한 우리의 지식이 하나님 자신의 실재에 놓여 있기 때문에 하나님을 알 수 있게 된다. 이 지식은 우리가 상상해 내거나 우리 자신으로부터 나오거나 신화적으로 하나님께 투영한 것이 아니라 하나님 그분 자체 안에 근거하며 통제된다.[29]

토렌스는 "만물이 예수 그리스도 안에서 우리를 향하신 하나님의 **자기** 교통의 실재에 달려 있다."[30]라고 올바르게 말하기는 하는데, 그렇다면 성령님은 어떠하신가? 성자께서 이 세상에 보내심을 받은 것같이 성령님 역시 보내심을 받지 않았는가? 만일 성령께서 창조된 세계 속에서 하나님의 목적과 현존을 중재하신다면, 이는 성자의 중보자적 역할과 어떤 조화를 이루는가? 성령님의 이런 역할에 대한 가장 직접적인 성경의 증언은 요한복음에 기록된 예수님의 고별 설교에서 발견된다(요 14-16장). 예수님은 아버지에게 "영원토록 너희와 함께 있"는 또 다른 보혜사를 보내 주실 것을 간구하시겠다고 제자들에게 약속하셨다(14:16). 이 보혜사는 아버지로부터 오시는 진리의 영이신데, 예수님은 "그가 나를 증언하실 것이요"라고 말씀하셨다(15:26). 성령님은 오셔서 그리스도의

---

28 T. F. Torrance, *The Ground and Grammar of Theology: Consonance Between Theology and Science*, 2nd ed. (Edinburgh: T&T Clark, 2001), p. 165.
29 Ibid., p. 40.
30 T. F. Torrance, *Reality and Evangelical Theology: The Realism of Christian Revelation* (Downers Grove: InterVarsity Press, 1999, repr.), p. 23. 강조점은 원저자의 것이다.

제자들을 모든 진리 가운데로 인도하실 터인데 그리스도는 계속해서 성령께서 "내 것을 가지고 너희에게 알리시겠음이라"라고 말씀하신다(16:14). 예수님은 그의 죽으심과 부활과 승천 이후에도 성령님의 임재를 통해 제자들 가운데 계속 나타나실 것이다. 예수님의 중보와 성령님의 중보 사이의 상호관계는 명백하다. 아들이 아버지에 의해 보내심을 받아 이 세상에 오신 것처럼(14:24; 16:5; 17:3), 성령님은 아버지와 아들에 의해 보내심을 받은 분으로 이 세상에 임재하신다(14:26; 15:26; 16:17). 누가복음은 우리로 하여금 성령께서 본질적으로나 필연적으로 아들의 성육신에 관계하시기 때문에 아들의 중보 뒤에 일어나는 것 또는 그것을 대체하는 것으로서가 아닌, 성령님의 중보를 볼 수 있게 하는 보충적인 관점을 제공한다. 성령님께서는 동정녀 마리아가 수태할 수 있도록 보호하셨을 뿐만 아니라 그의 사역을 통해 성육신하신 성자 위에 임하셨다(눅 3:21-22; 4:16-21; 11:20). 성령님께서는 "메시아를 시간과 공간 안에 두시는 신적 중재자"이시다.[31] 특별히 이것은 누가복음에서 다윗의 후손이신 예수님의 정체성을 통해 수행되는데 모든 메시아적 약속들이 바로 이 정체성에 붙어 있다.[32] 이는 히브리서 기록자가 다음과 같이 말함으로 절정에 이른다. "하물며 영원하신 성령으로 말미암아 흠 없는 자기를 하나님께 드린 그리스도의 피가"(히 9:14). 그리스도의 중보와 성령님의 중보는 두 가지로 분리되는 중보가 아니라 풀 수 없을 만큼 서로 강력하게 묶여 있다. 하나님의 영원하신 삼위일체적 생명에 있어서 말씀과 성령이 서로 함께 속해 있다는 칼뱅의 주장에는 매우 심오한 이유가 있다.

주 하나님께서는 하나님 말씀의 확실성과 그의 성령의 확실성을 일종의 상호간

---

31 David A. Höhne, *Spirit and Sonship: Colin Gunton's Theology of Particularity and the Holy Spirit* (Farnham: Ashgate, 2010), p. 46.
32 Ibid., p. 45.

의 결속을 통해 하나로 묶어 놓으셨기에 우리로 하여금 하나님의 얼굴을 바라보게 하시는 성령께서 빛을 비추셔서 완전한 신앙이 우리 마음속에 거하게 하신다. 또한 우리가 속는 것이 아닌가 하는 두려움 없이, 그 자신의 형상 즉 말씀 안에서 성령을 인식할 때 바로 그 성령을 받아들일 수 있다.[33]

하나님의 영원하신 삼위일체적 본질 외에도, 하나님의 초월성과 자존성과 불가해성의 실체를 구성하는 하나님의 아심과 알려지심을 통해 신적 계시라는 총체적 사상은 명백하게 해결되기 시작할 것이다. 하나님이 만드신 모든 것과 구별되며, 하나님이 존재하게 하신 피조물의 도움도 필요 없는 유일한 신적 존재에 의한 계시는, 이미 내가 말한 바와 같이, 논의할 여지가 있어 보인다. 그러나 우리와 우리의 창조된 존재(불확실하고 제한된)를 향하신 하나님의 위격과 그분의 목적을 위한 참된 중보가, 성령님에 의해 이 세상에서 그리스도로 확인되고 기름 부음 받으신, 하나님이자 사람이신 성자에게 주어졌다. 그리스도 안에서 필연적인 존재와 조건적인 존재가, 영원과 시간이 그런 것처럼, 하나로 합쳐진다. 자신의 삼위일체적 생명 안에 있는 하나님의 영원한 '자신을 주심'이 우리에게 무조건적으로 주어졌다. 이는 우리와 하나님이 창조하신 모든 것에 대한 하나님 자신과 그분의 목적에 대한 지식을 우리가 볼 수 있도록, 하나님이 인간에게 다가오심이라는 그 주권적인 표현을 통해 주신 것이다. 이것은 계시를 가능하게 하고 하나님께서 자신이 실제로 누구신지를 알리시는 것을 우리로 하여금 보게 하시는, 삼위일체에 대한 기독교 신앙고백의 심장에 놓여 있는 하나님의 역동적인 관계적 본질이다.

---

33 *Institutes* 1.9.3. 칼뱅의 『기독교 강요』 번역이다. John Calvin, *Institutes of the Christian Religion*, ed. John T. McNeill, tr. Ford Lewis Battles, 2 vols., LCC 20 (Louisville: Westminster John Knox, 1960), vol. 1, p. 95.

그의 아들의, 또는 말씀의 성육신을 통해, 또한 그리스도를 통한 성령의 중보하심으로, 하나님 아버지는 그저 우리에게 가까이 계신 분으로 남아 있는 것이 아니라 우리의 인간적인 지식에 당신 자신을 열어 보여 주셨다. 그리스도 예수를 통해 (바울이 잘 표현하고 있듯이) 한 성령 안에서 우리는 아버지께 나아감을 얻었다 (엡 2:18).[34]

하나님의 삼위일체적 존재와 본질에 의해 형성된 계시

삼위일체 하나님의 계시는 엄밀하게도 그분(하나님)의 활동이기 때문에 특별한 성질이 있다. 그 계시가 일반계시이든지(창조된 질서의 구조를 통해 모든 장소와 시간 안에서 모든 사람에게 전달되는 한정적 계시: 시 19편; 롬 1장), 특별계시이든지(특정한 시간과 장소에서 특정한 사람들을 향한 좀 더 직접적이며 집중된 사건으로서의 계시: 이스라엘의 선지자들에게 주신 계시, 예수님께서 제자들에게 주신 계시, 이 모든 날 마지막에 사도들이 그리스도의 제자들에게 준 계시: 히 1:1-3) 간에, 계시의 방향은 하나님으로부터 피조물을 향한다. 하나님은 여러 다양한 방식으로 다양한 방편을 통해 당신 자신과 당신의 목적을 알려 주신다. 그러나 알려 주시는 분이 하나님이시며, 하나님은 다른 사람이 아닌 자기 자신을 알려 주시기 때문에 우리는 하나님의 계시적 활동의 방식을 인식할 수 있다. 마찬가지로 하나님의 자기 계시가 전 피조세계를 통해 밝게 빛나는 한편, 그 계시를 받는 중심 대상은 하나님이 대화의 상대자로 창조하신 사람이기 때문에, 우리는 사람의 언어와 말과 개념이 여기서 중대한 역할을 한다는 것을 기대할 수 있다.[35]

---

34 Torrance, *Reality*, p. 23.
35 "하나님의 말씀만이 하나님의 행위를 명확하게 한다."(Vanhoozer, *Remythologizing*, p. 213). 또한 이 주제에 대해서는 다음 책을 참조하라. John M. Frame, *The Doctrine of the Word of God* (Phillipsburg, N.J.: P&R, 2010), pp. 3-11; Samuel G. Craig, 'Benjamin B. Warfield', in B. B. Warfield, *Biblical and Theological Studies*, ed. Samuel G. Craig (Philadelphia: P&R,

기독교 사상가들은 1950년대부터 신적 계시에 대한 삼위일체적 형태에 특별한 관심을 갖기 시작했다. 이는 20세기 중반 이후 삼위일체적 사상에 있어서 르네상스 시대를 이끈 개신교 신학자로 자리매김한 칼 바르트의 연구의 영향 때문이었다. 바르트는 다음과 같이 강조했다.

> 계시에 대한 기독교의 개념은 이미 그 안에 삼위일체의 문제를 내포한다. … 우리는 삼위일체 교리를 먼저 표현하지 않고서는 계시에 대한 개념을 분석할 수 없다.[36]

왜 그러한가? 이에 대한 바르트의 대답은 몇 페이지 앞에 있다. "**하나님이** 자신을 계시하신다. 그는 **자신을 통해** 자신을 계시하신다. 그는 **자신을** 계시하신다."[37] 하나님이 주체와 객체이시며 계시의 방편이시다. 이런 사실은 계시가 본질적으로 인격적이며, 왜 하나님의 위격을 제외한 상태에서 접근하거나 이해할 수 있는 이론적 지식의 문제가 아닌지를 확실히 인정해야 하는지의 이유가 된다. 계시의 목적은 하나님에 **관한** 지식이 아니라 하나님**의** 지식이다. 그럼에도 바르트가 분명히 하나님의 계시의 인격적 속성을 강조하고 있기는 하지만(이것은 근원부터 하나님의 자기 계시이다) 그 이상의 어떤 것을 강조하고 있다. 신적 계시는 하나님의 영원하신 삼위일체적 본질과의 직접적인 관련성으로서 삼중적 특징을 지닌다. 계시를 실행하시는 분이 하나님이시다. 또한 계시되는 분 역시 하나님이시다. 하나님 자신이야말로 이 계시가 발생하는 유일한 수단이다.[38] 하나

    1968), p. xx; D. B. Knox, 'Propositional Revelation the Only Revelation', RTR 19 (1960), pp. 1-9.
36 *CD*, I/1, p. 304.
37 Ibid., p. 296 (강조점은 원저자의 것이다).
38 "오직 하나님 자신만이 손상되지 않는 연합과 손상되지 않는 구분을 통해, 계시자이시며, 계시이시며, 계시되시는 분이시다"(*CD*, I/1, p. 295). "계시자와 계시, 그리고 계시됨의 문제는 성경적 계시와 삼위일체 교리의 논리적이며 실체적인 질서와 상응한다."(ibid., p. 314).

님이 말씀하신다. 하나님은 성자의 중보를 통해 우리와 함께하신다. 하나님은 성령님의 사역을 통해 우리를 그분 자신에게로 이끄신다.

이 점에 있어서, 바르트의 강조점을 그의 오랜 논쟁 상대였던 에밀 브루너의 주장과 비교해 보면 도움이 될 것이다.[39] 브루너는 명제적인 내용을 배제하고 계시의 인격적 속성을 지나치게 강조하는 경향이 있다(마치 인격적인 것과 명제적인 것이 상호 배타적인 형태의 계시인 것처럼 말이다).

> 하나님께서 우리에게 주고자 하시는 것은 말씀으로는 주실 수 없고 오직 나타나심으로만 주실 수 있다. 하나님께서 **위격으로 나타나신** 하나님 자신으로서의 예수 그리스도가 진짜 선물이다. 하나님의 말씀은 그 궁극적 의미에 있어서 "하나님으로부터 나온 말씀"이 아니라 하나님이 인격으로 나타나셔서 하나님 자신이 말씀하시고 제시하시고 함께하시는 임마누엘이시다.[40]

여기서 문제는 브루너가 인정하고 있는 것에 있다기보다는 그가 부정하고 있는 것에 있다. 계시에 대한 추상적이며 분석적인 접근을 경고한 점에 있어서는 브루너가 확실히 옳다. 계시는 참으로 삼위일체 하나님과 그분 뜻의 계시이다. 또한 자신을 계시하시는 것이 필연적으로 하나님에 관한 진리를 드러내는 일과 관련되어 있기는 하지만 계시는 항상 매우 심오하고 필연적으로 인격적이다. 이 점에서 브루너와 바르트는 철저하게 뜻을 같이한다. "하나님이 말씀하신 것은, 하나님 자신으로부터 분리되어서는 절대로 어디에서도 알려지지 않고 진실도 아니다. 하나님의 말씀은 하나님 자신이 말씀하시기 때문에 또한 하나님이

---

39 1930년대 중반에 바르트와 브루너는 자연신학의 문제에 대해, 그리고 기독론적 범주에 의존하지 않은 채 창조와 인간 사회의 구조를 어느 정도 읽어 낼 수 있는지에 대해서 서로 극적으로 충돌했다. 1934년에 브루너는 *Natur und Gnade*('자연과 은혜'[Tübingen: Mohr, 1934])라는 제목의 소책자를 출간했다. 그 해 늦게 칼 바르트 역시 그의 대답으로서 *Nein! Antwort an Emil Brunner*('아니오! 에밀 브루너에 대한 대답'[Munich: C. Kaiser, 1934])라는 책을 출간했다.
40 Emil Brunner, *The Divine-Human Encounter*, tr. A. W. Loos (London: SCM, 1944), p. 53.

말씀하신 그 안에, 그리고 그것과 함께 하나님이 함께하시기 때문에 알려지며 동시에 진실인 것이다."[41] 하지만 바르트는 또한 이렇게 주장한다.

> 하나님은 진술 안에서 자신을 드러내시는데, 언어라는 매개체를 통해, 실제로 사람의 말을 통해 자신을 계시하신다. 하나님의 말씀은 항상 선지자들과 사도들이 말한 이런저런 말이며 교회에서 선포된 말이다. 그렇다면, 하나님 말씀의 인격적 속성은 그 언어적 또는 영적 속성을 업신여기지 않는다.[42]

우리는 신적 계시가 틀림없이 **관계적인** 것이라고 말할 때 이 문제의 핵심을 더 깊이 다루게 된다. 콜린 건톤은 계시로부터 연원되는 하나님의 지식에 대해 말할 때, 상호 내주 사상을 주장하는 요한복음의 방식에 관심을 기울였다. "그가 언급하는 지식은 무엇보다도 먼저 위격들의 상호 관련성의 기능을 통해 익히 앎으로 말미암는 지식이다."[43] 그리스도께서 "하나님을 해석할 수" 있는 것은 예수 그리스도께서 "아버지 품속에 있는"(요 1:18) "유일하신 하나님"이시기 때문이 아닌가? 예수님의 대제사장적 기도라는 복음서의 마지막 부분에서 요한은 "그들[사도들]의 말로 말미암아 나를 믿는 사람들"에 대해 말하고 있지 않은가? 이 사람들은 예수님이 "아버지께서 내 안에, 내가 아버지 안에 있는 것 같이 그들도 다 하나가 되어 우리 안에 있게 하사 세상으로 아버지께서 나를 보내신 것을 믿게 하옵소서"라고 기도한 사람들이 아닌가?(요 17:20-21) 다르게 표현하자면, "가장 심오한 의미에서의 교통은 자신을 내어 주는 것이다. 한 사람의 삶을 '공유하여 공통적이게 만드는 것' 말이다. … 이것이 사람과 사람 간의 친교이며 교제이다."[44] 하나님의 자기 계시는 그분의 영원한 관계성으로부터

---

41 *CD*, I/1, p. 137.
42 Ibid., p. 138.
43 Colin E. Gunton, *A Brief Theology of Revelation* (Edinburgh: T&T Clark, 1995), p. 118.
44 Swain, *Trinity, Revelation and Reading*, p. 8.

발생하며 하나님이 그분의 피조물들에게 알려지는 방편이다. 하나님이 자기 자신을 알려 주시기 때문에 이 피조물들은, 피조물로서 그들 편에서, 비로소 하나님과의 교제를 시작할 수 있다.

좀 더 분명한 삼위일체적 용어로 진술하자면 하나님의 계시는 성부와 성자와 성령의 계시이다. 물론 이는 예수님께서 "나로 말미암지 않고는 아버지께로 올 자가 없느니라"라고 말씀하시고(요 14:6), 바울이 어떻게 하나님 자신이 보내신 "그의 아들의 성령께서" 우리로 하여금 "아빠 아버지"라고 부르게 하시는지에(갈 4:6) 대해 쓰고 있는 신약 성경에서 더욱 뚜렷하게 구체화되었다. 그러나 이런 관점에서, 우리는 이스라엘을 향한 하나님의 다루심이 영원히 성부와 성자와 성령으로 역사하시는 하나님의 조치임을 볼 수 있다. 신실한 이스라엘이 알았고 믿었던 하나님과 그분의 약속은 선지자들이 하나님의 말씀을 선포할 수 있도록 아버지와 함께 성령을 주셨던 우리 주 예수 그리스도의 아버지의 약속이다. "예언은 언제든지 사람의 뜻으로 낸 것이 아니요 오직 성령의 감동하심을 받은 사람들이 하나님께 받아 말한 것임이라"(벧후 1:21). 따라서 이제 우리는 다시 처음 시작할 때 언급했던 예수님의 말씀으로 되돌아오게 되고(마 11:27), 계시가 아버지-아들의 정황 속에서 발생하며 성령님의 역사하심으로 우리의 경험 안에서 완성된다는 깨달음을 얻게 된다.

그럼에도 계시는 또 다른 각도로 볼 때 본질적으로 관계적인 것이다. 계시는 그 목적에 있어서 관계적이다. 다시 말하지만, 요한복음이 바로 계시를 이런 방식으로 묘사하는 근거이다. 예수님은 당신을 반대했던 유대인들에게 구약 성경을 인용하면서 이렇게 말씀하실 수 있었다. "너희가 성경에서 영생을 얻는 줄 생각하고 성경을 연구하거니와 이 성경이 곧 내게 대하여 증언하는 것이니라 그러나 너희가 영생을 얻기 위하여 내게 오기를 원하지 아니하는도다"(요 5:39-40). 이 성경 말씀에 나타난 하나님의 계시의 목적은 사람들이 그리스도 안에서 생명을 얻어 그리스도의 오심을 위해 그 길을 준비할 수 있도록 하나님의 약속을 선포하는 것이었다. 바로 이것이 요한복음 배후에 있는 목적이다.

> 예수께서 제자들 앞에서 이 책에 기록되지 아니한 다른 표적도 많이 행하셨으나 오직 이것을 기록함은 너희로 예수께서 하나님의 아들 그리스도이심을 믿게 하려 함이요 또 너희로 믿고 그 이름을 힘입어 생명을 얻게 하려 함이니라 (요 20:30-31)

피조물을 향한 하나님의 자기 계시는 자기실현 또는 자율성을 목표로 하지 않는다. 그 대신에 이 계시는 그것을 알리시는 분에게 반응할 것을 요구하며, 모든 측면에서 그분께 우리 전 생명이 달려 있다. 이 계시는 믿음과 고백과 순종과 예배를 요구한다. 존 오웬은 성령에 대한 자신의 논문을 통해 계시와 반응과 하나님의 신적 본성을 함께 다루고 있다.

> 절대적으로 고려할 때, 완전히 무한하시고 신적으로 완벽하신 분으로서의 하나님의 존재가 바로 우리가 그분을 예배하는 공식적인 이유이다. 하지만 하나님이 우리에게 주시는 탁월한 계시가 이 예배를 지시하고 인도하며 규정해야 한다. 바로 이것이 소위 신성에 마땅히 돌려야 할 존경을 돌리게 만드는 신적 계시의 결과이다.[45]

계속해서 우리가 고찰하는 내용은 극히 중요하다. 엄밀히 말하면 계시는 스스로 충분하며 본질적이며 거역할 수 없는 초월성을 그 속성으로 지니신 삼위일체 하나님의 결정이기 때문에, 그 계시는 하나님의 주재권(lordship)의 표현이

---

[45] John Owen, *Pneumatologia or A Discourse Concerning the Holy Spirit* (1674) reprinted in *The Works of John Owen*, ed. W. Goold, 16 vols. (Edinburgh: Banner of Truth, 1965-8), vol. 3, p. 65.

된다. 이는 칼 바르트로부터 존 프레임까지 다양한 신학자들의 관심사가 되었다. 이에 대해 바르트는 다음과 같이 주장한다.

> 삼위일체 교리의 견지에서 보자면, 성경의 증언에서 발생하는 계시의 지식은, 그 사건의 세 가지 모든 순간들에서, 우리를 만나시고 당신을 우리에게 연합시키시는 주님 자신의 지식이다.[46]

하나님은 항상 "우리를 필요로 하지 않지만 우리 없이는 그 뜻을 나타내시지 않는 분"으로 남아 계실 것이다.[47] 네 권으로 된 프레임의 대작의 제목은 *A Theology of Lordship*(주재권의 신학)이다. 프레임은 이 책에서 하나님의 주재권이라는 개념 아래 다음과 같은 방식으로 하나님에 대한 성경의 가르침을 요약해서 제시한다.

> 구속 역사를 통해서 사람들에게 하나님은 주님으로서의 당신 자신을 밝혀 주셨고 사람들에게 그 개념의 의미를 가르치고 증언해 주셨다. "하나님이 주이시다." 이것이 구약 성경의 메시지이다. "예수님이 주이시다." 이것이 신약의 메시지이다.[48]

다시 한 번 말하지만 예수님을 그리스도로 확인해 주는 것이 성령의 사역이며(롬 1:4), 그리스도를 주라고 고백하게 하시는 이도 성령이시다(고전 12:3).

하나님의 주재권의 본질적인 상호 관련성은 하나님이 주시는 자신에 관한 계시가 권위적이라는 것을 나타낸다. 하나님은 주님이심을 그만두지 않으

---

46 *CD*, I/1, p. 383 (구두점이 첨가되었다).
47 Ibid., p. 140.
48 Frame, *Knowledge of God*, p. 12.

시며, 하나님이 자신에 대해 알리시는 내용과 그분의 목적은 인간의 모든 사상 위에 있고 또한 그것을 판단한다. 폴 리쾨르의 "비-타율적 의존성"(non-heteronomous dependence)[49]의 비전과는 대조적으로, 하나님의 계시는 우리 밖에서 오며 우리의 생각을 새롭게 한다. 계시는 우리에게 요구한다. 다른 이들이 주목했다시피, 이것이 바로 계시에 항의하는 현대의 불법 행위가 중심 이유로 삼는 것이다.[50] 이런 결론에 도달한 것은 사람들이 계몽주의 즉 인간 개인의 자율성으로부터 물려받은 소중한 원리를 침해하는 것처럼 보일 것이다. 하지만, 바로 이것이 하나님께서 자신과 그 밖의 모든 것에 대해 우리에게 알려 주신 것이라면, 이것은 그 자체로 하나님의 권위를 동반하며, 이 권위는 우리 자신을 위해 진리를 분별하고 선악을 구분함에 있어서 우리가 지니는 그 어떤 주장도 뛰어넘는 것이다. 가장 중요한 문제는 하나님에 관한 우리의 생각이 아니라, 하나님과 우리와 만물에 관한 하나님의 생각이다.[51]

계시와 삼위일체 하나님의 복음

하나님의 영원한 생명의 삼위일체적 본성으로부터 그 형태를 갖춘 계시는 아버지를 참되게 알리시는 아들을 강조하지만, 그 아들이 하나님의 아들과 주님으로서 알려지시는 것 또한 오직 성령님의 역사하심을 통해서이다. 이런 방식으로 볼 때, 하나님의 계시의 핵심은 바로 복음이다(롬 1:1-6). 따라서 계시는 모든 면에서 "하나님과 사람 사이에 중보자도 한 분이시니 곧 사람이신 그리스도 예수"(딤전 2:5)를 떠나서는 결코 조명될 수 없다. 그리스도 안에서 우리는 하

---

49 Paul Ricoeur, 'Toward a Hermeneutic of the Idea of Revelation', *HTR* 70 (1977), pp. 1-37.
50 Gunton, *Revelation*, pp. 21, 31.
51 바르트가 자신이 그 안에서 성장했던 자유주의 신학에 대해 초기에 제기했던 문제를 확장해서 표현한 것이다. (Karl Barth, 'The New World in the Bible, 1917', in idem, *The Word of God and Theology*, tr. A. Marga [London: T&T Clark, 2011], p. 25).

나님을 참되게 알 수 있다. **오직** 그리스도 안에서만 우리는 참되게 하나님을 알 수 있다. 하나님의 깊은 것까지라도 통달하시는 그리스도의 영이시요 하나님의 성령을 통해 "하나님이 자기를 사랑하는 자들을 위하여 예비하신 모든 것"을 볼 수 있다(고전 2:9-10). 하나님에 대한 우리의 지식은 완전하지 않다. 하나님은 모든 측면에서 여전히 주 하나님이시기에 우리에게 견제당하거나 지배받으실 수 없는 분이시다. 하나님은 초월적이며 자기 충족적이며 불가해적이다. 그럼에도 그분은 자신을 우리에게 주시는 것이 그분의 본성이며, 그분의 주권적이며 자비하신 자유로 인해 우리에게 자신을 주시기로 결정하셨기 때문에 우리는 하나님을 알 수 있다. 태초에 하나님이 온 세상이 존재하도록 말씀하셨기 때문에 하나님은 지금도 여전히 말씀하신다. "이제부터는 너희를 종이라 하지 아니하리니 종은 주인이 하는 것을 알지 못함이라 너희를 친구라 하였노니 내가 내 아버지께 들은 것을 다 너희에게 알게 하였음이라"(요 15:15).

13. 삼위일체와 예배

- 로버트 레담

성경적 기초

1) 예배의 본질

신약성경에서 예배를 의미할 때 가장 일상적으로 사용되는 동사인 '프로스큐네오'(*proskyneō*)는 아마도 그 앞에 엎드려서 예배 대상의 발에 입을 맞추기도 하는, 경건한 신앙심의 표현을 지칭하는 용어이다. 성경에 기록된 대부분의 경우에 예배자들은 땅에 엎드린다. 이것은 "신성을 향한 자신의 충성을 자신의 태도와 (가능하면 어떤) 자세로 표현하는"[1] "전적인 헌신과 복종의 표현"[2]이다.

---

1   Johannes P. Louw and Eugene A. Nida, *Greek-English Lexicon of the New Testament Based on Semantic Domains*, 2 vols. (New York: United Bible Societies, 1988), vol. 1, p. 540.

2   William F. Arndt and Wilbur A. Gingrich, *A Greek-English Lexicon of the New Testament and Other Early Christian Literature* (Chicago: University of Chicago Press, 1957), pp. 723-724.

요한계시록 4:9-11, 11:16, 19:4에서 이십사 장로들과 살아 있는 네 생물이 엎드려 보좌에 앉으신 하나님을 경배한 반면, 요한계시록 7:11에서는 장로들과 생물들 외에도 천사들이 하나님께 탄원을 올리는 장면이 뒤따른다. 또한 바울은 아마도 형벌을 받게 될 불신자들이 엎드려 하나님께 경배하게 될 것을 언급한다(고전 14:25). 이 모든 경우에 지엄하신 창조자의 임재 앞에 자발적으로 드리는 복종과 경배가 있다.

이것은 예배 행위의 몇 가지 특징들이다. 그러나 예배가 삶 전체를 포함하는가? 확실히 우리 삶은 예배의 표현이어야 하고, 삶과 예배는 일치해야 한다. 참으로, 하나님 앞에 예배를 드리러 가기 전에 우리는 먼저 다른 사람과 화목해야 한다(마 5:23-24). 하나님을 향한 예배는 우리가 살아가는 방식과 조화를 이루어야 하기 때문에, 바울은, 할 수만 있으면 모든 사람과 화목하라고 명령한다(롬 12:14-21). 하지만, 신약 성경의 예배에 대한 언급은 삶의 나머지 부분과는 구별되는 어떤 행위를 암시한다. 비행기 조종사로, 대학 교수로, 사업가로 하나님을 섬기면서, 엎드려서 하나님을 경배해야 할 이유가 있는가? 에티오피아 사람은 거기 계신 하나님을 예배해야 한다는 명확한 목적을 가지고 예루살렘으로 여행했다. 에티오피아 사람의 목적은 예루살렘에서 예배하는 것이었고, 그 여행은 분명한 전주곡이자 후주곡이었다(행 8:27).

2) 예배의 대상

성경은 예배의 대상으로서 오직 한 분 여호와 하나님, 우리 주 예수 그리스도의 아버지 하나님만을 경배할 것을 명령한다. 이 명령은 구약 성경에서 제1계명에 기록되었고(출 20:2-3), 신명기를 통해 반복되었고(신 6:4-5, 13-15), 광야에서 시험당하실 때 예수님이 인용하신 말씀이었다(마 4:10; 눅 4:8). 이것은 이방 신상을 숭배함으로 결국에는 포로로 끌려가면서 약속의 땅에서 쫓겨날 때까지 계속해서 우상에 빠져 있던 이스라엘 백성에게 중심 주제였고 그들에게 해당하는 문제였다.

신약 성경에서는 예배의 대상이 예수님이다. 동방의 박사는 예배를 목적으로 베들레헴을 방문했고(마 2:2, 11), 예수님을 찾았을 때 무릎을 꿇고 그에게 경배했다. 예배에는 예수님께서 하나님의 아들이시라는 찬미와 고백이 있다(마 14:33). 태어날 때부터 맹인 된 자가 고침을 받자 그는 예수님께 절하며 그를 경배했다(요 9:38). 부활 이후, 제자들은 다시 살아나신 예수님을 경배했고(마 28:9, 17), 사도들은 승천하신 그리스도를 예배했다(눅 24:52). 예수님은 믿음의 대상으로서 하나님 아버지와 함께 자신을 제시하신다(요 14:1).

이와는 대조적으로, 요한이 예기치 않게 천사의 발 앞에 엎드려 경배하려 했을 때, 그는 오직 하나님만 경배를 받으셔야 한다는 것을 상기시켜 주는 말씀을 들으며 책망을 받았다(계 19:10; 22:9). 바울은 천사 숭배가 무익하고 악한 일이며 교회와 성도들에게 부적절한 일이라는 것을 교훈한다(골 2:18).

예배는 오직 하나님께만 드려야 하며, 이는 모든 사람에게 부과된 의무이기도 하다. 우리는 반드시 그렇게 해야 하기에, 또한 그렇게 할 수 있기에 하나님을 예배한다. 예배는 피조물로서 우리의 책무이다. 예배는 그리스도와 연합되고 하나님의 생명과의 교제로 나아갈 수 있게 된 사람들의 특권이다.

3) 예배의 배경

성경은 예배가 다양한 배경 속에서 일어난다고 말한다. 시편에는 개인적인 예배가 자주 기록되어 있는데, 그중 일부는 이스라엘 왕인 다윗의 것이며, 일부 시편들은 다른 저자들의 것이다. 다니엘은 하루에 시간을 정해 놓고 정기적인 경건 훈련으로서 여호와께 기도를 올렸다(단 6:1-15). 이외에도, 가정에서의 예배가 강조된다(신 6:4-9). 이것은 언약적 상황(모세는 시내산 언약의 조건을 다시 반복한다) 속에서 발생한 것이기에 우선적으로 강조된다. 이는 신약 성경(엡 6:1-3)에서 다시 강조되는데 장수에 대한 언약적 약속으로 더욱 강화된다. 하지만 예배의 명확한 특징은 이스라엘 절기와 희생 제사 체계, 그리고 후일 회당에서 잘 표현된 언약 공동체의 공동 예배에 있다. 신약 성경에서 예배는 교회의 모임을 통해 이루어진다. 예배는 살아 계신 삼위일체 하나님과 그분의 언약 백성의 만남이다.

4) 하나님은 누구신가?

① 하나님만이 하나님을 알려 주실 수 있고 우리가 하나님과 관계하는 방법을 결정하실 수 있다.

고대 근동에서 이름을 지어 준다는 것은 이름을 지어 주는 이의 주권을 나타낸다. 아담은 창세기 1:28-30의 창조 명령을 성취함에 있어서 동물 세계에 대한 통치를 시행하기 위해 동물들에게 이름을 지어 주었다(창 2:19-20). 하나님의 이름은 오직 하나님만이 지으신다. 하나님은 오직 창조자로서 그 어떤 다른 존재에 종속되지 않으시기 때문에 하나님 자신만이 자신의 이름을 지을 권한이 있다. 더욱이 언약 공동체는 하나님 외에 다른 이름을 알지 못한다(출 20:1-3). 하나님을 다시 상상하거나, 하나님을 어머니나 그와 같은 어떤 존재로 이름 붙이려는 오늘날의 인간적 시도는 어리석게도 상상의 산물일 뿐이며 인간의 모습을 따라 만든 우상일 뿐이다.

하나님은 그분의 자기 계시에 있어서 주권적이시다. 이는 여호와께 영광을 보여 달라고 했던 모세의 요구를 일축하셨던 출애굽기 33:18-34:7에서 매우 명백하게 제시되었다. 그 대신에 하나님은 당신의 완전한 권위를 증언하셨고 모세를 바위 사이에 두시고 그에게 하나님의 이름을 새롭게 계시하셨다.[3] 하나님은 성령으로 말미암아 자신에 대한 지식을 주심에 있어서도 주권적이시다. 죄로 인해 우리는 하나님을 앎에 있어서 전적으로 하나님을 의존할 수밖에 없다. 바울은 우리가 죄 가운데 죽었고 하나님을 대적하여 반역한 일을 바로잡기에 전적으로 무능력하며, 죽은 자는 아무것도 할 수 없기 때문에 그렇게 하기를 원하지도 않는다는 사실을 강조한다(엡 2:1-2). 또한 바울은 불신자들이 이 세상의 신들에게 눈이 가려져 그리스도 안에 있는 하나님의 영광의 복음을 보지 못하기 때문에 회개할 수 없다고 말한다(고후 4:4). 예수님께서 가르치셨듯이 우리는 오직 성령님의 이끌림을 받아야만 예수님을 믿을 수 있다(요 6:44). 따라서 인간이 예배의 새로운 대상과 형식을 좋아하고 추구하는 것은 참되시고 살아 계신 하나님께 대한 반역이다. 오직 우리의 어두움과 죽음을 깨뜨리시고 새 생명에 눈뜨게 하시는 하나님의 은혜로우신 행동만을 통해 우리는 하나님을 참되게 알 수 있다. 이는 하나님의 지식[4]과 우상 숭배와 미신[5], 하나님을 알 수 있는 수단으로서의 창조[6]에 대한 칼뱅의 논고에서 매우 광대하고 화려하게 묘사되었다. 하지만 참된 지식은 오직 성경을 통해서만 주어지며[7] 또한 그것은 성령의 증언을 통해 확증되어야만 한다.[8] 바로 이것이 전 생애에 걸친 칼뱅의 가르침이었다.[9]

---

3   다음 책을 참조하라. Thomas F. Torrance, 'The Christian Apprehension of God the Father', in Alvin F. Kimel Jr. (ed.), *Speaking the Christian God: The Holy Trinity and the Challenge of Feminism* (Grand Rapids: Eerdmans, 1992), pp. 120-143.
4   John Calvin, *Institutes of the Christian Religion* 1.1.1 - 1.3.3.
5   Ibid. 4.1-4.
6   Ibid. 5.1-14.
7   Ibid. 6.1-4.
8   Ibid. 7.1-5.
9   다음 책을 참조하라. I. John Hesselink, *Calvin's First Catechism: A Commentary. Featuring Ford Lewis Battles' Translation of the 1538 Catechism* (Louisville: Westminster John Knox, 1997), pp. 44-53. 헤셀링크는 칼뱅의 이 초기 작품이 1559년에 좀 더 발전된 형태로 표현된 『기독교 강요』와 일치한다고 주장한다.

② 하나님의 새 언약의 이름

우리의 구원을 위해 자신을 알려 주신 하나님께서는 삼위일체로 자신을 계시하셨다. 하나님은 언약 역사 속에서 하나님의 자기 계시를 점진적으로 드러내셨다. 각 단계에서 하나님은 자신의 이름을 알려 주시는데 아브라함 언약에서는 '엘 샤다이'(전능하신 하나님, 창 17:1), 모세 언약에서는 '스스로 있는 자' 즉 '여호와'로 알려 주었다(출 3:14; 참조. '야훼', 6:3).[10] 구속 역사의 정점에서 예수님은 구약 성경의 약속을 성취하시기 위해 오셨다. 마태는 아브라함에게 약속했던 하나님의 왕국을 예수님께서 어떻게 개시하셨는지를 기록한다. 언약은 더 이상 이스라엘에 제한되지 않고 온 세상으로 확장된다. 실제로 많은 이스라엘 사람들이 내쫓기는 한편, 이방인들이 포함될 것이다(마 8:11-12). 모세 언약이 언약적 피 뿌림으로 개시된 것처럼, 새 언약은 예수의 보혈에 기초한다(마 26:27-29). 마지막으로 마태는 세례라는 새 언약의 성례를 통해 열방이 어떻게 제자가 될 것인지를 자세히 설명한다. 이 세례는 **아버지와 아들과 성령의 이름으로** 베풀어진다(마 28:19-20). 새 언약의 성례인 세례와 관련해서 성자 예수님은 하나님을 아버지와 아들과 성령이신 한 하나님으로 칭하신다. 한 분 하나님이라 부르면서 예수님은 자신을 야훼의 정체성과 동일시한다. 이것이야말로 더할 나위 없는 하나님의 자기 계시이다. 회고해 볼 때, 마치 추리 소설이 마지막 장면에서 실마리를 제공하며 전체 이야기를 이해할 수 있게 만드는 것처럼, 이 계시는 그 앞서 있던 모든 것에 빛을 비추어 준다.[11]

따라서 삼위일체 하나님만이 우리가 그분에게 가까이 나갈 수 있게 허락하시고 우리가 하나님과 어떻게 관계하며 나아갈지를 결정하신다. 모세 언약에 있

---

10 Robert Letham, *The Holy Trinity: In Scripture, History, Theology, and Worship* (Phillipsburg, N.J.: P&R, 2004), pp. 59-60.
11 Ibid., pp. 59-60; Kevin J. Bidwell, *The Church as the Image of the Trinity: A Critical Evaluation of Miroslav Volf's Ecclesial Model*, WEST Theological Monograph (Eugene, Ore.: Wipf & Stock, 2011), p. 239.

어서 모세는 여호와께서 그에게 말씀하신 그대로 이스라엘 예배의 여러 절차를 구성할 것을 명령받았다(출 25:1-40; 40:1-38). 그 후에 예수님은 누구도 그분으로 말미암지 않고는 아버지께 올 자가 없다고 선언하셨다(요 14:6). 아버지께로 나아감은 전적으로 성자의 중보를 통해서 가능하다.

그러므로 기독교 예배는 뚜렷하게 삼위일체적이다. 초기 기독교회들도 이것을 인식했다. 주후 4세기 나지안주스의 그레고리우스는 다음과 같이 기록했다.

> 우리가 신성을 바라볼 때 … 우리는 한 분 하나님을 생각한다. 그러나 신성에 거하시는 위격을 고찰할 때, 즉 그 시작부터 영원히 동일한 영광을 지니신 위격을 고찰한다면[12], 우리가 예배하는 분은 세 위격이시다.[13]

그 후, 8세기에 다마스쿠스의 요한도 이렇게 쓰고 있다.

> **세 분의 완전한 존재 안에서** 알려지시는 하나의 실재, 하나의 신성, 하나의 능력, 하나의 뜻, 하나의 힘, 하나의 시작, 하나의 권위, 하나의 통치, 하나의 주권자 하나님께 **한 마음의 경배를 돌려야 한다.** … 하나님은 혼동 없이 연합되어 있으며, 분리 없이 구별되신다.[14]

5) 예배의 기초

교회의 예배는 하나님이 누구시며 그분이 무엇을 행하셨는지에 근거한다. 아

---

12   여기에 신성의 근원이신 성부 하나님에 대한 전형적인 카파도키아 교부들의 가르침이 드러난다. 물론 이런 가르침은 그리스에만 한정된 것은 아니었다. 예를 들면, 다음 책을 참조하라. Augustine, *De Trinitate* 2.1.3, 4.20.T; Lewis Ayres, *Augustine and the Trinity* (Cambridge: Cambridge University Press, 2010), pp. 178-187; Calvin, *Institutes* 1.13.18, 20, 25.
13   Gregory Nazianzen, *Oration* 31.14 (tr. from *NPNF*[2] 7:322).
14   John of Damascus, *On the Orthodox Faith* 1.8 (tr. from *NPNF*[2] 9:2:6). 강조점은 첨가한 것임.

버지께서 "우리와 우리의 구원을 위해" 아들을 보내셨다. 이 내용은 요한복음 5장과 10장, 그리고 17장에서 가장 두드러진다. 바울 역시 로마서 8:32에서 우리로 하여금 이 문제에 관심을 갖게 한다. 이어서 아버지는 아들과 함께 성령을 보내셔서 교회에 내주하게 하셨다. 성령 사역의 강조점은 성자이신 그리스도에 대해 말씀하시는 것이다. 갈라디아서 4:4-6이 이것을 분명히 요약한다.

> 때가 찼을 때 하나님이 그의 아들을 보내셔서 여자에게서 나게 하시고 율법 아래에 나게 하신 것은, 율법 아래에 있는 자들을 속량하시고 우리로 아들의 명분(자격)을 얻게 하려는 것입니다. 너희는 아들이기 때문에, 하나님이 그 아들의 영을 우리 마음 가운데 보내셔서 "아빠, 아버지"라고 부르게 하셨습니다.[15]

바로 여기에 **아버지로부터 성령으로 말미암아 아들을 통한** 하나님의 모든 행위들의 기본 전제가 놓여 있다. 알렉산드리아의 키릴로스가 요한복음 주석에서 진술하듯이, "만물이 아버지로부터 나오지만 전적으로 성령 안에서 아들을 통하여 나온다."[16] 바울의 말씀들과 교부들을 통해 분명히 드러나는 이 순서는 구속 역사 전체를 요약해 준다. 우리의 구원은 하나님의 역사이며 전적으로 삼위일체적일 뿐만 아니라, 또한 아버지가 시작하시고 아들이 성취하시며 성령께서 적용하시는 사역이다. 물론, 아우구스티누스가 **삼위일체의 세 위격이 모두 함께 조화롭게 역사하심으로**(opera trinitatis ad extra indivisa sunt) 이 구속의 드라마의 모든 측면이 효력을 발휘한다고 말한 것은 전적으로 옳다. 삼위일체는 분할할

---

15 필자의 번역. 유대인과 이방인이 같은 기반을 가지고 있기에 '아빠'(abba, 아람어)와 '파테르'(patēr, 헬라어)라는 단어는, 내가 해석하기에는 두 경우 모두 "아버지"를 의미한다. 이 '아빠'는 요아킴 예레미야의 영향으로부터 흘러나오는 대중적인 설교와는 반대로, 현대어의 '아빠'를 의미하지 않는다. 이런 주장은 제임스 바에 의해 수립되었다. James Barr, 'Abba Isn't Daddy' *JTS* 39 (1988), pp. 28-47.

16 Cyril of Alexandria, *Commentary on the Gospel According to St. John (IX-XI)*, tr. T. Randell, LFC 48 (London: Walter Smith, 1885), p. 481; cf. 484 (PG 74:477).

수 없으며 삼위일체의 사역 역시 분리되지 않는다. 그러나 인간 역사에서 실제로 발생한 일에 대한 일반적 원리와 그 반영으로서의 칼뱅의 묘사 역시 사실이다. 칼뱅은 "활동의 시작이시며 만물의 근원이요 원천은 성부 하나님이시며, 만물에 대한 지혜와 목적과 지정된 자리가 성자에게 주어졌고, 성령께는 그 활동의 권세와 효력이 주어졌다."라고 진술한다.[17] 아버지가 아들을 보내셨다. 그 후에 아들의 죽음과 부활이 이어졌고, 하나님은 그의 아들의 영을 보내셨다.

6) 삼위일체적 예배의 신약 성경 양식(pattern)

① 에베소서 2:18

바울은 죄로 인해 하나님과 우리 사이를 가로막았고 의식법으로 인해 유대인과 이방인 사이를 가로막았던 담을 그리스도께서 허무심으로 십자가를 통해 화목을 이루셨다고 지적한다(엡 2:14). 계속해서 바울은 유대인과 이방인이 그리스도 안에서 하나님께 가까이 갈 수 있는 동일한 수단을 가지고 있다고 말한다. "이는 그[그리스도]로 말미암아 우리 둘[유대인과 이방인]이 한 성령 안에서 아버지께 나아감을 얻게 하려 하심이라"(엡 2:18). 하나님께 나아간다는 것은 궁극적으로 아버지께 나아가는 것이다. 이는 하나님과 사람 사이에 유일한 중보자이신 그리스도를 통해서만 가능하다(딤전 2:5). 죽음의 자리에서 우리에게 생명을 주시고(엡 2:1), 그리스도 안에서 우리를 다시 살리시며(2:6-7), 은혜롭게 믿음을 수여하시는 분은 성령님이시다(2:8-10). 칼뱅은 성령님의 주요한 사역이 우리에게 믿음을 주시는 것이라고 말한다.[18] 구원적 믿음이 성령님을 통해 주어

---

17 Calvin, *Institutes* 1.13.18, tr. from John Calvin, *Institutes of the Christian Religion*, ed. John T. McNeill, tr. Ford Lewis Battles, 2 vols., LCC 20 (Louisville: Westminster John Knox, 1960), vol. 1, pp. 142-143. 이후로부터는 'Battles'로 표기할 것이다.
18 Ibid. 3.1.4 (Battles, vol. 1, p. 541).

지는 하나님의 선물이라는 것은 성경의 가장 근본적인 가르침이다(요 6:44; 고전 12:3; 엡 2:1-10). 따라서 여기에는 교회 예배의 근거로 보이는, 거꾸로 진행되는 순서가 있는데 곧 **성령님으로 말미암아 그리스도를 통해 아버지께 향하는 것**이 바로 그것이다. 이 순서는 예배로부터 그리스도인의 경험의 전 영역에 이르기까지 하나님을 향한 모든 반응과 관계를 포함한다.

바로 이 점에서 기도 역시 뚜렷하게 삼위일체적이다. 기독교 신앙은 삼위일체로 충만한 상황에 존재한다. 가장 기본적인 차원에서 모든 그리스도인 신자는 거룩하신 삼위일체 하나님과의 암묵적인 형태의 교제를 경험한다. 성령님은 하나님께 기도하며 경배하기를 원하는 마음을 우리 안에 창조하시고 우리를 믿음으로 이끄시며 신실한 순종의 삶을 살도록 도와주신다. 그다음에, 우리가 하나님께 나아감은 전적으로 그의 아들 예수 그리스도를 통해서이다. 누구도 예수님으로 말미암지 않고서는 아버지께로 갈 자가 없다(요 14:6). 예수님께서 우리 죄를 위해 단번에 자기 자신을 완전한 제물로 드리심으로 우리는 하나님이 계신 성소에 나아가며(히 10:19-20), 우리의 대제사장이 우리를 위해 중보하시며 타락한 세상 속에서의 인간적 삶의 고투를 경험하심으로 우리의 연약함을 동정하실 수 있는 분이시기에 우리는 은혜의 보좌 앞에 담대하게 나아갈 수 있게 되었다(히 4:14-16). 실제로, 예수님은 자신이 아버지와 맺고 계시는 것과 동일한 관계로 우리를 이끌어 주신 것이다. 예수님은 본질상 아들이시다. 그러나 우리는 은혜로 아들이 되었다. 이제 우리는 하나님을 "우리의 아버지"라고 부른다. 더욱이 성령님께서 우리를 위해 친히 간구하신다(롬 8:26-27). 따라서 성령님께서는 자신이 아버지와 아들과 맺고 계시는 것과 동일한 관계를 우리 안에 창조하심으로 우리와 하나님 사이의 간극을 제거하신다.[19] 그러므로 기도와 예배는

---

19 다음 책을 참조하라. Dumitru Staniloae, *The Experience of God: Orthodox Dogmatic Theology*, vol. 1: *Revelation and Knowledge of the Triune God*, ed. and tr. Ioan Ionita and Robert Barringer (Brookline, Mass.: Holy Cross Orthodox, 1994), pp. 248-249.

거룩하신 삼위일체의 속성에 천착하는 것이다.

② 요한복음 4:23-24

예루살렘(여호와께서 요구하신 예배 장소라고 유대인들이 주장했던)에서 예배할지, 그리심산(사마리아인들이 예배했던)에서 예배할지를 물었던 사마리아 여인의 질문은 예배의 적절한 장소에 대한 관심을 불러일으킨다. 유대인들은 지식을 따라 아는 것을 예배하고 사마리아인들은 그렇지 않다고 말씀하시며 예수님은 예루살렘을 지지하신다. 성경과 역사도 이를 지지한다. 사마리아인들은 왕국의 멸망 이후 아시리아에서 유입된 다른 나라 정착민들과 함께 열 개의 북부 종족들로 구성된 혼혈 인종이었다. 그들의 종교는 사마리아 오경에 기초한 야훼 숭배 요소들과 다양한 나라에서 수입된 조상의 종교의 여러 측면이 결합된, 제설 통합적(syncretistic) 종교였다. 그러나 예수님은 이제 이스라엘과 사마리아, 예루살렘과 그리심산 사이의 구별이 폐지될 때가 찼다고 말씀하신다. 이제 참된 예배자는 성령님과 진리 안에서 하나님을 예배한다.

예수님의 이 말씀은 무엇을 의미하는가? 물론 이 말씀 안에 그런 뜻이 어느 정도 내포되어 있기는 하지만, 이 말씀은 단지 특정한 장소가 전적으로 부적절하다거나 참된 예배는 어디서나 드릴 수 있다는 것을 의미하지 않는다. 참된 예배가 순전히 내적이며 그 어떤 외적인 결과도 아닌 것인 양, 여기서의 "영"이 사람의 영을 언급하는 것도 아니다. 그런 해석은 데카르트를 연상시킨다. 오히려 우리는 성령님에 대한 광범위한 교훈이 담겨 있는 네 번째 복음서인 요한복음에 주의를 기울여야 하는데, 특별히 14-16장에 그 내용이 집중되어 있다. 이 복음서에 기록된 '프뉴마'(영)에 대한 모든 언급은 한두 개를 제외하고는 거의 대부분 성령님을 지칭한다. 이런 관계 속에서, 예수님은 참된 예배는 성령님 안에서 아버지께 드려져야 하는 것임을 말씀하신다. 바실 대제는 다른 무엇보다도 이 부분에 대해 다음과 같이 말한다.

성령님께서 그들이 거룩해져야 하는 장소로 언급되는 것은 매우 비범한 진술이기는 하지만 그럼에도 사실이다. … 이는 참된 예배의 특별하고 독특한 장소이다. … 우리는 어디서 예배를 올려 드려야 하는가? 성령님 안에서이다. … 따라서 성령님은 성도의 참된 장소이며 성도는 성령님이 거하시는 합당한 장소이다. 하나님의 내주하심을 위해 자신을 제물로 드리며 그는 하나님의 성전이라 불린다.[20]

또다시 말하지만, '진리'에 대한 언급에 관해 우리가 예수님에 대한 요한복음 기록 외에 다른 것을 볼 필요가 있겠는가? 예수님은 진리의 화신이요(14:6), 세상에 오시는 빛이요(1:9), "은혜와 진리가 충만한 분"이시요(1:14), 그 결과 이 세상에 은혜와 진리를 가져오시는 분이 아니신가(1:17)? 바울이 그렇게 한 것처럼, 예수님은 새 언약의 예배가 삼위일체적이라는 것을 암시하면서 자신을 지시하신다. 우리는 성령님 안에서, 그리고 충만한 진리의 말씀이고 성육신하신 하나님 아들 안에서, 하나님을 예배한다.[21] 요약하자면, 나지안주스의 그레고리우스는 다음과 같은 논평으로 이 구절들을 상황화한다. "그렇다면 이것이 나의 입장이다. … 영예와 영광과 본질과 왕국에 있어서 분할되지 않는, 한 신성 안에 계신 세 위격이신 성부와 성자와 성령을 예배한다."[22]

또 다른 방식으로 표현하자면, 하나님 편에서 볼 때, **교회의 예배는 당신의 백성인 우리와 거룩하신 삼위일체가 교제하는 것**이다. 우리는 예배를 우리가 하는 것으로 보는 경향이 있지만 지금 우리가 하고 있는 논증에 주의한다면, 예배는 **단연코** 삼위일체 하나님께서 수행하시는 것이다. 우리의 행위는 하나님에 의해

---

20 Basil of Caesarea, *On the Holy Spirit* 26,62 (PG 32:184; tr. from *NPNF*[2] 8:38). 강조점은 첨가한 것임.
21 이와 유사한 설명에 대해서는 다음 책을 참조하라. Athanasius, *Letters to Serapion on the Holy Spirit* 1.33 (PG 26:605-608).
22 Gregory Nazianzen, *Oration* 31,28 (PG 36:164-165; tr. from *NPNF*[2] 7:326-327).

시작되고 완수된다. 히브리서 기자는 영원하신 영 "안에서" 또는 "영원하신 영을 통해" 흠 없는 자신을 하나님께 드린 그리스도의 제사를 언급하는데 이 영은 성령님을 지칭한다(히 9:14, 필자의 번역).[23] 우리의 구원이 그리스도와의 연합을 통해 주어지는 것이기에, 은혜로 말미암아 본성에 있어서 그리스도의 것이 우리의 것이 된다. 그리스도께서는 아버지께 자신을 드리심에 있어서 자신 안에서 그의 백성인 우리를 드리신다. 이로 인해 예수님께서 아버지와 함께 누리시는 관계를 우리도 누린다. (따라서 우리는 "하늘에 계신 우리 아버지여"라고 기도할 수 있다. 하나님은 본성에 있어서 먼저 예수님의 아버지이시기 때문에, 은혜로 말미암아 하나님은 우리의 아버지이시다.) 예수님은 그의 아버지이시자 우리의 아버지, 그의 하나님이자 우리의 하나님께로 승천하셨다(요 20:17). 자신의 십자가 죽음과 부활과 승천으로 말미암아 우리를 예수님이 아버지와 함께 누리시는 동일한 관계로 데려오셨다. 그러므로 그리스도는 사실상 가장 참된 예배자이시며[24] 우리의 예배는 그와 함께 그 안에서 참여하는 것이다. 우리가 하는 우리의 예배에 초점을 맞추는 것은 근본적으로 펠라기우스주의이다. 게다가 우리의 예배는 그리스도 안에서 **성령님으로 말미암는** 예배이다. 톰슨이 잘 지적했듯이 "만일 우리가 신약 성경과 또한 어떻게 하나님을 만나고 알고, 하나님을 삼위일체로 예배할지에 대한 신약 성경의 견해를 이해한다면, 구원과 마찬가지로, 근본적으로 예배는 우리의 일이기 이전에, 우리의 행위가 아니라 하나님의 선물이다."[25] 이는, 오웬이 잘 상기시켜 주듯이, "하나님의 사랑은 평등하고 변함없으며 증가되거나 감소되지 않는 하나님 자신과 같은 것이지만, 우리의 사랑은 평등하지 않으며 증가

---

23 Letham, *Holy Trinity*, pp. 66-67; F. F. Bruce, *Commentary on the Epistle to the Hebrews: The English Text with Introduction, Exposition and Notes* (London: Marshall, Morgan & Scott, 1964), p. 205.
24 A. M. Ramsay, *The Glory of God and the Transfiguration of Christ* (London: Longmans, 1949), pp. 91-100.
25 John Thompson, *Modern Trinitarian Perspectives* (New York: Oxford University Press, 1994), pp. 99-101.

되거나 감소될 수 있고 성장하거나 쇠퇴할 수 있는 우리 자신과 같다는 것"을 우리에게 다시 확신시켜 준다.[26]

그러므로 교회의 예배는 그리스도의 중보에 근거할 뿐 아니라 그의 중보자적 사역과의 연합과 그 안에서, 그리고 계속되는 도고를 통해 발생한다.

> 여전히 사람의 모양을 입으신 그리스도께서는 그에 맞게 자신의 기도를 올리시며 마치 자신이 그것을 소유하지 않으신 것처럼 간구하신다. … 인류의 첫 열매인 그리스도 안에서 인간의 본성이 생명의 새로움으로 완전히 개혁되고 마치 그것이 처음 있었던 것처럼 다시 거룩한 것으로 지어져 간다. … 그리스도께서는 우리에게 인류에 대한 고대의 선물을 주시기를 기도하시는데 그것은 바로 성령님을 통한 성화와 신성 안에서의 교통이다.[27]

이 배후에는 성육신(하나님의 아들은 그저 인성에 거주하시는 것이 아니라 사람이 되셨고, 영원히 축약되지 않는 인성을 취하셨으나 죄는 없으시다), 그리스도의 대속적인 인성(사람으로서 그리스도는 아버지 하나님께 은혜를 입으셨기 때문에, 예배를 포함한 모든 면에서 우리를 대표하신다), 성령님으로 말미암아 아버지를 향한 그의 충만하고 완전하신 순종, 그리고 그의 계속되는 대제사장적 기도가 놓여 있다.[28] 그러므로 기독교의 예배는 거룩하신 삼위일체 하나님에 의해 결정되고 시작되며 구체화되고 그분께 돌려지기 때문에, 우리는 **하나의 분리되지 않는 경배 행위로서 세 위격을 향해 예배하는 것**이다.

존 오웬은 삼위일체와 우리의 교통은 우리가 누리는 예수 그리스도와의 연

---

26 John Owen, *Of Communion with God the Father, Son, and Holy Ghost, Each Person Distinctly, in Love, Grace, and Consolation* (1657), reprinted in *The Works of John Owen*, ed. W. Goold, 16 vols. (Edinburgh: Banner of Truth, 1965-8), vol. 2, pp. 29-30.
27 Cyril of Alexandria, *St. John*, pp. 496, 536, 538.
28 다음 책을 참조하라. Robert Letham, *The Work of Christ* (Leicester: Inter-Varsity Press, 1993), pp. 106-123.

합에 기초한다고 논평한다. 왜냐하면, "교통은 그들 사이의 연합에 기초하여 그 교제를 하는 사람들이 기뻐하며, 그들이 소유한 좋은 것들을 상호 소통하는 것"이기 때문이다. 따라서 하나님과 우리의 교통은 "**우리를 향하신 그분 자신의 교통과 그분을 향한 우리의 반응**으로 이루어지며 … 우리가 그분과 함께하는 예수 그리스도 안에서의 **연합**으로부터 흘러나온다."[29]

세 위격이 분할되지 않는 삼위일체의 연합 안에 함께 내주하신다는 것을 기억할 때 세 위격을 향한 우리의 예배에 대해 우선 어떤 말을 할 수 있겠는가? 나지안주스의 그레고리우스가 말한 요점을 상기할 수 있을 것이다. "나는 한 분 하나님을 생각하자마자 반드시 세 위격의 영광의 빛을 보게 될 것이다. 또한 세 위격을 분별하자마자 다시 한 분이신 하나님께로 돌아오게 될 것이다."[30]

위격들 간의 유일한 구분은 이루 말할 수 없는 영원한 발출과 발현으로 가끔 설명되기도 한다. 그렇다면, 성자와 성령의 과업은 영원한 관계를 반영한다. 성부나 성령이 아니라 오직 성자께서만 성육신하셨다. 성자나 성부가 아니라 오직 성령께서만 오순절에 강림하셨다. 성령이 아니라 오직 성부께서만 성자를 보내셨다. 이미 전에 주장했지만, 이 경륜적 행위들은 또다시 삼위일체 하나님의 내재적 관계를 암시한다.[31] 성자에게는 성육신하심의 자격에 따른 **고유한** 무엇인가가 있다.[32] 우리는 이런 축소할 수 없는 구별됨이 과연 우리의 예배를 더욱 예리하게 하는지를 질문해야 할지도 모른다.

성경은 아버지께서 그분의 왕국이 주로 아들을 통해 개시되고 발전하는 것으

---

29 Owen, *Of Communion with God*, 2,8-9. 강조점은 원저자의 것이다.
30 Gregory Nazianzen, *Oration on Holy Baptism* 40,41 (PG 36:417; tr. from *NPNF*[2] 7:375).
31 Gilles Emery, O. P., *The Trinity: An Introduction to Catholic Doctrine of the Triune God*, tr. Matthew Levering (Washington, D.C.: Catholic University of America Press, 2011), pp. 175-194.
32 Anselm, *De Fide Trinitatis et de Incarnatione Verbi* 3,27-37 (PL 158:276-284). 다음 책을 참조하라. Jasper Hopkins and Herbert Richardson, ed. and tr., *Anselm of Canterbury* (Toronto: Edwin Mellen, 1975-6); Letham, *Holy Trinity*, pp. 222-223.

로 결정하셨다는 것을 시사한다. 이런 의미에서 중심 무대를 차지하시는 분은 성자이시다. 이것은 아버지의 목적과도 전적으로 부합한다. "우리가 그분을 주님으로 부르는 것이 아버지의 기쁨입니다."[33] 아버지는 우리를 구원하시고 영광과 찬미를 받으시려는 목적으로 아들을 보내셨다. 그리스도가 부활하신 이후 "모든 이름 위에 뛰어난 이름을" 받고 높아지신 것은 하나님의 영원한 계획에 따른, 아버지 하나님의 영광이다(빌 2:9-11, 필자의 번역). 그다음, 구원의 경륜을 완성한 이후에 아들은 왕국을 아버지에게 다시 돌려 드릴 것이다(고전 15:28). 또다시 반복하지만 성령님은 자신에 대해 이야기하거나 영광을 자신에게 돌리지 않고 아들이신 그리스도를 증언하심으로, 자신은 알려지지 않은 채 배후에서 역사하신다. 성령님은 아들에게서 듣고 아들을 증언하신다. 그는 보이지 않게 일하신다. 닛사의 그레고리우스는 이에 대해 다음과 같이 쓴다.

> 마치 비슷한 한 존재로부터 다른 존재로 영광이 회전하는 원과 같다. 아들은 성령에 의해 영광을 받으신다. 아버지는 아들에 의해 영광을 받으신다. 또다시 아들은 아버지로부터 그의 영광을 받으신다. 따라서 독생자는 성령의 영광이 되신다. … 같은 방식으로 … 믿음이 원을 완성하고, 성령의 도우심으로 성자께 영광을 돌리며 성자의 도움으로 성부께 영광을 돌린다.[34]

특정한 사역이 각각의 삼위일체 위격에게 돌려지는 이 독특한 할당이 각 위격적 존재가 관계하는, 분리할 수 없는 삼위일체의 사역으로 간주되어야 한다.

따라서 우리는 서로 관계를 맺고 계시는 독특한 세 위격을 **분리되지 않는 하나의 경배 행위로** 예배한다. 하나님과의 살아 있는 관계를 위해서는, 각 위격이 계시된 관계의 상황 속에서 위격들이 영광과 경배를 받으셔야 한다. 예배를 통

---

[33] 캐롤라인 노엘(Caroline Noel)이 지은 "At the Name of Jesus"(예수의 이름에)라는 찬송 중에서.
[34] Gregory of Nyssa, *On the Holy Spirit* (tr. from *NPNF*[2] 5:324).

해 우리가 보여야 할 반응의 본질은 우리가 예배하는 분의 실재에 의해 구체화된다. 우리는 그리스도 안에서 창세전에 우리를 선택하시고 우리의 구원을 영원부터 계획하셨으며 그의 아들을 세상에 보내시고 우리를 위해 목숨을 버리게 하신 하나님 아버지를 예배한다. 우리는 "우리와 우리의 구원을 위해" 기꺼이 육신이 되시고 타락한 이 세상에서 자기 자신의 생명을 주시고 유혹과 괴로움의 비천한 길을 걸으시고 십자가라는 잔혹한 죽음을 맞이하신, 하나님 아버지와 부자 관계에 있는 아들 하나님을 예배한다. 우리는 그리스도의 영광스러운 부활과 하나님 아버지 오른편으로의 승천과 우리를 위한 계속된 중보와 산 자와 죽은 자를 심판하러 다시 오실 그분의 강림하심과 우리의 구원을 완성하실 일에 대해 그리스도를 예배한다. 사도 요한이 말한 것처럼, "우리의 사귐은 아버지와 그의 아들 예수 그리스도와 더불어" 누리는 것이다(요일 1:3). 우리는 성령 하나님을 예배한다. 우리는 만물에 생명과 호흡을 주시며, 우리에게 믿음을 선물로 주시고, 하나님께 적대적인 이 세상 속에서 만나는 어려움 속에서 우리를 지켜 주시고, 아들 하나님을 증언하시는 성령님을 예배한다. 그레고리우스가 주장하듯이 우리의 지성과 마음으로 거룩하신 삼위일체의 세 위격을 바라볼 때, 우리는 즉시 한 분 하나님에 의해 가르침을 받을 것이기에, 분리되지 않는 삼위일체로 계신 한 분 하나님을 하나의 경배 행위로 예배하게 된다. 스타닐로에가 말한 것처럼, 세 분의 위격은 "전적으로 서로 내재하신다."[35]

이를 가장 잘 표현한 인물이 바로 존 오웬이다. 오웬은 "성도들이 아버지와 아들과 성령과 별개의 교제를 나눈다.(말하자면, 아버지와 별개로, 아들과 별개로, 성령과 별개로 교제를 나눈다는 것이다.)"라고 썼다. 특별히 성경이 우리를 향한 은혜의 교통에 있어서 세 위격을 별개로 지칭하는 방식에서 이 사실이 명백히 드러난다. 이 점에 있어서 아버지는 본래적인 권위의 방식으로, 아들은 획득하신 재원

---

35 Staniloae, *Experience of God*, p. 255.

으로, 성령은 직접적인 효력으로 은혜를 수여하신다.[36] 그러나 오웬이 곧바로 지적하듯이, 우리가 한 위격과 개별적인 교제를 유지할 때 다른 두 위격들도 포함되어 있다. 아마 우리는 한 위격과 주요하게 교제를 나누겠지만 "그 위격들 가운데 한 위격은 신적 예배의 첫째가는 **대상**이 아니라 하나님의 본질과 실재와 **동일**하시기 때문에" 다른 두 위격들 역시 부수적으로 포함되는 것이다. 우리가 삼위일체 가운데 그 어떤 한 위격과 교제를 나눌 때마다, 그 교제의 행위는 모든 위격으로부터 영향을 받는다. 더욱이 오웬이 인정하듯이, 우리는 그 자체로 신성 전체와 교제하기 때문에 하나님과의 교제는 우리가 생각하는 것보다 훨씬 더 광범위하다.[37]

이는 우리의 무지를 드러내 주지 않는가? 하나님과의 교제는 우리의 상상을 뛰어넘는 일이다. 오래된 비유처럼, 이것은 마치 찻잔을 대양에 담그는 것과 같다. 대서양의 광대한 바다에 비하면, 찻잔 속에 담긴 물은 극소량일 뿐이다. 그럼에도 그것이 진짜 표본이라면, 찻잔 속의 물은 **분명히** 대서양의 물이다. 우리가 삼위일체의 내밀한 사역을 알지 못하며 알 수도 없다는 것은 사실이기에 그저 침묵하는 편이 나을 수도 있다. 그러나 우리는 아들 하나님이 누구신지 알고 있다.

> 하나님의 본체와 같은 존재이시지만, 그분은 하나님과의 동등함을 자신의 유익을 위해 이용할 것으로 여기지 않으시고, 오히려 자기를 비워 종의 형체를 가지시고 사람들과 같이 되셨습니다. 그리고 사람의 모양으로 나타나셔서 자기를 낮추시고 죽기까지 복종하셨으니 곧 십자가에서 죽으신 것입니다. (빌 2:5-8, 필자의 번역)

우리는 또한 하나님께서 물리학 법칙을 창조하시고 보존하심을 안다. 매일의 삶의 분투의 한가운데서라도 사랑과 희락과 화평과 오래 참음과 자비와 양선과

---

36 Owen, *Of Communion with God* 2.9-17.
37 Ibid., pp. 18-19. 강조점은 첨가한 것임.

충성과 온유와 절제가 성령의 열매이고, 또한 그것들이 피조물의 차원에서 우리 안에서 만들어 내시는 성령님 자신의 특질임을 알기 때문에, 우리는 성령님이 어떤 분이신지 어느 정도는 알고 있다. 우리는 아버지께서 아들과 성령을 통해 하나님의 왕국을 개시하시고 진행하도록 정하셨음을 안다. 판넨베르크의 말대로, 우리는 아래와 같은 내용을 알고 있다.

> 예수님께서는 자신이 아니라 아버지께 영광을 돌리시기 때문에 … 성령께서도 자신이 아니라 아들과 그 안에서 아버지께 영광을 돌리신다. … 아버지는 그의 왕국을 아들에게 넘기시고 아들로부터 다시 그 왕국을 받으신다. 아들은 [아버지에게] 순종하며, 그것으로 한 분 하나님으로서 그분께 영광을 돌린다. 성령께서는 … 성자에게 충만히 임하시고 아버지를 향한 아들의 순종 안에서 아들을 영화롭게 하신다.[38]

또한 우리는 칼뱅이 잘 표현했듯이, 아버지의 뜻이 그의 말씀 안에서 계시된 것과 조금도 다르지 않다는 것을 안다. 우리는 그들의 구별되심 안에서 세 분의 위격을 생각할 때마다 그들이 서로 분리되지 않는 연합으로 서로 안에 내주하신다는 사실을 기억한다.

어떤 방식으로 하나님을 예배해야 하는가?

1) 하나님은 어떻게 경배를 받으시는가?

사람이 만든 형상을 예배해서는 안 된다는 둘째 계명은 우리가 하나님이 주

---

38 Wolfhart Pannenberg, *Systematic Theology*, tr. Geoffrey W. Bromiley, 3 vols. (Grand Rapids: Eerdmans, 1991), vol. 1, pp. 315, 320.

시는 형상으로 하나님을 예배해야 한다는 점을 함의한다. 이 계명은 우상 숭배에 대한 단순한 정죄를 뛰어넘는다. 성경에서 어떤 약속이 주어질 때 그에 상응하는 경고 역시 주어지며 그 반대도 역시 마찬가지다. 따라서 예배와 관련해서 사람이 만든 거짓된 신성의 형상을 금하는 것은, 하나님께서 허락하신 형상 즉 보이지 아니하시는 하나님의 형상으로서의 예수 그리스도를 통해 예배할 것을 요구하는 것으로 이해해야 한다(골 1:15; 고후 4:4; 히 1:3).

셋째 계명은 우리 입술로 여호와의 이름을 허탄하게, 부주의하게 적절치 못한 방식으로 부르는 것을 금한다. 이 계명을 거꾸로 생각한다면, 즉 이 명령의 긍정적인 쪽을 생각한다면, 우리는 믿음으로 하나님을 예배해야 한다. 성경 전체의 의미로 볼 때, 예배는 믿음의 수여자이신 성령님 안에서 수행되어야 함을 의미한다.[39]

2) 오늘날 교회 예배는 얼마나 확고한 삼위일체적 신앙을 나타내는가?

불가코프에 따르면 다음과 같다.

> 성삼위일체 교의는 교리적 형식일 뿐만 아니라 계속해서 끊임없이 발휘되는 살아 있는 그리스도인의 경험이다. 그것은 그리스도인의 삶의 실제이다. 그리스도 안에 있는 생명은 우리를 거룩하신 삼위일체와 연합시켜 주시기 때문에 우리에게 아버지의 사랑에 대한 지식과 성령의 은사를 주신다. 삼위일체의 지식이 없다면, 참된 그리스도인의 삶이 없다.[40]

---

39 다음 책을 참조하라. Basil of Caesarea, *Holy Spirit* 26,62 (PG 32:184; tr. from *NPNF*[2] 8:39); Athanasius, *Serapion* 1.33.2 (PG 26:605-608).

40 Sergius Bulgakov, *The Orthodox Church* (Maitland, Fla.: Three Hierarchs Seminary Press, 1935), p. 122.

4세기와 5세기에 급격히 발전한 삼위일체 신학이 중세기를 거치며 걸러진 이래, 분명한 삼위일체적 찬송은 별로 없었다. 인기 있는 많은 찬송들은 유니테리언주의자들이나 정통 유대인들이나 이슬람교도들도 공히 부를 수 있는 것들이었다. "나의 하나님, 당신은 얼마나 아름다우신지요!" "내 영혼아, 하늘의 왕을 찬양하라." "홀로 죽지 아니하시며 보이지 아니하시며 지혜로우신 하나님이여!" "전능하신 주 여호와, 창조의 왕이신 하나님을 찬양하라." 우리는 이 찬송들을 삼위일체적이라고 가정할 수도 있을 것이다. 하지만 삼위일체적 뼈대는 이 찬송들 자체에 존재하지 않는다. 교부들이 가르쳤듯이[41] 신학과 예배는 필연적으로 연결되어 있기에 이것은 매우 심각한 문제이다. 좀 더 최근의 편안한 찬송들과 성가 중에서, "구속자가 계시니"(There Is a Redeemer)라는 찬양은 이 방향을 시도하기는 하지만 "오, 우리 아버지여, 당신의 아들을 주시고 이 땅에서 그 뜻이 이루어질 때까지 **당신의 성령을 남겨 주신** 하나님께 감사하나이다"(필자의 강조)라는 후렴구는 목표에서 벗어난다. 과도한 복음주의가 확립된 예전에 대해 갖고 있는 고의적이며 완고한 적대감은, 격식을 차리지 않는 경솔함으로, 이런 결함을 더욱 두드러지게 만들었다.

교회 예배 구조

1) 교회의 예배를 주도하시는 하나님

이는 하나님의 모든 방식과 역사하심에 있어서 불변하는 형식이다. 하나님

41　푸아티에의 힐라리우스(Hilary of Poitiers)는 경건이 아니고서는 하나님을 알 수 없다고 주장했다. 오리겐은 신학(*theologia*)과 경건(*eusebeia*)이 상호적으로 영향을 미친다고 믿었다. 아키텐의 프로스페르(Prosper of Aquitaine)는 "*legem credendi lex statuat supplicandi*"(기도의 규칙이 신앙의 규칙을 확립한다)라는 중요한 공식을 만들었다. 그 반대도 마찬가지이다.

은 당신 자신을 제외한 모든 만물을 존재케 하시는 창조자이시다. 성자의 성육신은 그의 피조물의 그 어떤 외부 입력이나 조언으로 발생한 일이 아니다. 우리 주 예수 그리스도로 말미암은 세상의 구속은 위원회가 결정한 결과가 아니었다. 성령님은 교회의 당회나 공동의회의 요구에 대한 반응으로 오순절에 강림하신 것이 아니다. 이 모든 경우에 주권적 자유로 역사하신 분은 바로 하나님이셨다. 아버지의 결정이 성령으로 말미암아 아들을 통해 효력을 발휘한다. 그럼에도 세 위격은 모두 각각의 단계에서 불가분으로 관계하신다.

하나님의 이런 행위에 믿음으로 반응하는 것이 신자의 의무이다. 이런 인간의 응답은 하나님의 은혜이고, 아들을 통하여 성령님으로 말미암아 이루어지며, 아버지께 초점을 맞추는 것을 목적으로 한다. 교회의 예배에 있어서 아들이신 그리스도는 아버지께 올려 드리는 찬미에 있어서 회중과 함께하시며 회중을 인도하신다(히 2:10-13).

이런 사고 체계는, 거의 전적으로 예배자에게만 초점을 맞추는 오늘날의 공동 예배에서 흔하게 발생하는 다양한 펠라기우스주의적 예배 형태와 완전히 대조된다. 예배라는 주제가 언급될 때마다 즉각적인 관심은 일반적으로 우리가 하는 일, 예배자의 마음의 태도, 그리고 우리 안에서 생겨나는 신실함 또는 열정에 주어진다. 분명히, 예배자는 반드시 하나님과 교제하며, 성도들과 서로 교제하는 삶을 살아야 한다. 무엇보다도 먼저, 예배 이전에 화목해야만 한다. 우리가 다른 사람들과 불화한 상태에 있다면, 하나님을 예배하러 나오기 이전에 먼저 모든 힘을 다해 상황을 올바르게 만들고 그들과 화해해야 한다(마 5:23-24; 고전 11:17-34). 그러나 이것은 예배를 위한 전제 조건이지, 예배 그 자체는 아니다.

무엇보다도 예배는 거룩하신 삼위일체 하나님께서 중개하시는 초월적인 활동이다. 예배는 하늘과 땅 사이의 만남의 장소이다. 예배를 통해 삼위일체 하나님께서는 우리가 하늘에 계신 그분의 보좌로 나아갈 수 있게 해 주신다. 그리스도와의 연합으로 우리는 그리스도와 함께 하늘의 보좌에 함께 앉는다(엡 2:5-7).

우리는 시온 산에, 수많은 천사가 모여 즐겁게 찬양하는 곳에, 구약과 신약의 성도들에게, 그리고 무엇보다도 새 언약의 중보자이신 예수님께 이르게 되는데(히 12:18-24), 이는 천사들조차도 살펴보기를 원하는 장면이다(벧전 1:12). 교회의 예배는 삼위일체 하나님께서 놀라운 방식으로 이끄시는 대화이다.

2) 하나님의 말씀이 최우선이다

예배로의 부르심에 있어서, 아버지는 우리를 성령으로 말미암아 그의 아들 그리스도 안에서 예배로 초청하신다. 이 사실이 의미하는 것은, 우선 삼위일체가 현존하시고, 하나님께서 예배를 주도하시며, 예배에 있어서 우리의 역할은 하나님의 부르심에 대한 응답이라는 사실이다. 많은 복음주의 교회들이 예배를 시작할 때 습관적으로 흔히 농담 섞인 말로 분위기를 가볍게 하는 경우가 있는데, 이는 현대인들의 입맛에는 맞을지 몰라도 핵심을 완전히 비껴가는 것이다.

목사 안수를 받은 목회자의 말이 그저 그 자신의 권위에서 나오는 것이 아니라는 사실을 잘 이해해야 한다. 그리스도에 의해 사역으로 부르심을 받았다면, 그는 오직 그리스도의 명령으로 강단에 서 있는 것이며 따라서 그리스도를 위해 설교해야 한다. 설교의 말씀 그 자체는 은혜의 선포이며 우주적 중요성을 지닌다. 우리의 행위로는 여호와의 임재에서 완전히 제외되는 것이 당연하겠지만, 그 대신에 우리는 그리스도와의 교제와 연합으로 나아가도록 부르심을 받는다. 간격은 극복되고, 우리는 그리스도의 보혈을 통해 더 가까이 나아간다. 이런 관계에서 죄의 고백(가급적이면 전체 회중 앞에서)과 이어지는 용서('사면'[absolution]이 더 좋은 표현이다)[42]의 선언은 이 영광스러운 실재를 인 친다.

따라서 성경을 읽는 것이 가장 중요하다. 성경은 자기 백성을 향해 말씀하시

---

42 이 주제를 표현하는 데 있어서 영어 어휘는 빈곤하다. 많은 단어들이 그 참뜻을 상실했다. 이 정황

는 주 여호와 하나님의 말씀 그 자체이다. 따라서 말씀의 선포는 하나님의 승인이 전제된다. 에베소서 2:17은 그리스도께서 에베소에 있는 이방인들에게 평안을 설교하셨다고 말한다. "또 오셔서 먼 데 있는 너희에게 평안을 전하시고 가까운 데 있는 자들에게 평안을 전하셨으니." 예수님은 에베소를 방문하신 적이 없다. 바울은 교회를 세울 때 했던 자기 자신의 설교를 지칭한 것이다. 바울의 설교를 통해 그리스도께서 친히 설교하신다. 바울은 자신의 동족인 유대인들에게 설교자를 긴급히 파송해야 할 것을 주장하는 로마서 10:14에서 주격소유격을 사용하여 다음과 같이 말한다. "그들이 들어보지도 못한 분을 어떻게 믿을 수 있겠는가?"(필자의 번역). 요약하자면, 그리스도는 복음 설교를 통해 전해진다.[43] 하나님의 말씀이 참되게 선포될 때, 그리스도가 임재하신다.[44] 설교자가

에서 볼 때, 죄에는 세 가지 측면이 있다. 첫째는 생각과 말과 행동으로, 또는 태만해서 저지르는 **죄의 실재**이다. 둘째는 이것에 수반되는 **객관적인 죄책**이다. 셋째는 **죄의 형벌**이다. 'pardon'(사면, 용서)이란 유죄 판결이 내려진 사람에게 이루어지는데, 그것 자체는 저질러진 범죄의 실재를 제거하지는 않는다. 형벌은 제거되거나 줄어들 수 있지만 죄책은 여전히 남아 있으며 범죄의 행위는 지워지지 않는다. 'remission'(감형, 면제)은 선고의 일부분을 중지하지만 죄책이나 행위에 대해서는 아무 작용을 하지 못한다. 'forgiveness'(용서)란 우리가 시행하기에는 고약할 정도로 어려운 일이다. 루이스가 말했듯이, 우리는 동일한 범죄에 대해 일흔 번씩 일곱 번이라도 용서를 받아야 할지 모른다. C. S. Lewis, *Reflections on the Psalms* (London: Geoffrey Bles, 1958), pp. 24-25. 루이스는 "마치 용서가 쉬운 것처럼 말할 수 있는 방법은 존재하지 않는다. … 용서의 일은 계속해서 반복해서 수행되어야 한다."라고 말한다. 요점은, 하나님께서는 용서하시지만 용서에 대한 우리의 이해는 용서와 관련해서 우리가 직면하는 문제들에 의해 너무나 쉽게 영향을 받는다는 것이다. 내가 판단하기에, 하나님 앞에서 벌어진 일을 가장 잘 요약해 주는 단어가 있다면, 바로 라틴어 *absolvere*에서 비롯된 'absolution'(면죄 선언, 사면)이다. 이 단어에는 '(책임을) 면제해 주다(acquit), 옹호하다(justify), 처분하다(dispose of)' 등의 의미가 있다(*Oxford Latin Dictionary*, ed. P. G. W. Glare [Oxford: Clarendon, 1996]). 이는 죄의 형벌을 덮어 줄 뿐 아니라, 더 나아가 하나님 편에서의 모든 고려의 대상에서 그 범죄가 효과적으로 제거되는 상황을 만들어 준다(시 103:10-14; 미 7:18-19).

43 John Murray, *The Epistle to the Romans*, 2 vols., NICNT (Grand Rapids: Eerdmans, 1959-65), vol. 2, p. 58; C. E. B. Cranfield, *A Critical and Exegetical Commentary on the Epistle to the Romans*, 2 vols., ICC (Edinburgh: T&T Clark, 1975-1979), vol. 2, pp. 533-534; Leon Morris, *The Epistle to the Romans*, PNTC (Grand Rapids: Eerdmans, 1988), pp. 389-390; James D. G. Dunn, *Romans 9-.16*, WBC 38B (Dallas: Word, 1988), p. 620.

44 Hughes Oliphant Old, *The Reading and Preaching of the Scriptures in the Worship of the Christian Church*, vol. 1: *The Biblical Period* (Grand Rapids: Eerdmans, 1998), pp. 186-187.

보냄을 받았다는 것은 설교의 사역적 본질을 지시해 준다. 설교자는 말씀에 종속된다.[45] 이런 주제에 대해 언급하는 다른 구절들은 누가복음 10:16, 요한복음 5:25-47, 고린도후서 5:19-20이다.[46] 성경을 통해 말씀하시는 성령으로 말미암아 아버지께서 아들 안에서 말씀하신다.

이 점에 있어서 칼뱅은 설교를 설교자의 말씀을 통해 성령께서 주권적으로 역사하시는 인간적이며 신적인 활동으로 간주한다.[47] 그처럼 칼뱅은 "하나님 자신께서 우리 가운데 나타나셔서, 이 명령의 저자로서 사람들이 그분을 그분의 교회에 현존하시는 것으로 인식하게 하신다."[48]라고 진술한다.

그다음으로 성례를 통해 하나님은 우리로 하여금 성령으로 말미암아 아들과 교제하게 하신다. 은혜의 방편으로서 세례와 성찬은 삼위일체 하나님과의 연합과 교제를 통해 우리가 영양을 공급받는 가장 주된 방법이다.[49]

축도는 우리가 하나님께 비는 기도의 형태로서의 종교적인 소원이 아니다. 오히려 축도는 성령으로 말미암아 아들 안에서 아버지에 의해 확정된, 현재 상태를 선언하는 것이다. 이 사명을 위해 안수를 받은 목회자는 삼위일체의 이름으로 이 영광스러운 실제인 축복을 선언한다. 그렇게 함으로써, 목회자는 성도들이 각자 부르심을 받은 그곳에서 주님을 섬기도록 성도들을 파송한다.

---

45 Ibid., p. 184.
46 필자의 논문을 참조하라. 'The Necessity of Preaching', *Ordained Servant* (Oct.-Dec. 2013), http://www.opc.org/OS/Ordained_Servant_2013.pdf (accessed 24 Nov. 2015).
47 다음 책의 논의를 참조하라. John H. Leith, 'Calvin's Doctrine of the Proclamation of the Word and Its Significance for Us Today', in Timothy George (ed.), *John Calvin and the Church: A Prism of Reform* (Louisville: Westminster John Knox, 1990), pp. 210-212.
48 Calvin, *Institutes* 4.1.5 (Battles, vol. 2, p. 1017).
49 WSC 88; 이와는 대조적으로, 개인 예배를 강조하면서 교회 사역을 이를 효과적으로 뒷받침하기 위한 것으로 여기는 자들에 대해서는 오웬의 다음 책을 참조하라. Owen, *Of Communion with God*.

3) 반응하는 교회

우리가 앞에서 살펴보았듯이, 하나님의 말씀을 듣는 일에 교회가 반응하는 것은 성령으로 말미암아 아들을 통하여 하나님께로 향하는 믿음의 행위이다.

① 하나님을 찬양하기

이미 주장한 바와 같이, 삼위일체적 찬송가가 필요하기 때문에 우리는 그런 찬송가를 새롭게 작곡하거나 기존의 찬송가 목록을 다시 찾아보든지 해야 한다. 베네딕트 16세가 주장했듯이, 교회 음악은 반드시 초월성과 놀라움과 경탄과 경외감을 반영해야 한다. 이는 과도한 개혁주의 예배의 '단순성'이라고들 말하는 것과 대조되는 것으로, 때로 이 '단순성'은 진부함의 완곡한 표현이기도 하다. 또한 이런 교회 음악은 일부 집단에서 깜짝 놀랄 만한 사건이나 이상한 사건을 놓고 비현실적인 기대로 흥분하는 것과 대조되는 것이기도 하다. 사실, 가장 깜짝 놀랄 만한 사건은 우리가 하나님의 삼위일체적 생명으로 나아감을 얻었으며, 또한 그의 영원한 아들 안에서, 그 아들을 통해, 그 아들과 함께, 우리에게 하나님을 청중으로 주시는 성령님이 계신다는 것이다. 이 점에 있어서 우리는 그리스도와 함께 하나님을 찬송한다(히 2:11-12). 이를 능가할 수 있는 것이 있을까?

② 그리스도를 먹기

성만찬은 그리스도의 살과 피를 나누는 교제이다. 우리는 믿음으로 그리스도를 먹는다. 떡과 포도주가 우리 몸의 기관에 들어갈 때 그것은 필연적으로 우리의 일부가 되며, 따라서 그리스도와 그분의 백성은 피조세계의 그 무엇으로도 깨뜨릴 수 없는 한 몸이 된다. 성령으로 말미암아 그리스도를 먹는 일(우리를 그리스도와 연합시키는 일)로 인해 우리는 아버지께 나아갈 수 있게 되었고, 창조 때에 생명나무로 암시되었으며 그분의 아들 안에서 실현되고 구체화되었고 아버지로부터 나오는 생명의 성령으로 말미암아 주어지는 그의 생명을 받게 되었다.

③ 아버지의 이름으로 아들을 통해 성령의 축복을 받기

축도는 이런저런 일들이 현실이 되게 해 달라는 소원을 표현하는 기도가 아니다. 축도는 아버지와 아들과 성령의 이름으로 교회가 받은 축복의 상태에 대한 선언이다. 교회는 축도를 받는다. 그리스도의 마지막 가시적인 활동은 하늘로 올라가실 때 그의 손을 들어 축복하며 기도하신 것이다. 바로 이것이 그때로부터 주님의 재림 때까지 계속 이어질 일이다. 우리는 그리스도와의 연합을 통해 부활하여 하나님 오른편으로 올라간다. 하나님과 함께 사람이 보좌에 앉는다. 우리는 축도를 통해 이 실제 상황을 듣는다.

삼위일체를 강조하는 예배는 어떻게 배울 수 있는가?

1) 교회력을 적절하게 이용하기

강림절, 십자가 고난 주간, 부활절, 오순절, 승천절 등은 모두 삼위일체적 사건들이며 회중을 가르칠 수 있는 충분한 기회가 된다. 교회력을 포기하는 것은 회중을 목회자 개인의 변덕과 개인적인 특이성의 포로로 삼는 것과 같다. 교회력의 강조점은 믿음이라는 위대한 중심 주제에 놓여 있으며, 교회력은 교회가 이 주제들에 기반을 두고 그것을 지켜나가게 한다. 이 이정표와 같은 사건들에 대한 반감으로 추진되는 반(anti)예전 운동은, 믿음은 자발적인 행동과 어울리고 형식은 필연적으로 형식주의로 귀결되고 만다는 오류에 기초한다. 그러나 만일 그렇다면, 교회 사역자들은 설교 준비도 하지 말고 찬송가도 바로 그 자리에서 작곡해야 할 것이다.

2) 설교

설교야말로 예배의 정점이다. 삼위일체가 그 자체로 반드시 설교되어야 할 뿐만 아니라 모든 설교는 말씀이 선포하는 하나님이 삼위일체적이라는 인식에 의해 구체화되어야 한다. 삼위일체적 사고방식은, 사람이 공기를 들이마시는 것처럼, 설교자에게 필수적인 것이다. 피터 툰이 잘 언급했듯이, "설교자들과 교사들은 거룩하신 삼위일체가 하나님이시고 하나님이 삼위일체시라는 인상을 진정으로 참되게 줄 수 있도록 믿음을 전달하고 공적 예배를 지도할 필요가 있다."[50] 이는 설교자들이 그들의 기도와 설교를 통해 삼위일체 하나님에 대한 명확한 인식을 드러낼 때에만 가능하며, 이를 통해 그들은 회중이 그 빛에 따라 생각하고 기도하고 살아가도록 격려한다. 싱클레어 퍼거슨은 예수님께서 다락방에서 슬픔과 고통에 빠진 제자들에게 말씀을 전하셨을 때, 그들에게 스트레스를 관리하는 기술이 아니라 삼위일체에 대해 가르치셨다고 내게 이메일로 말한 적이 있다.[51] 가장 실제적인 설교는 세 위격으로 계시는 하나님에 대한 지식에 있어서 우리가 더욱 성장하도록 해 준다.

3) 성례

세례는 성부와 성자와 성령의 이름 안으로 들어가는 것이다. 각자 받는 세례는 삼위일체에 대한 회중의 의식을 강화시켜 주는 데 중요한 역할을 한다. 그다음으로 성찬은 성령으로 말미암아 믿음으로 그리스도를 먹는 행위를 수반한다. 성례의 의미는 하나님 말씀에 그 근거를 두고 있다. 적절한 말씀을 사려 깊게

---

50 Peter Toon, *Our Triune God: A Biblical Portrayal of the Trinity* (Wheaton: BridgePoint, 1996), p. 234.
51 다음 책을 참조하라. Letham, *Holy Trinity*, p. 375.

가르칠 때 이 문제에 있어서 교회를 잘 인도할 수 있다.

4) 기도

기독교회의 많은 위대한 기도들은 삼위일체적 가르침에 열중하는데 이 가운데 가장 유명한 기도는 바로 '테 데움'(*Te Deum*)이다. 영국 국교회 기도서인 *The Book of Common Prayer*에 있는 기도문들은 삼위 하나님과 교회의 관계를 표현한다. 이 기도들은 회중의 기억에 깊은 인상을 남긴다. 이 기도들은 회중 개개인이 기도하기 어려울 때마다 개인의 기도를 새롭게 해 주는 도약판을 제공해 줄 뿐만 아니라, 신실한 신자들의 마음에 내면화될 수 있는 삼위일체적 표현들의 핵심을 포함하고 있다. 무시하지 말고 분별력 있게 사용해야 할 또 한 가지 자료는 성 크리소스톰의 고대 전례서이다.

그 가운데서도 특히 기도는 거룩하신 삼위일체를 탐구하는 것이다. 그리스도인의 경험은 삼위일체적인데 그중에서 기도는 가장 중심적인 요소이다. 놀라운 사실은 삼위일체에 대한 감사가 많은 부분 쇠퇴한 것은 **전적으로** 지도받지 못한 즉흥적인 기도에 기인한다. 신학이 강력하고 영적 생명력이 활성화된 시대에는 이런 즉흥 기도가 좋을지 몰라도 영적 쇠퇴가 일어나면 그 기도를 점검할 방법이 전혀 없다. 나는 글로 쓰인 예전적 기도만을 사용해야 한다고 제안하는 것도, 교회 예배의 주요 규정집을 제공하려는 것도 아니다. 그러나 삼위일체적 기도는 교회의 기도에 중심 뼈대와 토대를 제공할 수 있고, 또 그렇게 하고 있다. 이에 대한 성경의 보증을 원한다면, 그 내용은 시편에서 찾을 수 있다. 시편에는 우리가 지난 수 세기 동안 기도하고 노래해 왔던, 글로 쓰인 기도와 송영이 있다.

나지안주스의 그레고리우스의 표현을 빌려서 말하자면, 기도를 통해 우리는 세 위격으로 계신 하나님 즉 "우리의 삼위일체" 하나님과 교제한다. 루카스 피

셔의 말에 의하면, "우리가 하나님의 이름을 불러 기도할 때, 삼위일체의 신비가 실현된다. 따라서 우리는 그리스도와 함께 성령의 능력으로 그분의 아버지이신 하나님의 이름을 부를 때 **우리** 아버지로 기도하는 것이다."[52] 디미트리 스타닐로에는 삼위일체적 사랑이야말로 우리 구원의 기초이며, "신적 위격들 사이에서 얻을 수 있는 관계가 의식 있는 피조물로 확장된 것"이라고 덧붙여 말한다.

성자 하나님은 자신의 성육신을 통해 우리를 성부 하나님의 자녀로서 그분과의 사랑의 교제로 이끄시는 한편, 성령 하나님을 통해서는 아버지께 기도하거나 또는 그의 아들로서 아버지와 말하게 하신다. 기도를 통해 성령님은 우리를 그분 자신의 기도로 이끄시고, 그가 본성으로 성부와 성자와 맺고 계신 동일한 관계를 은혜를 통해 우리와 성부 사이에 창조해 주신다. 성육신하신 성자 하나님은, 사람으로서, 아버지를 향해 자녀답게 순종하심으로 사랑을 표현하시는 한편, 성부 하나님은 아버지로서 우리를 향한 당신의 사랑을 확증하신다. 또한 성령님은 성부 하나님을 위한 성자 하나님의 사랑에 참여하기에 합당하도록, 성자의 인성을 거룩하게 하시고 널리 미치게 하셨다. 그러므로 우리는 성자께서 성부와 맺고 계신 관계 속으로 성령님을 통해 인도함을 받는다. 우리는 "거룩하신 삼위일체 하나님의 위격들과의 교제 안으로" 이끌린다.[53]

5) 이것은 우리가 사람들을 대하는 방식에 영향을 끼친다

예배와 화목은 함께한다. 그리스도인의 예배는 거룩하신 삼위일체 하나님께 그 강조점이 있고, 분리되지 않는 세 위격이 사랑 안에서 함께 거하시는 삼위일

---

52 Lukas Vischer (ed.), *Spirit of God, Spirit of Christ: Ecumenical Reflections on the Filioque Controversy* (London: SPCK, 1981), p. 10. 강조점은 원저자의 것이다.
53 Staniloae, *Experience of God*, pp. 248-249.

체에 의해 지배를 받는다. 이는 다른 이들의 유익을 추구하는 연합이며, 따라서 그리스도의 몸의 연합을 증진시킬 수밖에 없다. 예배에는 전인격이 예배하는 분에게 복종하며 그와 같은 형상으로 변화하는 일이 뒤따른다(시 115; 135; 고후 3:18). 여기에 예배가 잠시 미루어져야 하는, 한 가지 예외적 조건이 있다. 그것은 바로 화해해야 할 일이 있다면, 반드시 먼저 그렇게 해야 한다는 것이다(마 5:24).

> 우리 하나님, 당신께 모든 영광을 돌립니다. 당신에게 모든 영광이 있습니다.
> 오, 모든 곳에서 만물을 채우시는 하늘에 계신 왕이시여, 보혜사이시며, 진리의 영이시여!
> 하나님은 모든 선한 일의 보고이시며 생명의 수여자이십니다. 오셔서 우리 안에 거처를 정하시고 우리를 정결케 하시며 구원하소서! 오, 선하신 하나님!
> 오, 거룩하신 하나님, 거룩하시고 전능하시며, 죽지 아니하실 분이시여, 우리에게 자비를 베푸소서.
> 오, 거룩하신 하나님, 거룩하시고 전능하시며, 죽지 아니하실 분이시여, 우리에게 자비를 베푸소서.
> 오, 거룩하신 하나님, 거룩하시고 전능하시며, 죽지 아니하실 분이시여, 우리에게 자비를 베푸소서.
> 성부와 성자와 성령께 영광이 세세 무궁토록 영원히 있을지어다.
> 오, 완전히 거룩하신 삼위일체 하나님, 우리에게 자비를 베푸소서. 오, 주님, 우리 죄를 씻어주소서. 오, 주인이시여, 우리의 허물을 용서하소서. 오, 거룩하신 하나님, 당신의 이름으로 우리에게 오셔서 우리의 연약함을 고쳐 주소서.
> 주님, 자비를 베푸소서.
> 주님, 자비를 베푸소서.
> 주님, 자비를 베푸소서.

성부와 성자와 성령께 영광이 세세 무궁토록 영원히 있을지어다. 아멘.[54]

---

54 The all-night vigil service, the third hour in Isabel Florence Hapgood, *Service Book of the Holy Orthodox-Catholic Apostolic Church*, 3rd ed. (Brooklyn, N.Y.: Syrian Antiochene Orthodox Archdiocese of New York and all North America, 1956), p. 43 (가사는 현대적으로 바꾸었다).

14. 삼위일체와 설교

– 마이클 리브스

그리스도인에게 있어서 설교는 의심의 여지 없이 삼위일체적 활동이다. 기독교의 설교는 **의도적으로**, 그리고 **의식적으로** 삼위일체적일 때 언제나 더 풍성하고 더 충실하고 더 강력해진다. 당연히, 성경적 설교의 삼위일체적 특징을 부정할 수 있는 그리스도인은 없을 것이다. 결국 그리스도인이 된다는 것은 참되고 유일하신 하나님이 삼위일체의 하나님이라는 사실을 믿는 일과 관계된다. 그럼에도 이 관계를 인식하는 일이 설교자들에게 언제나 쉬웠던 것은 아니다. 놀랍게도 삼위일체와 설교를 다룬 책은 거의 없고 설교에 대한 주요 교재들도 삼위일체가 설교자의 과업에 어떤 지침을 주는지를 설명하는 일에 대해 많이 언급하지 않는 경향을 보인다. 삼위일체론은 설교자에 의해 추정될 수 있을 뿐이고, 그래서 관련성이 없는 것으로 생각되어 열외로 취급당할 수도 있다.

그러나 하나님의 본성은 설교와 어떤 관계가 있는가? 우리는 '삼위일체적 설교'가 선한 것이라는 데 모두 동의할 것이다. 하지만 삼위일체와 설교의 관계성은 실제적으로는 매우 유약해 보여서 그저 수도원에나 적당한 주제로 간단히 생각해 버린다. 우리가 시작해야 할 지점은 확실히 하나님이 모든 존재의 근거시라는 기본적 기독교적 확신에 있다. 하나님의 정체성과 본성이 복음의 논리와 모든 기독교 신앙을 구성한다. 바로 이런 의미에서, 만일 우리가 이 기본적 기독교 정체성을 확신하기 원한다면, 별로 상관없는 세부 사항 외에는, 하나님의 삼위일체적 본성이 우리 설교를 구성해야 한다. 의도적으로 설교를 하나님의 삼위일체적 본성에 근거해서 이해함으로써 설교자들이 결정적으로 **실제적인** 도움을 얻는 모습을, 이 장에서 볼 수 있기를 우리는 바란다.

말씀하시는 하나님

필자는 삼위일체와 설교의 긴밀한 연관성을 인식하고 그것을 실행해 옮겼던 설교자의 표본이라고 할 수 있는 장 칼뱅에게 본 장의 대부분을 할애할 것이다. 칼뱅의 존재는 연대감과 지혜를 줄 뿐만 아니라 이런 연관성이 주류이며 역사적인 것이고 전혀 진기하거나 새로운 것이 아니라는 것을 증명해 줄 것이다. 이것이 필자가 바라는 바이다.

그러나 우선 마르틴 루터로부터 시작하고자 한다. 요한복음 16:13("그가[성령께서] … 오직 들은 것을 말하며")을 주석하면서 루터는 이렇게 썼다. "여기서 그리스도께서는 신성 안에서 이루어진 대화, 즉 다른 피조물은 전혀 참여하지 않은 대화를 지칭하신다. 그리스도는 설교자와 청중 모두를 위해 강단을 준비하신다. 그는 성부를 설교자로, 성령을 청중으로 만드신다."[1] 이것은 마치 삼위일체 하나님과 함께하는 영원한 설교단이 있는 것과 같다! 첫 번째 설교(첫 번째 말씀의 선포)는 사도행전 2장이나 창세기 3장, 심지어 창세기 1장에 있지 않다. 성부 하나님께서 영원한 설교자가 되시며 그의 말씀을 선포하신다. 성령 하나님께서 영원토록 그 말씀을 듣는다. 그 어떤 피조물이 이 세상에 존재하기도 전에 성령

---

1 LW, vol. 24, p. 364.

님께서는 이제 우리와 함께 나누시는 설교가 된 이 근본적인 설교를 즐거워하셨다. 삼위일체 하나님 안에 영원한 대화가 있는데 이제 우리가 그 대화에 참여하게 된 것이다.

루터는 이것을 결코 흉내 낼 수 없는 자신만의 놀라운 방식으로 표현했는데, 그 요점은 이론의 여지가 없는 것이며 그리스도인들에게 기본적인 것이다. 곧 하나님은 침묵하거나 말을 못하시는 분이 아니며, 살아 계신 하나님은 말씀하시는 하나님이시라는 것이다. 이것이 하품 나오게 하는 주장으로 들릴 수도 있지만, 이 주장은 하나님께서 그저 **우연히** 말하게 되었다는 뜻이 아니다. 다른 신들, 곧 알라로부터 제우스에 이르기까지, 바알부터 야마에 이르기까지, 이 신들 역시 그 숭배자들에 따르면 '말하는 신'들로 알려졌다. 여기서 요점은 그것이 아니다. 삼위일체 하나님 안에서 우리는 하나님이 **'말 없는 분'이 되실 수 없다**는 것을 깨닫는다. "태초에 말씀이 계시니라 이 말씀이 하나님과 함께 계셨으니 이 말씀은 곧 하나님이시니라 그가 태초에 하나님과 함께 계셨고"(요 1:1-2),[2] 만물이 있기 전, 그 어떤 것도 "그로 말미암아 지음을 받기" 전부터(요 1:3; 참조. 골 1:17) 하나님은 하실 말씀을 가지고 계셨다. 그 말씀은 곧 하나님이셨다. 여기 하나님은 그저 **우연히** 말씀하게 된 분이 아니다. 그분의 본성에 따라, 하나님은 말씀하시는 하나님**이시다.**

그렇다면, 인간 설교자들은 스스로 선포하거나 가르치려는 의지나 능력이 없는 하나님에게 고용된 것이 아니다(마치 하나님의 종들이 유세하러 다니는 동안, 하나님은 그저 천사들의 노래나 즐기시는 것처럼 말이다). 설교는 하나님의 이 정체성의 자연스러운 표현이다. 자신이 들은 것을 말씀하시는 성령님은 설교자들이 그의 아들에 대한 하나님 자신의 선포에 참여할 수 있게 해 주신다. 그리스도를 설교하는 것은 하나님의 생명에 참여하는 일이다.

---

2   영어 역본은 영어표준역(ESV)에서 가져왔다.

하나님은 스스로 소통하신다

말씀이 곧 하나님이시기에, 하나님께서 말씀하실 때 하나님은 곧 자기 자신을 소통하시는 것이 된다. 바로 이것이 왜 구약에서 하나님의 말씀이 하나님의 창조의 능력으로 묘사되는지(창 1:3; 시 33:6), 하나님이 자신을 계시하시는 방편이 되는지(암 3:1), 하나님의 치유와 구원의 수단이 되는지(시 107:20; 사 55:1)의 이유가 된다. 바로 이것이, 하나님의 말씀이 선포되기만 하면, 왜 하나님의 엄청난 영광이 빛나는지의 이유가 된다. "어두운 데에 빛이 비치라 말씀하셨던 그 하나님께서 예수 그리스도의 얼굴에 있는 하나님의 영광을 아는 빛을 우리 마음에 비추셨느니라"(고후 4:6). 하나님께서 그의 아들로 우리에게 말씀하심이 아들의 존재와 빈틈없이 연결되어 있다고 말하는 히브리서 1장에도 비슷한 논점이 기록되었다. "이는 하나님의 영광의 광채시요 그 본체의 형상이시라"(히 1:3). 아타나시우스가 *Against the Heathen* 3.2에서 충분히 주장했듯이, 말씀이 하나님이시며 빛이며 생명이며 논리이며 그분 존재 안에 거하기 때문에, 말씀이 아니고서는 모든 것이 어두워지며 혼돈하고 공허해진다(예레미야 4:22-23을 보라). 말씀이 하나님이시기에, 말씀은 효과적으로 창조하시고 구원하시고 계시하신다. 말씀은 그 말하는 것을 행한다.

말하자면, 그것은 하나님께서 단순히 정보나 명제 그 이상의 것들을 지니심을 의미한다. 하나님의 말씀은 하나님의 참되신 현존을 가져온다. 하나님의 말씀이 우리에게 올 때, 그것은, 그분의 생명을 주시는 영광 속에서, 우리와 함께 하시기 위해 오시는 하나님 그분이시다.

이것은 다른 신들의 말과는 전적으로 차원이 다른 말씀이시다. 다곤(Dagon)이나 케찰코아틀(Quetzalcóatl) 같은 신들 역시 말하는 신으로 설계되었겠지만 그들은 기껏해야 그들에 **관한** 어떤 것들만 말해 줄 뿐이다. 알라는 이 규칙에서 예외라고 할 수 있을 것이다. 알라는 자신 외에 하늘에 **영원한** 말씀인 코란을 갖고 있다. 그러나 알라는 코란이 없어도 상관없다. 알라는 아무것도 의존하지 않는다. 알라는 말씀을 **갖고 있지만** 이 말씀은 알라가 아니다. 알라는 그 **본성상** 말씀하는 신이 아니다. 따라서 코란이라는 이 말씀은 알라의 참된 현존을 가져올 수 없다. 그것은 단지 알라 자신이 스스로 주장하는 속성과 그가 우리에게 무엇을 원하고 있는지에 **대해** 말해 줄 뿐이다. 알라가 코란을 줄 때, 그는 자기 자신이 아닌 어떤 것을 주는 것이다. 곧 정보를 모아놓은 것이거나 자신의 의지를 기록한 그 무엇이다.

다곤의 말이 다곤이 아니며 알라의 말이 알라 자신이 아니라는 사실은 그런 말들은 **하나님이신 말씀만큼** 심오하게 계시적일 수 없다는 것을 뜻한다. 하나님이신 말씀은 하나님 자신이시기 때문에 성부 하나님 자신의 참된 존재를 드러낼 수밖에 없다. 다른 신들의 말은 그들 자신에 대해 많은 말을 할 필요가 없다. 실상, 그들은 참되게 드러내기보다는 더 오해하기 쉽게 만들 수 있다. 예를 들면, 알라는 코란에서 자신을 "최고의 기만자"라고 묘사하는데, 이는 알라가 원한다면 사람들을 잘못된 길로 인도할 수 있는 존재라는 것이다.[3] 하지만 하나님의 말씀 자체이신 예수님에게는 이런 일이 있을 수 없다. 예수님은 하나님이시기에, 예수님은 하나님과 직접적이며 중재가 필요 없는 만남을 가지신다. 예수님은 하나님의 희미한 반영이 아니다. 예수님은 "보이지 아니하시는 하나님의 형상"이시기 때문에(골 1:15) 예수님을 보는 것이 그를 보내신 아버지를 보는 것이다(요 14:9). 그를 통해 하나님은 우리를 만나신다.

이 모든 것이 설교자에게는 큰 위로와 격려가 된다. 하나님의 말씀이 없었다면 우리는 하나님을 전혀 알 수 없었을 것이다. "본래 하나님을 본 사람이 없

---

3   Surah 3:54; 4:88; 8:30; 14:4; 16:93. 알라 신앙의 본질은 자연적으로 이슬람교의 첫 번째 칼리프였던 아부 바크르(Abu Bakr)의 영향을 받는데 바크르는 그가 낙원에 있게 될 때의 확신에 대해 이런 반응을 나타냈다. "나는 낙원에 한 발을 디디고 있음에도, 알라의 기만으로부터 안전하다고 느끼며 안심할 수 없을 것이다"(Khalid Muhammad Khalid, *Successors of the Messenger*, tr. Muhammad Mahdi al-Sharif [Beirut: Dar al-Kotob al-Ilmiyah, 2005], bk. 1, p. 99).

으되 아버지 품속에 있는 독생하신 하나님이 나타내셨느니라"(요 1:18; 참조. 마 11:27). 하나님이 삼위일체이시기 때문에, 즉 성부 하나님께서 하나님 그분이신 말씀을 지니시기 때문에, 우리는 말씀을 통해 **우리가 하나님을 안다**고 확신 있게 말할 수 있다.

특별히 이는 상황이 일반적으로 매우 절망스러운 후기 크리스천 유럽 사회에서 더 크고 분명하게 선포되어야 할 진리이다. 교회 쇠퇴에 대한 충격적인 통계에 직면하여, 교회 안에는 지치고 부정적인 성향이나 패배주의가 자리할 수 있다. 우리 앞에 닥친 힘든 전투의 막대함에 초점을 맞추다 보면 우리는 점점 포로 심리에 빠지게 된다. 오래 알고 지낸 하나님 말씀과 함께 앞으로 나아갈 수 있다는 확신을 잃어버린 채, 우리는 그저 방어 태세만 갖출 뿐, 세상 속으로 들어가려는 자신감을 잃어버렸다. 아니면, 다른 곳에서 해결 방법을 찾기도 한다. 그러나 설교자들은 하나님이 어떤 분이신지 알 수 있기에, 그들은 단순히 유행에 뒤떨어진 메시지를 가르치는 교사들이나 종교적 상품을 파는 판매원이 아니며, 그들은 하나님이신 말씀을 선포하는 사람들이다. 이것은 바로, 어두움 가운데서 빛과 생명과 피조세계를 존재하게 했고, 이제 새 창조를 이루시는 말씀이다. 설교자들에게 맡겨진 이 말씀은 빈손으로 돌아오지 않으시고 마침내 선을 위해 모든 흑암을 몰아내실 하나님의 참된 능력이다.

삼위일체적 방식으로 교통하시는 하나님

그렇다면, 이제 우리는 삼위 하나님께서 말씀하시는 하나님이시며, 당신의 말씀을 발화하실 때 자신을 소통하시는 하나님이심을 알았다. 이 소통은 필연적으로, 그리고 완전히 삼위일체적이다. 요한복음 16:13을 주석하면서 마르틴 루터는 이것의 의미를 일부 밝히는데, 곧 성부께서 말씀하시고, 영원하신 말씀이 말해지고, 성령이 이 말씀을 들으시고 그런 다음에 그 말씀을 우리에게 전달해 주신다는 것이다. 바로 성령의 바로 이 행위(들음과 말함)가 실상은 전적으로 삼위일체적 행위이다. 그 말씀 사역을 수행하도록 성부와 성자가 성령을 보내시기 때문이다(요 15:26). 사도 베드로가 이것을 다음과 같이 기록했다.

> 이 구원에 대하여는 너희에게 임할 은혜를 예언하던 선지자들이 연구하고 부지런히 살펴서 자기 속에 계신 그리스도의 영이 그 받으실 고난과 후에 받으실 영광을 미리 증언하여 누구를 또는 어떠한 때를 지시하시는지 상고하니라 이 섬긴 바가 자기를 위한 것이 아니요 너희를 위한 것임이 계시로 알게 되었으니 이것은 하늘로부터 보내신 성령을 힘입어 복음을 전하는 자들로 이제 너희에게 알린 것이요 천사들도 살펴보기를 원하는 것이니라 (벧전 1:10-12)

말하자면, 성경은 성령님을 통해 하나님의 감동으로 된 것으로(딤후 3:16), 성경으로 인해 "그리스도의 말씀", 즉 말씀이신 그리스도가 알려지게 되었다(롬 10:17; 골 3:16).

여기서 성부 하나님께서 하신 말씀과 진리의 성령께서 알려 주신 메시지는 하나이며 동일하다는 중대한 요점을 주목할 필요가 있다. 성부 하나님께서 하시는 말씀은 그분의 말씀이다. 성령께서 증언하시는 분은 성자이시다. 성부 하나님께서는 자신을 알려 주실 수 있는 그의 말씀을 알리시기 위해 성령을 보내신다(요 1:18; 참조. 딤후 3:15).

하나님의 자기 소통에 대한 삼위일체적 본질에 대해서는 이야기할 것이 아직도 많이 있다. 성령은 성자를 알리시기 위해서만 보내심을 받은 것이 아니다(성령을 통해 성부도 알리기 위함이다). 말씀은, **성령의 능력 안에서,** 아버지로부터 나온다. 말씀을 내보내심은 성령님과 불가분리의 관계에 있다. 우리는 시편 33:6에서 "**여호와의 말씀으로** 하늘이 지음이 되었으며 그 만상을 그의 입 **기운**[또는 '성령']으로 이루었도다"라는 말씀을 읽는다. 시인은 의심의 여지 없이 하나님의 말씀이 흑암에 선포되었을 때 수면 위에 운행하시던 성령께서 그 열매를 맺게 하신 창세기 1장을 암시하는 것이다.

하나님은 항상 그분의 영의 능력으로 말씀하신다. 하나님의 자기 소통은 성령께서 가능하게 하시고 성령께서 조명하시는 말씀하심이다. 이것은 설교자를 위로하는 동시에 그를 겸손하게 한다. 하나님의 말씀은 능력 없이 무력하게 나가지 않는다. 하지만 그렇게 발현되는 능력은 인간 설교자의 능력이 아니다.

성부 하나님의 말씀 선포를 공유함

하나님 자신이 어떻게 말씀하시는가는 모든 설교 신학에 근본적인 뼈대를 제공한다. 성부 하나님은 자신의 말씀을 말하시며, 따라서 성령의 능력으로 자신을 전하시는 일류 설교자이시다. 이것은 참된 기독교적인 설교의 내용과 형식과 의도가 근거해야 할 삼위일체적 토대이다.

이것이 의미하는 첫 번째 내용은, 하나님이 말씀하실 때는 그저 자신에 **대한** 정보만을 주시는 것이 아니라 실제로 당신 **자신을** 주셔서, 하나님께서는 정보가 전달하는 것보다 훨씬 더 크신 분이심을 기독교 설교자가 알 수 있게 하신다는 것이다. 장 자크 폰 알멘은 이를 다음과 같이 표현했다.

> 하나님은 기독교 설교의 대상이라기보다 참된 근원이시다. 따라서 설교는 하나님에 **관한** 말씀이라기보다 하나님에 **의한** 말씀이다. … 실제로 성령께서는 그리스도께서 하신 말씀과 행하신 일, 또한 하실 말씀과 행하실 일을 (그것이 의미하는 모든 바와 함께) 오늘날에도 유효하게 하시는 일을 당신의 주요 사역으로 행하신다. 따라서 기독교 설교는 삼위일체 교리를 배제하고서는 이해할 수 없다. 그분 아들의 과거 사역에 기초하여 이제 자신이 행하실 사역의 관점에서 성부 하나님은, 성령을 통하여, 성취된 구원 안에 있는 믿음과 앞으로 계시될 구원 안에

있는 소망을 우리에게 주신다.[4]

알멘은 자신이 표준적인 개혁주의 견해라고 이해한 것을 표현하고자 했고, 그것을 설명함에 있어서 우리는 소위 "츠빙글리식" 또는 "칼뱅주의적" 설교관이라 부르는 것과 비교할 수 있을 것이다.

스위스의 개혁자 울리히 츠빙글리는 성찬할 때 그리스도의 몸이 그 어떤 의미에서도 실재하는 것이 아니고 다만 **상징되는** 것이라고 가르쳤다. 츠빙글리에게 있어서 성찬은 어느 곳엔가에 있는 진리를 지시하기 위한 **기념**일 뿐이었다. 우리가 이 논리를 설교에도 적용한다면, 그렇다면 같은 방식으로, 설교의 요점은, 성찬과 마찬가지로, 하나님 말씀에 대한 기념물로서만 기능한다. 하나님의 말씀이 마음속에 새롭게 상기되지는 하지만, 그 이상은 아니다.

이런 설교 신학은 (츠빙글리가 자기 논리의 확장을 분명히 인정했든지 그렇지 않든지 간에) 츠빙글리의 계승자인 하인리히 불링거가 잘 설명하고 제네바의 칼뱅이 지지했던 신학과 극명한 대조를 이룬다. 제2 스위스 신앙고백서를 작성할 당시 불링거는 "하나님 말씀의 설교는 하나님의 말씀**이다.**"라고 대담하게 진술했다.[5] 혼동을 피하기 위해 여기에 대한 약간의 설명이 필요하다. 불링거가 의미하는 바는 설교자의 말이 성경의 말씀과 동일한 위치와 권위를 차지한다는 것이 결코 아니었다. 설교자는 반드시 성경에 굴복해야 한다. 그의 설교는 최상의 권위로서의 하나님 말씀에 **의존**한다. 강단에서 설교된 말씀은 오직 성경에서 발견되는 하나님 말씀을 신실하게 선포할 때만 권위를 지닌다. 그렇기에 설교가 말씀에 신실하다면, 청중은 바로 하나님의 말씀을 듣는 것이 된다. 그러므로

---

4   Jean-Jacques von Allmen, *Preaching and Congregation*, tr. B. L. Nichols (Richmond, Va.: John Knox, 1962), pp. 7-8. 강조점은 원저자의 것이다.
5   The Constitution of the Presbyterian Church (USA), pt. 1, *Book of Confessions* (Louisville: Office of the General Assembly, 1999), 5.004. 강조점은 필자의 것이다.

신실한 그리스도인들은 "하나님의 말씀을 너희에게 일러 주"던 지도자들을 기억하라는 히브리서의 말씀을 들을 수 있다(히 13:7).

파커는 *Calvin's Preaching*이라는 책에서 불링거가 매우 간결하게 설명한 것이 사실은 칼뱅의 설교 사역에 있어서 결정적인 것이었다고 상당히 자세하게 주장했다.[6] 파커는 칼뱅이 왜 해를 거듭할수록 강해설교를 그토록 고집했는가라는 질문으로 시작한다. 파커는 칼뱅이 이러한 설교를 통해 매우 창조적인 음성과 하나님의 말씀이 들려질 수 있다고 믿었다고 대답한다. 그저 기억하거나 기념하는 것이 아니라 **듣는 것**이다.

> 만일 설교자 자신이 하나님의 학교에서 배운 바를 신실하게 전한다면 하나님 자신께서 "주재하시고"(CO 53.264[8]), 하나님이 "그 가운데 계시며"(CO 53.264[8]), 마치 설교자가 하나님을 눈에 보이게 제시하듯이(CO 53.264[18]), 또는 얼굴과 얼굴을 마주 대하듯이(CO 53.264[18]) 제시하게 되며, 하나님의 백성들이 그리스도와 "하나가 된다"(CO 53.264[8]). 우리 주 예수 그리스도께서 임재하시고(CO 53.264[8]) 교회가 그리스도와 연합된다(CO 53.264[8]). 강단은 "하나님의 보좌가 되며 거기서 우리 영혼을 통치하신다"(CO 53.520[40]).[7]

이 점에 있어서 칼뱅의 말을 직접, 좀 더 길게 들어 볼 가치가 있다. 디모데전서 3:2(감독은 반드시 "가르치기를 잘하며")를 설교하면서 칼뱅은 이렇게 말한다.

> 여기에서 사도 바울은 어떤 사람이 과시하거나 자랑해서 모든 사람에게 박수를 받고 "오! 정말 세련되게 말하는군요. 오! 정말 학식이 깊군요. 오! 정말 뛰어난

---

[6] T. H. L. Parker, *Calvin's Preaching* (Edinburgh: T&T Clark, 1992), pp. 1-3. 그의 이전 책인 *The Oracles of God* (London: Lutterworth, 1947), pp. 45-64에서 파커는 칼뱅의 설교 신학이 얼마나 강력하게 삼위일체적인지를 또다시 주장한다.

[7] Ibid., p. 26.

지성을 가졌어요!"라고 말하게 하는 것을 의미한 것이 아니다. 이 모든 것은 요점을 완전히 빗나갔다. … 사람이 설교단에 올라가는 것은 그가 멀리서도 보일 수 있도록 하기 위함인가? 아니면 그가 뛰어난 사람이기 때문인가? 전혀 그렇지 않다. **사람의 입을 통하여 우리에게 말씀하시는 분은 하나님이시다. 하나님은 거기서 당신을 나타내 주시는 은총을 베푸시고,** 유한한 존재인 인간이 그분의 사자(messenger)가 되기를 바라신다."[8]

개혁자 칼뱅은 이런 (자주 반복되는) 주장이 얼마나 명백하게 대담한 일인지를 잘 알고 있었다. 그러므로 다른 곳에서 칼뱅은 이를 더욱 구체적으로 설명한다.

어떤 사람이 왕의 사절이며 자신에게 부과된 일을 수행하기 위한 절대 권위를 부여받았다면, 그는 왕의 이름을 빌려 그 일을 할 것이다. 그는 "우리가 이 일을 한다. 우리가 지시한다. 우리가 명령한다. 우리는 그 일이 수행되기를 원한다."라고 말할 것이다. 이렇게 말할 때, 그는 주인으로부터 아무것도 취할 의도가 없다. 하나님의 종들도 이와 같다. … 목사들은 눈먼 자들에게 빛을 비추어 주고 포로 된 자를 자유롭게 하며 죄를 용서하고 마음을 돌이키게 하라는 명령을 수행하도록 보냄을 받았다. 이는 오직 하나님께만 속한 일이다. … 죄를 용서하시는 일보다 하나님께 더 적합한 일은 없다. 하나님은 또한 마음을 돌이켜 하나님께로 향하게 만드는 분이시다. 그럼에도 불구하고 이제 이 모든 자격과 특질들을 당신의 말씀을 전하기 위해 임명된 자들에게 수여하시고, 하나님 자신이 그들과 분리되어 있지 않고 도리어 하나님께서 그들을 하나님의 손과 도구로 사용하신다는 것을 선언하신다.[9]

---

8   *Ioannis Calvini opera quae supersunt omnia*, ed. G. Baum, E. Cunitz and E. Reuss, Corpus Reformatorum 29-87 (Brunswick: Schwetschke, 1863-1900), 53,266. 강조점은 필자의 것이다.
9   Ibid. 26,66-67.

여기에 명시적으로 진술되어 있지는 않지만, 칼뱅의 주장은 숨겨진 삼위일체적 하부구조 위에 기초한다. 말하자면, 하나님께서는 인간 설교자를 통한 그분의 말씀 선포가 모든 영광과 은혜로 충만하신 하나님 자신을 붙잡는 것을 의미하도록 하시기 위해, 단지 자신에 **관하여** 말하는 것이 아니라 자신의 말씀을 통해 자신을 전하시는 것이다. 고린도후서 5:20에 대한 칼뱅의 사상을 고찰하면서 파커는 다음과 같이 요약한다.

> "하나님의 학교"에서 우리는 설교를 그저 교육적 경험으로 생각하지 않으며, 또한 "그리스도를 위한 대사들"로서 그저 가르침을 반복하는 것만 고려해서는 안 된다는 것이 분명해졌다. … 칼뱅이 제네바에서 매일 했던 설교는, 하나님께서 은혜로우시며 예수 그리스도께서 우리 죄를 위해 대신 속죄하셨다는 것이다. 하지만 이 메시지가 설교될 때 그 실재가 현존하고 효과가 있었다(그밖에 달리 어떤 일이 벌어질 수 있겠는가?). 하나님께서 은혜로우신 하나님이라는 메시지가 단순히 선포된 것만이 아니었다. 1555년 5월에 그분의 말씀으로 하나님은 생 피에르, 마들렌, 그리고 생 제르베 교회에 은혜를 베풀고 계셨다. 그리스도께서 우리 죄를 위하여 돌아가셨다는 것이 선포되었을 뿐만 아니라 천오백 년 전에 갈라디아 사람들에게 그러했던 것처럼 제네바 사람들의 눈앞에 예수 그리스도께서 분명히 제시되었고 그들 가운데서 십자가에 못 박히셨다(갈 3:1). 바로 이것이 계시의 언어이다.[10]

하나님처럼, 삼위일체적 방식으로 하는 설교

하나님이 삼위로 계시며 항상 삼위일체적 방식으로 말씀하신다는 사실은 기

---

10 Parker, *Calvin's Preaching*, p. 29.

독교 설교의 **내용**과 **목적** 모두에 영향을 끼친다.

설교의 내용에 관한 한(나는 가장 근본적인 부분에서부터 시작하려 한다) 하나님이 삼위라는 사실은 기독교 설교자들이 반드시 삼위일체를 설교해야 한다는 것을 의미한다. 그저 삼위일체 주일과 같은 일회성 이벤트로 끝나서는 안 된다. 하나님이 누구신지를 바로 안다면, 삼위일체를 설교하는 것은 어떤 난해한 비밀에 탐닉하는 행위가 아니라 우상과 살아 계신 하나님을 구별하는 일이 된다. 이에 대해 칼뱅은 다음과 같이 말한다.

> 하나님은 또 다른 특별한 특징으로 자신을 나타내시면서 좀 더 엄밀하게 우상들로부터 자신을 구분하신다. 하나님은 자신을 유일하신 하나님으로 선포하시되, 분명히 세 위격으로 여겨지도록 자신을 제시하신다. 우리가 이것을 이해하지 못한다면, 우리 머릿속에서 참되신 하나님은 제거되고 그저 공허한 하나님의 이름만 돌아다닐 것이다.[11]

이는 기독교 설교자로 하여금 희미하거나 일반적인 유신론을 말하게 하지 않을 것이라는 뜻이다. 그렇다면, 살아 계신 하나님의 영광이 어떻게 다른 모든 것들의 영광과 구별될 것인가? 하나님의 신실한 종이라면 우리의 자연적 성향이 하나님을 우리의 타락한 지각 안에 구겨 넣을 것을 잘 알기에 가능한 한 자주, 그리고 가능한 한 가장 분명히, 삼위일체적 언어로 말하기를 간절히 원할 것이다.

'삼위일체를 설교하는 일'은 참으로 (불행하게도) 약간의 설명을 요한다. 모두 쉽게 생각할 수 있듯이, 이는 이따금씩 설교자가 자신의 일상적인 강해설교 사

11　John Calvin, *Institutes of the Christian Religion*, ed. John T. McNeill, tr. Ford Lewis Battles, 2 vols., LCC 20 (Louisville: Westminster John Knox, 1960), 1.13.2 (vol. 1, p. 120). 앞으로는 'Battles'로 표기할 것이다.

역을 벗어나서 도대체 셋이 어떻게 하나가 될 수 있는지의 문제로 성도들을 당황스럽게 만드는 것을 의미할 수 있다. 그 주에는 성경을 구절별로 설교하는 것에서 벗어나서, 삼각형이나 세 가지 기능을 한꺼번에 갖추고 있는 샴푸에 대해 말해야 할지도 모른다. 그러나 삼위일체는, 이동할 준비가 되어 있는 사람들을 위한 곁방 같은, 예수님의 복음에 덧붙여진 부록이 아니다. 삼위일체 하나님이 복음의 하나님이시다. 삼위일체를 설교하는 일은 성령의 능력으로 성자를 통해 알려지신 성부 하나님을 순전하게 설교하는 것이다. 실상 그것은 성령의 기름 부음을 받으신 하나님의 아들이신 예수 그리스도를 설교하는 것일 뿐이다. 요한복음에서 예수님을 믿으라는 단순한 명령에 나타나는 삼위일체론을 주목하라. "오직 이것을 기록함은 너희로 예수께서 하나님의 아들 그리스도이심을 믿게 하려 함이요 또 너희로 믿고 그 이름을 힘입어 생명을 얻게 하려 함이니라"(요 20:31). 삼위일체 설교가 어려운 점은 아마도 부분적으로는, 삼위일체와 관련된 전문적인 신학적 특수용어들 때문일 것이다. 삼위일체에 대한 특수한 단어들이 삼위일체가 성경 밖의 특수한 교리라는 인상을 줄 수 있다. 그러나 이 단어들(**동일본질**[homoousion], **본체**[hypostasis], **실재**[essence] 등)은 교회가 성경에 **덧붙인** 것이 아니라 성경에서 발견한 진리를 **보호하기** 위해 특별히 공식화한 것들이다. 삼위일체를 설교하는 일은 성경에서 알려진 하나님을 설교하는 것이다.

다른 차원에서 말하자면, 삼위일체를 설교하는 일은 단순히 모든 설교에 "성부와 성자와 성령"이라는 단어를 집어넣는 것 그 이상의 일이다. 그런 진정성 없는 형식주의는 삼위일체를 주변적인 것으로 믿고 있음을 은연중에 드러낸다. 만일 사람들이 삼위일체 하나님의 복음을 알아야 한다면, 그 복음의 구문과 구조는 반드시 삼위일체적으로 나타나야만 한다. 이 일을 잘 수행한 모범으로서 다시 한 번 존 칼뱅을 예로 들어보자. 칼뱅 신학의 첫 번째 실제 개요로서, 올리베탕의 신약 성경(1535년) 서문을 통해 칼뱅은 복음에 대한 삼위일체적 요약을 제공한다. "성경은 복음, 곧 새롭고 즐거운 소식으로도 불린다. 이 복음은, 우리를 입양하심으로 그분의 아버지이신 하나님의 자녀로 삼으시기 위해, 살아 계신 하나님의 유일하고도 참되며 영원한 아들이신 그리스도께서 사람이 되셨다고 선언하기 때문이다."[12]

칼뱅의 『기독교 강요』(1559년 최종판)의 구조는 명확하게 이런 삼위일체적 특징을 가진다.

제1권 "창조주 하나님을 아는 지식"에서는 특별히 성부 하나님에 관해 말하고 성경을 통해 우리가 어떻게 삼위 하나님을 알 수 있는지를 설명한다. "성경은 태초부터 하나님이 한 본질이시며 그 안에 삼위가 계심을 가르침"(제13장 제목). 제1권은 타락한 인류로서의 우리의 비참함을 설명한다. "이런 인류의 타락으로 인해, 중보자이신 그리스도께서 오셔서 우리를 하나님과 화목하게 하시기 전까지는 **그 누구도 하나님을 아버지로,** 또는 구원의 창시자로, 또는 은총을 베푸시는 자로 **경험하지 못한다.**"[13] 따라서 칼뱅은 하나님을 명백하게 삼위일체적 용어로 진술했다. 그뿐만 아니라 인간 문제의 참된 본질 역시 삼위일체적으로 이해했는데, 곧 죄인들은 하나님을 아버지로 알 수 없다는 것이다.

제2권 "그리스도 안에서 구속주 하나님을 아는 지식"에서는 특별히 성자 하나님을 다루며, "하나님이 다시 우리의 아버지가 되실 수 있도록, 우리가 멀리했던 그분 곧 우리의 주권자이자 창조주이신 하나님께로" 그리스도가 우리를 어떻게 인도하셨는지를 설명한다.[14] 여기서 칼뱅은 구속의 삼위일체적 논리와 뼈대를 분명하게 제시한다. 곧 성자께서 성부로부터 나오시고 자신의 아들 되심을 우리와 공유하게 하신다는 것이다.

---

12 'Preface to Olivétan' New Testament' in *Calvin: Commentaries*, ed. Joseph Haroutunian, LCC 23 (Philadelphia: Westminster, 1958), p. 64.
13 *Institutes* 1.2.1 (Battles, vol. 1, p. 40. 강조점은 필자의 것이다).
14 Ibid. 2.6.1 (Battles, vol. 1, p. 341).

그의 사명은 하나님의 은혜로 우리를 회복시키는 것이었다. 그 회복은 사람의 자녀를 하나님의 자녀로 만드는 것이며, 게헨나의 상속자를 하나님 나라의 상속자로 만드는 것이다. 하나님의 아들 자신께서 친히 사람의 아들이 되셔서 우리의 것을 당신의 것으로 취하시고 당신의 것을 우리에게 주시고 본성적으로 당신의 것을 은혜로 우리의 것으로 만들어 주시지 않았다면 도대체 이 일을 누가 할 수 있었겠는가?[15]

칼뱅은 구원을 단순히 "하나님과의 화목"으로만 인식하거나 말하는 것으로는 충분하지 않다고 보았다. 그 말이 옳은 것이기는 하지만 이런 어법으로는 성자의 구속의 풍성한 경이로움을 파악하지 못한다. 그리스도의 사역을 완전한 삼위일체적 장엄함으로 보아야만, 어떻게 "하나님의 독생자께서 … 우리를 그의 형제로 입양하셨는지"를 이해할 수 있다.[16] 그래야만, 그리스도인들은 지극히 높으신 하나님 앞에서 진정한 확신을 경험할 수 있고, 하나님을 사랑하고 감히 그분을 '아버지'로 부를 수 있다.

제3권 "그리스도의 은혜를 받는 길"에서는 성자 하나님의 구속을 성도에게 적용하시는 성령의 사역을 다룬다. 칼뱅은 "그리스도 자신의 개인적인 용도를 위해서가 아니라 궁핍한 사람들을 부요하게 하기 위해 아버지께서 그의 독생자에게 주신 그 은혜를 우리가 어떻게 받을 수 있는지"를 질문한다. 그리고 나서 칼뱅은 "성령님의 비밀스러운 힘으로 우리가 그리스도와 그의 모든 은혜를 즐거워하게 된다."라고 답한다.[17] 실상, 칼뱅은 성령님의 첫 번째 직함을 '양자의 영'이라고 말하는 것이 지극히 옳은 일이라고 주장한다.

---

15 Ibid. 1.2.2 (Battles, vol. 1, p. 465).
16 Ibid. (Battles, vol. 1, pp. 465-466).
17 Ibid. 3.1.1 (Battles, vol. 1, p. 537).

우리의 아버지가 되시기 위하여 그분의 사랑하시는 독생자 안에서 우리를 품으시는 성부 하나님의 무조건적인 자비하심을 증언하시기 때문에 성령님은 양자의 영이시다. 또한 성령님께서는 우리가 기도를 통해 믿음을 갖도록 격려하신다. 실상 성령님은 우리에게 말씀을 주셔서, 우리가 두려움 없이 "아빠, 아버지"라고 부를 수 있게 하신다(롬 8:15; 갈 4:6).[18]

"양자의 영"을 성령님의 첫 번째 직함이라고 하면서 칼뱅은 구원과 그리스도인의 삶을 위한 삼위일체 하나님의 존재의 근본적이며 결정적인 중요성을 이보다 더 분명하게 말할 수는 없었을 것이다.

제4권 "하나님께서 우리를 그리스도의 회(Society)에 들이셔서 그 속에 거하게 하시는 외적인 수단 혹은 도움"에서는 특별히 교회에 대해 다룬다. 이미 제1권부터 3권에 이르기까지 성부와 성자와 성령의 창조적이며 구속적인 사역을 다루었기 때문에 칼뱅은 기독교 신앙의 삼위일체적 형태를 요약하기 위한 기회로 세례를 설명하는 데 지면을 할애한다.

하나님께서 세례를 통해 베푸시는 모든 은사들은 오직 그리스도 안에서만 발견된다. 그럼에도 이 일은 그리스도 안에서 세례를 받는 사람이 성부와 성령의 이름으로 기도하지 않는 한 발생하지 않는다. 왜냐하면 우리가 그리스도의 보혈로 씻음을 받고 우리를 그의 비교할 수 없는 사랑으로 은혜 안으로 받아 주시기를 원하시는 자비하신 아버지께서 우리를 위해 그 앞에서 은총을 얻게 하시기 위해 이 중보자를 우리 가운데 두셨기 때문이다. 하지만 우리가 성령으로 말미암아 거룩해지고 새롭고 영적인 본성으로 채워질 때 그리스도의 죽음과 부활을 통해 중생을 받게 된다. 이런 이유로 인해 우리는 말하자면 성부 하나님을 씻음과 중생의 원인으로, 성자 하나님을 그 내용으로, 성령 하나님을 그 효력으로 확

---

18 Ibid. 1.3 (Battles, vol. 1, p. 540).

실히 분별할 수 있는 것이다.[19]

이 부분에 있어서 삼위일체론을 언급하는 것은 전혀 불필요한 문제가 아니었다. 칼뱅은 우리의 신앙이 그 핵심에 있어서 매우 삼위일체적이기 때문에 세례가 우리 신앙의 참된 시작에 속하는 것이라고 믿었다. 또 다른 곳에서 칼뱅은 이렇게 쓰고 있다.

> **성부와 성자와 성령**을 명백히 언급해야 하는 좋은 이유가 있다. 하나님의 유일한 독생자로 말미암아 우리를 자신과 화목하게 하신 아버지 하나님의 과분한 자비하심으로부터 시작하는 것보다 **세례**의 효과를 더 확실히 경험하는 다른 방법은 없기 때문이다. 다음으로 그리스도는 자신의 죽음으로 희생 제사를 드리기 위해 나아오신다. 마찬가지로 우리를 씻어 중생시키시는(딛 3:5) **성령**께서도, 간단히 말하면, 우리로 하여금 그의 은혜에 참여하게 하신다. 그러므로 우리의 믿음이 한 실재 안에서 세 위격으로 계시는 하나님을 뚜렷하게 인식하지 않으면, 하나님을 참되게 알 수 없다는 것을 우리는 인식한다. 그렇다면, **세례**의 열매와 효과는 그의 **아들**을 통하여 우리를 양자 삼으시는 **성부** 하나님으로부터 나오며 그 후에 **성령**으로 말미암아 육체의 오염으로부터 우리를 씻어 주시고 다시 의로운 자로 새롭게 창조해 준다.[20]

하나님의 강조점을 공유하기

성부 하나님에 의해 나오시고 진리의 성령께서 증언하시는 이는 바로 "아버

---

19 Ibid. 4.15.6 (Battles, vol. 2, p. 1308).
20 John Calvin, *Commentary on Harmony of the Evangelists*, tr. William Pringle, 3 vols. (repr. Grand Rapids: Baker, 2003), vol. 3, p. 387 (마 28:19에 대하여). 강조점은 필자의 것이다.

지로부터 나와 은혜와 진리가 충만한" 영원하신 아들이시다(요 1:14). 그는 하나님의 진리요 하나님의 영광이시다. 그 안에서 하나님의 은혜가 발견된다. 바로 이 때문에 모든 율법이 그리스도 안에서 마침이 되며(롬 10:4), 선지와 사도들과 모든 성경이 그를 증언하는 것이다(눅 24:27, 44-46; 요 5:39-40, 46).

칼뱅은 올리베땅의 신약 성경 서문에서 상당 부분을 할애하여 이 점을 강조했다. 실제로 칼뱅은 다음과 같이 썼다.

> 성부와 성자와 성령과 천사들과 선지와 사도들이 예수 그리스도를 증언할 뿐 아니라 … 모든 자연과 피조물들이 예수 그리스도의 영광을 나타낸다. … 하늘과 땅 가운데 예수 그리스도께서 하나님이며 여호와이시자 주님이시며 아버지의 대사로서 인류의 구원을 성취하시기 위해 여기로 보냄을 받으신 분으로 증언하지 않는 것은 단 하나도 없다.[21]

예수 그리스도는 "우리 구원의 시작이자 진행이며 마지막이다. … 우리가 생각하거나 소원할 수 있는 모든 선한 것이 오직 바로 이 예수 그리스도 안에서만 발견된다."[22] 이것이 무엇을 의미하는지 칼뱅은 계속해서 말한다.

> 요약하자면, 바로 이것이 우리가 예수 그리스도를 참되게 알기 위해 성경 전체에서 추구해야 하는 것이다. 그리스도 안에 있는 무궁한 부요함이 아버지 하나님으로부터 그리스도에 의해 우리에게 주어진다. 만일 누군가 율법과 선지자를 면밀히 조사한다 할지라도 우리를 그리스도에게 가까이 데려갈 단 하나의 단어도 발견하지 못할 것이다. 사실상, 지혜와 지식의 모든 보화들이 그리스도 안에 감추어져 있기 때문에 여기에는 다른 목적을 가지거나 다른 목적을 향할 가능

---

21   'Preface to Olivétan' New Testament' pp. 65-66.
22   Ibid., p. 69.

성은 전혀 없다. 우리가 진리의 빛에서 이탈하여 고의적으로 거짓의 어둠 속에 빠져 자신을 잃어버리지 않는 한 말이다. 그러므로 바울은 또 다른 구절에서 예수 그리스도와 그분이 십자가에 못 박히신 것 외에는 아무것도 알지 않겠다고 올바로 말한 것이다.[23]

설교자에게 있어서 적용은 복잡하지 않다. 만일 성부 하나님의 요구와 성령님의 역사와 성경의 목적이 예수 그리스도를 알리는 것이라면, 설교자 역시 반드시 "우리를 그리스도에게 가까이 이끄는" 것을 추구해야만 한다. 설교자가 "다른 목적을 가지거나, 다른 목적을 향할 가능성"이 있을 수는 없다. 설교자는 이것이 필연적으로 성경 본문을 뛰어넘거나 인위적으로 다루는 것은 아닌지 걱정할 필요가 없다. 그가 다루는 본문의 궁극적 목적은 어떤 방식으로든 그리스도를 증언하는 것이기 때문이다.

그리스도를 아는 것이 우리가 존재하는 이유이다. 그것이 인생의 핵심이며 지혜로서, 이제는 성령을 통해 우리가 공유하고 있는 하나님 아버지의 생명과 지혜이다.

> 우리가 하나님의 의의 참여자가 되며 하나님과 그분 나라의 상속자가 되고 마지막에 그것을 완전히 소유하기 위해서 우리 영혼을 위해 영적 교리로서 하나님을 알고, 그분께로 돌이키며, 우리 안에 새겨 주신 그분의 영광스러운 형상을 소유하는 것 외에 무엇을 더 원할 것인가? 진실은, 그리스도의 면전에서 하나님을 묵상할 수 있도록 태초로부터 하나님께서 자신을 주셨고 현재에도 더욱 온전히 자신을 주신다는 것이다. 그러므로 여기서 떠나 이런저런 것으로 조금이라도 이탈하는 것은 전혀 옳지 못하다. 도리어 우리의 지성은 모든 완전함을 소

---

23   Ibid., p. 70.

유하신 하나님 아버지께 직접적으로 인도함을 받기 위해 예수 그리스도와 오직 그분만을 알 수 있는 성경에 머물러야 한다.[24]

이 시점에서 좀 더 구체적으로 설명하는 것이 지혜로울 것이다. 왜냐하면, '그리스도'를 아버지께서 영원히 사랑하시는 아들이 아닌 것으로, 또는 성령이 증언하시는 대상이 아닌 것으로 설교할 수 있기 때문이다. '그리스도'를 그저 착한 분으로, 또는 그저 신과 같은 거룩한 분이거나, 아버지 없는 하나님 정도로 제시할 수 있다. 그리스도에 대한 이런 왜곡은 선포된 복음을 철저하게 왜곡한다.

첫째, 만일 성부께서 "창세전부터"(요 17:24) 영원토록 성자를 사랑하지 않았다면, 우리는 영원부터 하나님께서 사랑**이시라고** 말할 근거를 잃게 된다(요일 4:8). 그렇다면, 하나님 안에서 어떻게 은혜와 자비가 흘러나오겠는가? 또한 우리가 하나님을 사랑할 이유가 무엇이겠는가?

둘째, 하나님 아버지께 영원하신 아들, 바로 그분 자신, 곧 우리의 구세주가 되도록 보내실 그 아들이 있었다는 믿음 없이는, 우리는 우리 자신을 하나님의 아들로서 알 수 있는 권리를 소유하지 못한 피조물로 남게 될 것이다. 그렇다면 우리는 그저 우리 힘으로만 하나님께 나아가야 하는 무력한 존재로 남을 것이다. 찰스 고어가 네스토리안주의(예수께서 그저 성자와 **친밀한 교제를 나누는** 사람, 하나님의 은혜로 **도움을 받은** 사람이었다는 사상)를 고찰할 때 했던 유명한 말을 들어보자.

> 그리스도의 위격에 대한 부적절한 개념은 인간 본성이 원하는 부적절한 개념과 관련되어 있다. 그리스도에 대한 네스토리안적 개념은 … 그리스도가 인간이 무언가 할 수 있는 모범이 됨으로써 자격을 얻고 하나님과의 놀라운 연합으로 마

---

24 Ibid.

치 **거룩한 존재가 된 것처럼** 제시한다. 그러나 그리스도는 많은 사람들 가운데 한 사람일 뿐이며, 한 사람의 인격으로 제한되어 외적인 행동에만 영향을 끼친다. 만일 인간이 훌륭한 모범을 통해 외적으로 구원을 얻을 수 있다면, 그리스도는 인간의 구속자가 될 수 있다. 하지만 그럴 수 없다면 구속자가 될 수 없는 것이다. 네스토리우스주의의 그리스도는 논리적으로 펠라기우스주의의 인간관과 연결되어 있다. … **네스토리우스주의의 그리스도는 펠라기우스주의가 주장하는 인간의 구세주로 적당하다.**[25]

달리 말하면, 하나님의 삼위성은 근본적으로 그리스도의 위격과 사역 모두를 어떻게 인식하느냐에 영향을 끼친다. 성자께서는 친히 하나님이시며, 그분의 아버지와 함께하시는 분이기 때문에 우리는 분명히 신적 구세주가 필요하고 우리에게는 그 구세주가 있다. 우리를 구원하시기 위해 하나님께서 개입하셨다는 사실은 우리 죄의 무거움을 보여 준다. 분명히, 우리가 도움을 받는다 해도 우리 스스로는 우리 자신을 구원할 수 없다. 하나님 자신이 우리를 구원하러 **오셨다는** 사실은 우리가 은혜의 복음을 소유했음을 보여 준다. 무력한 인간, 은혜로우신 하나님, 충분한 자격이 있는 구세주! 바로 이것이 삼위일체적 복음이 강조해야 할 설교의 핵심이다.

하나님의 의도를 공유하기

삼위일체 하나님은 교통하심에 있어서 특별한 목적을 지니신다. 하나님은 우리가 신적인 생명에 들어갈 수 있도록 말씀하시고 그분의 말씀을 통해 자신을 알리신다. 대제사장적 기도를 통해 예수님께서는 이렇게 말씀하신다.

---

25 Charles Gore, 'Our Lord' Human Example' *CQR* 16 (1883), p. 298. 강조점은 필자의 것이다.

> 의로우신 아버지여 세상이 아버지를 알지 못하여도 나는 아버지를 알았사옵고 그들도 아버지께서 나를 보내신 줄 알았사옵나이다 내가 아버지의 이름을 그들에게 알게 하였고 또 알게 하리니 이는 나를 사랑하신 사랑이 그들 안에 있고 나도 그들 안에 있게 하려 함이니이다 (요 17:25-26)

성자께서는 아버지에게 사랑을 받고 다시 아버지를 사랑하시는 분으로서, 성부를 아시는 자신의 생명을 우리와 공유하기 위해 성부로부터 우리에게 오신다. 이런 방식으로 하나님의 형상으로 지음받은 우리는 성자가 성부를 사랑하시듯 우리가 성부 하나님을 사랑하고, 성부가 성자를 사랑하시듯 우리가 성자 하나님을 사랑하면서, 성령으로 말미암아 하나님을 사랑한다. 이는 하나님께서 공유하시는 하나님 자신에 대한 지식은 그저 내용 없는 인식이 아님을 의미한다. 우리는 사랑이신 삼위 하나님께서는 참되게 사랑받지 못하는 곳에서는 참되게 알려지지 않는다고 말할 수 있을 것이다.

이것은 하나님을 신뢰하는 마음으로의 변화나 자녀로서의 사랑 또는 하나님을 경외함 없이 교회의 가르침을 받아들이는 '형체 없고' '암묵적인' 믿음인 로마 가톨릭의 개념과 싸웠던 칼뱅에게 엄청나게 중요한 것이었다.[26]

> 우리는 그 내용에 있어서 그저 뇌 속에서만 돌아다니며 공허한 사변을 일으키는 지식이 아니라, 우리가 정당하게 인식하고 마음에 뿌리를 내리기만 한다면 건강하게 열매를 맺는 지식으로서의 하나님의 지식으로 부름을 받았다.[27]

---

26 *Institutes* 3.2.8 (Battles, vol. 1, pp. 551-552).
27 Ibid. 1.5.9 (Battles, vol. 1, p. 61). 로마서 10:10에 따라서, 칼뱅은 이렇게 믿었다. "믿음의 좌소는 머리가 아니라 마음에 있다. 나는 믿음이 위치하고 있는 장소로서의 우리 몸의 부분에 대해 논쟁하지는 않을 것이다. 그러나 마음이라는 단어가 종종 진지하고 신실한 감정을 의미하는 것으로 채택되기에 나는 믿음이 확고하고 효과적인 확신이며 그저 내용 없는 개념이 아니라는 것을 말하고자 한다."(John Calvin, *Commentaries on the Epistle of Paul the Apostle to the Romans*, ed. and tr. John Owen [repr. Grand Rapids: Baker, 2003], p. 393 [on Rom. 10:10]).

칼뱅은 이것을 매우 중요하게 생각했기 때문에 『기독교 강요』 두 번째 장에서 "경건", "신뢰", "경외" 등이 하나님에 대한 참된 지식을 구성하는 필수 요소들이라고 주장하는 데 많은 지면을 할애했다. "정확히 말하자면, 우리는 신앙이나 경건이 없는 곳에서는 하나님이 알려진다고 말할 수 없다."[28] 칼뱅은 하나님의 순전한 영광과 선하심 때문에 이것이 사실임을 믿었다. 그러한 하나님은 경배받으심 없이는 알려질 수 없다. 이에 대해 칼뱅은 다음과 같이 묻는다.

> 그에 대한 반응으로 하나님을 전적으로 사랑하지 않은 채 어떻게 그런 마음으로 하나님의 선하심을 맛볼 수 있겠는가? 진실로, 하나님을 두려워하는 자들을 위해 하나님께서 예비해 놓으신 풍성한 아름다움은 우리를 강력하게 움직이지 않은 채 알려질 수는 없다.[29]

이는 설교자에게 있어서 설교가 단순한 강의와 혼동될 수 없음을 의미한다. 설교자는 엄청난 책임을 지닌다(깊은 성실함을 요구하는 책무). 성부께서 성자를 사랑하시고 성자께서 성부를 사랑하시듯이, 하나님은 우리가 "전적으로 하나님을 사랑할 수 있도록" 감동을 받고 영향을 받게 하시기 위해 자신에 대한 지식을 함께 나누신다. 설교는 신실한 예배를 불러일으켜야 한다. 칼뱅은 그리스도인에게 있어서 진심 어린 예배가 명확하게도 가장 본질적이며 실천적으로 변화시킬 힘이며, 진실한 순종을 낳는 것임을 분명히 했다. 왜냐하면 하나님을 사랑하는 것이 이웃을 참되게 사랑하는 것을 가능하게 하기 때문이다(요일 4:7-21).

28　*Institutes* 1.2.1 (Battles, vol. 1, p. 39).
29　Ibid. 3.2.41 (Battles, vol. 1, p. 589). 에드워드 두이는 "피조 세계에서나 성경에서 하나님과의 만남에 대한 논의에 있어서 칼뱅은 항상 사랑 또는 미움, 자비 또는 하나님의 진노, 그뿐 아니라 믿음 안에서의 인간의 전적인 응답 또는 두려움, 순종 또는 불순종과 연결하여 '지식'이라는 용어를 사용한다."라는 것에 주목한 바 있다(Edward A. Dowey Jr., *The Knowledge of God in Calvin's Theology* [Grand Rapids: Eerdmans, 1994], p. 24).

율법의 첫 번째 돌판(예배에 관한)은 두 번째 돌판(이웃을 사랑함에 대한)의 기초이며, 오직 이런 순서로만 율법이 성취될 수 있다.[30]

결론

루터가 잘 표현했듯이, 하나님 아버지께서 영원한 설교자이시기 때문에 설교는 하나님의 참되신 본질 안에서 그 궁극적 근거와 모양을 찾게 된다. 그러므로 삼위일체는 설교에 대한 최상의 견해를 지지하며, 설교를 그저 강의나 도덕 교화나 오락과 혼동하지 않도록 실질적으로 보존한다. 설교자가 성령님의 역사하심을 통해 하나님의 말씀을 설교할 때, 그는 메시지 그 이상을 선포하는 것이다. 설교자는 하나님의 생명에 참여하며, 죽은 죄인들을 살려 하나님의 사랑의 생명을 즐거워하게 만드는 하나님의 참된 능력을 행사한다.

---

30 *Institutes* 2.8.11 (Battles, vol. 1, pp. 367-368).

성경 색인

창세기

1장	106, 106n3, 107, 200, 303, 350, 356
1:1	200
1:1-2	259
1:1-5	106
1:1-10	59n44
1:2	91
1:3	352
1:26-28	173
1:28-30	320
2:7	134n68
2:19-20	320
5:1-3	258
5:3	260
6:2	55
15:1	98n45
15:6	184
17:1	322
18장	241, 246
19:24	86
22:16	246
25:21	22
32장	240
32:22-32	251
32:24	246
48:15-16	246

출애굽기

3장	238, 239
3:7-8	22
3:13-14	237
3:14	124, 301, 322
4:10-17	67
4:22	55, 71, 258
4:22-23	25, 26
4:24-26	243
6장	241
6:2-3	240
6:3	241, 241n12, 322
6:7	242
8:19	89n31
14:21-31	59n44
15:11	233n33
19장	25
19:9	229
20:1-3	320
20:2-3	318
23:20	47, 56
24장	70
24:16-17	71
25:1-40	323
32-34장	242
32:7	242
33-34장	71
33:18-34:7	320
34장	70
34:6	243
34:6-7	236, 243
40:1-38	323

| 40:34-35 | 39, 71 | 29:29 | 300 |

레위기

8장	269
19:18	184
19:32	212
26:12	39

민수기

| 11:23 | 95n38 |
| 25:1-13 | 24 |

신명기

1:31	25
4:39	23
5:6-10	24
5:26	24
6:4	24, 48, 49n17, 141, 259, 260
6:4-5	318
6:4-9	319
6:5	60, 61n51
6:13	23, 35, 84
6:13-15	318
8:3	27
8:5	25, 27
9:10-21	24
10:14	23
14:1-2	25

29:29	300
32:4-6	25, 185
32:6	258
32:18-20	25
32:39	119, 124, 125
32:43	25
33:2	162n7
34:9	135n70

여호수아

| 3:10 | 24 |
| 7:1-5 | 230 |

사사기

| 3:10 | 100 |
| 6:17-40 | 246 |

사무엘상

11:6	133n65
17:26	24
17:36	24

사무엘하

7:14	25, 26, 27, 85, 163, 163n9, 258
15:7	244
21:1	230
23:2-3	100
24:16-18	245

열왕기상

8:10-11	39
8:23	23
9:3	22
18:12	66
19:8-18	71

열왕기하

1:8	56
19:4	24
19:20	22
20:5	23

역대상

21:1-17	230

역대하

6:30	81, 95n40
7:1	23
7:12	23
7:15	23

욥기

1:6	55
9:8	34
11:7-9	297
26:11-12	34
33:4	133n65

시편

2장	143n9
2:7	25, 27, 55, 71, 85, 163
6:9	23
7:13b	229
7:14	230
7:18	230
7:22	230
7:27	230
8장	173
8:2	37
18:11	229
19장	308
22장	166
22:22	174
33:6	259, 302, 352, 355
33:6a	106n8
33:6-9	106
36:9	262, 302
37:4	22
37:25	22
42:2	24
44:22	62n53
65:2	23
65:5	80n8
66:19-20	23
74:2	39
76:2	39
77:15-16	59n44
77:16	34
77:20	34
84:2	24
95:7-11	167
97:2	229
97:5	57n40
102:26-27	301
103:10-14	340n42
104:3	229
104:7	163

104:32	57n40	40:5	80
104:39	133n65	40:7	133n64
106:9	59n44	40:8	98n45
107:20	352	40:18	256
107:23-32	59n44, 258	40:18-23	24
110	86n22	41:4	124, 125, 231
110:1	37, 42, 69, 70, 73, 82	41:20	95n38
115:3	23	42장	41
115:5	303	42:8	188
132:13	39	43:10	124, 125
135:6	258	43:10-15	24
145:9	23	43:12	103
		43:13	125
잠언		43:16	34
3:11-12	177	43:25	65n69, 124, 125
3:34	184	44:3	65, 65n69, 133n64
8:22	107	44:6	231
8:30	107n12	44:6-20	24
15:8	23	44:8	103
15:11	95n40	45:5	48
15:29	23	45:15-23	24
16:31	212, 231	45:21	80n8
16:33	96	46:1-11	24
20:29	212	46:4	124, 125
21:1-2	95n40	48:9-11	188
		48:12	125, 231
이사야		50:2	59n44
1:2	25, 285	51:2	124
6:5	81	51:12	125
11:2	135n70, 194	52:6	125
12:2	80n8	55:1	352
32:15	65n69	55:8-9	297
40-55장	34, 124, 125	55:10-11	297
40:3	47, 48, 56, 57, 69	59:1	95n38
		61:1	89

66:14	95n38

예레미야

1:6-10	67
3-4장	25
4:22-23	352
7:25-26	87
10:5	303
10:10	24
26:18	236
31:9	25
31:20	25

에스겔

1:4	229
8:3	66
34:4	87n25
34:11	87n25
34:16	87
34:22	87n25
36:23-27	143n9
36:26-27	65n69
37:1-10	133n64
37:14	65n69
39:29	133n64

다니엘

1:4	219
1:17	219
1:17-20	219
1:20	219
2:1-13	213
2:2	220
2:2-11	220
2:2-13	219
2:4	220
2:7	220
2:10-11	220
2:15	215
2:19	212n8, 213
2:22	212n8
2:23	215
2:27-28	220
2:28	23, 212, 214, 221
2:28-30	212n8
2:30	215
2:31-45	213
2:38	229
2:44	23
2:44-45	212
2:45	214, 215
2:45b	215n13
2:47	220
3장	62n53
4:6	219
4:6-7	221
4:8	221
4:9	212
4:16	218
4:23	218
4:25	218
4:32	218
5:5	222
5:7	222
5:8	219, 222
5:11	222
5:12	222
5:21	229
5:25-28	222

6장	62n53	11:1	25, 26, 55, 185
6:1-15	319	12:1-6	243, 251
6:3	222n19	12:4-6	248
7장	228, 231		
7:1	212	**요엘**	
7:2	228	2장	98
7:3	233	2:28	98n44
7:6	232	2:28-32	65n69
7:8	229		
7:9	212, 216, 228	**아모스**	
7:13	38, 228, 229, 230n28	3:1	352
7:13-14	229		
7:14	228, 230, 233	**요나**	
7:15-27	228	1장	59n44, 59n46
7:17	228	1:5	59n43
7:18	230	1:10	59n43
7:20-21	229		
7:21	230	**미가**	
7:22	230	7:18-19	340n42
7:24	229, 232		
7:24-25	229	**하박국**	
7:27	230	2:19	304
8:17	229		
9:21	23	**스가랴**	
9:24-27	218	4장	218
10:1	212n8	4:2	218
10:16	229	4:6	218
11장	226	4:10	218
11:33	222	12:10	135n70
11:34-45	223		
12:3	223	**말라기**	
12:10	223	3:1	47, 56, 82
		3:2-4	56
호세아			
1:10	24		

4:5	56n37
4:5-6	56

마태복음

1장	29, 40
1-4장	27
1:1	24, 27
1:16	28, 42n24
1:18	28, 41, 42n24
1:18-20	42n24
1:18-25	28
1:20	28, 41, 42n24
1:22-23	38
1:23	29, 40
2:2	319
2:11	35, 319
2:15	26
3:11	41
3:16	41
3:16-17	29, 42
3:17	26, 27
4:1	41
4:1-11	26
4:3	26
4:6	26
4:10	23, 35, 318
5:23-24	318, 338
5:24	347
5:45	23
6:5-13	22
6:25-33	22
6:6	270
6:9	23, 258, 270
6:13	258
6:25-34	258
7:21	29
7:24	29
8:11-12	322
8:26	34
9:1-8	39
9:3	258
9:6	258
9:27	27
10:26-33	22
10:19	67n75
10:20	41, 262
10:20-33	42
10:32-33	30, 33n12
11:15	224n21
11:25	32, 257, 258, 259, 264
11:25-27	31, 256, 257, 259
11:26	32, 33n12, 257
11:27	31, 32, 256, 257, 258, 259, 260, 264, 289, 292, 312, 354
11:29	257
12:5-6	39
12:18	41
12:28	41, 89n31
12:28-32	42
12:31-32	41
12:42	39
13:9	224n21
13:43	224n21
13:56	109n17
14:22-33	36, 40
14:27	34
14:32	34, 35
14:33	27, 34, 35, 319

15:22	27
16:16	23, 27, 36
16:16-17	289
16:17	30, 37
17:2	37
17:5	27, 43, 277
18:10	30
18:19	30
18:20	40
18:35	30
19:26	258
20:23	30
20:30-31	27
21:9	27, 37
21:14-15	37
22:41-46	259
22:42	27
22:43	42
22:46	38
23장	40
23:8	257
25:31-40	30
26:27-29	322
26:39	270
26:53	30
26:63	27
26:63-64	30
26:64	38
27:39-43	27
28:9	319
28:17	319
28:18	258
28:18-20	28, 43
28:19	41, 68, 185, 255, 259
28:19-20	322
28:20	39, 40

마가복음

1:1	54
1:2	47, 56
1:2-3	65
1:2-8	56
1:3	68n77
1:4	56
1:6	56, 67
1:7-8	56
1:8	63, 74
1:8-12	63
1:9	57, 69
1:9-11	72
1:10	63n55, 64
1:10-11	66, 74
1:11	52, 54, 55
1:12	63n55, 64, 66
1:23	63n56
1:26-27	63n56
2:1-12	57
2:5b	58
2:7	49, 52, 58, 71, 72, 258
2:8	63n57
2:10	58
2:12	52
2:28	68n77
3:11	54, 63n56
3:28-29	71
3:28-30	72
3:29	63n55, 64, 66
3:30	63n56
4:1-20	61

4:17	61n52	10:29	62
4:35-41	258	10:45	72n83
4:36-41	59	11:3	68n77
4:41	59, 59n43	11:9	68n77
5:1-20	65n65	11:22	52
5:2	63n56	11:25	52, 54
5:7	50, 54	12:6	54
5:8	63n56	12:9	68n77
5:13	63n56	12:11	68n77
5:19	68n77, 83n13	12:19-27	53
5:19-20	69	12:26	52
6:3	109n17	12:28-37	70
6:7	63n56	12:29	48, 54, 68n77
6:46	270	12:30	52, 60, 68n77
7:1-23	61	12:32	48
7:3-4	47n10	12:36	54, 63n55, 64, 66, 68n77, 72, 73, 74
7:25	63n56		
7:28	68n77	12:37	68n77
8:12	63n57	12:42-44	61n51
8:34-35	61	13:9	61n52
8:34-38	72n83	13:11	63n55, 63n59, 64, 65n64
8:35	62	13:13	61n52
8:38	54, 61n52, 62, 70	13:19-20	50
9:2-3	70	13:20	68n77
9:7	52, 54, 55, 70	13:32	54
9:12-13	56n37	13:35	68n77
9:17	63n56	14:36	54
9:19	109n17	14:38	63n57
9:20	63n56	14:49	109n17
9:25	63n56	14:61	54
9:43-48	61	14:62-64	72
10:9	52	14:64	71
10:18	49	15:29	72
10:27	52	15:29-32	72n82
10:28-30	61	15:34	53

15:39	54, 55	1:50	77
16:6	53	1:55	77
		1:58	77, 78
누가복음		1:64	77
		1:66	95n38
1-3장	80	1:67-79	90
1:1	76	1:68	77, 78, 79
1:1-4	75, 86n21	1:69	77
1:6	76, 77, 78	1:71	77
1:8	76	1:72	77
1:8-9	78	1:73	77
1:11	78	1:76	79, 80, 84, 86
1:16	77, 78, 79	1:77	77, 81
1:17	79, 80, 81, 84	1:78	77, 86
1:19	76, 78	1:80	90
1:25	78	2:4	77
1:26	76, 78	2:7	90
1:27	86	2:9	78
1:32	78, 86	2:9-15	76
1:33	86	2:11	77, 80, 94
1:32-33	77, 86	2:13-14	63, 77
1:34	86	2:14	32
1:34-35	91	2:20	77
1:35	86, 86n21, 89	2:22	78
1:37	77	2:23	86n21
1:37-38	78	2:23-24	78
1:38	79	2:25	77
1:41-45	77, 90	2:25-32	90
1:43	79, 80	2:28	77
1:45	78	2:29	77
1:45-46	79	2:30	77
1:46	77	2:32	77, 78
1:46-47	77, 78	2:38	77
1:47	77, 79n7	2:39	77
1:49	77	2:40	90, 172n22

2:48	87n26	5:22	81, 84, 95n39
2:48-49	87	5:24	83
2:49	33n12, 87	5:25	83
2:51	90	5:25-26	77
2:52	90, 172n22	5:26	83
3-24장	87	6:13	96
3:4	80	6:35-36	85
3:6	80	6:36	88, 88n28
3:16	80, 91, 98n46	7:13	82
3:21-22	306	7:16	77
3:22	78, 90	7:19	82
3:22-23	91	7:19-20	78n4
3:23	87n26	7:26	81
3:37-4:13	90	7:27	82
3:38	85, 258	7:39	78n4
4:1	90, 91	7:39-40	81, 84, 95n39
4:8	84, 318	7:48-49	81, 84
4:14	91	7:49	78n4
4:16-21	78, 306	8:23	90
4:18	89, 91	8:25	78n4, 81n12, 84
4:22	78n4, 87n26	8:39	83
4:24	78	9:18	78n4
4:34	87	9:20	78n4
4:36	78n4	9:41	109n17
4:41	85	9:43	77, 83
4:43	87	9:47	81, 84, 95n39
5:4-7	84	9:48	87
5:5	81	10:1	82
5:8	81n11	10:16	87, 341
5:8-10	81	10:21	91, 31n9, 265
5:10	81	10:21-22	88, 89
5:17	89n31	10:22	89, 89n30
5:20	81	10:22a	88, 89, 89n30, 103
5:20-21	84	10:22c	88
5:21	78n4, 81, 83	10:39	82

11:13	88n28, 90	22:29	33n12, 83n15, 88, 89
11:17	84, 95n39	22:30	83n15
11:20	89n31, 306	22:37	78
11:39	82	22:42	91n33
12:9	90n32	22:61	82
12:9-10	90	22:69	89n31
12:10a	90n32	23:34	97
12:12	67n75, 90, 91	23:43	91n33
12:30	88, 88n28	23:46	90, 91n33, 97
12:32	83n15, 88, 89	23:51	77
12:49	84, 86	23:52-53	90
13:13	77	24:3	90
13:15	82	24:7	77
15:4	87n25	24:21	77
15:6	87n25	24:26	77, 78, 94
15:11-32	88n28	24:27	367
16:15	81, 84	24:39-43	90
17:5-6	82	24:44	77, 78
17:15	77	24:44-46	367
17:15-16	83, 83n14	24:47	77
17:16	83	24:49	88, 89, 90, 92, 98n46, 100
17:18	83		
18:6	82	24:52	84, 319
18:43	77, 83	24:52-53	84
19:10	84, 87		
19:33	79n6	**요한복음**	
19:37	77, 83	1:1	105, 110
19:38	83	1:1-2	105, 109, 117, 200, 351
19:44	77	1:1-3	259
20:13	87, 89	1:1-4	107
20:41-44	82	1:1-5	106
21:15	67n75, 91	1:1-14	114
22:16	83n15	1:2	107n12, 110
22:18	83n15	1:3	110, 351
22:22	77	1:4	127n51, 134

1:6	106, 110	5:17-29	129
1:6-18	106	5:18	120, 259
1:6-8	106	5:19	121, 128
1:8-9	111	5:20	130, 130n58
1:9	328	5:21	121, 201
1:10	111	5:22	121
1:10-13	110	5:22-23	121
1:12	110, 126	5:25-47	341
1:13	110	5:26	121, 127, 134, 201, 260, 295
1:13-18	111, 113		
1:14	111, 112n24, 117, 126, 304, 328	5:26-29	134
		5:29	200
1:14-18	114	5:30	128
1:15	106	5:39-40	312, 367
1:16	112n24	5:44	112n25, 119
1:17	116n36, 328	5:46	367
1:18	105, 110, 111, 117, 126, 130, 292, 311, 354, 355	6:20	122n44, 123
		6:35	122n43
1:19-34	106	6:37	128
1:25-26	134	6:41	122n43
1:29-34	205	6:44	321, 326
1:32-33	133n63, 134	6:45	277
1:33	133, 134	6:46	112n25, 126
3:5-8	133, 133n63, 203	6:48	122n43
3:8	134, 262	6:56	132
3:16	112, 126, 133n62, 278	6:63	133n63, 295
3:18	112, 126	7:16	128
3:34	133n63, 134	7:18	128
3:35	121n42, 128, 130	7:28	128
4:10-14	133n63	7:29	112n25
4:23-24	133, 327	7:37-39	133n63, 134
4:24	193	7:38	133
4:26	122n44, 123	7:38-39	133n63
5장	324	8:12	122n43
5:17	120	8:24	122n44, 123

8:28	122n44, 128n53, 123, 128	13:19	122n44, 123
		13:33	126
8:29	119n39, 128	13:34	133n62
8:38	116n37	14-16장	305, 327
8:41	119	14:1	276, 319
8:49	128	14:6	122n43, 292, 312, 323, 326, 328
8:54	128		
8:58	122, 122n44, 123, 124	14:9	126, 353
8:59	123	14:10-11	131
8:58-59	124	14:15-17	135n71
9:5	122n43	14:16	135, 150n14, 305
9:38	319	14:17	135
10장	324	14:20	131, 132
10:7	122n43	14:23	132n59, 135, 278
10:9	122n43	14:24	306
10:11	122n43	14:26	133, 135, 135n71, 150n14, 277, 306
10:14	122n43		
10:15	127	14:28	128, 129
10:17	130	14:31	128, 130n58, 132
10:17-18	126	15:1	122n43
10:18	128	15:4	132
10:29	128	15:4-5	135
10:30	119, 131	15:4-10	132n59
10:31	119	15:5	132
10:33	119	15:7	132
10:38	131	15:9-10	130, 133n62
11:25	122n43	15:10	130n58
11:41-42	128	15:15	316
11:52	126	15:26	135, 136, 150n14, 305, 306, 355
12:41	209		
12:45	126	16:5	306
12:49	128	16:7	135, 150n14
12:49-50	128	16:8	135
13:1	133n62	16:13	135, 136, 350, 354
13:3	121n42, 128	16:13-15	135, 262, 263, 293

16:14	136, 306	20:22	133, 133n63, 134, 134n68
16:14-15	136	20:28	105, 113, 259
16:15	129	20:30-31	313
16:17	306	20:31	362
16:27-28	112n25		
16:32	119n39	**사도행전**	
17장	118, 324	1:1	93
17:1	128	1:2	96
17:2	121n42, 128	1:3	92
17:3	116n36, 119, 306	1:4	102
17:4	33n12, 116, 128	1:5	98
17:5	116, 117, 126	1:6	94, 96n41, 102
17:6	128	1:6-8	102
17:7-8	128	1:7	102
17:8	112n25	1:8	102
17:9	128	1:16	100
17:10	127, 129	1:21	96, 96n41
17:11-12	128	1:21-22	96
17:20-21	311	1:24	95, 95n39, 96, 96n41
17:21	131, 132	2:4	65n67
17:22	128	2:17-18	98, 98n44
17:22-23	132	2:21	94n37, 97n43
17:23	130	2:22	93
17:24	116, 117, 117n38, 128, 130, 131, 132, 369	2:22-23	93
17:25-26	371	2:23	93, 101
17:26	117n38, 130, 131, 132, 132n59, 242	2:24	93
		2:30	101
18:5	123	2:30-31	93
18:5-6	122n44	2:31	94
18:6	123	2:32-33	93
18:8	122n44, 123	2:33	66n71, 94, 98, 100, 101, 102
18:11	126, 128	2:34-35	94
19:34	133n63, 134	2:36	94
20:17	113, 329		

2:38	94, 102	9:15	94, 98, 99n47
2:47	94	9:21	94n37
3:13	92, 93	9:31	100
3:15	93	9:34	94
3:16	94, 99	9:35	99
3:22-23	93	9:42	99, 99n48
3:26	93, 94n36	10:1-11	93
4:12	94	10:19	100
4:27-28	93	10:25-2	92
5:3	100	10:26	84
5:3-4	259	10:36	94
5:4	100, 102	10:37-38	93
5:9	100	10:38	90n31, 93
5:30	92	10:42	102
5:30-31	93	10:43	93, 99n48
5:31	99	10:45	98
5:32	98, 100	11:12-16	65n67
7:1-50	93	11:15-17	98, 101
7:32	92	11:16	98
7:38	163	11:17	98, 99n48, 102
7:41-42	92	11:18	99
7:42	92	11:20	95
7:53	163	11:21	94, 95, 95n38, 99
7:55	101	12:22-23	84, 92
7:55-56	96	13:2	100
7:57-58	97	13:4	100
7:59	94n37, 97	13:6	92
7:59-60	96	13:11	95
8:9	92	13:12	95
8:10	92	13:21	95n38
8:20	102	13:16-22	93
8:27	318	13:22-23	93
8:29	100	13:23	93
8:39	66, 100	13:26	93
9:14	94n37	13:26-27	100

13:39	93	22:19	100n48
13:48	93	23:11	94
14:1	93	24:14	92
14:11-15	92	24:24	100n48
14:15	84, 92, 99	26:16	99, 99n47
14:23	99n48	26:18	99, 100n48
14:27	99	26:20	99
15:7-8	93	27:25	100n48
15:8	95n39, 96n42	28:11	60
15:9	93	28:25	100
15:14	93	28:31	92
15:19	99		
15:19-20	92	**로마서**	
15:28	100	1장	308
16:6	100	1:1-6	315
16:7	89n31, 100	1:3-4	194
16:6-10	100	1:4	180n33, 314
16:10	101	1:18-32	157
16:14	94, 95	3:24-25	157
16:31	99	5:1a	143
16:34	99, 100n48	5:1-8	68
17:24	92	5:1-11	143
17:29-30	92	5:2a	148
17:31	103	5:5	143
18장	93	5:6	143
18:10	94	5:8	143
19:4	100n48	5:8-9	157
19:19	92	8장	68, 273
20:21	99	8:2	135n70
20:23	100	8:3-4	157
20:28	102	8:10-11	295
21:11	100	8:11	180n33, 194
21:19	93	8:15	365
22:14	92, 99, 99n47	8:15-16	290
22:16	94n37		

8:16	145	6:9-10	142, 154
8:17	157	6:11	142, 143
8:18	145	6:19-20	143n8
8:26	149, 270	8:2	149
8:26-27	149, 150, 326	8:6	119, 141, 259, 263
8:29-30	156	10:4	207
8:31	146	10:9	207
8:31-34	146	11-14장	193
8:32	265, 324	11:17-34	338
8:34	150	12장	139
8:35	146	12:3	290, 314, 326
8:37	146	12:6	140n4
8:38-39	145	12:4-6	138
8:39	146	12:12-27	156
9:5	140n4	13:12	290n3, 297
10:14	340	14:25	318
10:17	355	15:28	332
11:33-36	297	15:42-49	194
12:1	193	15:50	154
12:1-2	157		
12:14-21	318	**고린도후서**	
13:14	157	1:21-22	143n8, 146
14:17	154	3:17-18	259
14:17-18	153	3:18	262, 347
		4:4	262, 321, 336
고린도전서		4:6	262, 352
1:4-7	143n8	4:17-18	180n32
2:4-5	143n8	4:18	180
2:6-16	226	5:17	156
2:9-10	316	5:19-20	341
2:9-16	262	5:20	360
2:11-12	257	13장	139
2:12	143n8	13:13	68, 139, 151
4:20	154	13:14	140n4

갈라디아서

2:19-20	155
2:20	156
3:1	360
3:19	163
4:4-6	68, 259, 324
4:6	148, 262, 312, 365
4:8-9	149
5:16	155
5:21	154
5:22	154n18
5:22-23	155
6:9-10	155

에베소서

1:3	265
1:3-14	68
1:5	32
1:9	32
1:9-10	301
1:17	140n4, 145n10, 153
1:17-18	262
1:17-20	152
2:1	325
2:1-2	321
2:1-10	326
2:5-7	338
2:6-7	325
2:8-10	325
2:14	325
2:17	340
2:18	147, 149, 276, 286, 308, 325
3:6	147

3:12	148
3:13	144
3:14-19	144, 145
4장	139
4:4-6	259
4:4-7	139
4:6	140n4
4:30	64n62
5:18	153
5:18-20	153
5:20	140n4
6:1-3	320

빌립보서

2:1-2	151, 152
2:5-8	334
2:9-11	332
3:3	152, 193

골로새서

1:15	336, 353
1:17	351
2:18	319
3:16	153, 355
3:16-17	153

데살로니가후서

2:13b-14	146

디모데전서

2:5	305, 315, 325
3:2	358
6:11-15	297
6:16	297

디모데후서

1:7	135n70
3:15	355
3:16	355

디도서

2:13	140n4
3:4	144, 158
3:4-7	144
3:4-8a	157
3:5	144, 366
3:5-6	144
3:6	158
3:7	144

히브리서

1:1-2	161, 303, 304
1:1-3	308
1:1-4	161, 162, 170
1:2	165
1:3	161, 165, 261, 337, 352
1:3a	170
1:3b	176
1:3b-4	166n14, 170
1:5	163, 177
1:5-14	162
1:6	166n14
1:6a	175
2:1-3a	162
2:1-4	162
2:3-4	168
2:4	178
2:5	166n14
2:5-11	173
2:8	174
2:9	172, 180n33
2:9a	174
2:10	171, 176
2:10-12	174
2:10-13	338
2:11-12	342
2:12-13	166
2:13b-14	175n25
2:17	174
3:7	178
3:7b-8	167
3:7-11	167
4:14	176n26
4:14-16	272, 326
4:15	179
4:16	176, 182
5:4-6	269
5:7	172
5:7-8	270
5:7-10	171
5:8	172
5:9	179
6:4	178
7:3	165n13
7:16	180n33
7:24	180n33
8:5	165n13, 169, 180
9:8	168, 178
9:8-9a	169, 170
9:9a	169
9:11	169n17
9:11-12	179
9:11-14	181
9:12	179, 180n33

9:14	178, 180, 180n33, 181, 306, 329	2:19	184, 187
		2:19b-26	184
9:15	179	2:23	184
9:17	180n33	3:9	186
9:24	179	4:6	184
10:15	167, 178	4:10	186
10:19-20	326	4:12	184, 187
10:22	176, 182	4:14-15	184
10:29	135n70	5:1	186
12:2	177	5:4	184, 186
12:3-4	177	5:7	186, 187
12:3-11	176	5:9	186
12:5-6	176, 177	5:10-11	186
12:7-8	178	5:11	184
12:9a	178n27	5:14-15	186
12:18-24	339		
12:22-23	175	베드로전서	
12:22-24	175, 180n34	1:1-2	224
12:23	175, 176	1:2	32, 189, 192, 193, 194
12:24	175	1:3	190, 191, 192, 193
12:28	180n34	1:3-21	193
13:1-17	180n34	1:5	190
13:7	358	1:7	191, 193
13:8	301	1:10-12	192, 355
		1:11	192, 193, 195
야고보서		1:11-12	194
1:1	184, 186, 187, 187n5	1:12	193, 339
1:5	184	1:13	191
1:7	186	1:16-17	193
1:17	184	1:17	190
1:18	184	1:18-21	193
1:27	185, 186	1:19	192
2:1	186, 187, 188	1:20	191, 192, 193
2:5	184	1:21	190, 191, 192, 193, 195
2:8	184		

2:5	191, 193	1:3	196
2:12	191	1:4	196
2:13-17	190	1:4-10	197
2:19-20	190	1:8	197, 198
2:21	192	1:11	196n20, 197, 198
2:21-24	190	1:14	197, 198
2:23	192	1:16	197, 198
2:24	192	1:16-18	197, 199
2:25	192	1:16-21	198, 199
3:15	191	1:17	197, 198
3:18	180n33, 192, 194, 195	1:17-18	199
3:18-19	194	1:21	198, 199, 312
3:18-22	194	2:4	198
3:19	194	2:5	194
3:22	194	2:9	198
4:1	192	2:11	198
4:6	195	2:20	196n20, 197, 198
4:11	191, 195, 196	3:2	197, 198
4:12-19	191	3:5	198
4:13	192, 195	3:8-9	198
4:13-14	195	3:8-12	198
4:14	188n7, 194, 195, 208	3:8-13	197
4:16	195	3:10	197, 198
5:1	192, 195	3:12	198
5:1-4	192	3:15	198
5:4	191, 192, 195	3:18	196n20, 197, 198
5:6-7	190		
5:10	191, 195	**요한일서**	
5:10-11	196	1:1-2	200
		1:1-3	202
베드로후서		1:2	200
1:1	185, 196, 198	1:2-3	202
1:2	196, 197, 198	1:3	200, 202, 333
1:2-3	198	1:5	200

1:7	200	4:12	202, 203
1:8	200	4:13	204
1:9	201	4:14	201, 202
1:10	200	4:19	201
2:1	200, 201	4:20	202
2:2	202	5:6	205
2:6	203	5:6-8	202, 204, 205
2:20	202	5:7	204, 276
2:21-23	202	5:7-8	205
2:22	201, 202	5:9	205, 276
2:24	203	5:10	205
2:24-25	201	5:11	201, 202
2:25	201	5:11-13	201
2:27	202	5:13	203
2:27-28	203	5:16	201
2:28-3:10	202	5:20	201, 202
3:2	297		
3:4-9	203	**요한이서**	
3:6	203	3절	201
3:8	202, 203	7절	202
3:9	202		
3:10	203	**유다서**	
3:16	201, 202, 204	1절	206
3:23	203, 204	2절	206
3:24	203	3절	206
4:1-6	205n39	4절	206, 207
4:2	202, 204	5절	206, 207
4:4	204	19절	207
4:6	204	20절	207, 208
4:7-21	203, 372	21절	208
4:7	203	24절	208
4:8	203, 369		
4:9-10	201, 202, 204	**요한계시록**	
4:10	201, 302	1:1	210, 211, 213, 214, 215,
4:11-13	204		

	216, 224, 225	7:2	211n6
1:1a	215, 216, 223	7:11	318
1:1-4	223	10:7	213
1:2	216, 217	11:15	228
1:3	225	11:16	318
1:4	226n25	13:1-2	232, 233
1:4-5	68, 217, 218	13:3-4	233
1:4-5a	224	13:4	233n33
1:7	228	13:5-6	233
1:8a	231	13:5-18	214
1:12-14	231	13:18	226n24
1:12-15	227	14:14-16	228
1:12-16	231	17:5	213
1:13	228	17:5-18	233
1:14	216	17:7	213
1:17b	231	17:9	226n24
1:18	227	19:4	318
1:20	213	19:10	319
2:1	232	22:6	214
2:1a	224	22:6-21	213
2:7a	224, 225	22:9	319
2:8	225	22:13	231
2:11-12	225	22:20	217
2:17	224		
2:17-18	225		
2:29	224, 225		
3:1	225, 225n22, 226n25		
3:6	224, 225		
3:13	224		
3:22	224		
4-5장	232		
4:9-11	318		
6:2	211n6		
6:4	211n6		
6:8	211n6		

이레서원 추천 도서

■ 설교

1. 『청년 설교』 • 김상권 • 17,500원
2. 『엑설런트 프리칭』 • 크레이그 바르톨로뮤(김광남 역) • 8,000원
3. 『21세기에 다시 본 존 칼빈의 설교와 예배』 • 이현웅 • 11,000원
4. 『설교자를 위한 공동서신 강해』 • 김병국 • 14,000원
5. 『1인칭 내러티브 설교』 • 해돈 로빈슨 외(전광규 역) • 10,000원

■ 성경 연구

1. 『중동의 눈으로 본 예수님의 비유』 • 케네스 E. 베일리(오광만 역) • 24,000원
2. 『하나님 중심의 성경 해석학』 • 번 S. 포이트레스(최승락 역) • 22,000원
3. 『히브리서 산책』 • 최승락 • 14,000원
4. 『성경 역사, 지리학, 고고학 아틀라스』 • 앤손 F. 레이니 외(강성열 역) • 90,000원
5. 『예수님의 비유』 • 최갑종 • 16,000원
6. 『갈라디아서 주석』 • 최갑종 • 34,000원
7. 『고린도후서 주석』 • 조석민 • 15,000원
8. 『로마서: 이방인의 사도가 전한 복음』 • 최종상 • 20,000원
9. 『어떻게 천천히 읽을 것인가』 • 제임스 사이어(이나경 역) • 10,000원

■ 신학

1. 『마크 존스의 선행과 상급』 • 마크 존스(오현미 역) • 8,500원
2. 『마크 존스의 예수 그리스도』 • 마크 존스(오현미 역) • 8,500원
3. 『조지 래드의 종말론 강의』 • 조지 래드(이승구 역) • 12,500원
4. 『칭의의 여러 얼굴』 • 제임스 패커 외(김형원 역) • 15,000원
5. 『선지자적 반시대성』 • 오스 기니스(김형원 역) • 10,000원
6. 『예수님과 안식일 그리고 주일』 • 양용의 • 20,000원

■ 채영삼 교수 저서

1. 『긍휼의 목자 예수: 마태복음의 이해』・20,000원
2. 『지붕 없는 교회: 야고보서의 이해』・17,000원
3. 『십자가와 선한 양심: 베드로전서의 이해』・19,000원
4. 『신적 성품과 거짓 가르침: 베드로후서의 이해』・29,500원
5. 『삶으로 드리는 주기도문』・10,000원
6. 『삶으로 내리는 뿌리』・13,000원
7. 『공동서신의 신학: '세상 속의 교회', 그 위기와 해법』・45,000원
8. 『코이노니아 성경 해석 가이드북』・6,000원

■ 〈일상을 변화시키는 말씀〉 시리즈

1. 『하나님께 소리치고 싶을 때: 욥기』・크레이그 바르톨로뮤(송동민 역)・7,000원
2. 『십자가와 보좌 사이: 요한계시록』・매튜 에머슨(김광남 역)・7,000원
3. 『신비를 엿보다: 다니엘』・바바라 류 라이(송동민 역)・7,000원
4. 『무대 뒤에 계신 하나님: 에스더』・웨인 바크후이젠(송동민 역)・8,000원
5. 『왕을 버리다: 사사기』・데이비드 벨드먼(김광남 역)・8,000원
6. 『기도의 심장: 누가복음』・크레이그 바르톨로뮤(송동민 역)・8,000원
7. 『소외된 이들의 하나님: 룻기』・캐롤린 C. 제임스(이여진 역)・9,000원

■ 영적 성장

1. 『요한계시록 40일 묵상 여행』・이필찬・12,000원
2. 『365 힐링 묵상』・류호준・14,000원
3. 『복음과 생명』・서형섭・21,000원
4. 『마르바 던의 위로』・마르바 던(김병국 역)・14,000원
5. 『고귀한 시간 낭비 '예배'』・마르바 던(김병국, 전의우 역)・9,000원
6. 『말씀 앞에 서는 용기: 구약 인물의 실패에서 배우다』・한주원・12,000원
7. 『다시 시작하는, 엄마 수업』・하재성・15,000원
8. 『우울증, 슬픔과 함께 온 하나님의 선물』・하재성・14,000원
9. 『강박적인 그리스도인』・하재성・14,000원
10. 『5가지 친밀한 관계』・래스 패럿 3세 외(서원희 역)・13,500원
11. 『하이 콜링』・모리스 로버츠(황영철 역)・13,000원